U0515100

财政部规划教材

财税数字化

Digitalization of Finance & Taxation

张敏翔　张来生　主　编

中国财经出版传媒集团

经济科学出版社

Economic Science Press

图书在版编目（CIP）数据

财税数字化／张敏翔，张来生主编 . —北京：经
济科学出版社，2022.2
财政部规划教材
ISBN 978 – 7 – 5218 – 3460 – 4

Ⅰ.①财…　Ⅱ.①张…②张…　Ⅲ.①财税 – 数字化
– 高等学校 – 教材　Ⅳ.①F810

中国版本图书馆 CIP 数据核字（2022）第 044293 号

责任编辑：杜　鹏　郭　威　常家凤
责任校对：王肖楠
责任印制：邱　天

财税数字化

张敏翔　张来生　主　编
经济科学出版社出版、发行　新华书店经销
社址：北京市海淀区阜成路甲 28 号　邮编：100142
编辑部电话：010 – 88191441　发行部电话：010 – 88191522
网址：www. esp. com. cn
电子邮箱：esp_bj@ 163. com
天猫网店：经济科学出版社旗舰店
网址：http：//jjkxcbs. tmall. com
固安华明印业有限公司印装
787 × 1092　16 开　27.75 印张　610000 字
2022 年 3 月第 1 版　2022 年 3 月第 1 次印刷
ISBN 978 – 7 – 5218 – 3460 – 4　定价：98.00 元
（图书出现印装问题，本社负责调换。电话：010 – 88191510）
（版权所有　侵权必究　打击盗版　举报热线：010 – 88191661
QQ：2242791300　营销中心电话：010 – 88191537
电子邮箱：dbts@ esp. com. cn）

编委会名单

主　　编　张敏翔　张来生

副 主 编　杨淑燕　陈　舒

编写人员　张敏翔　张来生　杨淑燕　陈　舒

　　　　　刘雨澜　周志强　黄中秋　师梦豪

　　　　　司晨曦　郭一凡

前言
INTRODUCTION

时代是思想之母，实践是理论之源。当代中国正经历着历史上最为广泛而深刻的社会变革，也正在进行着人类历史上最为宏大而独特的实践创新。中国特色社会主义进入新时代，这是一个需要理论而且一定能够产生理论的时代，是一个需要思想而且一定能够产生思想的时代。

1991年，我从中南财经大学（现中南财经政法大学）财政学专业毕业，30年来只争朝夕，不负韶华，不忘初心，砥砺前行。其间，我国财税改革突飞猛进，一日千里。

党的十九大后，在习近平新时代中国特色社会主义思想的指引下，我国财税制度的改革与发展也在逐步前进，以"大、智、移、云、物、区、元"等为代表的信息技术正颠覆性地改变着财税学科的发展方向。"十三五"时期，我国深入实施数字经济发展战略，不断完善数字基础设施，加快培育新业态新模式，推进数字产业化和产业数字化取得积极成效。"十四五"时期，我国数字经济转向深化应用、规范发展、普惠共享的新阶段。要应对新形势新挑战，需把握数字化发展新机遇，拓展经济发展新空间，推动我国数字经济健康发展。财税数字化成为当下社会发展的重大命题。逢此良机，河南财政金融学院财税学院财税数字化教研室全体同仁潜心钻研，攻坚克难，鏖战了整整一年，呕心沥血地编著了这本通俗易懂的《财税数字化》专业课程教材。

何为数字化？数字化就是将许多复杂多变的信息转变为可以度量的数字、数据，再用这些数字、数据与想要实现的目标建立起适当的数字化模型，引入计算系统，进行快速处理得出结论和结果的过程，助推人们不断发现与创新价值。数字经济是继农业经济、工业经济之后的主要经济形态，是以数据资源为关键要素，以现代信息网络为主要载体，以信息通信技术融合应用、全要素数字化转型为重要推动力，促进公平与效率更加统一的新经济形态。数字经济发展速度之快、辐射范围之广、影响程度之深前所未有，正推动生产方式、生活方式和治理方式深刻变革，成为重组全球要素资源、重塑全球经济结构、改变全球竞争格局的关键力量。发展数字经济是把握新一轮科技革命和产业变革新机遇的战略选择。数字经济是数字时代国家综合实力的重要体现，是构建现代化经济体系的重要引擎。数据要素是数字经济深化发展的核心引擎。数据对提高生产效率的乘数作用不断凸显，成为最具时代特征的生产要素。数据的爆发增长、海量集聚蕴藏了巨大的价值，为智能化发展带来了新的机遇。协同推进技术、模式、业态和制度创新，切实用好数据要素，将为经济社会数字化发展带来强劲动力。数字化服务是满足人民美好生活需要的重要途径。数字化方式正有效打破时空阻隔，提高有限资源的普惠化水平，极大地方便群众生活，满足多样化、个性化需要。数字经济发展正在让广大群众享受到看得见、摸得着的实惠。

《中华人民共和国国民经济和社会发展第十四个五年规划和2035年远景目标纲要》指出，要"发展数字经济，推进数字产业化和产业数字化"。"数字化"一词在规划全文出现25次，还有其他与其相关词汇，出现了60多次。到2025年，数字经济迈向全面扩展期，数字经济核心产业增加值占GDP比重达到10%，数字化创新引领发展能力大幅提升，智能化水平明显增强，数字技术与实体经济融合取得显著成效，数字经济治理体系更加完善，我国数字经济竞争力和影响力稳步提升。可见，我国经济社会发展的数字化转型势在必行。作为财税领域的从业人员，应有一个清晰的认识：建设财税数字化是财税领域改革发展的必然趋势。

当然，数字化是一把双刃剑，既给经济社会发展带来新的风险，同时也为我们提供了防范风险的新手段。数字政府、数字财税的建设将是数字化时代的必然选择，数字财税是数字政府、数字经济、数字产业乃至于数字社会发展不可或缺的基础设施。2020年，突如其来的新冠肺炎疫情更是加快了全社会的数字化转型进程。可以说，在数字化时代，数字经济作为一种新的经济形态，催生了各种各样的新业态，与新的经济形态和新业态发展相伴的是深刻的"数字化"生产方式转型，这些"数字化"生产方式依靠大数据、人工智能、移动互联网、云计算、物联网、区块链、元宇宙等创新性技术的广泛使用，使数字化平台比传统技术平台更懂企业、更懂顾客。数字化平台使得财税政策更加透明、政府服务更加高效、公共风险更加可控，政府依托数字化平台，可以精准施策，扩展实施场景，能够更好地帮助政府机构提质增效。同时，实体空间的传统管理模式将让位于虚拟空间与实体空间相结合的数字化、智能化管理机制。财政是国家治理的基础和重要支柱，相应地，数字财税则是数字治理的基础和支柱，数字财税的发展将会重构政府收入、支出的组织方式和流程，提高财政资金的配置效率和使用效果，以及更好保障财政运行的安全性、效率性、公平性。数字财税意味着预算制度、税收制度、税收征管、财政监督、财政政策等方面将在数字化革命中被重新定义和组建，使之与数字经济、数字社会和数字治理相契合；协调统一的数字经济治理框架和规则体系基本建立，跨部门、跨地区的协同监管机制基本健全；政府数字化监管能力显著增强，行业和市场监管水平大幅提升；政府主导、多元参与、法治保障的数字经济治理格局基本形成，治理水平明显提升；与数字经济发展相适应的法律法规制度体系更加完善，数字经济安全体系进一步增强。

　　凡事预则立，不预则废。数字财税的全面改革并非一蹴而就。我国数字经济发展也面临一些问题和挑战：关键领域创新能力不足，产业链、供应链受制于人的局面尚未根本改变；不同行业、不同区域、不同群体间数字鸿沟未有效弥合，甚至有进一步扩大趋势；数据资源规模庞大，但价值潜力还没有充分释放；数字经济治理体系需进一步完善。很多基础条件尚不牢固，财税数字化建设任重而道远。在2020年这一特殊的时间节点，国内外经济形势错综复杂，企业可持续发展受到了挑战，公共风险急剧上升。为应对风险挑战，中央提出了"六稳"和"六保"政策，地方政府因地制宜，采取了一系列政策措施，推动复工复产、达产达效、复商复市，撬动居民消费需求，稳定各方发展的预期，在政府与市场共同努力下，中国经济增速在2020年第二季度由负转正，并保持平稳增长态势，公共风险进一步收敛。其间，中央政府建立的特殊转移支付机制，以及全国县级财政库款监测机制等，都是数字化财税治理手段的充分体现，以现代信息科技为财税发展注入数字化之芯。同时，财政部正在推进的预算管理一体化改革，更是财税数字化建设的重大举措，对于财税数字化的建设发挥了强有力的助推作用，将进一步加快现代财税制度的构建进程，减少公共风险的扩散和外溢效应，推动社会进步和经济高质量发展。坚持创新引领、融合发展，促进数字技术向经济社会和产业发展各领域广泛深入渗透，推进数字技术、应用场景和商业模式融合创新，形成以技术发展促进全要素生产率提升、以领域应用带动技术进步的发展格局。坚持应用牵引、数据赋能，坚持以数字化发展为导向，充分发挥我国海量数据、广阔市场空间和丰富应用场景优势，充分释放数据要素价值，激活数据要素潜能。坚持公平竞争、安全有序，突出竞争政策基础地位，坚持促进发展和监管规范并重，健全完善协同监管规则制度，强化反垄断和防止资本无序扩张，推动平台经济规范健康持续发展。坚持系统推进、协同高效，结合我国产业结构和资源禀赋，发挥比较优势，系统谋划、务实推进，更好发挥政府在数字经济发展中的作用。展望2035年，数字经济将迈向繁荣成熟期，力争形成统一公平、竞争有序、成熟完备的数字经济现代市场体系，数字经济发展基础、产业体系发展水平位居世界前列。

　　为适应数字经济社会发展的需要，培养更多通晓数字财税的应用型人才，将理论与实践有机地结合，在借助相关财税软件运用实践的基础上编写了本教材。具体来说，本教材具有以下特点：（1）产、学、研相结合，力求实效。现有关于财税领域的研究，主要聚焦于理论和传统应用层面，较少涉及大数据和数字化的分析运用，相对于大数据时代，存在明显滞后的现象。本教材以财税数字化改革为主线，以财税改革进程中的热点、难点、痛点、堵点问题为研究对象，以引领财税数字化发展为目标，进行探索研究，实操演练，并提出政策建议，具有较强的前瞻性、引领性的社会价值。（2）立足财税领域实际，体现财税专业特色。作为专业实验实践课程，注重学思结合、知行合一，把传统理论与学科前沿领域的知识融合创新，提升理论知识与实操技能。

　　本教材在编写过程中得到了国家相关部委及地方财税部门的大力支持和帮助。财政部、国家税务总局、河南省财政厅、国家税务总局河南省税务局等单位的专家给予了悉心指导，经济科学出版社给予了无私的帮助，全国部分财税高校的相关专家和同仁都提出了宝贵的意见和建议。在编写过程中，我们参阅了众多国内外专家学者的著作和文献，吸收了近年来我国财税政策、财税实践及学术研究的最新成果，然而限于篇幅，未能一一列出。在此向上述单位和个人一并表示衷心的感谢。

　　本教材的编写人员为张敏翔、张来生、杨淑燕、陈舒、刘雨澜、周志强、黄中秋、师梦豪、司晨曦、郭一凡。本教材首次编写，虽经历几次内部修改，限于我们的财税理论及业务水平，难免会有疏漏和错误之处，知识内容仍有升华空间，敬请各位同仁和广大读者批正，也希望各位能就实践过程中的经验和心得与我们交流。

张敏翔

2022 年 2 月 28 日

目　录
CONTENTS

第二模块

第三模块

第四模块

第一模块

第一章　数字化概述

【学习目标】

1. 了解数字化基本概念。
2. 了解数字化产生背景。
3. 熟悉数字化的阶段划分与发展模式。
4. 熟悉数字化建设面临的问题及改革方向。

【导读】

数字是人类文明的重要载体。从"结绳记事"到"文以载道"，从"电子计算"到"数据建模"，数字承载并见证了人类认识世界、改造世界的巨大进步。今天，随着与互联网的深度融合，数字已超越传统意义，被赋予了经济学内涵。数字化已成为引领世界科技革命和产业变革的核心力量，深刻改变着我们的经济形态和生活方式。

数字化革命也被称为第三次工业革命或第三次科技革命，是指电子计算机的发明与通信设备等的快速普及。数字化革命使传统工业更加机械化、自动化，从而减少了工作成本。

数字化革命对科技技术、社会文化艺术以及生产方式和市场经济发展有着深远的影响。

第一节　数字化基本概念

一、数字化的概念

数字化的概念分为狭义的数字化和广义的数字化。狭义的数字化主要是利用数字技术对具体业务、场景的数字化改造，更关注数字技术本身对业务的降本增效作用。广义的数字化则是利用数字技术对企业、政府等各类组织的业务模式、运营方式进行系统化、整体性的变革，更关注数字技术对组织整个体系的赋能和重塑。

狭义的数字化是指利用信息系统、各类传感器、机器视觉等信息通信技术将物理世界中复杂多变的数据、信息、知识转变为一系列二进制代码，引入计算机内部，形成可识别、可存储、可计算的数字、数据，再以这些数字、数据建立起相关的数据模型，进行统一处理、分析、应用，这就是数字化的基本过程。

广义上的数字化则是指通过利用互联网、大数据、人工智能、区块链等新一代信息技术对企业、政府等各类主体的战略、架构、运营、管理、生产、营销等各个层面，进行系统性的、全面的变革，强调的是数字技术对整个组织的重塑，数字技术能力不再只是单纯地解决降本增效问题，而是成为赋能模式创新和业务突破的核心力量。

综上所述，对于数字化的概念，场景、语境不同，其含义也不同，具体业务的数字化多为狭义的数字化，对企业、组织整体的数字化变革多为广义的数字化，广义的数字化概念包含了狭义的数字化。

二、数字化的内涵

与传统的信息化相比，无论是狭义的数字化，还是广义的数字化，均是在信息化高速发展的基础上诞生和发展的，但与传统信息化条块化服务业务的方式不同，数字化更多的是对业务和商业模式的系统性变革、重塑。

数字化打通了企业信息孤岛，释放了数据价值。信息化是充分利用信息系统，将企业的生产过程、事务处理、现金流动、客户交互等业务过程，加工生成相关数据、信息、知识来支持业务的效率提升，更多是一种条块分割、烟囱式的应用，而数字化则是利用新一代信息与通信技术（ICT），通过对业务数据的实时获取、网络协同、智能应用，打通企业数据孤岛，让数据在企业系统内自由流动，数据价值得以充分发挥。

数字化以数据作为企业核心生产要素，要求将企业中所有的业务、生产、营销、客户等有价值的人、事、物全部转变为数字存储的数据，形成可存储、可计算、可分析的数据、信息、知识，并和企业获取的外部数据一起，通过对这些数据的实时分析、计算、应用来指导企业生产、运营等各项业务。

数字化变革了企业生产关系，提升了企业生产力。数字化让企业从传统生产要素转向以数据为生产要素，从传统部门分工转向网络协同的生产关系，从传统层级驱动转向以数据智能化应用为核心驱动的方式，让生产力得到指数级提升，使企业能够实时洞察各类动态业务中的一切信息，实时做出最优决策，使企业资源合理配置，适应瞬息万变的市场经济竞争环境，实现最大经济效益。

数字化，即是将许多复杂多变的信息转变为可以度量的数字、数据，再以这些数字、数据建立起适当的数字化模型，把它们转变为一系列二进制代码，引入计算机内部，进行统一处理，这就是数字化的基本过程。

当今时代是信息化时代，而信息的数字化也越来越为研究人员所重视。早在 20 世纪 40 年代，香农就证明了采样定理，即在一定条件下，用离散的序列可以完全代表一个连续函数。就实质而言，采样定理为数字化技术奠定了重要基础。

第二节　数字化产生背景

数字化是信息技术发展的高级阶段，是数字经济的主要驱动力。随着新一代数字技术的快速发展，各行业利用数字技术创造了越来越多的价值，加快推动了各行业的数字化产生与发展。

一、数字技术革命推动了人类的数字化产生

人类社会的经济形态随着技术的进步不断演变，农耕技术开启了农业经济时代，工业革命实现了农业经济向工业经济的演变，如今数字技术革命，推动了人类生产生活的数字化变革，孕育出一种新的经济形态——数字经济，数字化成为数字经济的核心驱动力。

二、数字技术成本的降低让数字化价值充分发挥

数字技术自计算机的发明开始，物联网、云计算、人工智能等各类数字技术不断涌现，成本不断降低，使得数字技术从科学走向实践，形成了完整的数字化价值链，在各个领域实现应用，推动了各个行业的数字化，为各行业不断创造新的价值。

三、数字基础设施快速发展推动数字化应用更加广泛深入

政府和社会各界全面加快数字基础设施建设，推进工业互联网、人工智能、物联网、车联网、大数据、云计算、区块链等技术集成创新和融合应用，让数字化应用更加广泛深入到社会经济运行的各个层面，成为推动数字经济发展的核心动力。

第三节　数字化发展的阶段划分与发展模式

数字化发展共分为初始级、单元级、流程级、网络级、生态级五个发展阶段。

数据是数字化转型的关键驱动要素，不同发展阶段的组织在获取、开发和利用数据方面，总体呈现出由局部到全局、由内到外、由浅到深、由封闭到开放的趋势和特征。基于数据要素在不同发展阶段所发挥驱动作用的不同，数字化转型的发展战略、新型能力、系统性解决方案、治理体系、业务创新转型等方面在不同发展阶段有不同的发展状态和特征。

一、初始级发展阶段

处于该发展阶段的组织，在单一职能范围内初步开展了信息（数字）技术应用，但尚未有效发挥信息（数字）技术对主营业务的支持作用。

二、单元级发展阶段

处于该阶段的组织，在主要或若干主营业务单一职能范围内开展了（新一代）信息技术应用，提升相关单项业务的运行规范性和效率。

发展战略方面，在发展战略或专项规划中明确提出数字化的内容，目标定位主要是提升业务规范性和运行效率，将数字化内容纳入了部门级年度计划和绩效考核。

新型能力方面，能够运用（新一代）信息技术手段支持单一职能范围内新型能力的建设、运行和优化，所形成的新型能力主要在相关单项业务中使用。

系统性解决方案方面，面向单一职能范围内新型能力建设、运行和优化，开展了必要的设备设施改造，应用（新一代）信息技术手段和工具，开展了相关单项业务优化和职能职责调整，基于单一职能范围内及相关单项业务数据采集开展单元级数据建模等。

治理体系方面，管理模式是职能驱动型，能够基于单一职能范围内或相关单项业务数据开展辅助管理决策。领导重视并积极推动（新一代）信息技术应用，设置了专门团队开展（新一代）信息技术应用与运维，建立单项应用与运维制度等。

业务创新转型方面，主要或关键单项业务实现数字化，形成（新一代）信息技术手段和工具支持下的业务运行模式。

三、流程级发展阶段

处于该阶段的组织，在业务线范围内，通过流程级数字化和传感网级网络化，以流程为驱动，实现主营业务关键业务流程及关键业务与设备设施、软硬件、行为活动等要素间的集成优化。

发展战略方面，以实现业务综合集成为核心制定数字化转型专项战略规划，已在战略层面认识到数据的重要价值，并将数字化转型年度计划和绩效考核纳入组织整体发展规划和考核体系。

新型能力方面，完成支持主营业务集成协同的流程级新型能力的建设，且新型能力的各能力模块可被该流程上相关业务环节有效应用。

系统性解决方案方面，面向流程级能力建设、运行和优化，构建传感网级网络，集成应用IT软硬件资源，开展跨部门、跨业务环节、跨层级的业务流程优化设计和职能职责调整，基于主要设备和各业务系统数据采集和集成共享，构建并应用系统级数字化模型。

治理体系方面，管理模式为流程驱动型，能够开展跨部门、跨业务流程的数字化集成管理，由组织决策层和专职一级部门统筹推进数字化转型工作，形成了流程驱动的数字化系统建设、集成、运维和持续改进的标准规范和治理机制。

业务创新转型方面，在组织关键业务均实现数字化基础上，沿着纵向管控、价值链和产品生命周期等维度，主要或关键业务线实现了业务集成融合。

四、网络级发展阶段

处于该阶段的组织，在全组织（企业）范围内，通过组织（企业）级数字化和产业互联网级网络化，推动组织（企业）内全要素、全过程互联互通和动态优化，实现以数据为驱动的业务模式创新。

发展战略方面，制定了以数字组织（企业）为核心内容的发展战略，在发展战略中明确将数据作为关键战略资源和驱动要素，加速推进业务创新转型和数字业务培育。构建数字组织（企业）成为组织年度计划的核心内容，并建立覆盖全员的绩效考核体系。

新型能力方面，完成支持组织（企业）全局优化的网络级能力的建设，实现新型能力的模块化、数字化和网络化，能够在全组织（企业）范围内进行按需共享和应用。

系统性解决方案方面，建设数字组织（企业）的系统集成架构，业务基础资源和能力实现平台化部署，支持按需调用，OT 网络与 IT 网络实现协议互通和网络互联，基于组织（企业）内全要素、全过程数据在线自动采集、交换和集成共享，建设和应用组织（企业）级数字孪生体模型。

治理体系方面，管理模式为数据驱动型，实现覆盖组织（企业）全过程的自组织管理。建立组织（企业）级数字化治理领导机制和协调机制，形成了数据驱动的数字组织（企业）治理体系，实现数据、技术、流程和组织等四要素的智能协同、动态优化和互动创新。

业务创新转型方面，基于主要或关键业务在线化运行和核心能力模块化封装和共享应用等，实现了网络化协同、服务化延伸、个性化定制等业务模式创新。

五、生态级发展阶段

处于该阶段的组织，在生态组织范围内，通过生态级数字化和泛在物联网级网络化，推动与生态合作伙伴间资源、业务、能力等要素的开放共享和协同合作，共同培育智能驱动型的数字新业务。

发展战略方面，制定了以构建共生共赢生态系统、发展壮大数字业务为目标的组织发展战略及生态圈发展战略，在发展战略中明确将数据作为驱动创新的核心要素，开展智能驱动的生态化运营体系建设，制定覆盖整个生态圈主要合作伙伴的战略全过程柔性管控机制。

新型能力方面，完成支持价值开放共创的生态级能力的建设，能够与生态合作伙伴共建开放的能力合作平台和开放价值生态，实现生态级能力认知协同、按需共享和自优化。

系统性解决方案方面，建立了组件化、可配置、开放灵活的智能云平台，组织内OT网络、IT网络以及组织外互联网实现互联互通，组织已成为社会化能力共享平台的核心或重要贡献者，与合作伙伴共同实现生态基础资源和能力的平台部署、开放协作和按需利用。

治理体系方面，管理模式为智能驱动型，员工成为组织的合伙人，形成了以生态伙伴命运共同体为核心的价值观和组织文化。

业务创新转型方面，形成了以数字业务为核心的新型业态，数字业务成为组织主营业务的重要组成部分，发挥生态圈创新潜能，开辟实现绿色可持续发展的广阔空间。

第四节　数字化建设面临的挑战及应对策略

当前，我们正处于信息爆炸式增长的大数据时代。党的十九届五中全会提出，建设数字中国，加快数字化发展。

如何利用好大数据、人工智能等数字技术提升社会治理现代化水平，更好地服务经济社会发展和人民生活改善，成为重要的时代命题。

一、数字化建设面临的挑战

1. 认知偏差。很多人对数字化建设的认知只停留在技术层面，认为其只是对数据和技术的简单利用。然而，数字化建设是由数字化和建设两个部分构成，其最终目的是要实现整个社会数字化流程的建设。

2. 数据基础不够稳固。虽说数字化建设的最终目的是建设，但也离不开数字化的支撑，而数字化的关键便是数据。数据是一把双刃剑，既给社会带来巨大的价值，同时也是最大的风险来源。

数据不准确，再智能的技术也无法得出正确的见解。但目前的情况是不少企业和政府组织空有海量数据，数据基础却不够稳固，无法和数字化应用匹配起来，存在着数据孤岛、数据不准确、数据质量低等问题。甚至有些传统企业的信息化水平远低于平均水平，仍然停留在纸质文档记录数据的阶段。不解决这些问题，数字化技术便无法产出真正的价值。

3. 要有效推进数字化建设，组织和人才必须同时变革，建设本身是动态的。在建设过程中，如何建立和调整与转型相适应的组织是建设全面调整的重要方面。数字化建设不仅需要新技术人才，也需要商业创新人才，更需要能够将新技术与商业跨领域相结合的人才，培养高层次的转型人才团队是数字化建设不可避免的问题。

4. 安全和数据隐私问题、数据泄露、恶意软件和漏洞数量的快速增长导致一些人认为，缺乏安全性的数字化建设将导致企业面临更大的安全风险。

二、应对策略

（一）把握好顶层设计与基层探索的关系

数字化建设是一项系统性、标准化工程，必须从一开始就放弃"零敲碎打""各自为战"的模式，从顶层加强统一规划设计，在建设业务、数据、技术、安全、研发、运维等各个维度形成一系列统一标准规范，打破各级各类各系统数据壁垒，促进互融互通，这是由数字化建设的内在逻辑决定的，必须"操其要于上"。

与此同时，任何建设都是有问题导向和效果导向的，需要突破的问题归根结底来源于实践，建设的成效要由实践来检验，因此基层的实践探索同样重要，必须"分其详于下"。

（二）把握好数字赋能与制度重塑的关系

数字化建设要充分发挥数字赋能效用，牢牢把握数字化浪潮带来的新机遇，充分运用数字化技术、数字化思维、数字化认知，融合应用互联网、物联网、云计算、大数据、人工智能、区块链等数字创新技术。但是必须谨防陷入"数字崇拜"怪圈，千万不能认为数字化建设就是建一堆系统、开发一堆应用。建系统、建应用固然能提高治理效能，其本身也是建设的一部分，但建设从其本质来说并不只是手段创新，更是针对不适应生产力的生产关系、不适应经济基础的上层建筑的深层次调整，其核心在于从技术理性跨越到制度理性，实现制度重塑。

（三）把握好政府有为与市场有效的关系

数字化建设在推进过程中应该厘清政府与市场发挥作用的边界。企业作为经济组织，对市场变化反应最为灵敏，应该说，这一轮数字化浪潮，企业是重要的推动力量。随着全社会海量数据积累和算法不断迭代，现在已经到了政府必须主动引领数字化改革，通过自身数字化转型带动经济社会全面数字化的阶段。

首先，政府不能缺位。数字化建设的总体框架搭建、基础设施建设、监管规则制定都需要政府主动积极作为，这正是我国"集中力量办大事"的新型举国体制的优势所在。其次，政府不能越位。数字化建设是一个有着高度不确定性的创新领域，财政资金必须集中用到刀刃上，鼓励和引导民间资本、民营企业等积极参与，同时要避免在政企合作中对市场过度行政干预，真正激发全社会活力。

（四）把握好信息共享与数据安全的关系

梅特卡夫定律指出，网络的价值与联网用户数的平方成正比，也就是说，网络整合的资源越多，网络的价值越大。这表明，与传统基于技术壁垒构筑起来的封闭式价值体系不同，数字化背后是开放共享的价值体系驱动，只有通过数据资源开放共享，才能实现数据最大程度汇集并实现数据价值最大化。

但必须清醒地认识到，开放共享的首要前提是数据安全得到有效保障。例如，现在很多小区都安装了人脸识别系统，许多商场也开通了刷脸支付渠道，但这同时也是一把"双刃剑"，一旦信息数据安全没有得到有效的保障，信息泄露或被滥用，将带来极大的社会风险。因此，数字化建设既要推动全社会各类主体之间信息共享，又要在技术、制度、法律等各维度同步加强数据安全保障。

课后习题

1. 简述数字化的概念。
2. 简述数字化的产生背景。
3. 简述数字化发展面临的挑战及应对策略。

第二章　大数据

【学习目标】

    1. 了解大数据的基本概念。

    2. 了解大数据的发展历程。

    3. 熟悉大数据的应用。

    4. 熟悉大数据面临的安全问题。

【导读】

    作为继云计算、物联网之后 IT 行业又一颠覆性的技术，大数据备受人们关注，大数据无处不在，包括金融、汽车、零售、餐饮、电信、能源、政务、医疗、体育、娱乐等在内的社会各行各业，都融入了大数据，大数据对人类的社会生产和生活必将产生重大而深远的影响。

    大数据时代的悄然来临，带来了信息技术发展的巨大变革，并深刻影响着社会生产和人们生活的方方面面。各国政府高度重视大数据技术的研究和产业发展，纷纷把大数据上升为国家战略并重点推进。企业和学术机构纷纷加大技术、资金和人员投入力度，加强对大数据关键技术的研发与应用，以期在"第三次信息化浪潮"中占得先机、引领市场。大数据已经不是"镜中花、水中月"，它的影响力和作用力正迅速触及社会的每个角落，所到之处，或是颠覆，或是提升，都让人们深切感受到了大数据实实在在的威力。

第一节　大数据的概念*

    随着大数据时代的到来，"大数据"已经成为互联网信息技术行业的流行词汇，关于"什么是大数据"这个问题，大家比较认可关于大数据的"4 V"说法。大数据的 4 个特点，具体是指数据量大（volume）、数据类型繁多（variety）、处理速度快（velocity）和价值密度低（value）。

---

    * 林子雨. 大数据导论——数据思维、数据能力和数据伦理 ［M］. 高等教育出版社，2020：17 – 18.

一、数据量大

从数据量的角度而言，大数据泛指无法在可容忍的时间内用传统信息技术和软硬件工具对其进行获取、管理和处理的巨量数据集合，需要可伸缩的计算体系结构以支持其存储、处理和分析。按照这个标准来衡量，目前很多应用场景中涉及的数据量都已经具备了大数据的特征。例如，博客、微博、微信、抖音等应用平台上每天由网民发布的海量信息属于大数据；遍布人们工作和生活各个角落的各种传感器和摄像头，每时每刻都在自动产生大量数据，也属于大数据。

根据国际数据公司（International Data Corporation，IDG）做出的估测，人类社会产生的数据一直都在以每年 50% 的速度增长，也就是说，大约每两年就增加一倍，这被称为大数据的摩尔定律。这意味着，人类在最近两年产生的数据量相当于之前产生的全部数量之和。预计到 2022 年，全球将总共拥有 40ZB（数据存储单位之间的换算关系见表 2-1）的数据量，与 2010 年相比，数据量将增长近 30 倍。

表 2-1　　　　　　　　　　　　数据存储单位之间的换算关系

单位	换算关系
字节（byte）	1 byte = 8 bit
千字节（kilobyte，KB）	1 KB = 1 024 byte
兆字节（megabyte，MB）	1 MB = 1 024 KB
吉字节（gigabyte，GB）	1 GB = 1 024 MB
太字节（trillionbyte，TB）	1 TB = 1 024 GB
拍字节（petabyte，PB）	1 PB = 1 024 TB
艾字节（exabyte，EB）	1 EB = 1 024 PB
泽字节（zettabyte，ZB）	1 ZB = 1 024 EB

随着数据量的不断增加，数据所蕴含的价值会从量变到质变。举例来说，如果拍 1 张人骑马的照片，受到照相技术的制约，早期只能每 1 分钟拍 1 张，随着照相设备的不断改进，处理速度越来越快，发展到后来，就可以 1 秒钟拍 1 张，而当有一天发展到 1 秒钟可以拍 10 张以后，就产生了电影。当数据的增长实现质变时，就由 1 张照片变成了 1 部电影。同样的量变到质变过程，也会发生在数据量的增加过程之中。

二、数据类型繁多

大数据的数据来源众多，科学研究、企业应用和 Web 应用等都在源源不断地生成类型繁多的新数据。生物大数据、交通大数据、医疗大数据、电信大数据、电力大数据、金融大数据等，都呈现出"井喷式"增长，涉及的数量十分巨大，已经从太字节（TB）级别跃升到拍字节（PB）级别。各行各业，每时每刻，都在不断生成各种类型的数据。

1. 消费者大数据。中国移动拥有的用户超过 8 亿户，每天获取新数据达到 14TB，累计存储量超过 300PB；阿里巴巴的月活跃用户超过 5 亿户，单日新增数据超过 50TB，累计超过数百 PB；百度月活跃用户近 7 亿户，每天数据处理能力达到 100 PB；腾讯月活跃用户超过 9 亿户，数据每日新增数百 TB，总存储量达到数百 PB；京东每日新增数据 1.5PB，2016 年累计数据达 100 PB，年增 300%；今日头条日活跃用户 3 000 万户，日处理数据 7.8PB；30% 国人用外卖，周均 3 次，美团用户 6 亿户，数据超过 4.2PB；我国共享单车市场，拥有 2 亿户用户，超过 700 万辆自行车，每天骑行超过 3 000 万次，每天产生 30TB 数据；携程网每天线上访问量上亿次，每日新增数据 400TB，存量超过 50PB；小米公司的联网激活用户超过 3 亿户，小米云服务数据总量 200PB。

2. 金融大数据。中国平安有 8.8 亿个客户的脸谱和信用信息以及 5 000 万个声纹库；中国工商银行拥有 5.5 亿个个人客户，全行数据超过 60PB；中国建设银行用户超过 5 亿户，手机银行用户达到 1.8 亿户，网银用户超过 2 亿户，数据存储能力达到 100PB；中国农业银行拥有 5.5 亿个个人客户，日梳理数据达到 1.5TB，数据存储量超过 15PB；中国银行拥有 5 亿个个人客户，手机银行客户达到 1.15 亿个，电子渠道业务替代率达到 94%。

3. 医疗大数据。一个人拥有 10^{14} 个细胞，10^9 个碱基，一次全面的基因测序产生的个人数据可以达到 100GB 到 600GB。华大基因公司 2017 年产出的数据达到 1EB。在医学影像中，一次 3D 核磁共振检查可以产生 150MB 数据，一张 CT 图像 150MB。2015 年，美国平均每家医院需要管理 665TB 数据，个别医院年增数据达到拍字节（PB）级别。

4. 城市大数据。一个 8Mbps 的摄像头产生的数据量是 3.6GB/小时，1 个月产生数据量为 2.59TB。很多城市的摄像头多达几十万个，一个月的数据量达到数百 PB，若需保存 3 个月，则存储的数据量会达到艾字节（EB）量级。北京市政府部门的数据总量，2011 年达到 63PB，2012 年达到 95PB，2018 年达到数百拍字节（PB），全国政府的数据量加起来为数百个甚至上千个阿里的数据量。

5. 工业大数据。劳斯莱斯公司对飞机引擎做一次仿真，会产生数十太字节（TB）的数据。一个汽轮机的扇叶在加工中就可以产生 0.5TB 的数据，扇叶生产每年会收集 3PB 的数据。叶片运行数据为 588GB/天。美国通用电气公司在出厂飞机的每个引擎上装 20 个传感器，每个引擎每飞行一小时能产生 20TB 数据并通过卫星回传，每天可收集拍字节（PB）级数据。清华大学与金风科技共建的风电大数据平台，2 万台风机年运维数据为 120PB。

综上所述，大数据的数据类型非常丰富，可以分成两大类，即结构化数据和非结构化数据，其中，前者占 10% 左右，主要是指存储在关系数据库中的数据；后者大约占 90%，种类繁多，主要包括邮件、音频、视频、微信、微博、位置信息、链接信息、手机呼叫信息、网络日志等。

如此种类繁多的异构数据，对数据处理和分析技术提出了新的挑战，也带来了新的机遇。传统数据主要存储在关系数据库中，但是，在类似 Web 2.0 等应用领域中，越来越多的数据开始被存储在 NoSQL 数据库中，这就必然要求在集成的过程中进行数据转换，而这种转换的过程是非常复杂和难以管理的。传统的联机分析处理（OLAP）分析和商务智能工具大都面向结构化数据，在大数据时代，用户友好的、支持非结构化数据分析的商业软件也将迎来广阔的市场空间。

三、处理速度快

大数据时代的数据产生速度非常快。Web 2.0 应用领域，1 分钟内，新浪可以产生 2 万条微博，推特可以产生 10 万条推文，苹果可以产生 4.7 万次应用下载，淘宝可以卖出 6 万件商品，百度可以产生 90 万次搜索查询，脸书（Facebook）可以产生 600 万次浏览量，大名鼎鼎的大型强子对撞机（large hadron collider，LHC），大约每秒产生 6 亿次的碰撞，每秒生成约 700MB 的数据，需要成千上万台计算机分析这些碰撞。

大数据时代的很多应用，都需要基于快速生成的数据给出实时分析结果，用于指导生产和生活实践，因此，数据处理和分析的速度通常要达到秒级甚至毫秒级响应，这一点和传统的数据挖掘技术有着本质的不同，后者通常不要求给出实时分析结果。

为了实现快速分析海量数据的目的，新兴的大数据分析技术通常采用集群处理和独特的内部设计。以谷歌公司的大数据引擎 Dremel 为例，它是一种可扩展的、交互式的实时查询系统，用于只读嵌套数据的分析，通过结合多级树状执行过程和列式数据结构，它能做到几秒内完成对万亿张表的聚合查询，系统可以扩展到成千上万的 CPU 上，满足谷歌上万用户操作拍字节（PB）级数据的需求，并且可以在 2～3 秒内完成拍字节（PB）级别数据的查询。

四、价值密度低

大数据虽然看起来很美，但是，价值密度却远远低于传统关系数据库中已有的数据。在大数据时代，很多有价值的信息都是分散在海量数据中的。以小区监控视频为例，如果没有意外事件发生，连续不断产生的数据都是没有任何价值的，当发生偷盗等意外情况时，也只有记录了事件过程的那一小段视频是有价值的。但是，为了能够获得发生偷盗等意外情况时的那一段宝贵视频，我们不得不投入大量资金购买监控设备、网络设备、存储设备，耗费大量的电能和存储空间，来保存摄像头连续不断传来的监控数据。

如果这个实例还不够典型的话，那么请读者想象另外一个更大的场景。假设一个电子商务网站希望通过微博数据进行有针对性营销，为了实现这个目的，就必须构建一个能存储和分析新浪微博数据的大数据平台，使之能够根据用户微博内容进行有针对性的商品需求趋势预测。愿景很美好，但是现实代价很大，可能需要耗费几百万元构建整个大数据团队和平台，而最终带来的企业销售利润增加额可能会比投入低许多。综上，大数据的价值密度是较低的。

第二节　大数据的发展历程

从大数据的发展历程来看，总体上可以划分为三个重要阶段：萌芽期、成熟期和大规模应用期，见表 2 – 2。

表 2 – 2　　　　　　　　　　　　大数据发展的三个阶段

阶段	时间	内容
第一阶段：萌芽期	20 世纪 90 年代至 21 世纪初	随着数据挖掘理论和数据库技术的逐步成熟，一批商业智能工具和知识管理技术开始被应用，如数据仓库、专家系统、知识管理系统等
第二阶段：成熟期	21 世纪前十年	Web 2.0 应用迅猛发展，非结构化数据大量产生，传统处理方法难以应对，带动了大数据技术的快速突破，大数据解决方案逐渐走向成熟，形成了并行计算与分布式系统两大核心技术，谷歌的 GFS MapReduce 等大数据技术受到追捧，Hadoop 平台开始大行其道
第三阶段：大规模应用期	2010 年后	大数据应用渗透各行各业，数据驱动决策，信息社会智能化程度大幅提高

这里简要回顾一下大数据的发展历程：

• 1980 年，著名未来学家阿尔文·托夫勒在《第三次浪潮》一书中，将大数据热情地赞颂为"第三次浪潮的华彩乐章"。

• 1997 年，题目为《为外存模型可视化而应用控制程序请求页面调度》的文章问世，这是在美国计算机学会的数字图书馆中第一篇使用"大数据"这一术语的文章。

• 1999 年 10 月，在美国电气和电子工程师协会（IEEE）关于可视化的年会上，设置了名为"自动化或者交互：什么更适合大数据？"的专题讨论小组，探讨大数据问题。

• 2001 年 2 月，梅塔集团分析师道格·莱尼发布题为《3D 数据管理：控制数据容量、处理速度及数据种类》的研究报告。10 年后，"3V"（volume，variety 和 velocity）作为定义大数据的三个维度而被广泛接受。

• 2005 年 9 月，蒂姆·奥莱利发表了《什么是 Web 2.0》一文，并在文中指出"数据将是下一项技术核心"。

• 2008 年，《自然》杂志推出大数据专刊；计算社区联盟（Computing Community Consortium）发表了报告《大数据计算：在商业、科学和社会领域的革命性突破》，阐述了大数据技术及其面临的一些挑战。

• 2010 年 2 月，肯尼斯·库克尔在《经济学人》上发表了一份关于管理信息的特别报告《数据，无所不在的数据》。

● 2011 年 2 月，《科学》杂志推出专刊《处理数据》，讨论了科学研究中的大数据问题。

● 2011 年，维克托·迈尔·舍恩伯格出版著作《大数据时代：生活、工作与思维的大变革》，引起轰动。

● 2011 年 2 月，麦肯锡全球研究院发布《大数据下一个具有创新力、竞争力与生产力的前沿领域》，提出"大数据"时代到来。

● 2012 年 3 月，美国政府发布了《大数据研究和发展倡议》，正式启动"大数据发展计划"，大数据上升为美国国家发展战略，被视为美国政府继信息高速公路计划之后在信息科学领域的又一重大举措。

● 2013 年 12 月，中国计算机学会发布《中国大数据技术与产业发展白皮书》，系统总结了大数据的核心科学与技术问题，推动了中国大数据学科的建设与发展，并为政府部门提供了战略性的意见与建议。

● 2014 年 5 月，美国政府发布 2014 年全球"大数据"白皮书《大数据：抓住机遇、守价值》，报告鼓励使用数据来推动社会进步。

● 2015 年 8 月，国务院印发《促进大数据发展行动纲要》，全面推进我国大数据发展和应用，加快建设数据强国。

● 2016 年 12 月，为加快实施国家大数据战略，推动大数据产业健康快速发展，工业和信息化部印发了《大数据产业发展规划（2016—2020 年）》。

● 2017 年 4 月，《大数据安全标准化白皮书（2017）》正式发布，从法规、政策、标准和应用等角度，勾画了我国大数据安全的整体轮廓。

● 2018 年 4 月，首届"数字中国"建设峰会在福建省福州市举行。

第三节　大数据应用

"数据，正在改变甚至颠覆我们所处的整个时代"，《大数据时代》一书作者维克托·迈尔·舍恩伯格教授发出如此感慨。今天，大数据已经无处不在，包括金融、汽车、零售、餐饮、电信、能源、政务、医疗、体育、娱乐等社会各行各业都已经融入了大数据的印记，表 2 - 3 是大数据在各个领域的应用情况。

表 2 - 3　　　　　　　　　大数据在各个领域的应用一览

领域	大数据的应用
制造业	利用工业大数据提升制造业水平，包括产品故障诊断与预测、分析工艺流程、改进生产工艺、优化生产过程能耗、工业供应链分析与优化、生产计划与排程
金融行业	大数据在高频交易、社交情绪分析和信贷风险分析三大金融创新领域发挥重要作用
汽车行业	利用大数据和物联网技术的无人驾驶汽车，在不远的未来将走入我们的日常生活

续表

领域	大数据的应用
互联网行业	借助于大数据技术，可以分析客户行为，进行商品推荐和有针对性广告投放
餐饮行业	利用大数据实现餐饮 O2O 模式，彻底改变传统餐饮经营方式
电信行业	利用大数据技术实现客户离网分析，及时掌握客户离网倾向，出台客户挽留措施
能源行业	随着智能电网的发展，电力公司可以掌握海量的用户用电信息，利用大数据技术分析用户用电模式，可以改进电网运行，合理地设计电力需求响应系统，确保电网运行安全
物流行业	利用大数据优化物流网络，提高物流效率，降低物流成本
城市管理	可以利用大数据实现智能交通、环保监测、城市规划和智能安防
生物医学	大数据可以帮助我们实现流行病预测、智慧医疗、健康管理，同时还可以帮助我们解读 DNA，了解更多的生命奥秘
体育和娱乐	大数据可以帮助我们训练球队，决定投拍哪种题材的影视作品，以及预测比赛结果
安全领域	政府可以利用大数据技术构建起强大的国家安全保障体系，企业可以利用大数据抵御网络攻击，警察可以借助大数据预防犯罪
个人生活	大数据还可以应用于个人生活，利用与每个人相关联的"个人大数据"，分析个人生活行为习惯，为其提供更加周到的个性化服务

就企业而言，对大数据的掌握程度可以转化为经济价值的源泉。最为常见的是，一些公司已经把商业活动的每一个环节都建立在数据收集、分析和行动的能力之上，尤其是在营销方面。eBay 公司通过数据分析计算出广告中每一个关键字，进行精准地定位营销，优化广告投放，自 2007 年以来 eBay 产品的广告费缩减了 99%，而顶级卖家的销售额在总销售额中上升 32%。淘宝网通过挖掘处理顾客浏览页面和购买记录的数据，为客户提供个性化建议并推荐新的产品，以达到提高销售额的目的。[①] 有的企业利用大数据分析研判市场形势，部署经营战略，开发新的技术和产品，以期迅速占领市场制高点。大数据宛如一股"洪流"注入世界经济，成为全球各个经济领域的重要组成部分。

在政治活动领域，大数据时代也悄然而至。就政府而言，大数据的发展将会提高政府科学决策水平，改变政府传统决策方式，变为用数据说话，利用大数据分析社会、经济、人文生活等规律，从而为国家宏观调控、战略决策、产业布局等夯实根基。通过大数据分析社会公众和企业的行为，可以增强政府的公共服务水平。采用大数据技术，还可实现城市管理由粗放式向精细化转变，提高政府的社会管理水平。

在医疗领域，大数据也有不俗表现。医院通过分析采用监测器采集的数百万个新生儿重症监护病房的数据，可以从诸如体温升高、心率加快这样的因素中，判断新生儿是否存在感染潜在致命性、传染性疾病的可能性，以便做好预防和应对措施，而这些早期的感染信号，并不是经验丰富的医生通过巡视查房就可以发现的。华盛顿中心医院为减少患者感染率和再入院率，对病人多年来的匿名医疗记录，如检查、诊断、

---

① 齐爱民，盘佳. 数据权、数据主权的确立与大数据保护的基本原则 [J]. 苏州大学学报（哲学社会科学版），2015（1）.

治疗资料、人口统计资料等进行了统计分析，发现对出院后的病人进行心理治疗方面的医学干预，可能会更有利于其身体健康。

总而言之，大数据的身影无处不在，时时刻刻地在影响和改变着我们的生活以及理解世界的方式。

第四节　大数据安全问题

一、传统数据安全

数据作为一种资源，它的普遍性、共享性、增值性、可处理性和多效用性，使其对于人类具有特别重要的意义，数据安全的实质就是要保护信息系统或信息网络中的数据资源免受各种类型的威胁、干扰和破坏，即保证数据的安全性。

传统的数据安全的威胁主要包括以下几类：

1. 计算机病毒。计算机病毒能影响计算机软件、硬件的正常运行，破坏数据的正确与完整，甚至导致系统崩溃等重大恶果，特别是一些针对盗取各类数据信息的木马病毒等。目前杀毒软件普及较广（例如免费的 360 杀毒软件），计算机病毒造成的数据信息安全威胁隐患得到了很大程度的缓解。

2. 黑客攻击。电脑入侵、账号泄露、资料丢失、网页被黑等也是企业信息安全管理中经常遇到的问题。其特点是具有明确的目标，当黑客要攻击一个目标时，通常是先收集被攻击方的有关信息，分析被攻击方可能存在的漏洞，建立模拟环境，进行模拟攻击，测试对方可能的反应，再利用适当的工具进行扫描，最后通过已知的漏洞，实施攻击后，即可读取邮件，搜索和盗窃文件，毁坏重要数据，破坏整个系统的信息，造成不堪设想的后果。

3. 数据信息存储介质的损坏。在物理介质层次上对存储和传输的信息进行安全保护，是信息安全的基本保障。物理安全隐患大致包括三个方面：一是自然灾害（如地震、火灾、洪水、电等）、物理损坏（如硬盘损坏、设备使用到期、外力损坏等）和设备故障（如停电断电、电磁干扰等）；二是电磁辐射、信息泄露、痕迹泄露（如口令密钥等保管不善）；三是操作失误（如删除文件、格式化硬盘、线路拆除）、意外疏漏等。

二、大数据安全与传统数据安全的不同

传统的信息安全理论重点关注数据作为资料的保密性、完整性和可用性（即三性）等静态安全，其受到的主要威胁在于数据泄露、篡改、灭失所导致的三性破坏。随着信息化和信息技术的进一步发展，信息社会从小数据时代进入到更高级的形态——大数据时代。在此阶段，通过共享、交易等流通方式，数据质量和价值得到更大程度的实现和提升，数据动态利用逐渐走向常态化、多元化，这使得大数据安全表

现出与传统数据安全不同的特征，具体来说有以下几个方面。

1. 大数据成为网络攻击的显著目标。在网络空间中，数据越多，受到的关注度也越高，因此，大数据是更容易被发现的大目标。一方面，大数据对于潜在的攻击者具有较大的吸引力，因为大数据不仅量大，而且包含了大量复杂和敏感的数据；另一方面，当数据在一个地方大量聚集以后，安全屏障一旦被攻破，攻击者就能一次性获得较大的收益。

2. 大数据加大隐私泄露风险。从大数据技术角度来看，Hadoop 等大数据平台对数据的聚合增加了数据泄露的风险。Hadoop 作为一个分布式系统架构，具有海量数据的存储能力，存储的数据量可以达到 PB 级。一旦数据保护机制被突破，将给企业带来不可估量的巨额损失。对于这些大数据平台，企业必须实施严格的安全访问机制和数据保护机制。同样，目前被企业广泛推崇的 NoSQL 数据库（非关系型数据库），由于发展历史较短，目前还没有形成一整套完备的安全防护机制，相对于传统的关系数据库而言，NoSQL 数据库具有更高的安全风险。例如，MongoDB 作为一款具有代表性的 NoSQL 数据库产品，就发生过被黑客攻击导致数据库泄密的情况。另外，NoSQL 数据库对来自不同系统、不同应用程序及不同活动的数据进行关联，也加大了隐私泄露的风险。

3. 大数据技术被应用到攻击手段中。大数据为企业带来商业价值的同时，也可能会被黑客利用来攻击企业，给企业造成损失。为了实现更加精准攻击，黑客会收集各种各样的信息，如社交网络、邮件、微博、电子商务、电话和家庭住址等，这些海量数据为黑客发起攻击提供了更多机会。

4. 大数据成为高级可持续攻击的载体。在大数据时代，黑客往往将自己的攻击行为进行较好的隐藏，依靠传统的安全防护机制很难被监测到。因为，传统的安全检测机制一般是基于单个时间点进行的基于威胁特征的实时匹配检测，而高级可持续攻击是一个实施过程，并不具备能够被实时检测出来的明显特征，因而无法被实时检测。

三、大数据安全问题

2018 年，Facebook 数据事件扭转了大众对大数据风险的传统认知，大数据风险的话题不再是个人和企业层面的保护问题，更是深入涉及政治权力的篡取，直接影响社会稳定和国家政治安全。总的来说，数据从静态安全到动态利用安全的转变，使得数据安全不再只是确保数据本身的保密性、完整性和可用性，更承载着个人、企业、国家等多方主体的利益诉求，涉及个人权益保障、企业知识产权保护、市场秩序维持、产业健康生态建立、社会公共安全及国家安全维护等诸多数据治理问题。

这里给出一些大数据安全方面的典型案例，包括棱镜门事件、维基解密、Face-book 数据滥用事件等。

1. 棱镜门事件。2013 月，爱德华·斯诺登将美国国家安全局关于"棱镜计划"的秘密文档披露给了《卫报》和《华盛顿邮报》，引起世界关注。

棱镜计划（PRISM）是一项由美国国家安全局自 2007 年起开始实施的绝密电子监听计划，该计划的正式名号为"US-984XN"。在该计划中，美国国家安全局和联邦调查局利用平台和技术上的优势，开展全球范围内的监听活动。众所周知，全世界管理互联网的根服务器共有 13 台，1 台主根服务器和 12 台辅根服务器，其中 1 台主根服务器和 9 台辅根服务器在美国本部，美国有最大管理权限，所以可以直接进入相关网络公司的核心服务器里拿到数据、获得情报，对全世界重点地区、部门、公司甚至个人进行布控，监控范围包括信息发布、电子邮件、即时聊天消息、音视频、图片、备份数据、文件传输、视频会议、登录和离线时间、社交网络资料的细节、部门和个人的联系方式与行动。其中包括两个秘密监视项目，一是监视、监听民众电话的通话记录，二是监视民众的网络活动。

通过棱镜计划，美国国家安全局甚至可以实时在全球范围内监控一个人正在进行的网络搜索内容；可以收集大桩个人上网痕迹，诸如聊天记录、登录日志、备份文件、数据传输、语音通信、个人社交信息等，一天可以获得 50 亿人次的通话记录。美国国家安全局全方位、高强度监控全球互联网与电信业务的"棱镜计划"，彰显美国凭借平台及科技优势独霸网络信息的野心，使得网络信息安全受到前所未有的关注，将深刻影响网络时代的国家战略与规划。①

2. 维基解密。维基解密是一个由国际性非营利组织创建的互联网媒体，专门公开来自匿名来源和网络泄露的文档。该网站成立于 2006 年 12 月，由阳光媒体运作。在成立一年后，网站宣称其文档数据库成长至逾 120 万份。维基解密的目标是发挥最大的政治影响力。维基解密大量发布机密文件的做法使其饱受争议。支持者认为维基解密捍卫了民主和新闻自由，而反对者则认为大量机密文件的泄露威胁了相关国家的国家安全，并影响国际外交。2010 年 3 月，一份由美国军方反谍报机构在 2008 年制作的军方机密报告称，维基解密网站的行为已经对美国军方机构的情报安全和运作安全构成了严重的威胁。这份机密报告称，该网站上泄露的一些机密可能会影响到美国军方在国内和海外的运作安全。②

3. Facebook 数据滥用事件。很多人在谈到大数据安全时，会把数据泄密和数据滥用混为一谈，但是，一些被称为"数据泄密"的场景，实际上属于"数据滥用"，即把获得用户授权的数据用于损害用户利益的方面。

2018 年 3 月中旬，《纽约时报》等媒体揭露称一家为特朗普竞选团队提供服务的数据分析公司剑桥分析（Cambridge Analytica）获得了 Facebook 数千万用户的数据，并进行违规滥用。随后，Facebook 创始人马克·扎克伯格发表声明，承认平台曾犯下的错误，随后相关国家和机构开启调查。4 日 5 日，Facebook 首席技术官博客文章称，Facebook 上约有 8 700 万名用户受影响，随后剑桥分析驳斥称受影响用户不超过 3 000 万名。4 日 6 日，欧盟声称 Facebook 确认 270 万名欧洲人的数据被不当共

---

① 肆意践踏人权的美国"棱镜计划"[J/OL]. http：//world. people. com. cn/n/2014/0302/c157278－24502500. html.

② 维基解密（Wikileaks）[J/OL]. http：//intl. ce. cn/zhuanti/data/rl/zl/201012/22/t20101222_1472632. shtml.

享。根据告密者克里斯托夫·维利的指控，剑桥分析在 2016 年美国总统大选前获得了 5 000 万名 Facebook 用户的数据。这些数据最初由亚历山大·科根通过一款名为"this is your digital life"的心理测试应用程序收集。通过这款应用，剑桥分析不仅从接受心理测试的用户处收集信息，还获得了他们好友的资料，涉及数千万用户的数据。参与该心理测试的 Facebook 用户必须拥有约 185 名好友，因此覆盖的 Facebook 用户总数达到 5 000 万人。①

课后习题

1. 简述大数据的概念。
2. 简述大数据的发展历程。
3. 举例说明大数据有哪些应用。

---

① 我们错了！扎克伯格称对 Facebook 数据泄露事件负有责任 [J/OL]．http：//world. people. com. cn/n1/2018/0322/c1002-29883352. html.

第三章　区块链

【学习目标】

1. 了解区块链的基本概念。
2. 了解区块链的发展简史。
3. 熟悉区块链的特性。
4. 了解区块链的发展前景。

【导读】

　　区块链技术是随同比特币一起诞生的，它作为比特币的底层技术，将比特币支撑了起来。一开始，大部分人只看到了比特币光芒万丈，很少有人注意到，其实区块链技术的含金量也很高。近几年比特币的热度逐渐变低，而区块链的热度却慢慢变高。

　　2019年10月24日，习近平总书记在中央政治局第十八次集体学习时强调，要把区块链作为核心技术自主创新的重要突破口，明确主攻方向，加大投入力度，着力攻克一批关键核心技术，加快推动区块链技术和产业创新发展。

　　可见，对于发展区块链技术，国家是高度重视的。

　　我国对于区块链的发展非常重视，各行各业对于区块链技术应用的探索很积极，区块链技术在中国的热度也很高。可以说，中国有适合区块链发展的土壤。要全面发展区块链技术，应该深入挖掘区块链的潜能，正确认识区块链的价值。区块链绝不仅仅是一种单纯的技术，它除了给我们带来技术方面的内容，还有一种思想深处的革命。与以往中心化的内容不同，区块链点对点和分布式的结构，让平等的理念深入人心，人们在设计产品和确立关系时，会充分考虑平等的因素。

　　区块链不仅是技术，也是一种经济模型。区块链技术具有很深层的价值，值得我们去不断挖掘。区块链就好像是给我们量身定制的一种技术，注定为我们国家未来的发展提供很大的帮助。

　　区块链和比特币相伴而生，比特币曾在全球大火，区块链也逐渐被人们注意到。区块链技术对未来非常有价值，现在我国正在大力发展区块链技术。那么区块链到底是什么呢？

第一节　区块链是时代发展的必然产物

信任对于人类社会来说非常重要，它可以有效推动人类文明的发展，促进整个社会的和谐。当信任建立起来时，我们的生活和工作都会变得更加简单和方便。在人类发展的过程中，人们不断创造各种新鲜事物，但信任却不像其他事物一样那么容易创造出来。

从古至今，人们一直都对信任很重视，也知道信任对于人类社会的重要性。信任就像是一个人的第二生命，当一个人能够得到他人的信任，他就可以在做事时减少很多麻烦。如果一个人被很多人当成骗子，无法取得他人的信任，他将很难做成什么事。

建立信任并不容易，它需要经历长时间的累积。当一个人平时能够信守承诺，展现给别人的是一副很讲信用的形象，他会逐渐取得他人的信任并树立起一个守信用的、值得信任的形象。然而，这只是在了解他的一小部分人中树立起来的形象，当放到大的社会环境当中时，可能就会失效。

当然，在当今时代，随着数据技术不断发展，人们比以前更容易知道一个人在信用方面的一些行为。例如，在偿还银行贷款时是否有过失信的行为，平时使用和信用类有关的软件时，是否有过失信行为。不过，仅仅如此还是不够，社会对于信任有更高的要求，如果人人都能讲信用，人人都是可以信任的，这个社会将变得更加美好。同时，在科技不断发展，人们的生活水平不断提高，生活节奏也变得非常快的移动互联网时代，人们需要更高的信任度，使得做事时更加简单、快速、放心。

这在自然的情况下很难实现，因为并非人人都讲信用。如果想要进一步提升社会的整体信任度，则需要技术的支持。于是区块链出现了，它能够解决信任的问题，至少能够满足当前社会发展对于信任的需求度。所以，区块链是时代发展的必然产物，它在人们对社会信任度提出更高要求时，自然而然地产生了。

或许在很久以前，就已经有人开始思考，我们应该做出一个和区块链类似的东西，使信任变得更加容易，不过这些想法大多都没有变成现实。当比特币出现时，区块链技术作为它的基础技术，开始进入人们的视线当中。人们惊喜地发现，区块链就是大家期待已久的可以解决信任问题的技术。所以当比特币的热度在全球不断膨胀的时候，在表面上看起来比特币似乎是占尽了风头，但实际上区块链技术也被很多人看好，甚至更被看好。比特币是一种数字货币，而区块链是一个平台，它可以承载数字货币，也可以承载起人们的信任。区块链能够为建立更加广泛和普适的信任提供帮助。

有哲学家认为，互相信任可以弥补人类生活中的每一个裂痕。信任其实就像是水和空气，和我们每个人都紧密相关。信任又像是一个平台，信任有多大，社会的发展空间就会有多大。所以有现代经济学家表示，现代市场经济实际上就是信用经济，信任几乎贯穿一切市场经济活动，使市场经济往更深层次发展，并且加快市场经济的发展速度。

比特币是一种数字货币，而区块链则能够让人们对比特币建立起信任。有趣的是，金钱本身就是一种建立信任的系统。在人们使用金钱进行交易时，金钱就帮助人们建立起了信任。你不用知道和你交易的人是不是一个非常讲信用的人，因为他手中的金钱就代表了信任。所以有人认为，金钱是一种非常普遍而且特别有效的信任系统。金钱是在古代便已经使用的信任系统，而进入到科技、信息与经济都非常发达的现代社会，信任脱离金钱而存在很有必要。当信任回归信用本身，不再依附于金钱，它的价值将更好地体现出来。区块链正是应时代而生，来帮助人们让信任脱离金钱，变得更加纯粹，同时解决更深层次的信任问题，建立起更为先进的信任系统。

区块链使用技术重新定义了信用，让我们从技术的层面去信任，使信任变得简单起来。有了它的帮助，我们可以轻易相信别人，因为区块链让他无法作假。在以前，如果有两个不同的选择摆在面前，更值得信任的那个选择往往会被人选择，即便它从其他方面来看可能并不是最优选择。在使用区块链技术之后，几乎不用担心信用的问题，我们的选择会更优化。

信用本身是很难计算出来的，因为它会受到很多因素的影响，尤其是人本身的感性影响。人是很难做到绝对理性的，感性会影响到自身的信用，使得信用无法用一个数学公式来计算。信用问题无法解决，信任就无法做到。区块链不去计算人的信用，而是通过构建一个透明的、很难违约的平台来保证信用。

时代已经发展到了对信任度有很高要求的时候。人们可以免押金做很多事情，是因为值得信任。这种信任存在风险，却方便了人们的工作和生活，更有利于社会的发展。区块链技术的出现，让信任变得更加科学，也让信任不再有那么多后顾之忧。区块链在这个时代应运而生，将会在很长的时间里发挥它的能量，让这个世界变得更加美好。

第二节　区块链发展简史

区块链最初进入人们的视线是作为比特币的基础技术，所以当我们谈到区块链的发展简史时，可以先从比特币开始说起。

可以肯定的是，比特币并不是最早的数字货币。在比特币之前，已经出现过不少数字货币以及相应的支付系统，只不过这些数字货币最终都以失败告终，很少有人知道它们。不过失败并不意味着毫无意义，正是这些数字货币在该领域的不断探索，给比特币的发展积累了丰富的经验。

大卫·乔姆被一些人认为是数字货币之父，他发明过很多密码学协议。他在1981年进行的研究，给匿名通信打下了基础。1990年，他创办了一家数字现金公司想把自己的想法商业化，虽然最终失败了，但它已经将数字化货币系统进行了一个试验，积累了一些宝贵的经验。之所以会创办数字现金公司，是因为大卫·乔姆有一次想到了一些新鲜的内容，他希望可以将金融信息进行分享，并安全传输这些信息，对于一些身份信息，也有足够与这些身份相匹配的保密程度。在他所创建的系统当中，进行付款时会保持匿名的状态，不过收款的一方并不能同时保持匿名。可以说，这个系统是保障个人消费的。有了它，人们在进行消费时，可以绕过第三方，保证自己的消费不会重复。

　　数字货币在不断进行各种新鲜的尝试，这为比特币的诞生打下了基础。2008年，一个自称中本聪的人对外发布邮件，称自己正在研究一个新的电子现金系统，这个系统完全是点对点的，不需要任何第三方参与。2008年11月16日，中本聪将比特币代码的先行版本发布了出来。2009年1月3日，创世区块（比特币的第一个区块）被中本聪挖了出来。当时中本聪在芬兰赫尔辛基的一个小型服务器进行"挖矿"（生产比特币的过程），他挖出了50个比特币。有意思的是，他在创世区块当中写下了一句话："The Times 03/Jan/2009 Chancellor on brink of second bailout for banks"。这句话正是《泰晤士报》当天头版文章的标题，意思是"财政大臣站在第二次救助银行的边缘"。中本聪将这句话写进创世区块里既表明了它诞生的时间，同时也表示它和过去的体系有明显的不同。

什么是比特币？

　　比特币（bitcoin，缩写BTC）是一种总量恒定2 100万的数字货币。它的特点是分散化，匿名，只能在数字世界使用，不属于任何国家和金融机构，并且不受地域的限制，可以在世界上的任何地方兑换，因此被用于跨境贸易、支付、汇款等领域。比特币由于广阔的前景和巨大的遐想空间，自2009年诞生后价格持续上涨，2011年币价达到1美元，2013年最高达到1 200美元，超过1盎司黄金价格，有"数字黄金"的美称。2013年，美国政府承认比特币的合法地位，使得比特币价格大涨。而在中国，2013年11月19日，一个比特币就相当于6 989元人民币。

　　在比特币诞生之前，已经有过很多数字货币，但是这些数字货币取得的效果并不理想，也没有被大众所熟知。比特币却能够在全世界掀起一股加密数字货币的热潮，它的名字几乎无人不晓，原因就在于它有区块链技术做基础。中本聪为了让比特币能够正常使用，发明了区块链，而区块链技术的价值远远不止于加密货币，它的价值非常大，几乎可以应用到各行各业。

　　区块链一经问世，它的技术就被一些人看好。不过一开始比特币非常火，风头正旺，区块链在大众的视野当中并没有太强的存在感。区块链技术在经历了一段时间的发展之后，才开始被大众所熟知。区块链因为先进的技术和理念，成为很多行业都青睐的技术，也给行业带来了新的发展机会。

　　区块链就是一个去中心化的记账系统。它将比特币记录在自己的"账上"，让比特币成为能够作为货币的一种有价值的东西。区块链有完整的信用记录以及信用记录清算系统，所以可以撑起一套加密的数字货币，这个货币就是比特币。

　　想象一下，地球是一个村子，区块链等于给村子里的每一个人都发了一个账本。每当有交易的时候，全村所有的人都会在自己的账本上记录下交易的信息。假如某一个人的记账被篡改了，其他人的记账会证明事实。所以这个账本是公开透明的，理论上也是很难被篡改的。只有当全村超过 50% 的账本都被篡改了，才能真正将原来的记账改变，不过这是非常困难的，因为全村的人太多了，很难将超过 50% 的账本都篡改掉。

区块链可以让信息变得公开透明，不过该保密的内容还是会进行保密。例如在张三向李四转账时，所有的区块链上都记录了转账的信息，但是不能看到这次的转账是转给了谁。区块链公开透明、几乎不可被篡改的属性受到很多人的青睐。它让人们看到未来互联网技术发展的一个方向，也带给人们全新的认知和体验。因此很多精英都集中到区块链这方面来，区块链技术的发展也变得很快。

从区块链诞生到现在虽然时间并不是很长，但它却以惊人的速度在不断发展着。

2009～2012 年，区块链主要依托比特币而存在，大多时候它只是作为比特币的技术基础出现在人们的视线中。2012～2015 年，区块链技术开始被更多的人重视起来，也逐渐进入到比特币之外的领域，尤其是金融领域对区块链技术格外重视。2016 年，区块链的各种应用探索不断出现，大量的区块链创业公司也不断涌现。2017 年，ICO（一种为加密数字货币或区块链项目筹措资金的方式）非常火爆，这也使得区块链十分热门，吸引了全世界的目光。

2018 年 5 月 28 日，习近平总书记在中国科学院第十九次院士大会、中国工程院第十四次院士大会上表示，将区块链与人工智能、量子信息、移动通信、物联网并列为新一代信息技术的代表。2019 年 10 月 24 日，习近平总书记在中央政治局第十八次集体学习时强调，要把区块链作为核心技术自主创新的重要突破口，明确主攻方向，加大投入力度，着力攻克一批关键核心技术，加快推动区块链技术和产业创新发展。可见，对于发展区块链技术，国家是高度重视的。

比特币目前还存在着一些争议，一些国家对比特币也并不支持，但对于区块链，目前很多国家都是认可的。在目前最受关注的科技创新热点当中，区块链行业是非常重要的一个热点，大量的人才和资源都聚集在这里，发展势头突飞猛进。

第三节　区块链的特性

区块链有显著的特性，包括去中心化、开放性、可追溯性、不可篡改性、匿名性、独立性等。

一、去中心化

中心化是指由一个核心的机构来安排和管理事情，使得所有的节点在整体上保持一致性。然而中心化的弊端也非常明显，它的数据全都被中心所掌控，所以信息安全无法得到保证，交易会有一定的风险。当数据通过一些节点进行传输时，数据有可能丢失或被人篡改，这就导致它的可靠性不那么强。

中心化的组织结构，一切都由中心来决定，对于中心的依赖性非常大。当中心出现了问题时，整个系统都会陷入混乱之中。这也给系统的安全性带来了隐患，如果中心遭受攻击，整个系统将面临巨大的危机。

去中心化能够让交易变得更安全，它不需要由中心的机构来掌控，每一个节点的地位都是平等的。所有存在于区块链网络里面的节点，都拥有记账权，都能够去记账。在去中心化的系统里，每一个小的节点都可以看成是一个中心，它们具有自治性，而且这种自治性非常强。

去中心化的系统不需要由一个中心来保证系统运行，数据也不需要集中在中心上。当一个节点的数据丢失或被篡改时，其他节点的数据还在，丢失的数据可以被找到，被篡改的数据也可以被证明是虚假的数据。这使得数据变得非常安全。数据丢失的情况很难发生，如果有人想要篡改数据，除非他能够将 50% 以上的节点数据统一修改，否则无法彻底篡改数据。当区块链的节点遭受攻击时，由于每一个节点都是一个小中心，所以个别的节点被攻击，并不会影响到系统的运行。

去中心化使得区块链变得非常安全，这正是人们愿意信赖区块链技术的一个非常重要的原因。

二、开放性

中心化的系统由中心来进行控制，它是一个相对封闭的系统，一切的事情几乎都由中心来负责安排。区块链则是一个开放性的系统，它的记账是分布式的，历史记录都会保持公开。人们随时可以对这些记录进行检查和验证。

区块链的开放性实际上保证了它能够去中心化。正是由于区块链的公开性，所以它并不需要由一个中心的机构来掌控。相反，如果它不开放，它的信息就很难达到一致，就需要中心机构来对信息进行调配了。

区块链的开放性主要有三点：账目是开放的，交易记录对外公开；组织结构是开放的，就像由一个人管理的公司变成了股份公司，组织结构变得更加合理，能承受更大的风险；生态是开放的，就像互联网，会在方方面面和我们的生活融合，让信息和价值的传递更加容易。

三、可追溯性

区块链其实是一个大的数据库，只不过和传统的数据库相比，这个数据库是分散的，数据储存在一个又一个的节点当中。节点非常多，储存也很分散，所以数据很难篡改，但是它又可以追溯。区块链上的信息是公开的、透明的，所以我们可以查询很多信息。平时我们使用的一些系统，信息是不透明的，例如你可以给别人的银行卡里打钱，但是这个银行卡的很多信息你都无法查询，那么这笔资金的流动情况你是不知道的。在区块链当中，信息都是公开的，信息的来龙去脉都可以查询，也可以追溯。

区块链的可追溯性，使得它更加值得信任。在区块链当中，我们不需要担心有关虚假的问题，遇到虚假的相关问题，可以直接查到源头。

四、不可篡改性

区块链的每一个节点都记录着相同的内容，这些数据全部都是公开的。在区块链当中，系统会对数据进行比较。当一份数据在全部的节点当中记录的数量最多时，系统就会认为这份数据是真的。而那些少数的、与大多数节点记录不同的数据，会被认为是假的。正因如此，区块链当中的数据几乎是无法篡改的。

区块链的不可篡改性，让它变得非常安全，人们在使用它时也更加放心。

五、匿名性

互联网给我们的生活带来了很多便利，同时也让隐私成了一个非常大的问题。互联网上的很多东西都是透明的，因信息泄露而产生的经济诈骗，各种人肉搜索，令人不胜其烦的骚扰电话，这些都是在日常生活中会遇到的问题。区块链的匿名性能够解决信息泄露的问题。

区块链的信息虽然是公开透明的，但它是非实名的。拿区块链上的货币交易来说，我们都知道一笔交易进行了，但交易的人可能是 A 和 B，但 A 和 B 只是一个代号，我们并不知道他们具体是谁。

不过，正因为区块链有匿名的特性，所以它在具体应用的时候，还要结合实际情况来进行选择。对于一些不适合匿名的行业或内容，如果要使用区块链技术，还需要灵活变通。未来区块链技术会继续发展，可能会发展出更多的、适应各种行业和内容的区块链技术。

六、独立性

区块链的系统是一个独立的系统，并不需要依赖第三方的内容。它的规范和协议是在自身系统当中协商一致的，所有的节点都可以在这个系统当中进行验证与数据交换。这个过程是自动的，并且很安全，不需要人为干预。

区块链的独立性让它变得非常智能，能够节省人力，能在未来的智能生活中提供非常大的帮助。

第四节　区块链让大数据更有价值

"大数据"是移动互联网时代经常被提到的一个词。大数据是一种规模大到在获取、存储、管理、分析方面大大超出了传统数据库软件工具能力范围的数据集合。它需要新处理模式才能具有更强的决策力、洞察发现力和流程优化能力来适应海量、高增长率和多样化的信息资产。它具有数量大、速度快、种类多、价值密度低、真实性高等特性。

大数据并不只是数据多而已，它的技术具有战略性的意义，因为它能够对这些数据进行一番专业化的处理。也就是说，大数据具有对数据进行加工的能力。数据自己并不会主动产生价值，但是对数据进行整理之后它就可以反映出很多事实，价值也就提升了。数据处理的能力越强，数据价值被挖掘的也就越大。

大数据的总体价值非常深厚，值得我们去努力挖掘。它包括了结构化、半结构化以及非结构化的数据内容，其中非结构化的数据在大数据中所占比重越来越高。在互联网数据中心（IDC）的相关调查中可以看出，在企业当中，非结构化数据所占的比重在80%左右，并且这些数据的增长也是很快的，每年按指数增长约60%。

大数据看似很神秘，好像是一种特别神奇的技术。其实它只是将众多的数据集合了起来，是一种表面上的现象而已。在它的表象之下，支撑它的还是以云计算等为主的各种技术。通过技术，将大数据内容利用起来，这才使得大数据有了它现在的价值。

有人将数据比喻成煤矿，它的价值很高，现在并没有被完全挖掘出来。谁能够将大数据的价值充分挖掘出来，谁就能够创造出更多的价值。随着各行各业对大数据技术的不断开发，大数据所能产生的价值会越来越大。

大数据能够帮助人们掌握更多的数据，并对这些数据进行分析，于是人们看问题会更加透彻，决策也会更加科学合理。从战略的层面来看，这让很多事情都变得简单起来，让人们不受表面现象的影响，可以看到事情的本质。

从技术层面分析，大数据是不能用一台计算机来进行处理的，因为它的数据量太庞大了。大数据要和云计算联系起来，才能发挥出它的价值。云计算是一种分布式计算，通过网络将大数据处理程序分解成很多小程序，然后通过由多部服务器组成的系统进行处理和分析这些小程序得到结果并返回给用户。

区块链技术就是分布式的，这和云计算很相似。云计算可以对大数据进行分布式数据挖掘，让大数据能够正常运行，区块链则可以让大数据发挥出更大价值。

区块链技术是一种非常安全的技术，当大数据和区块链技术结合起来，人们就可以对数据真正放心了。大数据加上区块链的不可篡改性，数据就更值得我们去信任，在做决策时可以充分相信数据所反映出来的情况。

在使用大数据时，由于数据是海量的，所以对储存能力的要求比较高。这个储存需要有弹性，当储存少量的数据时，它可以做到；当储存海量的数据时，它也能够胜任。区块链作为一个分布式账本，它本身就是一种持续增长的、以一定序列形成区块的链式数据结构，需要网络里的很多节点共同参与数据的运算与记录，还要对数据信息的真实性进行检验。区块链和大数据有很多相似的地方，用区块链来承载大数据，是简单易行、顺理成章的方案。

与中心化的数据库相比，区块链这种去中心化的数据更加安全。对于传统的互联网技术来说，区块链是进行了补充和升级。对于大数据来说，区块链也能够让它变得更加先进和安全。

对大数据进行挖掘和分析，是一种数据密集型的计算，它对分布式计算能力的要求很高。对此来讲，可靠性高、容错性高很重要，任务调度和节点管理也同样是很重要的技术。在这方面，一些搜索引擎做得比较不错，例如，国外的搜索引擎谷歌通过添加服务器节点可线性扩展系统的总处理能力，在可扩展性方面的优势很大，同时也将成本控制在比较低的水平。区块链技术当中的共识机制，能够让众多的节点形成共识。这不但使得新数据的生成更容易，也能够防止数据被人篡改。对于大数据来说，这也让分布式计算变得更加合理与安全。

区块链技术能够给大数据带来非常多的帮助，如果大数据和它结合起来，必将有进一步的发展，而且发展的幅度可能会很大。不过，大数据和区块链技术的结合也存在一些需要解决的问题。大数据海量的数据对储存量的要求很高，而区块链能够承载的数据却不是很多。所以真正要将区块链和大数据结合起来，还需要攻破一些技术难题。

大数据和区块链有很多相似的地方，但它们也存在一些区别。区块链的结构很严谨，它是由众多节点构成的链，属于结构化数据，而对大数据来说，所需处理的数据大部分是非结构化数据。在区块链当中，每一个节点的数据都是相对独立的，而大数据当中的数据则需要集中起来进行分析与整合。区块链只是对数据进行储存，而大数据除了要将数据集合起来，更重要的是对数据进行处理。

总体来看，区块链技术和大数据存在一些共性，也存在一些区别。区块链的安全和可信任属性能够让大数据变得更令人放心，进而促进大数据技术的发展。对于大数据的规范化使用、精细化授权等方面，区块链也能起到很好的作用。

第五节　区块链带我们进入扁平化时代

传统组织一般都是金字塔型的层级结构。以企业为例，一个企业通常会由基层管理者、中层管理者和高层管理者层层递进形成一个管理结构。在进行管理时，由站在金字塔最顶端的人发布指令，然后通过下面的管理者层层向下传递，最终将信息传递到最下面的执行者那里。在获取基层的信息时，则由基层的人员向上传达，然后信息经过管理者的层层筛选，最后到达最高层的管理者那里。

金字塔型的管理结构运作耗时长，涉及人员多。由于中间过程太多，信息在传递时也难免会出现"失真"的情况。现在我们正处于一个工作和生活节奏都非常快的移动互联网时代，金字塔型的管理结构较复杂，传递信息的时间冗长，某种程度上影响了工作效率。所以很多人都在想办法将冗长的中间环节砍掉一些，让整个结构变得更加简单，使它运作起来更高效。

于是，扁平化成为了一种普遍的趋势。很多企业开始精简自己的管理层，有的企业甚至不设管理层，让所有人都处于平级状态，由最高层的管理者直接分派任务。中间层少了，信息的传递速度快了，信息也不会在传递过程中出现"失真"的情况。这样一来，企业运作更加快速和高效。

其实，不只是企业，整个社会的方方面面都在做扁平化的变革。扁平化的层级结构比金字塔型的层级结构在某种程度上更为高效，它是未来层级结构的发展方向。

企业的层级往扁平化发展相对来说比较简单，整个社会方方面面的组织结构都往扁平化发展，就有些困难了。区块链技术的出现，让扁平化的层级结构在更大范围内发展成为可能。

区块链技术能够构建出一个去中心化的网络，在这个区块链网络中不需要有中心，也就不需要有金字塔式的层级。一般来说，当一个行业和区块链技术结合起来时，它的层级就会逐渐减少。和区块链技术结合得越深入，它的层级就会越少，不断趋向扁平化的状态。

现在5G网络正是热门的话题，5G网络的建设也正如火如荼地展开。其实在移动通信网络由2G向5G不断进化的过程当中，通信网络也是逐渐向扁平化架构发展的。5G网络之所以能够有那么高的信息传输速度，而且信息的传输更稳定，网络整体容量和服务整体质量都成倍提高，都是因为它扁平化的结构。我国在5G网络建设方面走在世界前列，它能够让万物互联逐渐变成现实。不过，5G网络的架构还不够扁平化，还有进一步扁平化的发展空间，而这需要借助区块链技术来实现。在5G网络之后的6G网络当中，或许会将区块链技术引入，网络架构更加扁平，网络通信服务将会变得更好，我们将享受到更加安全和快速的网络服务。

在很多行业，区块链技术都能够去除中间环节，简化整个行业的工作流程，让行业变得扁平。在金融、能源、旅游、工业、农业、矿业等众多行业，因为区块链的可追溯性和不可篡改性，当引入区块链技术时，人们在工作中可以更加放心。于是，点对点的交易会越来越多，中间环节会越来越少。所有的行业都开始趋于扁平化，整个社会也逐渐变成一个扁平化的社会。

人类社会一直都是由技术推动着向前发展的，先进的技术对于整个社会来讲，都存在巨大的价值。技术进步之后，各种社会结构也会逐渐发生改变。区块链技术让层级结构改变，让社会变得扁平，不但会影响组织形式，也可能会对文化、对人类的发展带来深层次的影响。

区块链可以带来扁平化的社会结构，让人们处于更方便的生活和工作状态当中，让我们进入扁平化的时代。它将惠及所有人，让每个人都能够享受到科技进步所带来的红利，区块链也会因此越来越受到人们的喜爱和欢迎。

第六节　区块链技术正在中国蓬勃发展

区块链在中国的热度很高，国家对于区块链技术也很重视。那么，区块链技术在我国的发展情况具体如何呢？答案是：区块链技术正在我国蓬勃发展。2015～2022年我国区块链行业市场规模统计及增长情况预测如图3-1所示。

目前，区块链技术在金融领域的应用已经有了不少突破。中国人民银行正在主导法定数字货币和数字票据的相关研究，在未来，数字金融很可能会从平面金融变成立体金融。

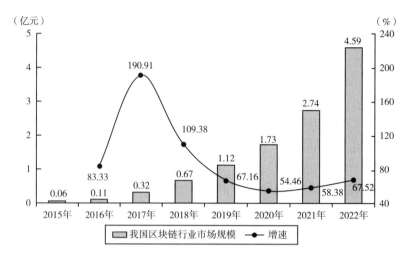

图 3 - 1　2015 ~ 2022 年我国区块链行业市场规模统计及增长情况预测

资料来源：Allcoin 官网。

区块链技术是一种可以在各行各业广泛应用的技术，它的智能合约、共识机制以及加密技术，都是非常先进的技术，也很有实用价值。这些特点让区块链技术和现在新兴的大数据技术、人工智能技术、物联网等区别开来。随着比特币在全球大火，有很多类型的代币出现。这些代币基本上都将区块链技术作为底层技术，在区块链技术的保驾护航下寻求发展。其实，有些代币是在蹭热度，先以区块链技术来赢得人们的信任，继而吸引到资本参与，并没有想长期发展。在这些代币当中，大部分的代币涉及非法集资，它们并没有得到金融监管部门的批准，就去进行融资了。因此，虽然区块链技术正在我国蓬勃发展，但要投资区块链技术，必须擦亮自己的双眼，不要被缤纷的表象所迷惑。

比特币虽然火，代币虽然层出不穷，但这些都不是区块链技术的本质，它们只是对区块链技术进行了应用。有些人将代币和区块链混为一谈，这是不对的。和没有经过金融监管部门允许的代币不同，由央行发布的数字货币与法定货币一样，都有主权背书，也都有合格的发行责任主体，并且具有它的区域，是法定数字货币。比特币虽然火爆，但比特币只在愿意承认其价值的圈子里才能使用，而法定数字货币和法定货币一样，可以在法定的区域内使用。

法定数字货币的信息具有可追踪的属性，效率也可能会更高。使用法定数字货币，与传统的法定货币相比，具有一些优势，主要在于两点：对货币流量更容易控制；对资金流更容易追踪，可以对反腐败、反洗钱和防逃税起到很大帮助。不过，法定数字货币虽好，但要取代传统的法定货币，还需要时间以及具体实践的检验。

尽管现在微信支付和支付宝支付已经比较成熟，使用的人数也很多。但它们只是一种支付工具，和货币不同。在小额支付方面，法定数字货币与微信、支付宝等比较成熟的支付工具相比可能不存在优势，不一定比这些支付工具更方便，也不一定比它们成本更低；但是在金融资产交易方面，法定数字货币就可以发挥它的优势了。

区块链技术在金融领域的应用已经取得了一定的突破，很多国家都在区块链技术上做了布局。这个布局是从国家层面来进行的，人们一时之间还没有太大的感受。在2016年之前，区块链技术在金融领域并没有取得太多的进展，也没能产生规模化的应用。但是经过一年时间的发展，到了2017年，区块链技术就已经能够在一些金融机构运行了，例如邮政储蓄银行和微众银行等。区块链技术开始在一些复杂交易的情景中展现出它的价值，为金融行业带来了新的发展契机。

区块链技术的潜力非常大，但若想真正将它的全部价值挖掘出来，还有相当长的一段路要走。一般来说，科技金融和数字金融需要有两个基本的条件：一个是安全性；另一个是规模化。安全性当然是金融行业能够进行下去的重要条件，如果没有了安全，金融行业就无法被用户信赖。不过，如果为了安全，对加密的要求过于严苛，金融交易的速度就会变慢，这也会给金融行业带来不利的影响。所以，一个成熟的金融系统，应该同时具备安全和快速的属性。规模化当然也是很重要的，大规模的交易在金融行业是经常出现的，系统需要能够在短时间内处理很多交易，这样才能保证系统的正常运行，进而满足用户的各种需求。

在金融领域，我国的区块链技术应用也做得很不错。中国人民银行在进行法定数字货币以及数字票据的研究，当这些技术得到应用和推广，或许会给我国的金融行业带来一场革命。我国对区块链技术有极大的热情，无论是大企业还是小企业，都积极投入到区块链技术的研发之中。在金融领域，也是如此，大小金融机构都在积极尝试将区块链技术应用到自己的日常工作当中。

深圳市现在正在使用区块链电子发票；最高人民法院对区块链可被用作电子数据认证手段已经进行了规定；北京市公安局在对临时车辆号牌进行管理时使用了区块链技术；将区块链作为时间戳信息的分布式数据库，通过数据库来解决知识产权确权及保护，是我们正在努力尝试的一个重要方向。由此可见，这些都是区块链赋能国家治理的生动、立体实践，两者之间存在较强的交互需求。

当然，尽管我国对区块链技术的热情很高，但对于区块链技术的态度还是很谨慎的。高度的热情、审慎的态度，是我国对发展区块链技术的整体态度。

随着区块链技术的发展，它会逐渐进入到各行各业，在众多行业当中得到应用和发展。到时候，人与人之间的距离将会变得更近，整个社会的结构会变得更加合理，我们的工作和生活会变得更加方便快捷。

课后习题

1. 阐述区块链的概念。
2. 简述区块链的发展简史。
3. 简述区块链的特性。

第四章　元宇宙

【学习目标】

1. 了解元宇宙的基本概念。
2. 了解元宇宙在生活中的应用。
3. 了解元宇宙的未来发展前景。

【导读】

互联网是现在，元宇宙是未来。

2021 年是元宇宙元年，我们已经来到了第三代互联网（Web3.0）即元宇宙的伟大变革时代。元宇宙是一个人人都会参与的数字新世界。未来，每个人的生活、娱乐、社交、工作都将在元宇宙中完成。

元宇宙时代，技术变革的大幕已经拉开，区块链创造数字化的资产，智能合约构建全新智能经济体系：人工智能成为全球数字网络的智慧大脑，5G 网络、云计算、边缘计算构建更加宏伟的数字新空间，物联网让物理世界向数字世界全面映射，AR 实现数字世界与物理世界的实时叠加。

第一节　下一代互联网新纪元元宇宙

2020 年 4 月，在全球新冠肺炎疫情最严重的时刻，有一个演唱会聚集了 1 230 万名观众。很显然，这个演唱会不可能在线下举办，也不存在能容纳这么多人的场地。这是一场完全在数字世界中表演的演唱会，也就是美国说唱歌手特拉维斯·斯科特举办的虚拟演唱会，地点在英佩游戏公司的一个大型网络游戏中，在演唱会开始的那一刻，斯科特的歌声响起；同时，舞台上燃起了冲天紫色光焰。在整个舞台被坠下的光焰砸碎的瞬间，一个巨大的"斯科特"化身隆重登场。这个震撼的开场引爆了"现场"观众的热情。巨大的斯科特随着音乐起舞，偶尔还会瞬移到其他舞台。所有的观众都可以到歌手身边跟着音乐一起摇摆。这场只有 15 分钟的演唱会刷新了游戏史上最多玩家同时在线的音乐现场（live）纪录。

这场演唱会有着非同寻常的历史意义。它预示着，数字空间不再仅仅是进行特定游戏的场所，在未来还可能会成为人们交流、协作、创造、工作和生活的空间。

下一代互联网的大幕已经拉开，那就是"元宇宙"。

一、为什么 Facebook 和腾讯都在布局元宇宙

如果你关注科技新闻，那么你一定感受到了目前头部互联网公司对元宇宙的巨大热情。Facebook 是一家将元宇宙提升到核心战略级别的互联网科技巨头。

Facebook 创始人兼首席执行官（CEO）马克·扎克伯格（Mark Zuckerberg）在 2021 年 6 月底接受科技媒体专访时表示，Facebook 的未来规划远不仅是社交媒体，而是元宇宙。他计划用 5 年左右的时间将 Facebook 打造为一家元宇宙公司。

为什么互联网巨头里抢先布局元宇宙的会是 Facebook？我们得从扎克伯格对互联网的愿景说起。扎克伯格曾经在一封信中写道："让世界上每个人都互相联系，让每个人都能够发表自己的意见为改造世界做出贡献是一个巨大的需求和机遇。""联通世界"是他创建 Facebook 的初衷：希望人们通过互联网真正连接在一起，希望更多的人通过网络找到志同道合的朋友，希望朋友之间和家人之间更为亲密。

随着移动互联网时代的到来，Facebook 进行了新的布局。在扎克伯格看来，智能手机等移动设备的普及将使手机聊天和手机照片分享等功能成为新一代社交的主要需求。2012 年 4 月，Facebook 以 10 亿美元的价格收购了当时仅有 13 名员工的图片社交应用 Instagram，又在 2014 年 2 月以 160 亿美元的价格收购了即时通信工具 WhatsApp。这两次收购让 Facebook 在移动互联网时代的网络效应进一步强化。截至 2021 年 6 月 30 日，Facebook 的全球月度活跃用户人数为 29 亿人，超过全球总人口数的 1/3。

在这之后，互联网的下一代在何方？扎克伯格把元宇宙看作移动互联网的继任者。"今天的移动互联网已能满足人们从起床到睡觉的各种需求。因此，我认为元宇宙的首要目的不是让人们更多地参与互联网，而是让人们更自然地参与互联网"，扎克伯格曾描绘道，"我认为元宇宙不止涵盖游戏。这是一个持久的、同步的环境，我们可以待在一起，这可能会像我们今天看到的社交平台的某种混合体，但也是一个能让你沉浸其中的环境"。

2014 年 1 月，扎克伯格造访了彼时成立不到两年的虚拟现实公司 Oculus。当第一次戴上 Oculus Rift 这款 VR 头显设备时，他说了一句话："你要知道，这就是未来。" 2014 年，Facebook 以 23 亿美元收购了 Oculus，并在 VR 业务上持续投入了大量研发费用。近几年，研发费用已经达到每年 185 亿美元的水平。Oculus 消费级核心产品 Quest 系列 VR 头显设备通过技术的升级，使价格从 399 美元一路下调至 299 美元，市场份额达到 75%，并出现了诸如《节奏光剑》（Beat Saber）这种现象级的 VR 应用。Oculus 已经成为 Facebook 布局元宇宙最重要的一张"船票"。

除 Facebook 之外，中国互联网公司也开始了对元宇宙的探索和布局。2020 年 12 月，腾讯出品了年度特刊《三观》，马化腾在前言中首次提出了"全真互联网"的概念，并强调"全真互联网"是腾讯下一场必须打赢的战役。

马化腾认为："虚拟世界和真实世界的大门已经打开，无论是从虚到实，还是由实入虚，都在致力于帮助用户实现更真实的体验。从消费互联网到产业互联网，应用场

景也已打开。通信、社交在视频化、视频会议、直播崛起，游戏也在云化。随着 VR 等新技术、新的硬件和软件在各种不同场景的推动，我相信又一场大洗牌即将开始。就像移动互联网转型一样，上不了船的人将逐渐落伍。"

可以看到，"全真互联网"与元宇宙的思路非常类似。但不同于 Facebook 在 VR 设备和生态领域的深耕，腾讯选择另一条通往元宇宙的道路：从游戏出发。2021 年，腾讯的游戏核心开发团队天美工作室宣布在北美新建多家工作室，其招聘信息显示，目前正在开发一款开放世界游戏，画风偏向于写实风格，"电影《头号玩家》中的绿洲式虚拟社区是比较远期的对标方向"。

2019 年 5 月，腾讯宣布与元宇宙代表企业罗布乐思（Roblox）合作成立中国公司。2020 年 2 月，Roblox 完成 1.5 亿美元的 G 轮融资，腾讯也参与其中。在第二节中，我们还将详细分析 Roblox 这家公司的元宇宙探索之路。

除 Roblox 之外，腾讯还是另外一家元宇宙领域热门公司 Epic Games 的大股东。2012 年腾讯以 3.3 亿美元收购了 Epic Games48.4% 的已发行股份。《堡垒之夜》是 2017 年 Epic Games 推出的大型逃生类游戏，在不断迭代升级之后，逐渐成为一个超越游戏的虚拟世界，显现出元宇宙的部分特质。在这里，漫威公司和 DC 漫画公司的经典角色可以混搭出现，《星球大战》最新电影片段也抢先进行首映，甚至 Epic Games 还与时尚品牌 Air Jordan（简称 AJ）联动，将 AJ 球鞋带到了游戏之中。截至 2020 年 5 月，全球有 3.5 亿名《堡垒之夜》玩家，这里甚至逐渐成为玩家的社交平台。Epic Games 已经正式进军元宇宙，在 2021 年 4 月宣布获得 10 亿美元投资，用于构建元宇宙相关业务。

Epic Games 的业务包括两大方面：一方面，通过《堡垒之夜》为个人提供游戏服务；另一方面，开发虚幻引擎（unreal engine）。该引擎号称是世界上最开放、最先进的实时 3D 创建平台，可提供逼真的视觉效果和身临其境的体验，可为游戏、建筑、影视等需要物理渲染数字画面的行业提供企业级服务。虚幻引擎为《堡垒之夜》的持续扩展提供了通用框架，让那些使用该引擎开发并在 Epic Games 应用商店（Store）上线的游戏集合成一个整体，玩家在《堡垒之夜》中设定的数字分身形象可以在该集合体中任意"穿梭"。Epic Games 希望打破游戏的围墙花园，支持游戏开发者一起构建出新的生态。该公司正在构造一个极为庞大的数字空间，这不仅是游戏的空间，也是社交和生活的空间。

一直以来，苹果公司对苹果应用程序商店（AppStore）上所有应用产生的每笔收入都会抽取 30% 的费用，这被称为"苹果税"。《堡垒之夜》因绕过苹果公司的支付系统，让用户在游戏中直接付费结果被下架。2020 年 8 月，Epic Games 起诉苹果，质疑苹果的这些政策是市场垄断的表现。2021 年 9 月中旬，美国法官对这起案件做出裁决，要求苹果公司允许 App 开发者将用户引导至第三方支付系统，从 12 月 9 日起正式实施。在这份长达 185 页的判决书中，"元宇宙"一词出现了 17 次，并且一些证人的证词指出，《堡垒之夜》不仅仅是一款电子游戏，更是一个元宇宙。

Epic Games 的虚幻引擎应用场景已经大大扩展。美剧《曼达洛人》（The Mandalorian）的拍摄就抛弃了传统的绿幕，采用了 Epic Games 和工业光魔公司（Industrial

Light and Magic）合作开发的 StageCraft 实时 3D 投影技术，可以在影视制作现场模拟出真实的环境，从而产生惊人的视觉效果。这让剧组不再需要奔波于全球各地寻找取景地，演员也无须仅仅依靠想象进行表演。

二、元宇宙就是第三代互联网

我们该如何定义元宇宙？维基百科对元宇宙的定义是，"元宇宙是集体的虚拟共享空间，包含所有的虚拟世界和互联网，或许包含现实世界的衍生物，但不同于增强现实。元宇宙通常被用来描述未来互联网的迭代概念，由持久的、共享的、三维的虚拟空间组成，并连接成一个可感知的虚拟宇宙"。

这是否就是大家所认知的元宇宙呢？其实，由于元宇宙还处于早期阶段，科技、商业、投资等行业人士从他们自己的角度出发，对元宇宙有着不同的理解。扎克伯格认为，元宇宙是移动互联网的继任者，那将会是一个永续的、实时的且无准入限制的环境，用户能够用所有不同的设备访问。他认为："在那里，你不只是观看内容，你整个人还身在其中。"

Roblox 联合创始人及 CEO 大卫·巴斯祖基（David Baszucki）认为，元宇宙是一个人们可以花大量时间工作、学习和娱乐的虚拟空间。他认为："将来，Roblox 的用户不仅能够在平台上读到关于古罗马的书籍，还可以参观在元宇宙中重建的历史名城，在城里闲逛。"

在耐克技术创新全球总监埃里克·雷德蒙（Eric Redmond）看来，元宇宙跨越了现实和虚拟现实之间的物理和数字鸿沟。

《人工智能研究杂志》（*The AI Journal*）创始人汤姆·艾伦（Tom Allen）则表示，元宇宙是一个呈指数级增长的虚拟世界，人们可以在其中创造自己的世界，以他们认为的合适方式应用物理世界的经验和知识。

在我们看来，元宇宙是承载人类未来生活方式的数字新空间，是一个人人都会参与的数字新世界，让每个人都可以摆脱物理世界中现实条件的约束，从而在数字空间中成就更好的自我，实现自身价值的最大化。元宇宙是区块链、人工智能、5G、VR、AR、物联网、大数据、云计算、边缘计算等前沿数字技术的集成应用。

我们也可以给元宇宙下一个更简单的定义：元宇宙就是下一代互联网，也就是第三代互联网。

我们可以把过去 25 年互联网的发展历程视作池塘水面上的涟漪一圈圈往外扩散的过程，每一次互联网的发展迭代都是依靠技术创新推动应用场景范围一圈圈往外扩展的，进而助推社会经济向更高层次迈进。基于这个逻辑，我们可以把互联网分为三个发展阶段。

互联网发展的三个阶段见图 4-1。

第一代互联网（Web1.0）是个人计算机（PC）互联网，从 1994 年发展至今。第一代互联网的优势在于高效地传输信息，因此网络新闻、在线搜索、电子邮件、即时通信、电子商务、彩信彩铃、客户端和网页游戏等应用普及，互联网用户被迅速连接起来，从而提升了全球信息传输的效率，降低了信息获取的门槛。这一阶段的代表公司包括雅虎、美国在线、谷歌、亚马逊、新浪、搜狐、网易、腾讯、百度、阿里巴巴、京东等。

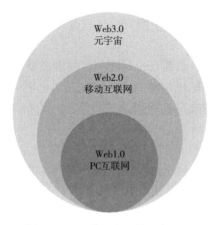

图 4 - 1　互联网发展的三个阶段

第二代互联网（Web2.0）是移动互联网，从 2008 年左右拉开大幕，到今天仍然精彩纷呈。智能手机具备"永远在线"和"随时随地"的特点，这让移动互联网成为很多人生活的重要组成部分。"上网"这个概念在这个阶段逐步消失，我们时刻都生活在网络里。社交关系被大量地引入互联网，更多的新社交关系被建立。智能手机让各类传感器开始普及，让物理世界加速映射到互联网实现数字化，同时也让互联网上的各种服务能够应用到社会生活中，线上（online）和线下（offline）开始紧密地交互。社交网络、O2O 服务（线上到线下服务）、手机游戏、短视频、网络直播、信息流服务、应用分发和互联网金融等移动互联网服务成为主流。在这一阶段，苹果公司、Facebook、爱彼迎、优步、小米、字节跳动、滴滴、美团、蚂蚁金服、拼多多和快手等迅速崛起。

我们认为，第三代互联网（Web3.0）就是元宇宙。2021 年是元宇宙元年，新一轮互联网迭代升级的大幕就此拉开。我们将看到一系列新变化：区块链让数据成为资产，智能合约打造可编程的智能经济体系，人工智能构建全球智慧大脑并创造"数字人"，物联网让物理世界的现实物体向数字空间广泛映射，AR 实现了数字世界与物理世界的叠加，5G 网络、云计算、边缘计算正在构建更加宏伟的数字新空间。这个发展阶段也同样会出现一系列全新的"杀手级应用"，诞生一批新型经济组织（而非垄断巨头企业）。

第二节　先行者如何创造元宇宙

目前元宇宙的发展还处于早期的萌芽阶段，但是一些具有远见卓识的公司或者项目正在努力将元宇宙的伟大愿景变为现实。其中 Roblox、Decentraland 是比较有前瞻性和代表性的应用，本节将深入剖析这两个案例，看一看这些先行者是怎样构建元宇宙的。

一、Roblox：华尔街追捧的元宇宙超级独角兽

2021 年 3 月，一家名为 Roblox 的游戏公司登陆纽交所。该公司旗下只有 Roblox 一款产品，看起来就是一个小游戏平台。但令人惊奇的是，该公司上市首日的市值就超过了 400 亿美元。400 亿美元是什么概念呢？是《刺客信条》游戏开发商老牌游戏大厂育碧（Ubisoft）的六倍，是全球第二大游戏公司任天堂（Nintendo）的六成。

为什么这家名不见经传的公司会受到华尔街投资机构的追捧？为什么会有如此高的估值？

事实上，Roblox 并非一家简单的小游戏公司，而是一家致力于用自己的方式构建元宇宙的公司。在创始人大卫·巴斯祖基的眼中，"元宇宙是一个将所有人相互关联起来的 3D 虚拟世界，人们在元宇宙中拥有自己的数字身份，可以在这个世界里尽情互动，并创造任何他们想要的东西"。

在 Roblox 的世界中，游戏玩家不仅是游戏的参与者，也是游戏世界的创造者，可以自己搭建游戏应用（也被称为体验）并获得收益。收益既可以在该平台的其他游戏应用中使用，也可以提现。玩家只需要精心创造一个形象，就可以用这个形象参与 Roblox 的所有游戏。在招股书中，该公司专门总结了其眼中元宇宙的八大特征，分别是身份、朋友、沉浸感、随时随地、低摩擦、多样化内容、经济系统和安全（见表 4 - 1）。

表 4 - 1　　　　　　　　　　　Roblox 招股书中元宇宙的八大特征

特征	描　　述
身份 （identity）	用户通过数字化身的形式拥有自己独一无二的身份，可以用数字化身来表达自我，变成自己想要成为的样子
朋友 （friends）	用户可以与朋友互动，包括现实世界中的朋友和在 Roblox 中新认识的朋友
沉浸感 （immersive）	Roblox 提供 3D 和沉浸式的场景体验，这些体验将变得越来越有吸引力，并与现实世界融为一体
随时随地 （anywhere）	Roblox 上的用户、开发者、创作者来自世界各地；客户端可在 iOS、Android、PC、Mac 和 Xbox 上运行，可在多种 VR 头显中使用
低摩擦 （low friction）	用户可以免费使用平台上的开发项目，在各种体验之间快速穿梭；开发者可以很轻松地构建和发布新的项目，所有用户均可访问；Roblox 为开发者和创作者提供一些关键的基础服务

特征	描　述
多样化内容 （variety of content）	这是一个由开发者和创造者持续创造的巨大且不断扩展的"宇宙"，其中的项目包括模拟建造和运营主题公园、领养宠物、潜水、创造和扮演自己的超级英雄等；还有数以百万计的创作者在创造数字物品，即用户生成内容
经济系统 （economy）	平台拥有一个名为"Robux"的游戏资产以及在此基础上充满活力的经济体系；用户可以用它为自己的角色购买道具，以装扮自己的数字化身；开发者和创造者则可以通过创造吸引人的体验和道具来获得 Robux
安全 （safety）	集成多个系统来确保文明的游戏环境和用户安全；遵循现实世界的法律和监管要求

资料来源：Roblox 招股书。

早在 1989 年，巴斯祖基开发了一个名为知识革命（Knowledge Revolution）的教学软件，其最初的目的是让学生模拟二维物理实验并用虚拟杠杆、斜坡、滑轮和射弹模拟物理问题，但学生却在这款教学软件上找到了游戏的乐趣。1998 年，Knowledge Revolution 被做专业仿真工具的公司 MSC Software 以 2 000 万美元的价格收购。后来，巴斯祖基又投资了一家社交网络公司 Friendster。就这样，具有强大创造工具的物理沙盒和社交概念成为 Roblox 的两个关键部分。

Roblox 成立于 2004 年，最初的名字是 Dynablox。Roblox 在测试版发布后一段时间里的用户量非常小，高峰期大约只有 50 人同时在线。后来，该公司推出了 RobloxStudio，玩家可以自己创建游戏应用。到 2018 年，Roblox 已经拥有 400 万名创作者、4 000 万款游戏，日活跃用户超过 1 200 万人。头部的创造者年收入达到了 300 万美元，整个移动端的收入达到 4.86 亿美元，Roblox 成为当时收入最高的沙盒游戏。2019 年和 2020 年，Roblox 日活跃用户数量持续上升，分别达到了 1 800 万人和3 300 万人[①]。

特别值得注意的是，Roblox 的用户群体非常独特。它在北美 Z 世代（1995～2009年出生的一代人）中极受欢迎，每天平均有 3 620 万名用户登录。

现在，Roblox 已经成为一个大型的多人在线创作平台。整个生态非常多元化，不仅包括游戏体验、游戏开发、编程教育等应用，还打造了一个完整的经济生态。Roblox 通过游戏资产 Robux，打通游戏中消费者和创造者的连接通道，形成了一个完整的数字生态闭环，可以理解为一种元宇宙的早期形态。在该平台上，用户可以体验模拟经营、生存挑战、开放世界、跑酷、角色扮演等诸多数字场景，从而获得独特的精神体验，并建立和维护社交关系。

二、Decentraland：去中心化的元宇宙新空间

我们再来看看基于区块链的元宇宙 Decentraland。这是一个基于以太坊区块链的

---

① 于佳宁，何超. 元宇宙 [M]. 北京：中信出版社，2021：50.

3D 开放数字世界，在 2015 年由创始人兼开发者阿里·梅利希（Ari Meilich）和埃斯特班·奥尔达诺（Esteban Ordano）共同开发。梅利希最早的灵感来自《雪崩》，通过以太坊区块链，他让这个灵感变成了现实。

作为区块链原生的元宇宙项目，Decentraland 与游戏类项目存在很大差异。2017 年 12 月，它进行了第一批"数字土地"的拍卖。这一次总计拍卖了 34 356 块"数字土地"，成交额为价值约 3 000 万美元的 MANA 通证。但是，这些通证并没有进行二次分配，而是被全部销毁，这就减少了通证的流通量，相当于将对应的价值平均分配给了所有通证的持有者。2018 年 12 月，它进行了第二次拍卖，参与竞拍的玩家最终以价值 660 万美元的通证购买了所有剩余"数字土地"。和现实中的土地一样，持有者也可以在二级市场上随时出售自己的"数字土地"。到了 2020 年 2 月，Decentraland 正式上线，上线后一周的活跃玩家数超过了 12 000 人。

Decentraland 还将应用场景扩大到了学习、会议、拍卖和展览等多个领域，搭建了一个更真实的世界。Decentraland 的创世城（Genesis City）共有 90 000 块"数字土地"，每块面积为 10×10 平方米，"数字土地"以坐标的方式代表所在的位置。同时，持有者可以在"数字土地"上建造建筑物，能够开展娱乐、创作、展示、教育等各种类型的活动。

2020 年 4 月，由于新冠肺炎疫情的影响，线下的加密会议（coinfest conference）改在 Decentraland 中举行。除了参与会议外，参会者还可以在数字游乐场娱乐，通过游戏的方式获得这个世界中的通行资产，也可以参观艺术馆并一键传送回主会场。当然目前 Decentraland 中的画面还比较简单，和真实世界差距较大，无法达到让人完全沉浸的状态，因而仍有巨大的改进空间。

很多公司正在从物理世界逐步迁移到元宇宙。例如，国盛证券区块链研究院在 Decentraland 中建设了公司总部，这栋建筑共有两层：一层展示国盛证券区块链研究院的研究报告，访客点击后可以查看；二层有直播和录播大厅，可以开展直播和路演活动。

2021 年 6 月，全球最大的拍卖行之一苏富比在 Decentraland 中建起了其标志性的伦敦新邦德街画廊。该数字画廊包括五个空间，在门口还设置了苏富比伦敦门卫汉斯·洛穆德（Hans Lomulder）的经典形象。苏富比的数字画廊展出了很多非同质化代币（NFT）作品，访客只要点击展览的作品就可以查看相关的拍卖信息，也可以直接跳转到苏富比的拍卖页面。

2021 年 6 月 10 日，苏富比举行主题为"NativelyDigital"（原生数字化）的 NFT 艺术品展览及在线拍卖活动。拍卖品主要是早期在以太坊区块链上发行的收藏品 NFT，整场拍卖也在苏富比数字画廊中同步进行直播。在这场拍卖中，一个编号为#7523 的加密朋克（CryptoPunks）NFT 的成交价达到了 1 175 万美元，并创下了单个加密朋克 NFT 历史成交纪录。

我们可以预见，Z 世代将是元宇宙的"元住民"，Roblox 作为他们进入元宇宙的第一站，而 Decentraland 为元宇宙搭建了"样板间"，现在无论是在沉浸体验还是经济体系上，这些项目都还处于非常早期的阶段，仍有巨大的迭代空间。

第三节 元宇宙中的工作、学习、社交和娱乐

未来，每个人都将在元宇宙中工作、学习、社交和娱乐，尽情创造，快乐生活，充分发挥创造力的价值，并将这种价值反馈到现实中。元宇宙会给每个人带来同时超越物理世界和数字世界的"双超越"的人生体验。

一、元宇宙中的工作和学习

在新冠肺炎疫情期间，全世界大多数人都在居家办公，大多活动和会议都通过线上语音或者视频会议的方式进行，但这种会议效率实际上并不高。扎克伯格就曾经抱怨："在过去一年的工作会议中，我有时发现很难记住开会的人都说了些什么，因为他们看起来都是一样的，经常被记混。我认为部分原因是我们（在网络会议中）没有那种空间感。而借助 VR 和 AR 技术，元宇宙将帮助我们（在数字空间）体验'临场感'，我认为这种临场感将让我们在互动上自然得多。"

因此，不少公司将活动搬到了元宇宙中。2020 年 7 月，一位名为艾伦·诺瓦克（Allan Novak）的加拿大用户通过元宇宙的方式参加了一场数字空间中的会议活动。这种形式的线上会议与传统的视频和音频会议相比，沉浸感更强。参会人员可以选择坐在任何地方，可以看到会场的其他参与者，也可以举手发言并参与交流。

很多学校不仅将课堂搬到了线上，甚至把毕业典礼也搬到了元宇宙数字空间中。2020 年，美国加州大学伯克利分校（University of California, Berkeley）的 100 多名学生与校友，在《我的世界》中搭建了大部分校园建筑，并成功举办线上毕业典礼。哥伦比亚大学傅氏基金工程和应用科学学院（The Fu Foundation School of Engineering and Applied Science）的师生也在《我的世界》中搭建了一个数字校园，并举办了毕业典礼，这让毕业生即使不回到学校也能"身临其境"地感受毕业的氛围。

二、元宇宙中的社交

社交是元宇宙的关键应用场景，物理世界里的大多数社交场景正逐渐在元宇宙中实现，例如和朋友聊天、约朋友逛街、参加聚会、看电影、旅行等。Decentraland 中就有各种各样的展览和活动，用户可以把坐标地址发给朋友，让大家一起参与进来。目前，Decentraland 中每个月都有几十场活动，涵盖会议、音乐、游戏、艺术等各个领域。

在 Steam VR 和 Oculus 商店中曾经排名第一的免费 VR 应用 VRChat 就是一个大型的在线社交平台。玩家可以自定义形象，自由穿梭于无数场景、游戏、活动中，与来自世界各地的玩家一起进行社交和探索。凭借 VR 设备或者电脑，玩家可以通过语音、手势进行极为真切的情感交流，甚至可以配合使用体感设备在数字世界中实现触摸、拥抱。

2020 年 11 月，VRChat 有 24 000 人同时在线，其中使用 VR 设备接入的用户占比高达 43%。在 VRChat 中，大部分虚拟场景都是用户自主生成的，其社交和创造环境非常自由，充斥着各种流行文化和亚文化，形成了一个带有浓厚 Z 世代气质的文化场域。VRChat 网站上有一个官方日历，列出了各个虚拟房间举办的各种活动。这些活动包括开放麦之夜、日语课程、冥想练习和即兴表演等。

三、元宇宙中的娱乐

目前，娱乐是与元宇宙结合最密切的落地场景。除了一些元宇宙游戏外，很多商场中都有 VR 游戏体验场所。人们只要戴上 VR 头显设备、坐在模拟的座舱里，就可以身临其境地体验过山车、海盗船、宇宙探险等奇妙场景。但这只是一种虚拟现实的游戏体验，不能算是真正的元宇宙娱乐体验。元宇宙中的玩家应该既是游戏的参与者，可以尽情地参与互动；也是游戏的创造者，可以开发他们想要的游戏场景。例如在 Roblox 中，我们随意打开一款水上公园的小游戏，就会发现这个游戏是由玩家自行创建的。进入游戏后，我们可以挑选喜欢的衣服、帽子、太阳镜，装扮虚拟形象。之后，我们可以体验各种水上游戏项目，就像专业运动员一样。

基于元宇宙的娱乐场景对社会发展也有着重大意义。根据马斯洛的需求金字塔理论可知，人类的需求可以分为五级，从底部向上分别为生理（食物和衣服）、安全（工作保障）、社交（友谊）、尊重和自我实现。其中，自我实现是最高层次的需求。但是，在物理世界中满足自我实现需求的门槛实在太高，只有一小部分人有机会能够实现。元宇宙让更多的人有机会满足自我实现的需求。无论一个人的年龄、职业、身体条件如何，他在元宇宙中都能和所有人一样拥有广阔的数字世界。即使是养老院的一位老人，也可以在元宇宙中周游世界。哪怕是行动不便的残疾人，也能在元宇宙中上天下海，无所不能。

第四节　未来财富将在元宇宙中创造

元宇宙是第三代互联网，而每一轮互联网的升级，都会带来巨大的创新和财富新机遇，新巨头往往也会在产业升级的关键窗口期诞生。元宇宙的建设和普及将促进数字经济与实体经济实现更深层次的融合，并在数字世界中创造新的财富。数字资产具备良好的流动性、独立性、安全性、可编程性和广阔的应用潜力，有望成为元宇宙中数字财富的关键载体，也会连接物理世界资产和数字世界资产，成为赋能万物的价值机器。目前，互联网已经来到了新的转型节点，关键窗口期已经悄然开启。

一、数字财富是互联网时代的新财富形态

图瓦卢（Tuvalu）是位于中太平洋南部的一个小岛国，是世界上面积最小的国家

之一。由于资源匮乏，几乎没有工业，图瓦卢被联合国列为"最不发达国家"之一。20世纪90年代，图瓦卢获得了一个意料之外的财富。在 ISO 3166 标准中，图瓦卢的二位字母代码被指定为 TV，所以在 1995 年，互联网号码分配局（IANA）根据该代码授予图瓦卢". tv"的域名。当时，图瓦卢的民众并未认识到这意味着什么。

"TV"一词很容易让人们联想到电视节目、影音视频、直播栏目等，也易于被人们认知和记忆。". tv"这个顶级域名具有了与众不同的识别度。20世纪90年代，多家网络运营商发现了". tv"域名的独特性，便前往图瓦卢首都富纳富提（Funafuti）谈判，希望将其作为电视台或视频网站的互联网后缀名。1999 年，一位名叫杰森·查普尼克（Jason Chapnik）的加拿大商人拿下了". tv"域名的经营权和使用权。

图瓦卢与查普尼克在美国加利福尼亚州合资成立一家新公司 DotTv，图瓦卢岛民拥有该公司 20% 的股权，并在 12 年合同期内获得了 5 000 万美元。这笔从天而降的财富让图瓦卢有了发展的机会，它用这些钱缴纳了联合国会费，在 2000 年成为联合国第 189 个成员国，并建设了公路、学校和飞机跑道。

2001 年，美国一家运营网络域名的公司威瑞信（VeriSign）收购了 DotTV 公司，并从那时起控制着". tv"域名的分发。尽管威瑞信没有披露运营". tv"域名的具体盈利情况，但凭借着诸如". com"". net"等顶级域名，威瑞信每年可从域名服务中赢利数亿美元。近年来，在直播和视频热潮兴起后，". tv"域名迎来了它的高光时刻。我们所熟知的虎牙直播、熊猫直播、斗鱼直播、全民直播等都一度将". tv"后缀的域名作为主域名。

为什么域名居然可以成为一个小国的收入来源？实际上，一个好的域名并非简单的网址，而是互联网流量的重要来源。在互联网发展的早期，门户网站和搜索引擎并不完善，用户往往会通过商标名的对应域名来访问对应的公司官网。因此，域名可以被视作企业的网上商标，对企业品牌展示起着至关重要的作用。无论是搜索引擎的索引，还是用户对企业官网更精准的访问，域名都发挥着重要作用，一个优秀的域名具有聚合流量的作用，而流量是互联网上最关键的要素。

正如一处位于好地段的房地产能够吸引更多的客流，一个简洁、响亮、好记的优秀域名可以吸引流量、带来现金流，因此我们可以认为域名具有资产分类中资本资产（capitalassets）的特点。每个域名都具有唯一性和排他性，好域名存在明确的稀缺性。因此部分特殊域名也具有价值存储资产（stockofvalue assets）的属性。在有些国家，域名甚至可以作为抵押物、可以获取贷款。例如，2000 年，韩国工业银行曾开展域名抵押贷款业务，贷款人通过抵押持有的域名最多可得到 1 000 万韩元的贷款。因此，域名可以成为个人、企业甚至图瓦卢这类国家的重要无形资产，可以成为一种独特的数字财富。

2000 年后，多家互联网公司接连上市，掀起了一轮又一轮的造富狂潮，这些互联网公司的早期员工也成了百万富翁甚至千万富翁。"员工期权"这种新的数字财富形态开始出现在公众面前。

2000 年，李华从湖南大学信息通信技术专业毕业，他没有选择在深圳发展银行或华为工作，而是加入了当时成立不到两年的腾讯，成为其第 18 号员工。他也是腾讯对外招聘的第一位大学应届毕业生。2001 年，腾讯对前 65 号员工进行了第一次期权激励，这是李华第一次接触到员工期权。他一头雾水，有点犹豫。当时的上司对他说："你赶紧签个字，不会害你，对你只有好处没什么坏处。"尽管那些期权当时的账面价值只是他几个月的薪水，但在获得期权后，李华第一次感受到公司的发展与自己紧密关联。2004 年 6 月，腾讯成为第一家在香港主板上市的内地互联网企业，发行价为 3.7 港元/股。在之后短短四年时间里，腾讯股价上涨了近 19 倍。员工期权让不到 30 岁的李华获得了财富自由。2008 年，李华从腾讯离职，开启了自己的创业之路。

这是富途控股创始人李华的故事。其实，这仅仅是互联网财富大潮中的一朵浪花，很多公司都有类似的故事。在 2005 年上市前夕，百度宣布，凡是在当年 1 月以前加入公司的员工，都能以每股 10 美分的价格购买一定数量的原始股。2005 年 6 月，百度成功登陆纳斯达克，其发行价为 27 美元/股。首发当日，其股价涨幅最高达 354%。这次首次公开募股（IPO）造就了 8 位亿万富翁、50 位千万富翁以及约 250 位百万富翁。

这些互联网巨头的员工期权为什么可以成为新的造富工具？这是互联网自身迭代升级的结果。在互联网发展早期，各大网站刚刚起步，各大站长获得的流量不分伯仲。而随着互联网行业的发展，到了 Web1.0 时代后期，小型平台逐步退出互联网的主流，取而代之的是聚合类平台。互联网行业强者恒强、自然垄断等特性也开始显现，流量趋于集中，巨头开始崛起。互联网由此进入一个相对中心化的阶段，巨头开始占据主要地位，而它们的竞争优势和商业价值也逐步反映到公司股价上。

1997～2021 年，亚马逊股价由 18 美元/股的发行价最高涨至 3 719 美元/股，涨幅超 2 000 倍；2012～2021 年，Facebook 股价由 38 美元/股的发行价最高上涨至 375 美元/股，上涨近 10 倍；2004～2021 年，腾讯股价由 37 港元/股的发行价最高上涨至 766.5 港元/股，涨逾 207 倍；2005～2007 年，百度股价由 27 美元/股的发行价最高上涨到近 340 美元/股，涨幅为 12 倍左右。

为何这些互联网巨头的市值能够增长得如此迅速？员工的贡献是非常重要的因素之一。随着社会和技术的发展，人的贡献在财富创造过程中的作用越来越明显。在工业经济时代，价值主要由机器创造，而机器背后是资本，因此公司价值主要归属于股东。但是，到了信息经济时代，优秀的软件或者网站取得成功的关键要素是卓越的创意和技术。毫无疑问，机器提供不了创意，创意需要由骨干员工来贡献。关键生产要素的变化需要匹配价值分配方式的变化。如何给这些骨干员工分配公司价值呢？一种新的方式就是分配员工期权。这些大的互联网公司奉行的并非"股东至上主义"，而是将公司的利润和长期价值通过期权分配给骨干员工，从而让他们更积极地贡献自己的力量。

员工期权的实质就是把一部分原来归属于股东的互联网平台价值分配给那些有杰出贡献的员工和高管。他们分享的不是当期的利润，而是长期的价值。因此，互联网从业者形成了一种以资产为核心的财富观，不再将工资和奖金作为主要收益，而是将自身贡献与公司长期价值挂钩。员工期权正是公司长期价值的载体，因此成为互联网时代新的数字财富形态。

总的来说，互联网业态发展带来了数字财富形态的升级。在 Web1.0～2.0 时代，财富形态已发生了巨大的改变，域名、员工期权这些在早期被人看不见、看不起、看不懂的资产，逐步变成备受瞩目的数字财富，给很多参与者带来了巨大的回报。当然，我们要记住，财富来自贡献。无论是域名的持有人还是员工期权的获得者大都是互联网早期的建设者，他们用新的技术和创意帮助互联网升级，因此才能获得相应的数字财富。

二、区块链技术让数字财富进一步升级

出生于 1994 年的维塔利克·布特林（Vitalik Buterin）受父亲影响从 2011 年开始研究比特币，和朋友联合创办了全球最早的数字资产杂志《比特币杂志》（*Bitcoin Magazine*），并担任首席撰稿人。2013 年，布特林进入加拿大滑铁卢大学学习，但是入学仅 8 个月，他就申请了休学，一边游历世界，一边给杂志撰写稿件赚取稿费。他逐渐意识到，比特币底层的技术（区块链）具有很重要的应用价值和发展空间，如果能引入图灵完备的编程语言，区块链系统就可以从"世界账本"升级成"世界计算机"。

布特林决心利用区块链打造一个全新的平台，并将其命名为以太坊。2013 年 12 月 9 日，他发布了以太坊的白皮书初版《以太坊：下一代智能合约和去中心化应用平台》（ANext-Generation Smart Contract and Decentralized Application Platform），并在全球招募开发者共同开发这个平台。2014 年 1 月，布特林向世界展示了以太坊，并击败了 Facebook 的创始人扎克伯格，获得了 2014 年 IT（信息技术）软件类世界技术奖。2015 年，以太坊区块链系统正式诞生。

"分久必合，合久必分"是社会发展的必然规律。在过去的几十年里，互联网获得了极大的成功。但随着互联网平台的完善和发展，人们开始意识到，互联网正在从"开放花园"走向"封闭花园"，从开放创新走向平台垄断。这带来了一系列弊病，让互联网出现了潜在危机。如何让互联网重新焕发新的生机，就成了重要议题。

以太坊的出现让很多人眼前一亮，无论是它描绘出的"价值互联网"蓝图，还是去中心化的"世界计算机"愿景，都让人兴奋不已。

随着互联网的发展，人们已经发现，超级平台过度中心化存在严重弊端。用户在使用这些平台的服务时，需要将自己的数据和资产托管到这些平台，客观上面临着很大的风险。2018 年，Facebook 爆出丑闻，英国咨询公司剑桥分析（Cambridge Analytica）在未经用户同意的情况下，通过 Facebook 获取了数百万用户的个人数据，这些数据被用于政治广告，甚至影响了 2016 年的美国大选结果。这就是"Facebook——剑桥分析事件"，让人们看清了个人数据被中心化机构滥用的恶果。

基于区块链技术的系统有一项关键特征，即数据并不托管在由单一机构控制的服务器上，而是由用户自己掌管，这就是所谓的"去中心化"（decentralization）。系统中也没有类似"管理员"的角色。整套系统建立在分布式的体系之上，由遍布全球的众多节点服务器共同提供服务，任何参与方都无法控制整个系统。这样可以防止数据被篡改，极大地保障了使用者的数据安全性。

以太坊是一个开源的有智能合约功能的公共区块链平台，以太坊虚拟机（Etheruem

virtual machine，EVM）上可以运行各种去中心化应用（decentralized application，DApp）。2015 年至今，越来越多的开发者在以太坊上开发智能合约程序或创建数字资产，以太坊逐步成为区块链领域规模最大、最为重要的基础设施。

三、元宇宙引爆数字财富的黄金十年

哈佛商学院教授克莱顿·克里斯坦森（Clayton M. Christensen）在《创新者的窘境》（The Innovator's Dilemma）中提出，需要最终用户改变行为的创新才是颠覆市场的创新，这种创新能够带来巨大的商业价值，被称为"非连续性创新"或"破坏性创新"。管理学者查尔斯·汉迪（Charles Handy）则提出了更直观易懂的"第二曲线"理论。他认为，对于任何一个趋势、技术、公司、产品，其发展往往都遵循 S 曲线的规律。简单来说，就是一个趋势刚刚出现时，在初始阶段常不被人看好，发展速度也看似迟缓，但实际上处于最具潜力的"探索期"。而随着技术的发展和用户量的增加，这一趋势将呈现出类似于抛物线的爆发型增长，进入"成长期"。但是，到顶峰时，这一趋势的增长速度会大幅下降，进入"成熟期"后还将进一步进入"衰退期"。

汉迪认为，沿着某一条 S 曲线的路径进行创新改进被称为"连续性创新"，它在一条曲线内部进行渐进性的改良和发展，这条发展曲线也被称为"第一曲线"。在达到第一曲线的极限点后，市场会出现新的发展方向，并开启增长的第二曲线。创新技术酝酿的阶段就是极为短暂但机遇无穷的窗口期。市场从第一曲线向第二曲线转型会遇到很多困难，但是只有这样才能迎来真正巨大的发展空间，这样的创新过程被称为"非连续性创新"。

互联网的发展过程也同样遵循 S 曲线的规律。1994 年中国接入国际互联网，现在已经出现了从 PC 互联网 Web 1.0 到移动互联网 Web2.0 的两次时代浪潮，也就是出现了两条 S 曲线。2000～2010 年，网民使用互联网的方式以 PC 为主，信息高速公路快速建设并逐步畅通，这是第一曲线。随着智能手机的普及，互联网开始向移动互联网过渡。到了 2012 年，我国通过智能手机上网的比例达到了 74.5%，超过了通过台式电脑的 70.6%，正式宣告移动互联网时代来临。在随后的十年中，互联网已经通过移动终端渗透到生活的方方面面，移动互联网的发展同样遵循 S 曲线的规律，这可以被认为是第二曲线。

2007 年 1 月 9 日上午，在美国旧金山举行的 Macworld 大会上，史蒂夫·乔布斯（Steve Jobs）身着他经典的黑色高领衫向世界宣布"今天，苹果将要重新发明手机"。当时，很多人对初代苹果手机的出现不以为然，认为这只是会打电话的 iPod（苹果音乐播放器）。我们现在都知道，苹果手机并不仅仅是浏览网页、打电话、听音乐的"三合一"设备，而是移动互联网革命的发端。事实上，2010 年，全球各国互联网使用比例平均已达到 34.8%。美国的互联网渗透率达到 79%，中国的互联网渗透率达到 34%，因而依靠电脑带来的用户增长已经开始放缓，PC 互联网已经进入了"成熟期"，转型成为必然趋势。

那时，只有极少数极为敏锐的公司意识到互联网即将进入第二曲线。知名创投机构红杉中国算是其中一个。红杉资本在 2005 年进入中国，成立了红杉资本中国基金（简称红杉中国）。2009 年春天，在北京郊区一家名为长城脚下的公社的酒店，红杉中国召开了主题为'Mobile Only'的互联网被投企业年会。红杉中国创始人沈南鹏在会后接受采访时表示："如果 CEO 没有意识到必须站在全新角度想产品的话，那么这将是非常危险的。'Mobile Only'这个主题我不知道怎么翻译合适，我们就是想给大家一个警醒，新的移动互联网时代要到来了。"2009 年之后，红杉中国的投资方向开始全面向移动互联网领域倾斜，从衣、食、住、行四个领域全面拥抱移动互联网。红杉中国投资了唯品会、美团、饿了么、滴滴出行等一批移动互联网核心领域中的公司。

美团（在 2010 年获得了红杉中国 1 000 万美元 A 轮融资）也将这个思路发挥到了极致。2008 年，团购鼻祖 Groupon 成立，国内的创业者在 2010 年纷纷入局。2011 年，几乎所有流量网站都推出了团购相关项目，团购网站超过 5 000 家。同年，Groupon 上市前累计融资达到了 11.6 亿美元，IPO 估值达到了 100 亿美元。但一年之后，行业风口停摆，大量的团购网站纷纷倒闭，Groupon 的股价也出现了大幅跳水。2012 年，王兴做了一个重要的决定，就是全面投入（All-in）移动互联网，将所有 PC 端的资源全部导入移动端。王兴在 2013 年"第十二届中国企业领袖年会"上表示：我们到用户所在的地方，他们转向手机，我们也转向手机，虽然已经预见互联网冲击会非常迅猛，但当冲击真正到来时，它还是比想象中要猛烈得多，改革的过程中，谈不上走弯路，大的方向非常明白，就看你能不能跑得足够快。

事实证明，这个决定是非常正确且及时的。两年后，美团 90% 的团购订单都转移到了手机上，几乎所有其他从千团大战中活下来的团购项目则倒在了移动互联网的门前。只有看到窗口期并成功转型的美团，真正成为移动互联网时代的顶级公司之一。2014 年 5 月，美团完成不到 3 亿美元的 C 轮融资，估值为 20 亿~30 亿美元。而到 2021 年 8 月，美团股价达到 460 港元/股最高点，其市值为 2.7 万亿港元，约为 3 400 亿美元。

伴随着 5G、人工智能、云计算、大数据、物联网、工业互联网、VR、AR、区块链等关键技术愈发成熟，第三代互联网（元宇宙）已经呼之欲出，互联网的发展又一次来到了新的转型节点，关键窗口期已经悄然开启。每一轮互联网的升级，都会带来巨大的创新创业和财富升级新机遇，新巨头往往也是在产业升级的关键窗口期诞生的。元宇宙的建设和普及将促进数字经济与实体经济深度融合并实现财富形态的再次升级。随着元宇宙时代的来临，全球经济中数字经济的占比将持续提升。

未来十年将是元宇宙发展的黄金十年，也将是数字财富的黄金十年。关键机会来自第三代互联网，数字财富升级也将是未来十年最强劲的风口。

课后习题

1. 阐述元宇宙的概念。
2. 简述互联网发展的三个阶段。
3. 简述元宇宙的发展前景。

第五章　大数据智慧平台建设

【学习目标】

1. 掌握智慧财政、云计算技术、互联网＋财税的发展方向。
2. 理解搭建财政大数据应用平台的国际国内背景。
3. 了解大数据平台在财政工作中的应用研究。

【导读】

大数据是当今发展最为迅速、创新最为活跃的新技术、新理念，正在对人类生活、社会生产、国家治理等方面产生全方位变革。加快大数据部署，深化大数据应用，已成为稳增长、促改革、调结构、惠民生和推动政府治理能力现代化的内在需要和必然选择。在当前信息化现状的基础上，要达到数据管税的战略目标，需要建立以数据为核心，以大数据技术为支撑的精确管理体系；基于税务组织机构职能、业务管理、规范、流程等的复杂性，我们必须要通过进行前瞻性的研究，形成相应符合税务行业所需要的数据治理、数据分析挖掘所需要的方法论体系，从而形成符合税务行业所需要的大数据平台，进而让税务行业沉睡的数据苏醒过来、发挥价值、产生效益。

本章以某省财税大数据平台建设为例介绍大数据智慧平台建设实践。围绕做好"有数、用数、管数"文章，该地方政府加快建立以财政大数据建设为核心的财税大数据应用中心，强化财税大数据分析应用，以税收风险管理为主线，以现代信息化先进技术为依托，加强业务和技术的融合，优化资源配置和税源管理体系，优化服务，规范执法，不断提高税法遵从度和税收征收率，形成新一代税收征管新管理方式，逐步形成覆盖全面、业务协同、开放共享的财政大数据应用发展格局，为全省经济社会发展提供强有力的数据支撑和保障。

近年来，该省各级财税部门加强协调配合，加快推进税收保障数据平台和财政大数据应用平台建设，强化财税大数据分析应用，用数据说话，让数据更好地服务于税费征管，取得了较好效果。

第一节 搭建财政大数据应用平台 助力"智慧财政"建设

一、建设地方税收保障数据平台，为加强税费征管提供数据支撑

（一）建立税收保障数据平台

基于税务金税工程三期企业入库、工商登记注册、国土企业占地面积以及住建房地产业网签等信息，建立起全市第一家涉税涉费信息平台。通过在税务、住建、国土、市场监管等 39 家涉税信息部门单位设立涉税信息采集终端，并经过县电子政务网进行数据采集，逐步建立起涉税涉费信息数据库，年收集涉税涉费信息 170 余万条，为加强涉税涉费信息分析提供有力数据支撑。

（二）强化数据分析比对

本着"先易后难、先点后面"的原则，先后建立起房地产业、土地使用税以及无纳税企业的系统分析模型。（1）通过对住建系统商品房网签信息与税务征管信息进行分析比对，建立起房地产业增值税、企业所得税、土地增值税等主要税种的数据分析模型。（2）通过对国土部门的企业用地信息与税务征管信息进行分析比对，建立起分镇街的土地使用税数据分析模型。（3）通过对市场监管部门企业登记信息与税务征管信息进行分析比对，系统剖析该县无纳税企业原因，及时发现漏征漏管户。（4）通过对住建部门商品房销售情况与垃圾处理费缴纳情况进行比对、对垃圾处理工作探讨费等非税收入收缴情况进行比对，加强对物业公司的收费管理。

（三）强化数据结果应用

（1）及时将分析比对的关键信息反馈到征管部门，促进税收征管。在土地使用税分析利用方面，其中，东城街道通过梳理企业用地合同 280 份，基本摸清辖域内企业占地情况，补缴税款 486 万元；辛寨镇对辖域内 118 户企业开展实地调查，查明土地涉税面积共 1 500 余亩，房产税涉税企业 99 户，房产面积共计 64 万余平方米。（2）由县税保办牵头，集中全县力量，对重点行业开展税收保障活动。2017 年以来，利用税收保障平台房地产行业数据分析结果，从税务、审计、财政、会计师事务所等部门单位抽调业务骨干，交叉组成检查小组，利用两年时间，对全县所有房地产企业进行了调账检查，发现多数房地产企业存在漏提漏缴税金现象，补提税金 1.5 亿元，入库过亿元。完善房地产行业税收征管机制，堵塞征管漏洞。（3）对保险业开展清理清查工作，通过工商保险行业登记信息比对、镇街园区摸底，对在辖域内未正常纳税的保险企业进行集中清理等。

二、建设财政大数据平台，动态掌握经济发展状况

（一）积极打造财税数据分析中心

基于省级财政大数据分析平台，充分利用省级现有的分析模型和资源，整合现有数据，建设财政大数据应用平台。省财政数据中心已归集2014年以来各级电子税票、金库日报、工商登记、教育学籍、社保缴纳、非税票据、部门决算等数据，搭建了以结构化数据为主的数据综合分析平台。目前，该县在省级数据平台建设的基础上，围绕财政收入核心业务，建立起分行业、分税种、分企业的多维度动态分析体系。

（二）强化数据分析，准确掌握全县经济社会发展状况

通过对行业、科目、级次等多个维度灵活组合，全面掌握全县企业纳税情况。例如，建筑房地产行业，纵向方面已经能够动态掌握该行业全部企业具体纳税情况；横向方面已经实现与上年同期等直接对比分析。具体到企业，可以进一步细化到具体税种纳税情况，实现了不同年度的分析比对，通过与工商数据比对，对企业注册资本、地址、经营范围等信息进行画像，详细掌握企业情况。

三、设立专门机构，健全大数据保障机制

（一）强化组织领导

成立由县政府主要领导为组长，财政、税务、住建、国土及镇街园区等各级各部门共同参与的领导小组。县政府主要领导先后组织召开了由39家承担涉税涉费传递义务的部门、单位及镇街园区主要负责人参加的工作会议，确保工作加快推进。

（二）设立专门机构，推进财税部门联合办公

加强机构职能建设，设立专门办公室，作为常设工作机构，由财政、税务等部门派专人参与，实行多部门联合办公，共同研究数据分析利用，促进税费征管多部门深度融合，数据针对性和可操作性大幅度提高。搭建财政大数据应用平台，助力"智慧财政"建设。

（三）出台系列制度办法

研究印发实施意见及工作要点等一系列文件，加大调度考核力度，明确工作内容和各部门单位职责分工，确保各部门及时准确报送各类涉税涉费数据。

四、当前财政大数据建设及应用存在的问题与矛盾

（一）部分单位对大数据应用还存在思想认识不到位问题

当前，中央、省、市都高度重视大数据应用，习近平总书记强调，"要运用大数据

提升国家治理现代化水平""各级领导干部要加强学习，懂得大数据，用好大数据，增强利用大数据推进各项工作的本领"。省委、省政府成立省大数据局，切实加强对全省大数据工作的组织推动，并提出在财政、环保等领域开展大数据示范应用。但在财政大数据平台建设与具体实施中，还存在部分协税单位对财税大数据建设重要性和必要性认识不到位，协税护税意识不强，涉税信息报送积极性不高，报送信息不及时、不准确等现象，甚至存在抵触情绪，影响了涉税信息的分析利用。

（二）涉税信息共享共用还有较大差距

税收保障数据平台的建立与应用，主要依赖于涉税信息的有效传递，但当前涉税信息未形成动态信息库，涉税信息多数按照月度、季度报送，报送的涉税信息时效性差，不能动态掌握涉税信息增减变化。涉税信息多采用人工报表的形式，传递形式单一。工商、住建等部门的关键涉税信息数据量大，每月达到几万条，反复导入、导出数据，容易导致涉税信息数据不全、失真，影响了涉税信息的使用。涉税信息基础数据标准还不够统一，信息化建设系统性不强的矛盾尚未彻底解决，数据分析利用水平比较有限。

（三）上下联动的数据分析利用机制还需进一步完善

从当前实际情况来看，上级部门在大数据分析方面做了大量工作，取得一定成效，但在数据终端的个性化分析与利用方面尚未"打通最后一公里"，基层财税部门利用率亟须提高。上下联动的数据分析机制有助于数据发挥其最大效用，但目前各县市区数据信息后台多在市级或省级，依靠自身力量推动财政大数据难度较大；同时，各县市区各为政，单独建设大数据平台，容易造成重复上系统、重复建设等问题，造成了资源浪费，不符合大数据的发展方向和需求。

（四）财政大数据应用呈现碎片化状态

当前，该县在收入分析运用方面取得了一定突破，但在财政支出大数据应用管理方面还存在较大差距。财政支出系统比较分散，没有实现收支的统一管理。经过多年信息化建设，该县财政收支积累了大量的历史数据，但受系统限制，很多数据还处在"睡大觉"状态，数据存储不集中，数据共享度低，没有实现有效分析利用。

五、努力方向及建议

下一步，围绕做好"有数、用数、管数"文章，加快建立以财政大数据建设为核心的县级财政大数据应用平台，助力"智慧财政"建设数据应用中心，逐步形成覆盖全面、业务协同、开放共享的财政大数据应用发展格局，为全县经济社会发展提供强有力的数据支撑和保障，推动该县财税管理工作不断迈上新台阶。

（一）围绕"有数"，加快形成动态数据信息库

各级财税部门特别是上级财税部门加强顶层设计，打通涉税信息壁垒，对税务、

住建、国土、供电、市场监管等部门单位涉税信息加强协调调度，推动有关信息共享共用。各级财税部门加强联动，进一步协调数据报送口径，确保数据准确。为保证数据质量，重点数据直接从各部门系统后台提取，实现涉税信息直连互通、随时抓取，努力改变人工报送的落后手段，加快形成动态数据信息库，努力提高涉税信息报送质量。

（二）围绕"用数"，强化大数据地方特色应用

建议上级财税部门积极整合其他涉税部门数据信息，加快大数据应用平台开发和建设。基层部门在上级数据信息平台的基础上，进一步开发独具特色的地方应用平台，将主要精力从搜集信息上解放出来，着重加强数据分析比对以及本地区特色运用。下一步，该县将努力实现财政大数据应用平台和税收保障平台的有机结合，搭建起独具特色的财政大数据应用平台。例如，对全县铝型材企业进行深入分析，建立起铝型材企业立体化数据分析模型，及时掌握企业纳税、盈利等情况，为经济发展提供数据支撑；对外地建筑施工企业进行数据分析，对施工项目进行跟踪，确保税收不流失；将税务以电控税等较为成熟的分析模型切入大数据应用平台，及时发现企业漏税行为，堵塞税收征管漏洞等。

（三）围绕"管数"，让大数据更好地服务于税费征管

基层财税部门打通数据"最后一公里"，让数据更好地服务税费征管。根据数据分析结果，通过定期开展重点行业税收保障检查等活动，强化收入组织的主导权，引导企业依法缴纳税费。

（四）围绕"大数据"，加快"数字财政""智慧财政"建设

积极拓展财政大数据系统分析应用，全面提升财政信息化应用水平。既围绕加强收入管理开展大数据应用，及时发现税收及非税收入漏征漏管疑点，满足税收保障、财源建设、收入结构分析等业务需求。围绕加强支出管理开展大数据应用，进一步整合预算、国库等核心业务系统，实现指标流、资金流、业务流有机结合，对预算编制、预算指标、资金支付、部门预决算等数据进行分析，全面完整掌握预算执行情况，提升支出监管效能。同时，围绕加强资产管理开展大数据应用，通过分析行政事业单位资产总量和结构，更好地盘活存量资产，提升资产管理水平。

第二节　大数据和云计算技术在财政工作中的应用研究

党的十八届三中全会提出"建立现代财政制度"。大数据和云计算关键技术能够为现代财政治理提供可靠保障，也是提升财政工作效率的新途径。

1. 利用大数据和云计算开展财政工作是政府管理智能化和现代化的重要基础。财政管理信息化是实现政府政务信息化建设的关键领域，利用大数据和云计算是实现财

政科学化、信息化、现代化管理的基础。财税体制改革的继续深入，客观要求财政工作充分运用大数据和云计算，积极构建财政大数据云端，全面系统提升财政管理工作的精准性、实时性和全周期管理性。以财政部门内生数据为基础，综合运用工商、税务、人社、公安、银行等部门的相关信息数据，构建财政大数据融合系统，突破政府管理体系各主体信息共享机制障碍，是财政工作在信息技术时代实现政府管理智能化和现代化的必然选择和重要基础。

2. 现代财政制度的建设离不开大数据、云计算技术支持。《深化财税体制改革总体方案》提出，2002 年全国财政系统逐步推广应用的"金财工程"是信息技术运用于财政工作的有益探索和实践，在规范财政预算管理、提高国库资金使用效率、增强财政决策科学性和财政工作透明度、加强廉政建设、实现依法理财等方面都起到了巨大作用，也为财政工作运用大数据和云计算打下了良好基础。而云计算对传统财政信息化手段的整合、贯通、升级和大数据在存储、处理、挖掘方面的优势，为深化财税体制改革和建设现代财政制度提供了更高一级的信息技术支撑。

一、大数据和云计算技术在财政工作应用中的问题

1. 各类财政信息系统间数据协同共享不充分，利用大数据和云计算技术存在一定壁垒。1996 年以来，各级财政部门陆续研发应用了预算编制管理、预算执行、非税收入管理、政府采购监督管理、行政事业单位资产管理等一批信息技术应用系统。信息化建设过程中，各业务系统由不同的承建单位进行建设，缺乏统筹规划，系统之间打通困难，数据缺乏交互碰撞。"烟囱式"系统仍然普遍存在。业务人员面对多样的系统，需要从不同的业务系统中找到描述一个业务情形的不同阐述角度的数据，以全面、客观地分析业务问题。这极大地影响了业务人员的工作效率。

近年来，随着现代数据管理技术飞速发展和财税体制改革的深入推进，云计算、大数据等新技术对财政工作的支撑保障作用也日益明显。同时，由于财政工作对信息技术的要求不断提高，如何应用大数据和云计算等信息技术发展的成果，研究建设财政大数据系统平台，提升财政工作体系的现代化和智能化建设，对进一步深化财税体制改革、夯实国家财政管理基础具有重要而深远的意义。大数据和云计算技术对建立现代财政制度主要通过"收入、支出、管理、评价"四个方面来实现，在保证国家机关和职能正常运转外，更具有宏观经济调控的作用，财政数据信息在总体上反映着政府机构方方面面的活动状况。2015 年，国务院印发《促进大数据发展行动纲要》，强调要建立"用数据说话、用数据决策、用数据管理、用数据创新"的管理机制。由于财政业务种类众多，各种业务信息系统由不同的研发人员设计，业务信息数据存储的结构也没有统一的标准，造成了预算编制、预算执行、监督管理、绩效评价等财政工作环节中产生的数据信息没有实现共享交互贯通，财政全业务数据无法融合，给开展大数据的分析利用造成了一定的壁垒，无法发挥大数据对财政业务的精准支撑作用。

2. 信息系统没有实现对全部财政工作业务流程的支撑，利用大数据和云计算技术存在盲点。目前，虽然财政部门的主要工作基本实现了各类系统的信息技术支撑，但

业务流程覆盖面还不够全面，存在一些管理盲区、盲点。例如，一些地区的财政系统没有实现将财政监督管理和内控机制贯穿到整个业务流程，这样就不能运用大数据和云计算有效发挥对业务办理流程中审批事项的监督和预警作用。此外，大数据和云计算技术在预算评审的广度、深度、规范性和支出标准定额体系等方面的建设工作也有待研究应用。

3. 各部门间的数据信息归集存在一定难度，限制了大数据和云计算技术的研究应用。目前，虽然中央要求各级政府部门加强数据信息资源的交换共享，但一些部门还存在"内部数据不能泄露"的担心和顾虑，不愿或者不配合数据交换共享。如果只有财政内生数据，就无法和别的部门数据信息进行比对验证，对开展财政大数据研究应用造成了很大障碍。

二、大数据和云计算技术在财政工作中的应用思路

进入大数据时代，财政工作应当运用大数据和云计算技术围绕"收入、支出、管理、评价"的全生命周期开展。基于大数据技术，在归集梳理财政内生数据的同时，协调融合其他部门的数据信息，深度分析挖掘数据中的潜在价值，提高财政部门科学化、规范化和信息化管理水平，提高财政决策和政策制定的前瞻性、针对性和有效性，为财政的收、支、管、评四个方面的业务提供精准的数据支撑，实现"收得上来，支得合理，管得透明，支撑作用明显"的现代财政制度。

1. 运用大数据和云计算思维，再造协同共享的现代财政预算管理业务流程。打破现行的各类财政业务不互通、业务数据不能交换共享的现象，围绕财政大数据云平台系统建设的总目标，通过财政大数据技术，构建财政业务信息、预算管理信息、政府决策信息交互共享平台。在此平台上实现财政部门内部各个处室之间、上下级财政部门之间、财政收入机构与征缴对象之间、财政支出机构与预算单位之间信息系统的互联互通，从而实现财政预算编制、预算执行、监督管理、绩效评价、决算编审的预算管理全部流程优化再造。建立真正能够支撑政府决策、提升财政管理的财政业务新流程，实现财政业务流、资金流和数据流的统一。

2. 建设跨部门、跨层级数据交换共享的财政大数据云平台。一是研究建设以信息化标准和安全体系为保障的财政大数据云平台，融合各级财政、税务、发改、工商等部门数据，实现跨部门、跨层级的财政经济税务等相关信息资源的共享和深度融合。二是充分发挥财政大数据云平台的基础作用，把各部门、各级共享归集的数据分成若干个专题区存放（如宏观经济专题数据区、财政收入专题数据区、财政支出专题数据区、人口信息专题数据区等）。通过建立数据长效融合机制、构建财政经济大数据资源体系等方式，开展以财政数据为核心的多部门数据、多层级数据数据采集。实现对不同部门数据的采集融合和分析、挖掘、利用，支持财政大数据的实时查询、分布式计算，实现数据信息面向社会共享。

3. 探索开展大数据和云计算在财政工作中的实际应用。一是以财政实际工作需求为导向，从精准编制中期财政规划、加强预算管理、提高财政资金使用效益、精准预

测财政收入、研究财政支出方向等角度出发，充分融合财政大数据云平台中的数据资源，构建支撑政府智慧决策的经济社会数据信息库，开展个人数据、企业数据、政府项目、行业动态变化研究。结合各行业结构数据信息，分析企业投资数据研究，基于市场数据，引导资源配置，提高项目的投入产出比。二是基于财政大数据，实现财政综合查询分析、财政资金支出去向和状态、财政收入趋势、领导决策辅助等功能，实现财政精准管理。三是建设数据挖掘分析、财政收支监控管理等大数据分析系统，为财政管理和政府决策提供科学、合理、有效的支撑，从而提升财政服务于政府决策、内部管理、部门之间合作的效能和水平。

4. 运用大数据和云计算成果积极向社会提供公共服务。在提高财政工作效率的同时，本着简化行政审批、提高服务效能的公众服务理念，积极研究建设面向公众的社会服务应用，促进财政部门"放管服"和职能转变。如研究基于个人数据信息的个人信用产品平台建设，与金融个人征信业务结合，开展与银行个人信贷合作，丰富并进一步精确人民银行征信系统；研究基于企业数据信息信用平台建设，与金融企业背调业务结合，开展银行企业背调征信系统合作；研究基于企业的纳税信息、行业变化信息，开展企业背调信息平台建设。基于财政经济数据动态分析系统建设，结合各行业结构数据信息，分析行业经济景气指数，引导社会资本投资方向，服务供给侧改革。

第三节　新时代"互联网＋财税"的发展

近些年，互联网信息通信技术加速与经济社会各领域的融合在世界产生了战略性和全局性的影响。为积极发挥我国互联网已经形成的优势，形成经济发展新动能，实现中国经济提质增效升级，国务院于 2015 年 7 月发布了《关于积极推进"互联网＋"行动的指导意见》。两个月之后国家税务总局就印发了《"互联网＋税务"行动计划》，指出将互联网的创新成果与税收工作深度融合，拓展信息化应用领域，推动效率提升和管理变革，是实现税收现代化的必由之路。由此，"互联网＋税务"行动进入生动多彩的创新实践，展示出广阔的发展前景。

一、新时代"互联网＋财税"发展的新趋势

（一）"互联网＋税务"行动计划开启财税变革新进程

"互联网＋税务"的本质要求就是顺应互联网发展趋势，满足纳税人和税收管理不断增长的互联网应用需求，推动税收现代化建设，引领税收变革进入新的阶段。伴随"金税三期"在全国范围内上线，税务机关的系统软硬件不断提升，各类税收征管软件有机融合，使办税流程缩短，更加简单、便捷、优化；一些地方建成网上办税服务厅、电子税务局，实现纳税人网上申请、网上受理、网上办结、全流程无纸化办公，既提高税收征管质效，又惠及征纳双方，提供优良的场景体验。

电子发票得到广泛应用。自京东 2013 年 6 月 27 日开出中国内地首张电子发票，目前已有电商、通信、连锁餐饮、物业、快递、医疗等 10 多个行业全面使用电子发票。随着国家相关立法进程及税收政策对电子发票的肯定和法律效力的确定，电子发票将在全行业、全领域推广应用。

（二）"互联网＋财税"理论创新

互联网信息技术不仅提升国家税收征管水平，同样影响企业自身的财税管理方式，在这种背景下，"互联网＋财税"理论应运而生。所谓"互联网＋财税"就是通过互联网与财税全部工作的深度融合，引入互联网思维，运用云计算、大数据、人工智能等新一代信息通信技术，推动财税工作根本性变革，创造出财税信息化的新模式、新业态，实现国家财税治理现代化。其本质是引入互联网思维和云计算、大数据、人工智能等信息技术，颠覆传统财税活动的运行规律，真正实现财税工作与互联网深度融合发展。"互联网＋财税"严格区别于将互联网技术嫁接于传统财税活动，是大数据推动下的互联网形态推进及其催生的财税管理新形态。"互联网＋财税"的外延，包括"互联网＋"政府财税治理、"互联网＋"企业财税管理、"互联网＋"社会财税服务等财税工作创新模式。"互联网＋"政府财税治理的特色在于推进政府财税治理的高效性、有效性与透明化，服务于国家治理体系与治理能力现代化；"互联网＋"企业财税管理的特色在于推进企业财税管理的实时性和精准性，服务于企业价值创造；"互联网＋"社会财税服务的特色在于推进财税服务的社会化进程，正确划分政府与市场的边界，让中介机构兼具公平、公正、公信力。

（三）人工智能引领"互联网＋财税"新变革

"互联网＋财税"理论与实践的创新和发展来源于互联网信息技术与财税领域的深度融合，随着"互联网＋财税"创新向高水平和深层次推进，机器人流程自动化（RPA）和人工智能（AI）在财税领域的方方面面深度融合，将产生颠覆性的创新成果，引发我国财税治理领域根本性变革。首先，RPA 正在改变着企业财税管理工作。会计凭证录入、编制会计分录、数据统计分析等简单重复、低附加值的人工操作财税机械性工作，正在逐渐被 RPA 替代，帮助提升共享中心的工作效率与质量，形成全新的财税工作业态。其次，智能办税机器人开始上岗。例如，智能办税机器人"小智"的强大人脸识别系统和语音识别系统，将所有待验信息通过"云端"与"金税三期"系统无缝对接，进行无差错比对，展示出 AI 技术在纳税服务中日益重要的作用。在全球人工智能时代来临之际，其在财税领域的应用必将越来越广泛，使财税从业者走出传统低价值业务，专注于创造价值，并带来更高的工作满意度，实现财税工作质的提升。未来，人类社会必将演变成一个智能社会，RPA 和 AI 技术给财税领域带来新的发展机遇和空间，而推进 AI 在财税领域的应用创新，将是实现我国互联网信息技术背景下财税治理现代化的保障。2017 年 7 月 8 日，国务院印发《新一代人工智能发展规划》，确定"到 2030 年人工智能理论、技术与应用总体达到世界领先水平，成为世界主要人工智能创新中心，智能经济、智能社会取得明显成效，为跻身创新型国家前列和经济强国奠定重要基础"。人工智能引领"互联网＋财税"变革已经成为实施国家这一战略规划的实际行动。

二、电子发票与"互联网＋财税"的契合优势

（一）互联网信息技术创造"互联网＋财税"网络运行系统

从技术层面来说，"互联网＋财税"包括移动互联网、云计算、大数据技术，它是以互联网为主的一套信息通信技术在财税管理领域的应用，打造覆盖财税管理和服务全领域、全方位、全流程的网络运行系统，"互联网＋财税"推动财税管理模式和工作方式的颠覆性变革。通过完善基础运行平台、整合信息技术资源、营造财税治理新格局，建设财税管理进一步提质增效、执法监督进一步规范透明、财税服务进一步便捷普惠、各方主体关系进一步开放包容的财税新生态。"互联网＋财税"平台的信息数据共享，可联通财政、税务、银行、企业等相关部门单位，汇聚和优化整合不同渠道、不同层次、不同功能的第三方涉税数据。其在提供便利服务的同时，促使财税管理流程场景再造，极大提升财税机关的监督管理质量效率，释放出强大的治理能力。可以说，互联网信息技术将财税管理推向空前的高度和广度，开启了财税管理走向现代化的进程。而实现"互联网＋财税"高效运行的一个基本要素就是电子发票。

（二）电子发票是"互联网＋财税"运行的基石

发票作为财务记账的主要凭证，是我国财税管理工作的一项重要内容。在传统的"以票控税"模式下，发票是财税管理最基本要素。在"互联网＋财税"新型管理模式下，财税管理的核心要素是信息数据，其关键点即是对财税信息的获取和使用，其基本来源和途径是发票电子化。电子发票作为财税创新成果是信息化时代发票管理的新方式，是"互联网＋财税"的基础性资源。电子发票的发行、开具、接收、保存、查验等都通过统一建设的服务平台，以电子化、网络化方式完成，具有便捷、高效、低成本、永久保存、真实不可篡改等诸多优势。在"互联网＋财税"网络运行系统中，硬件、软件和技术手段组成了系统架构，电子发票及其携带的信息数据是系统内的电子化信息流，有信息流系统才能运行，否则便如同虚设。因此，电子发票在"互联网＋财税"运行中起到基石作用，没有电子发票就不是完整意义的"互联网＋财税"。从财税管理层面来看，电子发票是加强财税管理、发票管理、防控发票类违法犯罪、提升全社会管理效率的手段，是实现财税信息化的必要措施。从国家治理层面来看，电子发票驱动"互联网＋财税"发展，不仅关系到国家财税治理，而且关系到国家信息大数据安全，更关系到我国电子政务、电子商务的发展，具有重要的战略意义。

（三）电子发票与"互联网＋财税"齿合驱动

1. 电子发票的涉税特征与"互联网＋财税"的系统模式、运行方式和功能效率天然契合。电子发票具备财税管理最基本的依据要素特性。2015 年 11 月 26 日，国家税

务总局发布《关于推行通过增值税电子发票系统开具的增值税电子发票有关问题的公告》；2017 年 3 月 21 日，国家税务总局印发《关于进一步做好增值税电子普通发票推行工作的指导意见》。两次确定，"增值税电子普通发票的开票方和受票方需要纸质发票的，可以自行打印增值税电子普通发票的版式文件，其法律效力、基本用途、基本使用规定等与税务机关监制的增值税普通发票相同"。明确了电子发票具有与传统纸质发票相同的法律地位和效力，使其具备了财税管理最基本的依据要素特性，为电子发票进入财税管理和"互联网＋财税"运行颁发了通行证。

2. 电子发票具备网络传输特性。电子发票作为信息数据的电子化介质形态，可以运用信息通信技术手段在网上传输互联共享，这是纸质发票所不具备的。电子发票这一特性为其进入"互联网＋财税"提供了先天禀赋。

3. 电子发票具备大数据存储特性。电子发票作为交易原始信息数据的电子载体，记录了买卖双方单位信息和单价、数量数据，便于大数据的采集和存储。无论税务机关、企业或是第三方平台，在"互联网＋财税"运行系统中，运用大数据技术分析处理、收集、筛选、捕捉涉税数据及运营数据等信息，为服务对象提供更精准的服务，为财税监管治理工作提供信息支持。由此可见，电子发票所具有的特性，与"互联网＋财税"恰似机械驱动的无隙齿合。"互联网＋财税"是电子发票极为天然的应用场景。在"互联网＋财税"变革背景下，电子发票是税收信息化适应互联网时代发展的必然选择。

三、电子发票全面赋能"互联网＋财税"

"互联网＋财税"不是将传统财税业务简单地装上互联网，而是引领财税新一轮变革。基于互联网生态圈构建财税管理新模式，拓展财税服务新领域，营造财税管理新生态。"互联网＋财税"价值体现在三个方面，即"互联网＋"政府财税治理、"互联网＋"企业财税管理、"互联网＋"社会财税服务三个财税工作创新模式。电子发票作为其全面赋能者，体现于实践运行之中。

（一）电子发票推进财税治理信息化

电子发票推动财税管理质效升级。在"互联网＋财税"这一大型平台上，采集交易信息数据、全时监督管理、推进会计核算信息化和税收征管信息化，电子发票的作用不可或缺。应用电子发票使得用票单位人员、财税人员核算业务效率大幅提高，减少纸质票据使用的成本，有助于实现会计档案电子化，提高会计档案的现代化管理水平。应用电子发票与大数据，能够实现涉税信息的数字化管理。税务机关通过电子发票实时记录反映出的经济税源经营动态变化，商家、企业每卖一件产品、每产生一笔交易，所有数据全部回传给税务机关，开具电子发票后，税务总局系统后台接收信息，实现全部实时监管采集全部税源的海量涉税信息数据，运用云计算数据综合分析，转化为可量化、可比对的数据，对全部税源实施全天候、全方位的信息化控管。

（二）电子发票助推企业财税管理信息化

在竞争激烈、瞬息万变的市场环境和数字经济快速发展的形势下，企业财税信息数据成为重要的资源和要素，信息化给企业财税管理赋予了新的效能，使其从传统的业务上升到现代管理层面。"互联网＋"企业财税管理是"互联网＋财税"的重要组成部分，企业应全面提高自身的财税管理信息化水平，通过理念、构架、功能的重构，创建企业财税管理新模式，将财税信息化管理作为核心建设目标，助力企业增强发展战略和经营决策的科学性、效益性。实行"互联网＋"企业财税管理，从利用"互联网＋"平台向企业推广使用电子发票入手，将开票系统嵌入企业应用平台，建立企业财税管理信息化系统。企业对每笔销售或服务交易开具电子发票，并经过邮箱或微信等终端推送给客户，同时通过信息互联自动传送给税务机关。既便于税务机关监管，又便于企业进行财务管理分析、投融资分析、税务风险分析，提高企业纳税遵从度，增强企业经营、决策的效率。在企业财务方面，通过电子发票直接从中抓取数据自动生成记账凭证，将财务人员从传统会计核算业务中解脱出来，企业会计工作的重心转向服务于企业经营决策，实现向管理会计的华丽转身，提升企业核心竞争力。

（三）电子发票完善财税服务社会化

从我国互联网信息技术产业发展现状来看，社会化是财税服务的现实选择。财税服务的社会化实际上是财税管理社会化的一个方面，就是充分发挥社会组织在财税服务中的作用。适应"互联网＋"的要求，财税服务社会化必然要走信息化的道路，建设"互联网＋财税服务"新模式。"互联网＋财税服务"，即是在财税服务领域，以互联网为依托，将财税服务纳入现代服务业，通过数据分析、风险预警、解决方案一体化的财税互联网解决模式，对企业财税活动施加影响和调节，为纳税人和社会各界提供财税信息和社会管理服务。"互联网＋财税服务"具有以互联网为服务平台、信息形态数字化、信息互联共享的特点，因此，构成"互联网＋财税服务"的基本要素仍然是电子发票。在互联网时代，财税服务社会组织原有的代理申报和代理记账等传统业务逐渐弱化，要在互联网背景下进行新的业务整合和调整。与互联网、信息通信技术融合，搭建专业的财税服务网络平台，实行行业间的互联互通。通过纳税人财税数据、生产信息、金融数据的采集和分析并与税务系统数据相匹配，将碎片化、独立的企业数据加工成具有逻辑关系的数据链，对纳税人进行分类管理，预测各层级企业的财税服务需求，提供精准的涉税风险评估、融资、重组、上市等高级涉税服务需求，实现财税服务产品的创新和增值服务。由此可见，电子发票作为构成财税大数据的基本要素，起着决定性作用。

四、拥抱"互联网＋财税"创新，实现财税治理现代化

（一）促进财税"放管服"改革

国家税务总局确定的"放管服"改革 30 项任务中，要求创新发票服务方式、大

力推行网上办税就近办税、加快推进电子税务局建设、集成整合信息系统、推动数据融合联通。完成这些改革任务，就要推进"互联网＋财税"创新行动，从减少纸质票据、变革财务管理模式、优化纳税服务等处着手，通过电子发票、电子税务局、网上办税服务厅等创新成果的实践与应用，有效提升纳税人的满意度、遵从度和获得感。"互联网＋财税"还有力推动财税社会服务组织发挥创新优势，实现其创新成果综合效益最大化，在多元共治时代下协助政府财税治理，促进财税"放管服"改革，为简政放权、优化服务提供助力。

（二）优化纳税服务、提高税收征管水平

现今，利用互联网信息技术手段可超越时空、形态的限制，由传统的实地办税转为网上办税、自助办税。在"互联网＋税务"的平台之上，推动线上线下涉税业务办理的有机融合，提供涉税办理无纸化、方便快捷智能化的服务，使纳税人享受到从"足不出户"到"如影随行"的服务体验。

另外，电子发票的应用能够提高税收征管水平。电子发票与大数据的推行，有助于加强税源信息管理，建立对税源实施全方位信息化控管机制；有助于纳税分析、评估、研判，掌握涉税风险的规律性，建立全流程税务风险信息化防控机制；有助于建立涵盖征管、发票、防伪税控的信息化稽查机制，全面提高税收治理体系和能力。

（三）走向财税治理现代化

经过研究与实践，形成以互联网信息技术为支撑，以"互联网＋财税"创新为导引，全面推进财税治理现代化的改革之路。具体说来，即是以纳税人为中心，推进现代化财税治理服务体系建设，利用互联网信息技术推进办税便利化改革，显著减轻税收遵从成本；同时，推进现代化财税征管体系建设，以税收风险管理为导向，以分类分级管理为基础，不断创新税收征管模式，加快税收征管的科学化、信息化，提高信息管税能力，实现财税治理现代化。新时代赋予新使命，新使命激发新动力。顺应世界"互联网＋"发展的时代潮流，站在战略性和全局性的高度，积极开展"互联网＋财税"创新，既是现实任务，又是历史责任。新故相推，日生不滞。"互联网＋财税"行动任重道远。唯有砥砺前行、锐意进取才能实现财税治理体系和能力在变革中的重塑和提升，以服务于经济提质增效和转型升级。从这个意义上来说，电子发票助力"互联网＋财税"不断前行、大有可为。

课后习题

1. 简述财政大数据应用平台的建设对各级各类地方政府提出的要求。
2. 简述你所了解的现有大数据应用平台以及它们的趋同性和差异性。
3. 简述发展新时代"互联网＋财税"和财政大数据应用平台的重要作用和意义。

第二模块

第六章　财政数字化转型加速到来

【学习目标】

    1. 了解财政数字化转型背景。

    2. 明确财政数字化转型目标。

    3. 明确财政数字化转型意义。

【导读】

    党的十九届四中全会通过的《中共中央关于坚持和完善中国特色社会主义制度　推进国家治理体系和治理能力现代化若干重大问题的决定》指出，要"建立健全运用互联网、大数据、人工智能等技术手段进行行政管理的制度规则"。这一论述充分肯定了数字技术对政府治理的重要性。我国数字经济具有后发优势，以大数据、智能化、移动互联网、云计算、物联网和区块链等为代表的新兴数字技术，逐步成为我国新基建的重要技术保障和支撑。新冠肺炎疫情以来无接触经济活动的发展凸显了数字经济的价值，必将加速政府、企业、个人的数字化转型进程。财政作为国家治理的基础和重要支柱，是各种利益调节的枢纽，作为政府数字化转型的重要组成部分，财政数字化转型尤为关键，这一转型将助推政府数字化转型，以更好地将我国的制度优势转换为治理效能。

第一节　数字技术与财政管理

    建立现代财政制度需要有现代财政管理模式，作为优化财政管理的数据基础，财政数字化转型会大幅提升数据的实时性、有效性和共享性。将数字技术融入数据生产与应用中，打造智能化、网络化和立体化的财政数据生态体系，正日益成为财政管理优化的新引擎。

一、构建以信息共享为基础的现代财政管理流程

    财政管理最大的障碍来自信息不完善和不对称。利用大数据技术可以实现财政内

生数据的汇聚，摸清数据家底，统一数据口径，打破信息壁垒，实现财政的数字化管理。各项传统财政工作内容存在无法交换共享的现象，影响了预算管理和政府决策，智能合约的自动化运行可以大幅提升财政管理效率。云计算技术具有高灵活性和拓展性等特点，通过虚拟平台对相应终端完成数据备份、迁移和拓展，可以突破资源调用时间和空间的界限。云计算平台的建立可有效实现财政部门内部上下级、各机构之间的信息共享与互联互通，从而可以站在预算管理全流程维度，重新部署财政预算编制、执行、监督管理、绩效评价以及决算编制的各个流程，实现数据流与业务流的真正统一。

二、确立动态优化的财政监管与预警机制

利用大数据技术对海量数据进行实时监控，能够大幅压缩问题从发现到处理的时间，达到动态优化的效果，实现动态实时监控与风险预警。大数据为财政监督常态化开展提供了技术保障和数据支持，利用大数据技术对机构和业务进行持续监测和风险评估，可以动态掌握预算执行状态、风险变化态势等整体情况，从而有效防范市场风险，持续优化政府对市场主体的服务流程。

云计算平台对于海量数据的处理更加快速和及时，提高了财政监督管理效率。在纵向和横向维度上对数据资源进行统一处理应用，将进一步加强信息处理结果的可靠性和全面性，同时降低财政监管在数据采集、数据处理和数据发布流程上所花费的成本，突出监管工作重点，增强决策的精准性。

机器学习算法的优势在于解决各类复杂非线性问题，将机器学习应用于海量数据分析中，可以对未知状态做出有效预测，帮助政府从容应对不确定性。例如，在债务风险预警方面，通过机器学习，可以合理规划债务结构，避免因到期时间过于集中而造成到期债务集中偿付，从而有效分散地方政府债务风险。

三、建立"用数据说话"的宏观分析新模式

大数据是进行宏观分析的有力工具。利用大数据技术可以将各类宏观经济数据、社会数据与财政数据结合考察，开展综合数据的深度分析，对党中央、国务院提出的宏观政策目标进行分析、评估和预测，寻找最优的财政政策和宏观经济政策路径。相对于传统的数据分析工具，大数据技术对财政数据的获取、组织、分析更具优势，通过抓取和整合各部门不同层次的经济社会数据，对数据进行多主题、多层次、多角度的深度分析和利用，可揭示包括财政数据在内的经济数据之间的内在逻辑与联系，摸清客观规律，继而提高政府各部门之间的协同效率，为经济社会健康发展提供决策支持。

第二节　数字技术与财政收入

经济发展进入新常态后，财政收入难以再现以往的高速增长态势，同时财政支出

增长保持刚性，财政收支平衡面临着巨大挑战。依托人工智能、区块链等数字技术，解决复杂、动态、精准化的财政收入应用场景，满足差异化要求并提供合理预测，成为优化财源建设，保基层运转、促民生发展的新着力点。

一、以精准分析确保税收征管效率

人工智能（AI）技术可自主分析税收数据中的运行规律，通过对数据的加工处理进行自主判断、决策，使税收决策更加理性化、标准化，有效降低工作人员在数据分析过程中的主观影响，同时提高税收分析效率，有利于形成更加科学规范的税收治理格局。

1. 提升税收征管资源配置的合理性。通过精准化投放纳税服务和税收优惠，人工智能可对纳税人的需求进行精确计算，使纳税服务更具针对性并减轻纳税人痛感。同时，人工智能技术从技术端对税收信用体系进行重构、改造和提升，将有效遏制数据造假问题，确保交易数据的真实性。

2. 实现税收收入的有效预测。通过人工智能对历史积累数据的分析处理，可对税收收入进行合理预测。人工智能能够实现对实际征管情况的综合比对，从而进行更加有效的税源分析，形成完整的纳税群体画像，建立分析模型，预测税收收入的规模和增长情况，同时通过模型判断和风险分析，进行有效防控，实现精准治理。

二、建立统一公共支付平台，推进非税收入线上线下服务一体化

数字支付作为数字经济建设的核心技术和基础设施保证，近年来发展迅速，已成为我国发展数字经济的重要推动力。据普华永道会计师事务所2019年全球消费者洞察力调查统计可知，我国移动支付普及率高达86%，位居全球第一，远高于其他移动支付市场地区，这为建设公共支付平台奠定了坚实基础。

推进数字政府建设，建立跨部门的协同平台尤为重要。依托数字支付技术、建立统一公共支付平台，可以为社会公众提供更加多元、便捷的智慧支付渠道，推进线上线下公共服务一体化。我国非税收入项目较多，执收主体多元，缴款人群分布广泛。统一公共支付平台为缴款人节约了不同部门之间转换、排队的时间，也节省了工作人员的办公时间，可以有效提高政务服务效率。尤其在新冠肺炎疫情防控期间，为避免现场办理导致人群聚集、交叉感染，各地政府对非税项目网上办理的探索与实践，无疑将统一公共支付平台建设与应用推上了新台阶。

三、利用区块链电子发票降低制度性交易成本

区块链具有不可篡改、信息透明、可追溯等特点，这些技术优势使得电子票据交易成为区块链技术极为天然的应用场景。利用区块链技术可加强电子发票全流程管理。区块链技术可以实现电子发票数据的统一和整合，利用区块链技术的去中心化特点，

解决了不同系统间的数据"孤岛"问题。在区块链上确认后，票据的全部操作都会被实时记录，实现全流程路径追踪，同时完成发票数据自动备份，节约了人力、物力成本，也大大降低了各类寻租腐败行为发生的概率，提高了财政资金运行效率。

第三节　数字技术与财政支出

财政支出是财政调控的重要工具，财政支出结构体现调控的重点和方向，与财政收入一样，财政支出的数字化同样有助于实现效率与公平的统一。受新冠肺炎疫情影响，财政支出上行压力加大，利用数字技术可有效提高财政支出管理效率，通过资金直达通道保障财政资金精准用在"刀刃"上。

一、利用数字技术确保财政资金精准投放

2020年6月9日召开的国务院常务会议指出，要建立特殊转移支付机制，将新增财政资金通过增加中央对地方转移支付、安排政府性基金转移支付等方式，第一时间全部下达市县。资金拨付重在高效，利用大数据技术分行业、分收入群体进行快速筛选，可精准定位地方受疫情冲击最大的中小微企业、个体工商户和困难群众，保证新增财政赤字和抗议特别国债资金直达市县，建立健全县级基本财力保障机制，提高基层"三保"能力，切实落实"六保"任务，确保资金真正惠及困难群体。

二、利用生物识别技术全面提升社保服务信息化水平

生物识别技术利用人体固有的生物特征对个人身份进行鉴定。生物识别技术可以更准确地识别个人及其相关活动，为政府和民众提供身份认证的官方鉴定手段，增强民事登记和国家身份认证系统的安全保障。

生物识别技术可以在公共服务领域进行推广，如社会保险收缴与领取系统。通过人脸识别技术对社会保险待遇资格人员进行随时、随地认证，可以实现异地缴费和领取，可有效填补扶贫资金和社保资金发放漏洞，同时解决部分贫困户与参保人员无法现场确认的难题，确保资金能及时发放到位。

目前，根据人力资源和社会保障部全面取消社保待遇资格集中认证的相关要求，各地政府陆续开展网上社会保险待遇资格认证工作，通过基于人脸识别技术的"国家社会保险公共服务平台"或官方指定手机App提供便捷安全的认证服务。对于异地居住的情况，参保人员不再被强制要求返回参保地进行认证，利用手机摄像头即可进行身份验证，为信息采集和身份认证带来极大的便捷性，真正做到了"让数据多跑路，让群众少跑腿"。需要注意的是，在部分落后地区存在一些数字化瓶颈，如缺乏数字通信设备、人群缺乏数字技能、网络缺失等问题，还需要政府通过新基建投资来补齐数字基础设施短板，让数字技术应用的范围更广，覆盖人群更多。

第四节　数字财政推动财政治理现代化

在财政部财政大数据建设与应用等相关文件精神的指导下，地方财政的数字化转型也在进行中，尤其是沿海发达地区的财政部门具有良好的数字化基础设施和先进的治理理念，加快了财政数字化转型的进度，也让这些地区率先享受到数字财政红利。

在实际财政工作的应用中，各项数字技术往往是交叉使用在某一个业务领域，需要发挥数字技术的协同作用来取得更好的技术效果。例如，"大数据＋人工智能"可用于精准扶贫、财政资金和税收收入预测，基于"大数据＋云计算"建立的"政采云""政务云"对优化财政业务流程起到积极作用；人脸识别系统同时需要人工智能和云计算的支撑，综合运用大数据、人工智能、云计算等各项技术建立财政大数据平台，方可加快实现"数字财政"。

展望未来，以新兴数字技术为抓手，提升财政管理规范化、精准化、科学化水平，提高财政调控的精准度，提升公共服务供求匹配度，强化财政服务大局、引领经济社会健康发展的能力，将财政治理推向新的高度，都是财政数字化转型所追求的结果。

课后习题

1. 财政数字化有哪些影响？
2. 应用数字技术促使财政收入发生什么转变？
3. 应用数字技术促使财政支出发生什么转变？

第七章　预算管理一体化概述

【学习目标】

1. 了解我国现代预算制度建设历程，把握新时代深化预算制度改革的要求和面临的主要问题，理解预算管理一体化与现代预算制度体系建设的关系。

2. 深入理解预算管理一体化的基本内涵，学习用系统化思维整合预算管理全流程，实现预算管理"闭环"。

3. 准确把握预算管理一体化建设总体思路和主要内容。

【导读】

海南省财政预算全省一体化管理

海南省财政厅根据省委、省政府的决策部署，在财政部的指导下，运用系统化思维和直达资金管理理念，自 2019 年开始推行预算管理一体化改革。

主要是以统一预算管理规则为核心，利用先进的信息技术，以预算管理一体化系统为主要载体，将统一的管理规则嵌入信息系统，通过系统控制业务。一体化涵盖基础信息管理、项目库管理、预算编制、预算批复、预算调整和调剂、预算执行、会计核算、决算和报告等预算管理的全流程，提高各预算管理环节的标准化、自动化水平。自动记录和同步反馈监控信息，实现资金从预算安排源头到使用末端全过程流向明确、来源清晰、账目可查，实现对预算管理全流程的动态反映和有效控制，最终实现财政预算管理五个方面的"一体化"：全省政府预算管理的一体化、各部门预算管理的一体化、预算全过程管理的一体化、预算项目全生命周期管理的一体化、全省财政数据管理的一体化。通俗地讲，就是实现财政资金的"横向到边（互联互通财政和各部门、各单位）、纵向到底（可直达乡镇）"的管理，实现海南财政预算管理"制度＋技术"的变革，确保承载国家宏观政策的各项转移支付资金精准高效落实到位，保证各级预算管理规范安全高效。

海南省推进的预算管理一体化，取得了积极成效。不仅有效解决传统预算管理存在的薄弱环节和众多问题症结。例如，全省财政每年支付达近 300 万笔，涉及资金 2 000 多亿元，差错笔数为 0。还有力地促进了预算编制水平的提高；硬化支出预算执行约束，严控预算追加事项，防止违反预算规定乱开口子；提升财政资金配置效率，保障好支撑经济社会发展和关系民生福祉的重点项目，提高财政资金的使用效益。进一步提高了财政预算管理的科学化、精细化水平。

通过预算管理一体化建设，海南在全国第一个实现了全省财政的一体化管理，受到了财政部高度肯定，称海南省预算管理一体化"为全国推进财政核心业务一体化系统建设和制度创新上树立标杆和榜样"；并在全国推广海南模式，预计为每个跟随省份节约开发成本1亿元左右，也为今后打造自贸港财政制度提供了重要的基础性制度支撑。

资料来源：https：//www.hainan.gov.cn/hainan/ysfwzt/202102/48f0ccded9644e8383c68799ca89e172.shtml。

第一节 预算管理一体化的历史背景和理论基础

新中国的预算制度形成于计划经济时期。改革开放以后，特别是1994年分税制改革以后，为适应社会主义市场经济体制和公共财政建设，我国进行了部门预算改革、国库集中收付制度改革、政府采购制度改革等重大改革，初步构建了现代预算制度主体框架。党的十八届三中全会以来，预算制度改革作为深化财税体制改革的重头戏先行推进，向建立现代预算制度迈出实质性步伐。党的十九大和十九届四中全会提出加快建立完善现代财政制度，对深化预算制度改革也提出了新的更高要求。为进一步增强预算制度改革的系统性、整体性、协同性，充分发挥预算制度的整体效能，需要更加系统地进行制度设计，并建立健全高效的制度执行机制。预算管理一体化坚持问题导向、目标导向、结果导向，采用系统化思维整合预算管理全流程，有利于保障现代预算制度的有效运行，是新时代深化预算制度改革的有效途径。

一、我国现代预算制度建设历程

预算是政府的收支计划，集中反映着政府的政策目标、职能范围和治理活动。毛泽东同志在中央人民政府委员会第四次会议上曾就新中国成立后编制的第一个预算讲话指出，"国家的预算是一个重大的问题，里面反映着整个国家的政策，因为它规定政府活动的范围和方向"，体现了预算在国家治理中的重要地位。为了规范政府收支行为，强化预算约束，加强对预算的管理和监督，保障经济社会的健康发展，就需要对预算管理职权、预算收支范围、预算程序、预算规则、预算监督和预算公开等做出一系列的制度安排。

预算制度随着时代的发展不断演变，在不同的发展阶段，国家经济社会运行和政府治理方式发生改变时，预算制度也往往随之进行变革。从国际上来看，预算制度的功能和作用从着重预算控制，保证预算资金用于公共目的，扩展到了优化资源配置、调节收入分配、支撑宏观经济调控、改进公共治理、保障政策规划与实施等国家治理的方方面面，现代预算制度已经成为现代国家治理体系的重要组成部分。

从新中国成立70多年来的改革发展历程来看，我国的预算制度始终在国家治理中发挥着重要的基础性作用，从支撑高度集中的计划经济体系运行，到适应社会主义市场经济体制和公共财政建设需要进行改革，再按照国家治理体系和治理能力现代化的要求深化改革，不断朝着现代预算制度的方向发展，大体经历了四个阶段。

（一）第一阶段（1949～1978年）：实施计划的政策工具

1949年3月召开的中共七届二中全会提出了新中国成立后的财政经济原则，明确规定"建立国家预算决算制度"。新中国成立以后，依据《中国人民政治协商会议共同纲领》，编制了1950年全国财政收支概算，并在1949年12月2日中央人民政府委员会第四次会议上通过，这标志着新中国国家预算的诞生，为新中国预算制度建立奠定了基础。1950年12月，政务院通过了《关于预决算制度、预算审核、投资的施工计划和货币管理的决定》，决定实行预算审核制度和决算制度。1951年8月，政务院又发布了《预算决算暂行条例》，规定了国家预算的组织体系，各级人民政府的预算权，各级预算的编制、审查、核定和执行程序，决算的编报与审定程序等，新中国预算制度初步建立起来。1954年9月，第一届全国人大一次会议通过的《中华人民共和国宪法》规定，全国人民代表大会负责审查和批准国家的预算和决算，国务院负责执行国家预算，地方各级人民代表大会负责审查和批准地方的预算和决算，在国家根本大法中确立了国家预算管理的基本制度。

新中国成立后，我国长期实行高度集中的计划经济体制。与计划在资源配置中起决定作用的方式相适应，国家财政管理高度集中，实行"统收统支"。企业创造的利润基本都上缴国家财政，财政支出范围和方向呈现"大而宽"的格局，包揽各行业的生产、投资，乃至职工消费，几乎覆盖了包括政府、企业、家庭在内的所有经济活动。在此背景下，预算主要是国民经济计划的反映。预算编制必须服从国民经济计划的需要，根据国民经济生产、交通运输和商品流通等计划指标，逐项核定预算指标，支出按其在经济建设中的功能组织，收入按照经济性质分类。同时，财政统一领导国营企业财务工作，国营企业的财务收支计划汇总列入国家预算。年度执行中企业按照批准的计划上缴利润、税收、折旧等，同时财政依照计划按时下拨资金弥补企业亏损或用利润抵拨支出。

这个时期的预算管理总体上适应了特定的历史需求，为国家重大战略和政策的实施提供了充足的财力保障。但是，预算的功能非常有限，主要是实施计划的政策工具，力求完成国民经济计划和实现国家预算收支平衡，最好略有结余，为工业生产积累建设资金。这与市场经济体制国家公共财政下的预算管理存在很大区别。

（二）第二阶段（1978～1998年）：从传统功能预算向适应社会主义市场经济体制过渡

改革开放初期，我国进行了一系列财税体制的重大改革，在各项经济体制改革中率先突破，从打破财政"统收统支"开始，通过放权让利调动地方政府、企业和个人的积极性，推动了整体性改革。随着社会主义市场经济体制改革的推进，逐步探索现代预算制度改革道路，并制定颁布预算法，进一步将预算管理纳入法制轨道。

1991年10月，国务院对已经实施40余年的《预算决算暂行条例》进行修订，颁布了《国家预算管理条例》，在原条例基础上，结合社会主义市场经济体制改革和财税体制改革实践，规定了预算管理的宗旨、原则、职权、范围和体制，明确了各级财政的关系，特别是明确了国家预算按照复式预算编制，把各项预算收支按其不同的来源和资金性质划分为经常性预算和建设性预算两部分，这标志着我国的政府预算体系开始由单一预算制转向复式预算制。

1993年11月，党的十四届三中全会通过了《中共中央关于建立社会主义市场经济体制若干问题的决定》，提出价格、税收、财政、金融、外贸、投资、企业等多领域的整体性改革任务，我国进入迈向社会主义市场经济的新阶段。1994年，我国从建立社会主义市场经济体制的目标出发，实施了分税制财政体制改革，从收入方面初步理顺了中央与地方间的分配关系，增强了中央财政的宏观调控能力，同时从税制上规范了国家与企业、居民的分配关系。

1994年3月，第八届全国人民代表大会第二次会议通过《中华人民共和国预算法》（以下简称《预算法》），规范了预算管理职权、预算收支范围、预算编制、预算审查和批准、预算执行、预算调整、决算、预算监督和法律责任。这是我国第一部财政基本法律，从法律层面规范了预算程序，明确了预算管理职权，强化了预算的法律效力。

这个时期的财税体制改革着重于财政体制改革和税收制度改革，预算制度在法制建设层面初步建立。此外，一些地方自20世纪90年代以来在预算编制方面尝试进行了零基预算、综合预算、标准周期预算等改革实践，开展了政府采购制度改革试点，对预算制度改革做了很多积极的探索。但是，总体来看，预算制度改革，特别是对财政支出管理的改革相对滞后，预算编制仍然采用传统功能预算，预算按照支出功能切块安排，带有明显的计划分配痕迹，弱化了政府预算资源配置功能；财政资金分散存储管理，收缴和支出过程脱离财政监督，削弱预算约束，坐收坐支、截留、挤占、挪用问题时有发生；预算单位分散采购，资金使用效率不高，采购过程不透明，而且强化了地方保护主义，阻碍市场竞争。随着社会主义市场经济的建立和完善，政府的职能和活动范围逐步向提供公共服务、调节收入分配、促进经济增长等方面转变。预算的编制方法、管理模式、运行机制和职责配置等都亟须进行系统性变革，建立与社会主义市场经济体制和公共财政相适应的预算管理体系。

（三）第三阶段（1998~2012年）：按照公共财政建设要求推进预算改革，初步构建现代预算制度主体框架

1998年，时任中共中央政治局常委、国务院副总理李岚清同志在全国财政工作会议上明确提出，"积极创造条件，逐步建立公共财政基本框架"，这标志着公共财政成为我国财政转型的目标和方向。我国财税改革的重点，开始从收入领域转向支出领域，从建设财政转向公共财政。公共财政以合理界定政府职能为前提，旨在解决"越位"和"缺位"问题，是社会主义市场经济条件下财税改革的目标模式。预算支出的范围和方向转向社会公共需要，支持公共财政发挥优化资源配置、调节收入分配、促进经济稳定和增长等重要职能。按照建立社会主义市场经济体制和公共财政的要求，我国借鉴发达市场经济国家预算管理，开始推行一系列预算制度改革，其中，最主要的是部门预算改革、国库集中收付制度改革、政府采购制度改革，被称为我国财政支出管理改革的"三驾马车"。

1. 推进部门预算改革。1999 年，按照全国人大常委会要求和国务院统一部署，财政部要求中央各部门编制 2000 年部门预算，拉开了我国部门预算改革的序幕。各地财政部门也在财政部指导下，推进部门预算改革并逐步规范。部门预算改革改变了传统功能预算条块分割的预算管理模式，以部门为主体进行预算的统一分配，将部门所属各单位的全部收支纳入预算，实行"一个部门一本预算"和综合预算管理，基本确立了与公共财政相适应的部门预算管理体系和运行机制。主要成效如下：

（1）提升了部门履职保障能力。部门预算管理促使部门将预算编制与部门职能和事业发展紧密联系在一起，解决了传统功能预算肢解部门财务管理职能的问题。

（2）提高了部门预算的完整性。改变了预算外资金、各种政府性基金由单位自行安排的做法，将预算外资金和部门其他财政性资金全面纳入预算管理或实行收支脱钩管理，增强了预算资金统筹能力。

（3）提高了预算编制的科学性。延长预算编制时间，为部门全面、准确、科学、细化地编报预算提供时间保障。预算编制程序改变"自上而下、层层代编"的做法，要求从基层预算单位编起，逐级汇总。预算编制方法逐步从传统的"基数加增长"过渡到按基本支出和项目支出分别测算，基本支出实行定员定额管理，项目支出立足项目库实行滚动管理，解决预算只增不减、分配固化僵化的问题。

（4）增强了部门预算的严肃性。部门预算改变了过去层层留机动的做法，预算批复到具体项目和具体单位，提高了预算的年初到位率，为预算单位严格按照预算执行创造了条件。同时，规范预算调整调剂审批程序，严格预算约束。

（5）增强了部门预算的透明度。逐步扩大部门预算报送人大审议和向社会公开的范围，公开信息的数量和细化程度不断提高。

（6）提高了财政资金使用效益。着力扭转财政部门以往"重分配、轻管理"的局面，加强预算执行管理和财政拨款结转结余管理，推进预算绩效管理，推动部门树立绩效理念，不断提高财政资金的使用效益。

2. 推进国库集中收付制度改革。2001 年 2 月，国务院批准财政国库管理制度改革试点方案，要求建立以国库单一账户体系为基础、资金缴拨以国库集中收付为主要形式的现代财政国库管理制度。国库集中收付制度改革是对我国原有预算执行理念和运行机制进行的一次根本性变革，被经济合作与发展组织（OECD）称为一场财政革命。目前国库集中收付制度已经成为我国预算执行的核心基础性制度。主要成效如下：

（1）财政资金运行调控能力显著提升。通过建立国库单一账户体系，财政资金由过去各单位分散管理转变为财政部门统一管理，财政资金调度能力发生根本改观，对各项重大支出的保障能力大大增强。

（2）财政资金运行效率和效益明显提高。财政收入通过国库集中收缴方式直接上缴财政，财政支出通过国库集中支付方式直接支付到最终收款人，财政资金运行由"层层转"变成"直通车"。同时，对暂时闲置在国库的资金实施国库现金管理，一定程度上弥补了政府发债融资成本。

（3）财政收支信息反馈的速度和质量有了大幅提高。财政部门集中控制财政资金收付，财政收支信息不再依靠基层单位人工编制、层层汇总上报的方式获取，信息的真实性、准确性和实效性有了机制保障。

（4）财政资金运行安全得到切实保障。预算单位"花钱不见钱"，执收单位"收钱不见钱"，从机制上解决了传统方式下资金收付透明度低、"跑冒滴漏"等问题。

2002 年，我国颁布《中华人民共和国政府采购法》，标志着政府采购进入了全面推行阶段。自此，政府采购制度改革沿着扩面增量和依法规范管理的主线稳步推进，政府采购范围和规模不断扩大，法规制度体系不断健全，政策功能作用不断显现。

政府采购制度弥补了财政资金使用管理上的缺位，实行依法采购，改变了传统自由、分散、低效的采购方法，建立和完善了政府采购的运行机制和保障体系；同时，适应社会主义市场经济体制要求，在环境保护、支持中小企业等方面发挥了政府采购调控经济的政策功能，有助于实现国家的经济和社会发展政策目标。

部门预算改革、国库集中收付制度改革、政府采购制度改革从根本上改变了传统计划经济体制下建立起来的预算管理模式，在预算编制管理、预算执行管理、财政资金使用等方面，初步构建了与社会主义市场经济体制和公共财政相适应的现代预算制度的主体框架，为预算制度改革的深化发展奠定了基础。

（四）第四阶段：（2012 年至今）：全面深化改革阶段

党的十八大以来，我国开始进入全面深化改革阶段。党的十八届三中全会重要决定《中共中央关于全面深化改革若干重大问题的决定》明确提出，"全面深化改革的总目标是完善和发展中国特色社会主义制度，推进国家治理体系和治理能力现代化"，并立足全局、面向未来，指出"财政是国家治理的基础和重要支柱"，明确要求深化财税体制改革，建立现代财政制度，吹响了新一轮财税体制改革的号角。2014 年 6 月，中共中央政治局审议通过了《深化财税体制改革总体方案》，部署推进新一轮财税体制改革，建立统一完整、法制规范、公开透明、运行高效，有利于优化资源配置、维护市场统一、促进社会公平、实现国家长治久安的可持续的现代财政制度。

深化财税体制改革的重点任务包括改进预算制度、深化税收制度改革、调整中央和地方政府间财政关系三个方面。现代预算制度是现代财政制度的基础，是国家治理体系的重要内容。预算制度改革作为深化财税体制改革的基础和重头戏，在财税体制改革中先行推进。2014 年 8 月，第十二届全国人大常委会第十次会议审议通过了关于修改《中华人民共和国预算法》的决定，并重新颁布修订后的预算法（2018 年 12 月 29 日第十三届全国人民代表大会常务委员会第七次会议第二次修正）。新预算法全面贯彻了党的十八大和十八届三中全会精神，充分体现了党中央、国务院确定的财税体制改革总体要求，以及财政改革发展的成功经验，同时也为进一步深化财税改革引领方向，在完善政府预算体系、健全透明预算制度、建立跨年度预算平衡机制、规范地方政府债务管理、完善转移支付制度、硬化预算支出约束、完善人大审查监督机制、强化法律责任等预算管理诸多方面取得了重大突破。2014 年 10 月，为贯彻落实党的十八大和十八届三中全会精神，按照新修订的《预算法》，改进预算管理，实施全面规范、公开透明的预算制度，国务院印发《关于深化预算管理制度改革的决定》，明确了深化预算制度改革的总体方向和主要任务。

为贯彻落实新预算法和党中央、国务院的改革部署，财政部出台了一系列深化预算制度改革的具体制度措施，各级财政部门积极推进落实各项改革任务，向建立现代预算制度迈出实质性步伐。主要包括：

（1）推进预决算公开规范化、常态化、制度化。

（2）完善政府预算管理体系，逐步提高国有资本经营预算调入一般公共预算的比例，加强一般公共预算、政府性基金预算、国有资本经营预算和社会保险基金预算的统筹协调、有机衔接。

（3）推进预算审核重点由平衡状态、赤字规模向支出预算和政策拓展，建立跨年度预算平衡机制，实行中期财政规划管理。

（4）加强地方政府债务管理，防范化解债务风险。

（5）完善转移支付制度，逐步提高一般性转移支付占比。

（6）全面实施预算绩效管理改革。

（7）推进建立权责发生制政府综合财务报告制度。

近年来，深化预算制度改革各项举措稳步推进，促进了政府预算体系定位清晰、分工明确，推动了预算编制更加科学完整、预算执行更加规范高效、预算监督更加公开透明，提高了财政政策的综合性、前瞻性。目前，现代预算制度框架已基本确立，在推动建设符合国家治理体系和治理能力现代化内在要求、基本要素完备、"四梁八柱"成型、功能定位明确的现代财政制度框架中发挥了重要基础性作用。

【专栏7-1】

彰显现代预算制度建设目标

2020年8月3日，国务院公布修订后的《中华人民共和国预算法实施条例》，这是我国新时代背景下一部具有重要意义的立法成果。它以健全完善现代预算制度为使命，回应我国财政改革和预算管理实践新需求，更好地发挥财政在国家治理中的基础和重要支柱作用。

一、新《预算法实施条例》秉承现代预算制度的精神理念

作为规范政府收支行为的预算法，承担着理财治国的重要功能，被各国普遍视为"经济宪法"。建立全面规范、公开透明、标准科学、约束有力的预算制度，是党的十九大报告和《预算法》确立的新时代预算制度改革的目标和理念。新《预算法实施条例》秉承建立现代预算制度的精神理念，进一步明确政府预算收支范围，重视收入预测和支出标准，规范部门预算管理，完善转移支付制度，提高财政政策的调节实效，其目的就是要建设科学预算。进一步细化预算编制和执行程序，强化预算约束和债务管理，明确财政专户管理，严格依法征收预算收入，其目的就是要建设法治预算。进一步明确四本预算之间的衔接关系，规范专项转移支付定期评估和退出机制，深化绩效管理和政府债务限额管理，保障财政资金取之于民用之于民，其目的就是要建设公共预算。进一步扩大预算信息公开范围，提高预算信息公开程度，让权力在阳光下运行，提高预算公信力，其目的就是要建设透明预算。

二、新《预算法实施条例》细化现代预算制度的实施规范

"法律的生命在于实施"，新《预算法实施条例》的重要使命就是细化、落实《预算法》的原则和制度，增强预算制度的规范性和可操作性，为预算活动提供明确的规则指引。一是健全政府预算体系，重点明确政府性基金预算、国有资本经营预算和社会保险基金预算的收支范围和编制内容，提高预算的完整性。二是规范政府间财政关系，强化转移支付预算下达和资金拨付应当由财政部门办理，明确提前下达转移支付预计数的比例，发挥转移支付制度的财政平衡功能。三是加大预算公开力度，转移支付公开细化到地区和项目，部门预算和单位预算公开细化到支出分类的最细一级，政府债务、机关运行经费、政府采购、财政专户资金等按照规定公开。四是规范政府债务管理，细化地方政府债务余额限额管理，明确转贷债务管理，完善债务风险评估和预警机制，合理安排发行国债的品种、结构、期限和时点，防范债务风险。五是细化预算编制规则，明确预算草案编制时间，规范预算收支编制内容，提高预算编制的科学性。六是规范部门预算管理，规定部门预算应当反映所有预算资金，明确部门预算收支范围，完善项目支出管理方式，建立项目库管理、项目支出预算评审制度。七是规范预算执行，明确部门和单位作为预算执行主体的主要职责，明确拨付预算资金要求，严格财政专户设立条件、核准权限、管理部门和管理要求。八是深化预算绩效管理，明确预算绩效评价的概念，规定绩效评价结果应当按照规定作为改进管理和编制以后年度预算的依据，实施绩效监控，助力财政提质增效。

三、加快《预算法》及其实施条例的配套制度建设

《预算法》及其实施条例是调整预算管理关系的综合性财政法律法规，预算管理中很多专门性问题仍然需要单行法律法规予以配套和细化。为了形成完备的预算法律规范体系，以预算良法保障预算善治，必须加快《预算法》及其实施条例的配套制度建设，其中重要的是要制定财政转移支付、政府债务、预算公开、财政资金支付、预算绩效等方面的配套法规规章。当前尤为迫切的是要及时清理和修订现行预算管理文件中与《预算法实施条例》不一致的规定，及时出台相关制度办法，确保《预算法实施条例》各项规定落到实处，进一步推动我国预算管理法治建设。

资料来源：http://tfs.mof.gov.cn/zhengcejiedu/202008/t20200827_3575938.htm。

二、深化预算制度改革的新要求和面临的主要问题

党的十九大以新时代中国特色社会主义思想为指导，从全局和战略的高度强调加快建立现代财政制度，提出要建立全面规范透明、标准科学、约束有力的预算制度，对预算制度建设提出了新的更高要求。党的十九届四中全会贯彻党的十九大精神，部署推进国家治理体系和治理能力现代化，要求完善标准科学、规范透明、约束有力的

预算制度，进一步指明了新时代深化预算制度改革的方向。

目前，我国的现代预算制度从主体框架和构成体系来看已经基本确立，但是，与党的十九大和十九届四中全会提出的预算制度建设目标要求相比，仍有较大差距，深化改革还面临较多挑战。多年来，部门预算、国库集中收付、政府采购制度等各项预算制度改革分头推进，中央和地方改革实施做法不尽相同；各级财政预算制度分别制定，没有形成全国统一的、贯穿预算管理全流程的预算管理规范；各类预算管理信息系统分散开发，不能相互衔接，无法进行有效的信息共享利用。这些情况导致当前各级预算管理存在一些实际问题，有的还是瓶颈性问题，不利于预算法律法规在预算管理中的贯彻落实，也不利于各项预算改革措施的协调推进实施，制约了现代预算制度效能的充分发挥。

（一）预算管理不够全面综合

全面性是预算管理的基本原则之一，是指政府所有收支必须全部纳入预算进入预算程序，接受预算约束和监督。党的十八大报告提出要"加强对政府全口径预决算的审查监督"，党的十八届三中全会决定和十九大报告进一步要求建立实施全面的预算制度。2014年修订后的新《预算法》，删除了原法有关预算外资金的内容，明确规定政府的全部收入和支出都应当纳入预算。近年来的地方政府债务管理改革将地方政府举借的债务分类纳入一般公共预算和政府性基金预算。这一系列改革要求、制度措施和实践顺应了现代社会关于预算完整性的要求，体现了增强预算管理全面性的改革方向。但是，当前仍有相当规模的政府或部门收入还游离在预算管理之外，不利于财政部门统筹用好各类公共资源、增强预算保障能力，也不利于在经济发展新常态下落实好党中央、国务院决策部署。

1. 对公共资源的综合管理力度不够。依托行政权力、国家信用和国有资源（资产）获取的各项收入以及特许经营收入都是利用公共资源取得的收入，是政府收入的重要组成部分，按照《预算法》规定应当全面纳入预算管理。但是，目前还有一些特许经营收入、会员制金融交易所收入等游离于预算管理以外，不利于加强财政预算的统筹能力，充分发挥公共资源的社会效益。

2. 对财政拨款之外的部门收支管理不严格。部门预算改革之初，就提出对部门及其所属单位所有收支实行综合预算管理。综合预算管理就是要实现各部门、各单位预算内、外资金和其他收支的统一编制、统一管理，财政部门根据各部门、各单位的综合收入情况和支出需求，统筹安排财政预算拨款。2011年，我国将按预算外资金管理的收入全部纳入预算管理，将各部门的预算外资金全部纳入政府预算，实行"收支两条线管理"，各级财政对政府收入的统筹能力进一步增强。

当前，部门收支预算形式上已经全面反映包括财政拨款收支、事业收支、事业单位经营收支和其他收支等在内的部门收支预算情况。但是，在实际管理中，财政部门主要关注财政拨款的预算管理，对财政拨款以外的事业收入、事业单位经营收入和其他收入等单位资金收入的管理关注不够，没有发挥综合预算统筹管理各类资金的作用。部门所属各单位取得的单位资金收入是部门和单位预算收入的重要组成，应当全面列入部门和单位预算，接受人大和社会监督，提高资金使用的透明度和社会效益。但是，一些预算单位将单位资金视为自有资金，编制预算时，尽可能多申请财政拨款，少使用单位资金。预算执行中，财政部门对单位资金预算收支执行缺乏监督和约束手段，对单位资金的实际收支和结余情况掌握不充分。这导致在财政收支压力越来越大的同时，行政事业单位沉淀的资金规模却不断膨胀、居高不下，相当一部分单位资金没有发挥应有的作用。

（二）支出标准建设总体滞后

支出标准体系在预算编制和管理中发挥重要的基础支撑作用，《预算法》明确要求各部门、各单位按照财政部门制定的预算支出标准编制预算。2014年国务院印发的《关于深化预算管理制度改革的决定》要求：进一步完善基本支出定额标准体系，加快推进项目支出定额标准体系建设，充分发挥支出标准在预算编制和管理中的基础支撑作用。近年来，各级财政支出标准体系建设取得一定进展。人员经费支出标准主要依据工资和津补贴政策制定，公用经费支出标准在完善人员定额标准基础上，不断扩大实物费用定额标准范围，实行人员定额和实物费用定额相结合的测算方式。项目支出定额标准建设逐步推进，中央出台了陈列展览类、大型活动等项目的支出标准，地方也出台了一些项目支出标准。但是，当前的支出标准体系还无法满足科学编制预算的要求，达不到建立完善标准科学的预算制度的要求。

1. 基本支出标准不够全面和系统。公用经费标准不够细化，与单位资产状况、当地物价水平、单位履职需要的结合不够紧密，各地的公用经费标准核定机制尚未统一，对事业单位的补助标准、人员经费标准有待结合相关改革进展进一步完善。

2. 项目支出标准制定进展缓慢。从实践情况来看，项目多、标准少的矛盾依然突出，分项目设计标准的做法难度较大，比较可行的解决办法是以项目为基础、对同类项目支出决算取平均数。但这种办法要求对更多、更细的数据进行动态分析，积累各类项目更加细化的支出数据，现行的预算管理程度和信息化水平很难支撑。

3. 项目支出标准与预算评审、绩效评价衔接不够。项目支出标准比较粗放，汇总的决算数据也无法全面反映支出经济分类指标，不能满足预算评审、绩效评价等工作需求，也难以形成通过预算评审、绩效评价和决算反馈情况动态调整完善项目支出标准的机制。

（三）预算约束制度不够完善

现代预算管理为加强政府预算约束，实现财政长期可持续，越来越重视财政收支总额控制，主要包括两个层次：一是通过税收法定原则和政府债务限额，控制政府支配和占用社会资源的规模。政府要在法定范围内取得财政收入，在政府债务限额内举借债务，形成可动用的财政资源，从而控制年度财政总支出规模。二是用年度财政总支出规模控制分部门的财政支出预算限额。各部门在预算限额内编制支出预算，执行中不能随意地追加支出预算。

党的十九大和十九届四中全会要求建立完善、约束有力的预算制度，这要求强化政府预算的约束力，坚持量入为出原则，做到"以收定支"。但是，当前一些地方预算约束仍不够有力，地方政府违法违规举债仍有发生，个别地方不顾财政承受能力承诺中长期支出事项等，加剧了财政风险。

1. 建设项目、专项债项目的立项与预算衔接不够。行业发展主管部门在项目立项时，主要是从本领域建设发展需要出发，很少从预算平衡的角度相应做好衔接。地方政府专项债券项目的项目库与预算项目库相隔离，项目范围、项目属性等差异较大，风险管控等内容也还没有纳入预算管理的要求。

2. 跨年度预算有关事项尚未形成有效的规则。中期财政规划、项目全生命周期管理等虽然有了一些理念和做法，但缺少有效的制约规则。政府承诺或做出的中长期支出事项、专项债务偿债等没有全面纳入项目库、没有按照项目全生命周期管理的要求，明确分年度预算安排，并纳入中期财政规划。这也导致中期财政规划不够完整和科学，难以对年度预算形成约束。

3. 对部门和单位预算执行的约束机制尚未形成。基层单位的预算调剂没有规范的程序，有的在项目之间、预算科目之间频繁调剂，有的将结转资金随意调剂使用，影响了预算的严肃性，也不利于预算执行结余资金的动态计算和及时回收。

（四）预算管理在不同层级、主体、环节衔接不够

现代预算管理的一个基本特征是，在明确各参与主体职责的前提下，通过嵌入预算管理流程的规则，实现"规则驱动"，规范和约束预算管理参与者的行为，提高预算管理的透明度。党的十九大和十九届四中全会也提出要建立完善规范透明的预算制度。目前，虽然有全国统一的预算法，国务院、财政部也印发了许多规范各级预算管理的制度文件，但是预算管理编制、执行等预算管理过程中具体的流程、规则和管理要素基本都由各级财政部门分别制定，没有形成全国统一的预算管理规范。这导致中央和各地预算管理的具体程序、时间要求、分类标准、数据口径等许多方面存在差异、难以有效衔接。

1. 上下级预算脱节。上下级编制的转移支付预算收支不衔接。有的下级财政依据预估而不是上级提前下达的转移支付预计数编制预算，造成虚增或少列上级补助收入规模。有的上级编制下级上解收入预算和下级编制上解上级支出预算时，缺乏沟通协调，而且其中有一部分根据收入进行结算，上下级政府对收入增长预期可能不一致，导致下级上解收入预算和上解上级支出预算不衔接。这些问题导致上下级编制的政府预算脱节，不能汇总编制真实准确的总预算，也无法采取逐级汇总的方式编制全国预算。

2. 政府预算和部门预算、单位预算衔接不够。有的地方特别是县级没有形成严格的预算管理规范，执行中追加预算不考虑政府预算规模约束，政府预算和部门预算、单位预算之间缺乏有效衔接控制。上级下达转移支付资金后，不清楚下级财政如何转化成部门和单位预算的可执行项目，对执行情况也不掌握。

3. 预算编制、执行等环节缺乏有效衔接。预算编制与预算执行没有形成一个整体，预算执行信息反馈的时效性有待加强，无法为预算编制和调整调剂提供更有效的参考。单位预算项目与财政预算项目不衔接，财政不能准确掌握单位预算项目执

行相关信息。

4. 动态掌握预算编制和执行情况的机制尚未建立。由于上下级预算管理不衔接，数据标准不统一，难以通过生产数据动态收集汇总各级预算编制和执行情况。各级财政部门对下级预算编制和执行情况基本上还停留在汇总报备的层面。有的地方虽然出于工作需要，也要求下级动态上报一些统计报表，但基层填报数据质量不高，时效性和真实性都难以保证。总的来看，财政部门对本地区各级次、各领域的预算情况缺乏全面准确的了解，既无法准确把握预算收支运行，提高执行效率，也不能提前发现问题、警示风险，从全局和前瞻的角度为党委政府参谋决策。

（五）预算安排与资产管理不够衔接

部门预算改革过程中，中央和各地开展了资产清查工作，采取单位资产与预算分配相结合的办法，一方面强化现有资产管理，提高使用效益；另一方面预算安排与现有资产配置相结合，在资产运行维护、新增采购等方面切实加强控制，提高了效率，节约了资金。2014 年国务院印发的《关于深化预算管理制度改革的决定》也要求加强资产管理，完善资产管理与预算管理相结合的机制。但是，各级财政预算管理与资产管理衔接机制仍有许多需要加强的方面。

1. 财政资本性支出与形成的资产和国有权益没有建立严格的对应关系。财政资本性支出与形成的资产和国有权益没有建立严格的对应关系，可能存在资产流失的风险，甚至有些资本性支出违规用于人员或日常公用经费，形不成任何资产。基建投资中不少资金直接投到企业，但形成的股权归谁持有、利润如何管理等不够明确。

2. 资产配置与资产存量状况衔接不够。资产配置标准尚不健全，各地区各单位资产状况苦乐不均。资产配置与预算管理的结合不够紧密，以存量制约增量、以增量调整存量的配置机制还需进一步深化。

3. 资产配置和转移支付不挂钩。转移支付对资产状况没有考虑。例如西部地区相对来说基础设施建设需求很大，但转移支付测算对这方面因素考虑不够。

三、预算管理一体化是新时代深化预算制度改革的有效途径

党的十九届四中全会强调，要切实强化制度意识，健全权威高效的制度执行机制，把我国制度优势更好转化为国家治理效能。这就要求新时代深化预算制度改革，必须更加注重各项改革措施的相互协同配合，以提升预算管理的整体效能为目标，采用系统化思维进行制度设计，创新制度执行机制，增强预算制度的规范性、协调性和约束力。预算管理一体化借鉴系统科学的原理和方法，将预算管理全流程作为一个完整的系统，整合完善预算管理流程和规则，并实现业务管理与信息系统紧密结合，将规则嵌入信息系统提高制度执行力，为深化预算制度改革打下了坚实基础。

（一）运用系统科学的整体性原理，强化预算管理体系各组成部分的有机衔接

系统科学的整体性原理表明，任何系统都是有结构的，各组成部分相互关联、相

互影响，构成一个不可分割的有机整体。系统整体的功能不是各组成部分的机械组合或简单相加，要达到系统整体目标，必须特别注意组成部分相互协调，从而支撑系统发挥好整体功能。

1. 实现年度预算管理主体流程的环环相扣。政府预算管理通常按照预算年度开展，年度预算周期是一个周而复始、环环相扣的循环过程。预算管理按照各个运行阶段的管理内容，主要可分为预算规划与准备、预算编制与审批、预算执行与控制、决算报告与评价等主要环节。各环节彼此交叉关联、相互影响、相互约束又相互支撑，应从整体上进行规范和设计，全面提升预算编制的科学性、预算执行的规范性以及预算执行结果的有效性。

2. 加强年度预算周期与政策规划和实施的衔接。政策规划和实施往往跨越多个年度，相应预算项目的前期谋划、项目储备、项目实施、项目结束和终止也会经历多个年度预算周期，项目整体的支出预算需要分解到各年度编制和执行。为此，需要将预算项目的全生命周期与年度预算周期有机衔接。预算项目谋划与储备应更加强调与政策规划过程结合，不受预算年度的限制。项目库滚动管理应满足跨年度项目预算安排需要，并且可以全流程记录项目实施信息，为后续加强项目实施结果的跟踪问效打下基础。

3. 加强年度预算流量管理与资产、债务存量管理的衔接。年度预算周期主要关注当年预算收支，但是随着政府资产和债务积累的数量越来越大，预算过程形成的资产和举借的债务将对未来年度的预算收支产生重大影响。为此，现代预算制度更加强调在中长期框架下进行总额控制和资源配置，在预算管理中也更加关注与资产负债管理的衔接。资产管理应在新增资产配置管理、资产运行维护、资产出租和处置等环节加强与年度预算周期的衔接，债务管理应在政府债务项目预算管理、还本付息支出预算管理等环节加强与年度预算周期的衔接，从而更加有效地优化资产配置和防范债务风险。

4. 加强政府预算、部门预算、单位预算的衔接。一方面，部门预算由单位预算汇总而成，本级政府预算由部门预算汇总而成。应通过自下而上的预算程序，由单位申报具体的项目和支出需求，保证政府预算安排给本级各部门的资金落实到具体单位和项目，实现政府预算项目、部门预算项目和单位预算项目的衔接一致。过多的财政代编预算会削弱部门和单位的预算编制和执行主体责任，也不利于项目实施和预算执行。另一方面，部门和单位预算汇总的财政支出不能突破政府预算的总额控制目标。应建立自上而下的支出控制措施，实现政府预算对部门和单位预算的支出限额控制，防范财政风险同时也促使预算资源从低效益领域转向高效益领域，激励各部门和单位提高资源配置效率、盘活用好存量资金。

5. 加强上下级政府预算的衔接。我国实行多级预算，全国预算由中央预算和地方预算组成，地方各级总预算由本级预算和汇总的下一级总预算组成。全国预算和地方各级总预算是全国和各地可用预算资源和政府施政方向的集中体现。上级政府对下级政府的转移支付既是上级政府预算的重要组成部分，也是下级政府预算的重要来源。为及时、准确汇总形成各级总预算，应实现上下级转移支付收支预算的衔接，保证下级的转移支付收入预算与上级下达的转移支付支出预算一致。同时，为保证上级转移支付预算项目的有效落实，应建立上级转移支付预算项目与下级具体预算项目的衔接关系，并能通过具体项目执行数据及时反馈上级转移支付预算项目执行情况。

（二）运用系统科学的反馈性原理，构建预算管理全流程顺向控制与逆向反馈的管理闭环

系统科学的反馈性原理表明，系统中的信息反馈与控制是一体的，控制的过程是按流程传递控制要素信息的过程，同时也是不断收集和处理控制结果信息的过程，通过信息反馈来揭示系统状态和目标之间的偏差，并采取调整措施，使系统稳定趋向预定的目标。预算管理各环节、各主体和各层级都依据各自的管理需求和规则产生大量信息，这些信息既是预算管理实现有效监督控制的基础，也是政府决策的基础。预算管理要实现有效控制的目标，就必须在预算系统内部按照统一的原则建立起高质量记录、传递和处理信息的机制。

1. 实现预算系统内信息的集中管理。预算系统内各组成部分如果是信息孤岛，全流程的控制就无从谈起，也不可能有效发挥预算系统的整体性功能。信息的集中管理需要借助现代信息技术，但单纯对现有信息系统的互联互通，并不能从根本上解决信息反馈难题和满足有效控制需求。为此，应通过统一各环节、各主体、各层级的管理流程和规则，推动信息系统的整合和信息的集中。例如，通过设置基础信息管理环节，在一体化系统内统一管理各环节预算管理的基础信息；通过上下级之间强化预算管理衔接和统一推进系统建设，实现各层级预算管理信息的归集。

2. 保证预算系统内控制要素的内在一致性。预算系统内控制要素的含义、适用范围、分类标准、控制口径等要保持一致，也就是要用同样的语言、在同样的语境下说话，否则就可能出现信息传递或理解的偏差。为此，在统一规范预算管理流程和规则的同时，还应设置统一的预算管理要素，相当于预算管理的"车同轨、书同文"，有效保障预算管理各环节、各主体、各层级的业务协同，也支撑信息系统技术标准的统一。

3. 保证预算系统内信息生产和反馈的同步性。为满足实时监督和控制需要，预算信息反馈不能依靠事后的填报和统计汇总，而是在事前就要根据信息反馈需要，细化数据记录的规则，在业务处理的同时从生产系统完整准确地提取预算项目编制、执行的状态和明细信息等。财政部门随时可以根据外部环境变化和决策需求，进行信息的动态提取、汇总和分析，保证信息反馈的真实性、及时性和准确性，为调整完善政策制度和加强管理等提供依据。

4. 保证信息反馈要求和控制规则明确和高效。实现准确和高效的控制，要求信息需求和控制规则必须明确并尽可能精准。过多的无效信息会造成信息冗余，增加处理和分析的难度。模糊的控制规则会增加人为干预的机会，削弱信息反馈效率和控制的效果。应事先明确控制规则以及各种情形下实现控制所需要的信息内容、细化程度等，提高信息处理和控制的自动化水平，从而增强管理效率和规范性。

（三）运用系统科学的开放性原理、推动预算系统与外部环境的深度交互和与时俱进

系统科学的开放性原理表明，任何系统只有开放，与外界有信息交换，促使内外因联系和作用，才能保证处于有序的状态，不断向上发展。预算管理不是一个孤立的系统，在整合预算管理内部流程的同时，应结合现代信息技术进步、政务信息资源共享、预算信息公开、现代财政制度建设等外部技术条件、信息资源和管理需要的发展变化，不断提升预算管理水平。

1. 强化预算管理在现代财政制度中的基础性作用。从财政管理整体来看，预算管理是财政管理的核心基础工作，与资产管理、债务管理、税政管理、财政体制管理等财政工作紧密联系，应加强相互之间的衔接，围绕财政政策实施，更好地发挥预算管理功能，并推动财政整体管理水平的提升。

2. 将现代信息技术应用与预算制度改革紧密结合。适应现代信息技术发展趋势，充分利用"互联网＋"、大数据、云计算等现代信息技术发展成果，将信息化理念贯穿预算管理制度改革全过程，提高预算管理的规范化、科学化、标准化水平，以信息化驱动预算管理现代化。

3. 加强与经济统计、税务征管、银行账户、人事编制等方面外部系统的信息交互。预算管理除了系统内部产生的预算信息以外，还需要宏观经济分析预测、税收征缴、单位银行账户资金情况、单位人员编制等大量外部系统提供的信息。加强这些方面的信息收集和分析对于准确编制预算、提高预算执行分析效率、加强单位资金管理等具有重要作用。为此，在统一预算管理规范和信息系统技术标准的基础上，也应实现与外部信息系统的联通和信息共享，结合预算管理明细数据开展大数据应用，提升预算管理的现代化水平。

4. 积极响应有关方面对政府财政财务信息的公开要求。预算管理是公共资源获取和使用的过程，需要接受社会的监督。在实现各级预算管理统一规范和细化预算信息的基础上，应不断丰富预算公开内容和提高预算公开及时性，满足人民群众对财政透明度和政府履职尽责情况日益增长的关切，更好地接受外部监督。同时，将外部监督的压力转化为内在改进管理的动力，促进各级财政、部门和单位不断改进预算管理。

第二节　预算管理一体化的总体思路和主要内容

近年来，一些地方在推进预算管理全流程整合和信息系统的一体化建设方面进行了积极探索，取得了明显成效，从实践上证明了预算管理一体化建设的有效性和可行性。为加强预算管理一体化建设的顶层设计，实现各级财政预算管理在总体目标、基本规则、数据标准等方面的衔接一致，财政部制定发布了《预算管理一体化规范（试行）》（以下简称《规范》）和《预算管理一体化系统技术标准V1.0》（以下简称《技术标准》），指导各地按照统一的规范和标准开展预算管理一体化建设：构建现代信息技术条件下"制度＋技术"的管理机制，全面提高各级财政预算管理规范化、标准化和自动化水平。

一、预算管理一体化的总体思路

（一）指导思想

以习近平新时代中国特色社会主义思想为指导，全面贯彻落实党的十九大和十九届四中全会关于预算制度建设的新要求和习近平总书记关于以信息化推进国家治理体系和治理能力现代化的重要讲话精神，统一规范各级财政预算管理，将制度规范与信息系统建设紧密结合，用系统化思维全流程整合预算管理各环节业务规范，通过将规则嵌入系统强化制度执行力，为深化预算制度改革提供基础保障，推动加快建立现代财政制度。

（二）基本原则

1. 全面综合。推进全口径政府预算管理，将依托行政权力、国家信用和国有资源（资产）获取的各项收入以及特许经营收入等按规定全面纳入预算管理加强部门综合预算管理，各部门、各单位的财政拨款收支、事业收支、事业单位经营收支和其他收支等各项收支全部列入部门预算统一编制，不得在预算以外列收列支，进一步提高部门预算的完整性和各类资金的统筹能力。

2. 规范统一。规范和统一各级预算管理业务流程、管理要素和控制规则，并嵌入预算管理一体化系统统一实施，实现政府预算、部门预算、单位预算之间以及上下级预算之间的业务环节无缝衔接和有效控制，预算管理全流程合法合规。

3. 公开透明。将预算项目作为预算管理基本单元，项目库实时记录和动态反映预算项目前期谋划、项目储备、预算编制、项目实施、项目结束和终止全过程的预算管理信息，对项目全生命周期实施管理，提高预算管理透明度。严格按照国家保密法律法规合理确定涉密预决算信息范围，除涉及国家秘密外，预算项目预决算信息依法依规报送各级人大和向社会公开，全面接受立法机关和社会监督。

4. 标准科学。依据财政部门在系统中设置的支出标准编制项目预算，没有支出标准的要提出测算项目预算的暂定标准并逐步形成制度办法，构建形成覆盖各类预算支出的标准体系，更好发挥标准在预算管理中的基础支撑作用。

5. 约束有力。切实硬化预算约束，依据经批准的预算生成预算指标账，采用会计复式记账法记录和反映预算指标在预算管理各业务环节的来源、增减和状态，强化预算指标对执行的约束，真正做到各级政府、各部门、各单位的支出以经批准的预算为依据，未列入预算的不得支出。

6. 分步实施。既考虑当前预算管理实际又立足现代预算制度建设长远目标，一些业务规则适度超前，但保证在系统支持下可以实现，同时为下一步拓展预留空间。

（三）工作思路和主要任务

财政部按照预算管理一体化的指导思想和基本原则，组织制定全国统一的《规范》，将预算管理主要环节按一个整体进行综合与规范，并依据《规范》制定《技术标准》。具体实施上，各地由省级财政部门统一按照《规范》和《技术标准》建设本地区的预算管理一体化系统，并与财政部联网对接，通过嵌入系统的管理规则，规范预算管理和硬化预算约束，同时实现各级预算数据的省级集中和上下贯通。

1. 制定全国统一的《规范》。《规范》按照预算管理主体流程，分为基础信息管理、项目库管理、预算编制、预算批复、预算调整和调剂、预算执行、会计核算、决算和报告8个主要环节，规定了各环节的预算管理流程、管理规则和管理要素，同时将资产管理、债务管理、政府采购等涉及预算管理流程的业务纳入有关环节中进行衔接规范。《规范》是预算管理一体化建设思想的集中体现，以《预算法》和已经基本确立的现代预算制度框架为基础，着重在管理机制层面进行创新，推动预算制度改革的深化与完善。起草过程中坚持了以下原则：一是坚持依法规范管理。《规范》严格落实《预算法》、相关规定均符合《预算法》要求，是《预算法》在管理操作层面的贯彻落实。二是坚持问题导向。按照党的十九大和十九届四中全会提出的建立完善现代预算制度的要求，在目前基本确立的现代预算制度框架基础上，结合预算管理一体化实践经验，对制度措施进行整合完善。《规范》将预算制度相关规定按预算管理主流程进行梳理，对现行制度尚未明确的予以细化规定，对与预算管理一体化原则不一致的流程和规则予以调整，解决制约深化预算制度改革的主要问题。三是坚持预算管理主体责任不变。主要实现各级预算管理目标、规则、信息的统一，不改变地方财政部门以及部门和单位的预算管理主体地位，较好地平衡各方利益关系。四是坚持对标现代预算制度建设目标，统筹谋划、分步建设。

《规范》是预算管理一体化建设的目标模式。各地在制定完善本地区预算管理有关规程和编写本地区预算管理一体化系统建设业务需求时，都要将《规范》作为基本的制度依据，不可偏离《规范》明确规定的管理流程、管理规则和管理要素，否则就无法实现上下级业务协同和数据共享等建设目标。同时，《规范》中的一些规定考虑大部分地区的情况，体现了普适性原则，各地在实施过程中还需要结合本地区实际进一步细化。《规范》中还有些规定是由各地自行选择实施和需逐步实现的，需要各地结合本地区实际情况制定实施方案，为预算管理一体化的推广实施做好制度准备。

2. 依据《规范》制定全国统一的《技术标准》。为提高各方面积极性，预算管理一体化建设对地方财政现有系统改造只做引导性建议，不做强制性更替。为此，财政部严格依据《规范》制定了《技术标准》，主要提供给信息技术管理和开发人员使用，保证《规范》中的管理流程、管理规则和管理要素在系统开发层面的贯彻落实，同时统一各地系统的数据生产汇总标准和外部对接标准。《技术标准》主要内容包括概述、系统描述、数据描述、数据技术标准、其他技术标准5章以及预算管理一体化系统外部接口标准、全国数据汇总标准等附录，坚持统一标准而不是统一软件，着重统一数据库设计而不是编制系统需求，为地方进行个性化功能开发和发挥不同软件公司专业特长留下空间。

3. 省级集中建设实施本地区预算管理一体化系统。各地由省级财政部门按照《规范》和《技术标准》统一建设本地区预算管理一体化系统，并与财政部联网对接。在本省范围内，各级财政均使用统一的系统进行预算管理。省级财政部门通过一体化系统实现对本地区各级财政预算数据的集中管理，并按日上传财政部系统。财政部通过统一的系统接收各地一体化系统上传预算数据、下发有关基础信息和下达转移支付预算指标等。随着各地预算管理一体化系统的推广，财政部逐步将此前下发地方的预算管理软件整合，实现财政部与各地统一通过预算管理一体化系统进行上下级预算管理业务处理和数据传输，彻底解决各级预算管理软件系统条块分割、重复报送、数出多门等问题。

按照财政部统一部署，预算管理一体化建设分两批进行。2020年第一批实施省份完成预算管理一体化系统建设，2021年5月底前第二批实施省份完成预算管理一体化系统建设。由于《规范》和《技术标准》已经统一了各地预算管理一体化系统的业务流程、规则、要素和底层数据结构，严格按照《规范》和《技术标准》建成的系统，其基本操作、功能和数据口径等应当都是相同的，有利于促进各地预算管理一体化系统建设的相互借鉴，推动形成你追我赶、螺旋式上升的良好态势。同时，部分省份可不再投资开发新的系统，只要跟从使用其他省份开发的一体化系统，就可以实现一体化建设的目标，大大降低一体化建设推广的难度和成本。

4. 持续推进预算管理一体化的拓展和升级完善。预算管理一体化是为深化预算制度改革夯实基础，也需要随着预算制度改革的深化持续拓展完善。目前，已经出台的《规范》和《技术标准》可以视作预算管理一体化的1.0版。下一步，预算管理一体化还要进一步研究完善预算管理主体流程与资产管理、债务管理、绩效管理等业务的衔接，持续推进《规范》和《技术标准》的修订完善及一体化系统的升级，向实现全国各级政府预算资源和预算执行的全面动态反映不断迈进，为现代财政制度运行提供基础保障。

二、预算管理一体化的主要内容

预算管理一体化的主要内容，可以概括为五个方面的一体化：一是全国政府预算管理的一体化。实现逐级汇总编制真实、完整的全国预算，动态实时反映全国预算资源的分配、拨付、使用情况，并对非财力性转移支付项目跟踪问效。二是各部门预算管理的一体化。各部门及所属单位依法依规将取得的各类收入及其安排的支出纳入部门和单位预算，执行统一的预算管理制度。三是预算全过程管理的一体化。强化顺向环环相扣的控制机制和逆向动态可溯的反馈机制，预算执行结果及形成资产情况作用于以后年度预算编制，形成预算全过程的管理闭环。四是项目全生命周期管理的一体化。对预算项目全生命周期实施管理，更好地统筹年度预算各类资源和未来财政收支，增强中期财政规划对年度预算的约束，加强跨年度预算平衡。五是全国预算数据管理的一体化。实现各级预算数据生产和对接传输的标准化，在此基础上推动部门和单位预算信息与财政部门共享，以及全国各级预算数据的集中管理。

为了实现上述五个方面的一体化，《规范》坚持预算管理一体化建设的指导思想和基本原则，建立健全十个方面的预算管理一体化管理机制。这些管理机制，是在系统梳理当前预算制度基础上，针对当前预算管理存在的主要问题，运用系统化思维提出的解决方案，也是《规范》制度机制创新的集中体现。

（一）建立健全预算项目全生命周期管理机制

《规范》完善了项目库管理，将预算项目作为预算管理的基本单元，构建了预算项目前期谋划、项目储备、预算编制、项目实施、项目结束和终止等各阶段全生命周期的管理机制。

1. 完善以项目库为源头的预算管理机制。所有预算支出都要以预算项目的形式纳入项目库，并根据各类预算支出性质和用途将预算项目分为人员类项目、运转类项目和特定目标类项目。其中，人员类项目支出和运转类项目中的公用经费项目支出对应目前的基本支出，其他运转类项目支出和特定目标类项目支出对应目前的项目支出。各部门、各单位结合部门事业发展规划提前研究谋划项目，常态化开展项目申报和评审论证，财政部门审核通过后储备入库，并对入库项目动态更新，从而增加项目评估和储备时间，提高储备项目质量和成熟度。预算编制坚持"先有项目再安排预算""资金跟着项目走"，必须从项目库中选取项目按优先次序安排，待分配项目细化和预算调整调剂必须在项目库中操作，调整相关项目信息。

2. 完善项目预算分年度安排机制。各部门和单位要按照中期财政规划管理要求组织项目申报，多年度实施的项目要测算项目支出总额并如实填报项目计划实施周期，将项目活动和支出分解到各年度，细化测算每年的预算需求。财政部门审核后分年度安排预算，按照每年实际预算支出需要准确编制当年预算。经常性项目、延续性项目及当年未安排的预算储备项目，自动滚入下一年度形成预算储备项目，促进准确、高效编制预算。

3. 实时记录和动态反映项目全生命周期的预算管理信息。预算管理各环节均以预算项目为基本管理单元，预算编制到项目、执行到项目、总预算会计和单位会计均核算到项目，各类预算报表基于项目明细数据自动汇总生成。项目实施过程中动态记录和反映项目预算下达、预算调整调剂、预算执行等情况，项目结束和终止时要予以标记，系统自动计算项目预算结余。

（二）建立健全统一的财政预算管理要素管理机制

预算管理要素反映预算管理中涉及的业务主体和对象的特征、行为、状态等内容，是各级财政预算管理业务协同和数据共享的基础。《规范》制定了全国统一的《预算管理一体化要素目录》，从三个方面完善预算管理要素。

1. 统一预算管理要素。按照预算管理一体化建设关于规范统一的原则要求，统一设置了当前各级财政使用的400个预算管理要素的名称、明细选项和具体含义，支撑各项预算管理控制规则有效实施，以及直接从"生产数据"采集各级财政预算管理信息，促进财政大数据分析应用体系建设。统一预算管理要素设置既适应预算制度改革发展要求，也兼顾《财政业务基础数据规范3.0》《国库集中支付电子化管理接口报文规范》等现行制度规定，对现行管理要素筛选、整合与补充，最大限度保持了现行管理要素的延续性。

2. 精准设置管理要素。按照每个业务场景中最小数据单元的原则设置管理要素，对于可以通过管理要素组合使用实现的管理需求，不再单独设置管理要素，精简管理要素数量，避免管理要素间的交叉重复，将管理要素与具体业务准确对应。

3. 强化管理要素的规范统一应用。各地一体化系统建设和业务运行必须使用纳入《预算管理一体化要素目录》的管理要素，遵循统一规定的管理要素名称、明细选项及其代码的设置规则。各地财政为满足本地区业务管理需要或统计分析需求，可由省级财政部门统一在系统中新增设置管理要素，但不得替代《预算管理一体化要素目录》规定的管理要素。

（三）建立健全上下级财政间预算管理衔接机制

为保证上下级预算衔接，实现自动汇总全国预算、动态掌握各级预算编制和执行情况的目标，《规范》要求上下级通过系统进行转移支付预算指标下达和接收，并健全了转移支付预算控制规则和动态追踪机制。

1. 实现上下级转移支付预算的严丝合缝。为解决地方自行预估编列转移支付收入导致预算收入不准确、上下级预算不一致的问题，《规范》要求上级财政应严格按照《预算法》要求提前下达转移支付预计数，下级财政原则上按照上级提前下达的预计数编列转移支付收入预算；若上级提前下达的转移支付预算无法满足预算编制实际需要，下级可在上级上年实际下达预算内预估编列。预估编列的转移支付预算收入应分转移支付项目单独列示，待上级实际下达后相应冲减预估数，对上级实际下达数低于预估数而形成预估数余额，执行中要调减支出预算。编列上解预算时，上级应与下级充分沟通，科学合理预计下级上解收入预算，并将预计的分地区上解数告知下级；下级应结合上级预计的上解数科学合理预计上解上级支出预算，若预计的上解支出预算与上级告知的上解数不一致，应将上级告知的上解数和差异数分开列示。

2. 实现对转移支付项目的动态追踪。为确保上级实时追踪其转移支付资金的来源去向，监督转移支付资金在基层的安排使用情况，《规范》要求，通过系统下达和接收转移支付指标，对于需要追踪的转移支付项目，下级在分解下达时要关联上级下达的转移支付项目，确保在预算执行环节可追溯资金来源去向。系统实时记录和动态监控转移支付资金在下级财政的分配、拨付、使用情况，实现资金从预算安排源头到使用最末端全过程流向明确、来源清晰、账目可查，确保资金精准到位。

（四）建立健全政府预算、部门预算、单位预算衔接机制

为明确政府预算、部门预算、单位预算三个主体的预算管理职责和衔接控制关系，《规范》厘清了政府预算、部门预算、单位预算的概念和相互关系，分别明确了其预算编制管理流程和规则，突出了政府预算在收支总额控制中的地位和作用。

1. 明确政府预算的测算规则和政府预算对部门和单位预算的控制规则。《规范》明确了政府预算的测算规则，以及政府预算对本级部门预算财政拨款收支的控制规则。从财力安排的角度来看，先测算政府收入预算，再确定政府预算安排本级部门支出预算规模和转移性支出预算规模，然后确定各具体部门预算支出规模，最后部门确定单位预算的支出规模。这个过程反映了自上而下的控制规则，即本级政府预算规模决定了部门预算中的财政拨款收支规模，部门预算规模决定了单位预算规模。

2. 明确政府预算项目与部门和单位预算项目衔接规则。从预算汇总的角度来看，部门预算由单位预算汇总而成，本级政府预算由部门预算汇总而成，这反映了自下而上的汇总规则。同时，明确部门不得代编应由所属单位实施的项目，财政待分配项目在执行中应当细化为具体实施项目，保证预算支出执行落实到具体项目和单位。

（五）建立健全预算指标账管理机制

《规范》引入管理会计理念，采用会计复式记账法核算预算指标管理业务或事项，遵循"全面反映收支预算、严格管控预算执行、有效衔接预算决算"的设计思路，强化财政部门对预算指标全生命周期的追踪和控制，实时掌握预算分配和执行进度，加强对预算执行的监督。

1. 全面覆盖预算指标管理各业务环节。预算指标账以预算指标管理业务或事项为核算主线，采用复式记账法对预算指标的批复、分解、下达、调整、调剂、执行和结转结余等全过程进行记录，保证每项指标业务都以相同金额在两个相互关联的账户同时记录，通过各账户之间客观上存在的对应关系，更加真实、全面、动态地反映预算指标管理业务全貌。

2. 强化预算对执行的控制。预算指标账遵循会计复式记账法有借必有贷、借贷必相等原则，建立"先有预算、再有指标、后有支出"和"支出预算余额控制支出指标余额、支出指标余额控制资金支付"的控制机制，实现预算管理业务或事项有效衔接、相互制衡。支出预算和收入预算遵循"同增同减"原则，确保全面完整反映收支预算，真正做到预算管理源头数据无缝衔接和有效控制；预算形成指标，指标控制支出，遵循"此增彼减"原则，切实硬化预算约束，真正做到支出以经批准的预算为依据，未列入预算的不得支出。

3. 强化对预算执行全过程的完整反映。建立全国统一的预算指标账科目编码和核算规则，将统一的会计复式记账规则作为一体化系统底层控制机制的重要组成部分，嵌入预算管理各个节点。系统按统一的核算口径和规则完整记录预算指标增减、来源及状态，实时动态地反映各级财政预算执行的运行状态，并可以通过账户之间对应关系，追溯预算从批复到执行全过程变动情况，真正完整反映预算执行全过程。

（六）建立健全国库集中支付管理机制

当前，国库集中支付制度已成为预算执行的基本制度。《规范》根据预算制度改革对预算编制和执行控制的细化要求，以及现代信息技术发展情况，进一步优化了国库集中支付制度的运行机制。

1. 优化国库集中支付业务流程。《规范》优化了资金支付业务流程，资金支付均由单位通过预算管理一体化系统提出申请，系统按照财政部门和主管部门设定的校验规则对预算指标等校验通过后，自动发送代理银行办理支付。新的资金支付业务流程，对每笔资金支付严格按照项目预算进行校验控制，加强了预算约束。同时，加强了资金支付与采购管理、现金流量预测等业务环节的衔接，提高了资金支付的规范性和运行效率。

2. 项目预算指标直接控制资金支付。由于预算指标已细化到具体单位和项目，用款计划不需再承担预算细化和预算控制职能。《规范》规定预算指标下达后，单位根据预算指标申请支付资金，财政部门直接按照预算指标控制资金支付，支付直接对应明细、具体的预算指标，加强了资金支付与项目预算指标的衔接。保留用款计划的地区，可以采取用款计划和项目预算指标对资金支付"双控制"的模式。

（七）建立健全结转结余资金预算管理机制

为严格执行《预算法》关于"连续两年未用完的结转资金，应当作为结余资金管理"的要求，加强结转结余资金回收效率和统筹使用，《规范》依据《预算法》明确了结转结余资金计算和管理的规定，建立结余资金自动收回的机制。

1. 严格按规定计算结转结余资金。严格落实《预算法》规定，财政拨款资金第一年底未用完，作为结转资金管理；第二年底仍未用完，作为结余资金管理。系统根据预算执行情况，严格按规定自动计算结转结余资金，为后续管理提供数据支撑。同时，按照《预算法》关于"各级政府上一年预算的结转资金，应当在下一年用于结转项目的支出"的要求和科研项目资金管理有关规定，《规范》规定除科研项目外，不得改变上年财政拨款结转资金的用途，不需按原用途继续使用的，应当及时交回财政，避免部门将结转资金调剂用于其他项目，影响财政部门统筹安排资金。

2. 建立结余资金自动收回机制。年度执行中，单位应在最后一笔资金支付完成后，对项目标记"终止或结束"，系统自动冻结剩余指标，经财政部门审核批复后，系统自动收回剩余财政拨款指标。年度终了，系统自动将连续两年未用完的财政拨款预算指标转为结余资金管理，经财政部门批复后系统自动收回。通过一体化系统实现结转结余资金的动态管理，财政部门可以及时跟踪掌握项目预算结转结余情况，有效控制新增结转结余资金规模，提高财政资金使用效益。

3. 规范国库集中支付结余权责发生制列支。为真实反映年终财政预算支出执行和结余情况，为预算管理提供更加准确可靠的信息。《规范》要求市县级财政部门应当按照收付实现制核算财政支出事项，总预算会计原则上不得对国库集中支付结余按权责发生制列支，应当按结转下年支出处理；省级财政部门实行国库集中支付结余权责发生制列支的，应当按规定限制条件和范围。

（八）建立健全单位资金管理机制

为严格落实《预算法》关于"政府的全部收入和支出都应当纳入预算"的规定，《规范》从预算编制、支出控制、核算管理等方面，依法加强了单位事业收入、事业单位经营收入等各类单位资金的预算管理。

1. 明确单位资金收支全部列入预算。单位资金同财政拨款一样全部编入单位年初预算，并汇入部门预算。财政部门根据单位资金收入情况，统筹合理安排财政拨款预算，执行过程中新增支出要报财政部门审批，提高单位资金预算的全面性、准确性和严肃性。

2. 硬化单位资金预算对支出的约束。逐步实行对单位资金严格按照预算控制执行，单位通过一体化系统与单位资金开户银行联网办理资金支付，并纳入预算指标账控制。一体化系统根据财政部门批复的单位资金预算，生成单位资金预算指标。财政部门根据单位资金预算指标严格控制单位资金支付，杜绝无预算、超预算使用单位资金。

3. 强化对单位资金核算的监督管理。为全面掌握单位收支情况，同时更好地落实《中华人民共和国会计法》要求，实施对各单位的会计监督，《规范》规定，单位应当按照财政部门有关规定及时将会计核算信息传送同级财政部门。财政部门积极创造条件，通过与预算单位联网对接，逐步实现同级预算单位会计核算信息的动态反映和集中存放。

（九）建立健全预管理与资产管理的衔接机制

《规范》将资产管理嵌入预算编制、预算执行、会计核算、决算和报告等业务环节进行一体化设计，建立财政资金形成实物资产的全链条管理机制，准确核算和动态反映资产配置、价值变动、存量等情况，为强化资产预算约束、摸清资产家底提供基础支撑。

1. 加强资产基础信息管理。逐步建立较为完整的资产分类与代码管理体系，覆盖固定资产、无形资产、公共基础设施、政府储备物资、文物文化资产、保障性住房等各类资产。加强资产分类与政府采购品目的衔接，逐步统一成一套代码，在资产管理与政府采购管理中共享共用，简化单位预算编制与财政预算审核。建立资产卡片标准化管理体系，反映各项资产的基本信息、财务信息和使用信息三类信息，全面反映资产配置、使用、变动等情况。

2. 将新增资产配置管理嵌入预算管理全流程。单位在进行运转类项目和特定目标类项目储备时，需要配置资产的，应填报资产配置信息。单位申请项目预算时，对于属于资本性支出并形成资产的，原则上应依据项目库资产配置信息编制资产配置预算。资金支付时财政部门通过一体化系统汇集政府采购、会计核算、资产卡片等信息，对单位资产配置的实际情况进行动态反映和监督管理，同时建立资产变动与非税收入征缴联动管理机制，督促单位将资产出租出借、对外投资、处置等产生的收入及时足额上缴财政。资产会计核算信息和资产卡片信息同步更新，形成会计核算和实物资产管理的双向控制，确保账实相符，全面准确反映资产的价值信息。单位编制部门决算、部门财务报告和行政事业单位国有资产报告时，系统依据会计账簿中的资产价值和资产卡片信息自动生成相关资产报表，确保账表一致、相关报告衔接一致，准确反映政府资产家底情况。

3. 逐步完整反映存量资产并加强存量资产信息在预算编制管理中的应用。各单位在确保存量资产卡片信息与会计账务核对一致的基础上，逐步将存量资产卡片信息导入一体化系统中，并根据系统预设资产卡片格式完善相关信息。地方财政部门积极创造条件，通过开展资产清查核实等工作，逐步实现所有存量资产的完整反映，并将单位存量资产信息作为审核其资产配置预算的重要参考。对于专项用于各类大型专用资产运行维护的其他运转类项目，以及涉及资产修缮、维修维护的特定目标类项目，单位在项目储备时应关联其对应的资产卡片，根据存量资产情况测算资金需求，提高预算编制的科学性。

（十）建立健全预算管理与债务管理的衔接机制

《规范》将债务管理涉及预算管理的流程和规则按照一体化的要求进行了整合规范，加强了债务管理与预算管理的衔接，有利于加强对地方政府举债融资的预算约束和风险防范。

1. 地方政府债券收入安排的项目全部纳入项目库管理。专项债券支持的项目除满足一般管理要求外，还需编报收益和融资平衡方案。债务项目支出列入其主管部门的部门预算。债务还本和付息也作为项目纳入项目库，系统自动根据债务本金、利率、期限等测算还本和付息需求，为财政统筹安排预算提供参考依据。

2. 新增债务限额提前下达。参照一般性转移支付和专项转移支付的管理，财政部于每年 10 月 31 日前提前下达新增地方政府债务限额，地方政府收到提前下达的新增债务限额后，要纳入政府预算草案，报人大审议；财政部正式下达的当年新增地方政府债务限额与提前下达限额之间的差额，地方政府要编制预算调整方案，报人大常委会审批。

3. 明确债务收入及专项债券对应项目专项收入的管理规则。规范债券发行管理、发行收入确认、债券转贷专项业务的管理流程。明确专项债券对应项目专项收入纳入非税收入管理，确保项目实施单位履行还本付息责任。

课后习题

1. 如何看待当前我国现代预算制度建设所处的阶段？
2. 与现代预算制度建设目标相比，当前我国预算管理存在哪些实际问题？
3. 如何理解预算管理一体化的内涵和意义？
4. 实现采取逐级汇总方式编制全国和地方各级总预算，需要满足哪些条件？
5. 引入预算指标账会对现行的预算指标管理带来哪些变化？
6. 单位资金收支全部编入预算并严格预算约束需要满足哪些条件？
7. 如何进一步加强资产管理、债务管理、绩效管理与预算管理的衔接？

第八章　政府数字化转型下的预算绩效管理实践

【学习目标】

1. 了解数字经济时代预算绩效管理的机遇与挑战。
2. 了解如何解决政府数字化转型与预算绩效管理的融合所面临的问题。

【导读】

2018 年 9 月发布的《中共中央 国务院关于全面实施预算绩效管理的意见》提出"全方位、全过程、全覆盖实施预算绩效管理",由此,预算绩效管理从探索试点阶段走向全面实施阶段。全面实施预算绩效管理,是提高财政资源配置效率和使用效益、促进公共服务提质增效、应对新形势新任务新挑战、加快经济社会高质量发展的根本保障,也是实现国家治理体系和治理能力现代化特别是财政治理现代化的重要制度供给。近年来,预算绩效管理工作全面展开、成绩突出,但也暴露了较多问题、不足和短板。同时,随着大数据、区块链、人工智能、云计算、物联网等新一代数字技术的快速发展和广泛渗透,数字经济快速发展壮大,不断改变着预算绩效管理所处环境。

2020 年新冠肺炎疫情突如其来,给经济社会发展带来了前所未有的冲击与挑战。在疫情防控过程中,数字技术发挥了重要作用,这也加速了其向生产生活领域和公共治理领域的渗透。数字技术应用范围的拓展,给国家治理体系和治理能力提出了新命题、新要求,也凸显了政府数字化转型滞后所存在的问题与不足。2019 年 10 月,党的十九届四中全会明确提出"建立健全运用互联网、大数据、人工智能等技术手段进行行政管理的制度规则。推进数字政府建设,加强数据有序共享"。2020 年 10 月,党的十九届五中全会指出:"加强数字社会、数字政府建设,提升公共服务、社会治理等数字化智能化水平。"建设数字政府、加快政府数字化转型,成为坚持和完善中国特色社会主义行政体制、推进国家治理体系和治理能力现代化的重要组成内容。

财政是国家治理的基础和重要支柱,政府数字化转型将对财政的方方面面产生深远影响,直接或间接改变财政运行的环境,包括禀赋约束、施策空间、作用边界等。同时,财政治理体系和治理能力也在很大程度上决定着政府数字化转型的进度和成效。特别地,财政预算与公共数据是数字政府运行中相互交织、互相影响,甚至是相伴而生的两条线,这使得预算绩效管理与政府数字化转型之间形成紧密关联。在数字经济时代,政府预算绩效管理将面临哪些机遇和挑战? 政府数字化转型与预算绩效管理将如何互动? 怎样才能让政府数字化转型和预算绩效管理成为国家治理现代化的双轮驱动？在当前形势下，这些问题无疑值得关注和深入探讨。

结合政府数字化转型与预算绩效管理紧密结合的地方实践案例，本章系统分析政府数字化转型背景下实施预算绩效管理的相关问题，探索如何以政府数字化转型为契机和依托推进全面预算绩效管理，为加快数字化、智能化现代政府建设，实现国家治理现代化提供有价值的参考。具体地，本章重点探讨以下四个方面：一是探讨数字经济时代，预算绩效管理将面临的机遇与挑战；二是探讨就实现国家治理现代化而言，政府数字化转型与预算绩效管理之间存在哪些关联；三是探讨如何促进政府数字化转型与预算绩效管理的深度融合；四是探讨地方在推进政府数字化转型过程中的预算绩效管理实践，并总结与提炼可以推广的经验启示。

第一节　数字经济时代预算绩效管理的机遇与挑战

随着数字技术与实体经济的深度融合，世界经济格局开始重塑，最终产生与工业经济存在极大差异的全新经济形态——数字经济。2016 年在杭州召开的二十国集团峰会上通过的《G20 数字经济发展与合作倡议》，将数字经济定义为"以使用数字化的知识和信息作为关键生产要素、以现代信息网络作为重要载体、以信息通信技术的有效使用作为效率提升和经济结构优化的重要推动力的一系列经济活动"。对于预算绩效管理而言，数字经济的快速发展壮大既提供了宝贵机遇，也引发了一系列需要解决的新问题。

一、数字经济的基本特征

作为一种通用型技术，数字技术快速创新且与其他技术广泛互补，深刻改变了经济、社会、政治和文化等诸多领域的活动组织方式。相应地，以数字技术为基础的数字经济具有如下突出特征。

1. 数据化。数据化是数字经济的首要特征。数字技术在产品研发、生产制造、物流、销售和用户使用等多个环节的应用催生了海量数据，这些数据在被加工和分析后作为资源重新投入经济活动中，成为重构产业生态的基础。据互联网数据中心（Internet Data Center，IDC）预测，全球数据量总和将从 2018 年的 33ZB 增长到 2025 年的 175ZB。数据作为数字经济的核心生产要素，与土地、劳动力、资本和技术等传统生产要素并列，改变和丰富了生产要素供给体系（马骏，2020）。特别是，数据要素具有易复制、边际成本为零、非损耗等特性，能够克服传统生产要素的稀缺性和有限性对经济增长的制约，最终实现原始数据的价值裂变，为实现经济持续增长奠定了基础（丁志帆，2020）。

2. 网络化。数据在流动过程中具有不受区域和空间等物理障碍约束的特性，以及数字基础设施和便携式终端的发展加快了虚拟网络对传统物理空间的替代进程，使数字经济呈现出网络化特征。数字经济时代，联网的用户和设备之间彼此互联，企业也可以依托数字化平台进行实时数据采集和深度挖掘，满足用户差异化和个性化需求。数据在相互连通的用户之间流通，以及企业自身发展对数据的需要，使数字经济得以建构高度互联互通的网络化体系。此外，网络化特征意味着数字经济具有外部性和规模效应。当联网的用户和设备数量出现快速增长时，网络自身的价值也会呈现指数型增长，从而促使数字经济的发展速度远远快于传统经济。

3. 智能化。数字经济的智能化特征源于数字技术具有基础性、渗透性、外溢性和互补性等特点，以及数据要素在生产、分配、交换和消费等环节的渗透，推动了农业、工业、医疗、金融、教育和公共管理等多个领域的智能化发展。首先，大量传感器的应用使智能产品实现对数据的实时抓取，资源化的数据成为智能化的基础；其次，通过不断增强的算力和快速迭代的算法对海量数据进行分析，可以对数据价值进行深度挖掘，为现代服务业、制造业发展提供智能决策支撑和智能化分析。在现代服务业中，智能化集中表现为线上和线下的融合，如在线教育、远程医疗和生鲜电商等。生产领域的智能化体现在通过智能化管理和生产方案优化企业运营，如自动接单、智能排产、流程监控、设备感知等，能够有效降低企业运营成本和提高产出效能（王姝楠和陈江生，2019）。类似地，政府部门利用信息化技术对财政、税收、金融等数据进行获取和分析，有助于加强政府内部控制，为政府科学决策提供精准数据支持（陈建华和曾春莲，2019）。

4. 平台化。随着数字化转型进程不断深入，数字平台的作用越来越显著（张顺等，2020）。平台化作为互联网的基本特征，包含平台模式和平台思维两种内涵。平台模式是指对组织和制度结构进行创新，建构主要由平台运营商、供给方用户、需求方用户和平台支撑体系组成的生态体系（芮明杰等，2018），如当前的阿里巴巴、京东和亚马逊等电商平台。而且，平台目前逐步向研发和制造环节延伸，远远超出了交易环节，其功能体现在对数据、知识和个体能力价值的深层次挖掘上，如海尔的COS-MOPlat工业互联网平台（马骏，2020）。平台化思维则表现为"去中间化、去中心化、去边界化"（中欧案例中心，2017）。在数字技术浪潮下，传统自上而下和强调等级化的科层制组织加快向扁平化和网络化的新型组织转变，并且更加强调开放性，即从封闭式组织向开放式组织转变，通过与其他组织、平台的联通与协同，实现平台自身生态和服务能力的提升。

5. 可追溯化。在对数据进行整合和处理后，原始数据和最终分析的数据之间可能存在极大差异，因此，出于鉴别数据真假、保证数据透明化和完整性，以及实现全程监督的目的，数字经济要求数据可以被追溯。数据的可追溯化是指数据的产生、导入、流动和分析过程，甚至于对数据的修正等均有记录可查。大数据、区块链和物联网等技术的应用，以及包括数字中心在内的数据存储基础设施的快速发展使数据具备了这一特征，实现"数据留痕"。例如，当前已经被广泛应用的数据仓库系统可以实现对细节数据、历史数据和各种综合数据的存储。而具体到已经普及的食品安全追溯系统，消费者通过扫描食品的追溯码，可以获取食品的原材料、生产时间、生产者和产地等全方位信息。

二、数字经济时代带给预算绩效管理的主要机遇

数字技术的发展和普及，为解决传统预算管理存在的诸多问题提供了技术支撑。同时，数字化赋能为全面实施预算绩效管理创造了适宜条件，主要包括如下几个方面。

1. 数据可获得。在传统预算管理中，预算绩效管理部门难以掌握各地区、各部门在资金使用方面的真实数据，难以对预算绩效进行准确评估。但是，与实地数据采集相结合的数字技术为多源数据获取提供了可能。例如，传统预算绩效管理的数据主要来自被评价对象提供的资料和数据。相反，依托于统一化的政务大数据平台，预算绩效管理部门能够获取来自工商、税务、统计、交通等多个部门的交叉数据，并且可以通过纳入公众意见对项目实施效果进行系统和准确的评估（李学，2019）。

2. 指标可量化。过度依赖评价人员或专家的主观判断，可能导致预算目标和实际情况之间难以进行准确比较（胡若痴和武靖州，2014）。在数字经济时代，数字技术的广泛运用以及丰富的数据来源，为量化处理绩效评价指标并进而解决预算目标与实际情况的偏离提供了有效支撑。例如，在指标设计过程中，相关部门或人员可以利用云计算、人工智能等技术，通过分析历史数据来明确各个指标的相应权重，较大程度地剔除主观因素的影响（马蔡琛和赵笛，2019）。

3. 过程可实时监测和动态评估。传统预算管理由于仅能在项目执行结束后进行评估，因此难以避免和降低项目实施过程中主客观问题所导致的过度损失（冯海波，2019）。与此不同，数字技术可以详细监控每一笔预算资金，并且可以通过不断迭代的算法对项目数据以及难以量化的图片和文字记录等项目实施的全过程进行挖掘分析，从而对资金使用和项目落地情况进行实时监测、分析和动态评估。在发现问题后，也可以及时对项目实施方案进行调整，确保达到最优效果。

4. 信息与行为可追溯。数字技术在预算管理中的应用，使得在项目执行和资金使用过程中，能够实现对政府行为和信息的全流程追溯。例如，借助于云归档技术，可以实现对原始政务数据和信息的存储与备份，避免由于政务数据和信息的更新而导致原始数据丢失，为追溯历史记录提供了可能（王萍等，2016）。在此基础上，具有难以篡改特征的区块链技术在预算管理中的应用，可以更为有效地保证记录的真实性，实现对数据采集、数据查询、数据更改、数据分享等数据生成和使用记录的全流程追溯。

三、数字经济时代预算绩效管理面临的若干挑战

数字技术在带来机遇的同时，也全面冲击了在传统工业时代所形成的一整套管理制度和规则体系。特别是在公共管理领域，政府的数字化程度和治理水平远远落后于数字经济的发展速度。对于预算绩效管理而言，目前存在的挑战主要包括如下几个方面。

1. 政务数据标准不统一。采用数字技术改进预算绩效管理，先要实现数据的标准化。数据标准化是数据存储、加工、共享和数据服务等数据治理的前提，有助于政府通过数据治理实现精准化和协同化管理。过去，政务数据分散在不同的地区和部门中，而这些部门的信息化水平参差不齐，在数据的采集标准、处理标准和存储管理方式等方面存在较大差异。缺乏统一和清晰的指标定义，统计口径不一致，数据上报形式及时间、采集时间和更新时间差异较大，不同层级政府的数据平台建设标准不同等问题的存在，导致对预算管理数据的整合与分析存在困难。

2. 政府部门间数据共享不足。跨区域、跨层级、跨部门数据共享，是政府数据治理能够有效开展的关键。全面预算绩效管理要求打破各个部门分别掌握信息资源的数据"孤岛"状态，实现对不同来源数据的整合与分析。但在条块分割、部门中心主义的惯性运行方式下，政府数据共享受到"主观不情愿"（部门信息管控的权力欲）与"客观不允许"（部门公共权力的科层固化运行）的双重因素制约（许峰，2020）。一方面，一些部门的政务数据仍然是通过手工对报表进行汇总，与其他部门的数据共享程度较低，没有形成完善的数据共享机制；另一方面，在一些数字化转型发展较快的地方，虽然建立了共享机制，但由于长期的思维惯性，存在抗拒数据共享的心理，部门、层级和区域分割引发的信息孤岛现象依然普遍（钟伟军，2019）。

3. 政务数据对外开放不足。使公众能够充分获取包括预算数据在内的政务数据，是提高预算透明度和发挥公民对预算管理监督作用，建立公开透明的预算管理体制的基础（马海涛和刘斌，2016）。然而，当前包括预算管理数据在内的政务数据存在对外开放不足等问题，主要表现为：数据更新不及时，存在需求的个体和部门需要反复申请、催要才能拿到新的数据；数据共享不全面，提供数据的部门出于利益考虑，往往只提供一部分字段信息，申请者无法得到数据全貌；数据可读性差，几乎所有部门都不允许申请者读取数据库信息，只提供其加工处理后的数据资源，申请者即使拿到数据资源也还需要进行大量的技术处理（杜庆昊，2019）。

第二节　政府数字化转型与预算绩效管理

加快实现财政治理现代化，是推进国家治理体系和治理能力现代化的重要支撑。在数字经济时代，必须充分发挥政府数字化转型和预算绩效管理的基础性作用，有效提升财政治理的现代化水平。

一、现代化财政治理体系的方向和内容

实现财政治理现代化，需要明确其未来发展的方向和内容。大体上，财政治理现代化主要包括治理理念、治理体制和治理手段三个方面。

1. 财政治理理念的现代化。在推进国家治理体系和治理能力现代化的过程中，认识和厘清政府治理、市场治理和社会治理的关系与边界是重中之重。财政是政府

履行公共职能的基础与抓手，因而同样需要重新认识财政与市场、财政与社会的关系以及财政治理在政府治理中的职能与作用边界，树立正确的财政治理理念。财政的职能是促进资源合理配置、促进社会公平、促进国民经济平稳运行，即财政与市场和社会之间是紧密相关、相互弥补的关系。财政应当积极作为，做到"以财施政""以财理政"，有效弥补市场失灵和志愿失灵，而不是简单地分配公共资源、被动地发挥"救火员"作用。同时，财政应当有所为而有所不为，积极调动市场与社会两种力量、两类资源，充分发挥有限公共资源的潜在作用，通过政府、市场与社会多方主体的协同参与，为公共事业的稳步发展和公共利益的最大化提供更稳定、更有力的保障。

2. 财政治理体制的现代化。财政治理体制的好与坏，不仅决定了公共资源的配置效率，而且直接影响整个国民经济社会体系的运行效率和效果。现阶段，应当以理顺财政与市场和社会之间以及各级财政之间的关系为重点，建立符合现代化发展要求的财政治理体制机制，实现财政治理的制度化、规范化、法治化。正如学者们所普遍认可的，财政治理体制现代化主要包括如下几个方面：一是建设"法律完备、结构简单、税源稳定、激励相容"的现代财政收入制度；二是建设"依法支出、量入为出、促进发展、保障基本"的现代财政支出制度；三是建设"权责法定、财力协调、区域均衡、有效竞争"的现代央地财政关系；四是建设"规范透明、中期滚动、广泛参与、约束有力"的现代预算管理制度；五是建设"依法授权、责任明晰、激励有效、风险可控"的现代债务管理制度（陈昌盛等，2019）。

3. 财政治理手段的现代化。财政治理手段的好与坏、优与劣，直接决定着财政治理体制的运行效率和效果。我国政府应以完善现代财政治理体制为基础，加快财政治理机制和手段的改革创新，通过引入新技术、新模式、新方法，实现财政治理的提质增效。首先，大力推进财政数字化转型，积极引入大数据、人工智能等前沿技术，为实现财政治理的信息化、智能化、精细化创造条件。数字技术在财政治理中的应用，有助于提高公共产品或公共服务在供给与需求方面的匹配度，大幅提升资源配置的效率。其次，以互联网、大数据、人工智能等前沿技术为基础，在财政治理过程中引入双边或多边平台模式，将财政打造成市场与社会之间、市场或社会主体之间、市场或社会与政府之间的有力联结点，不断强化财政在优化资源配置、协调利益关系、弥补市场或志愿失灵、维护市场统一、促进社会公平等方面的作用。最后，结合经济社会的发展需要，创新性、有针对性地采用政府购买服务、政府引导基金等方式，有效激发和引入市场和社会力量，强化财政"四两拨千斤"的作用。特别地，将平台模式和政府购买服务等方式相结合，能够更大幅度地提升财政的公共服务能力与效果，这在政府采购平台、政府公共服务平台等领域的实践中得到了充分体现。

政府数字化转型可以打破数据共享的壁垒，为全面实施预算绩效管理创造有利条件，而全面预算绩效管理能够更加有效地发挥财政资金对政府数字化转型的助推作用。作为财政治理现代化的关键环节和重要表征，政府数字化转型与预算绩效管理协同推进可以有效解决数字经济时代的挑战，为推进国家治理能力现代化提供助力。

（一）政府数字化转型对财政治理现代化的推动

在财政治理现代化所包含的三方面内容中，政府数字化转型最根本的作用在于推动财政治理理念现代化。首先，政府在转型过程中建立的数字化思维有助于改变传统认知方式，强调共享、协同、去中心化和整体等观念，从而为财政治理模式和财政治理手段的变革奠定了基础。其次，政府数字化转型最直接的影响在于对财政治理手段的革新，包括一体化政务数据平台、政务数据标准化、智能分析工具在内的政府治理平台的应用，为财政治理现代化提供了关键技术支撑。最后，政府数字化转型能够推进财政治理体制现代化。数字技术的应用有助于缓解信息不对称问题，降低转移支付成本，提高财政资金使用效率和公平性，最大限度地降低政府和公众存在的数据鸿沟。而且，数字技术的使用可以前瞻性地为政府决策提供更多的政策选择，并且预测政策效果和提示项目实施可能存在的风险。

（二）全面预算绩效管理对财政治理现代化的推动

预算管理作为财政治理现代化的重要环节，关系到财政资金配置的科学性和规范性，以及能否达成财政政策预期目标。全面实施预算绩效管理，可以从多个方面推进财政治理现代化。

首先，全面预算绩效管理强调全面性、规范性和透明度，有助于在财政治理过程中以系统化观点审视各级财政部门间的关系，打破垂直割裂和条块分割的政府职能状态，从而实现统筹规划，并且提高财政治理对公众的开放程度。其次，预算绩效管理强调内部管理和事前绩效管理，可以从源头上提高财政资源配置的科学性和精准性，充分体现财政资金使用主体的责任。最后，推进全口径的政府预算管理，以及强调中期和三年滚动财政规划，有助于完善跨年度预算平衡机制，进一步提升财政政策的实施效果。

二、政府数字化转型促进预算绩效管理全面实施

在数字经济时代实施全面预算绩效管理，需要把握数字技术带来的新机遇，同时应对在数据标准化、数据共享和对外开放等方面存在的挑战。基于政府数字化转型的目标和实施规划，在通过数字政府建设和实施全面预算绩效管理推动财政治理现代化的过程中，政府数字化转型也有助于预算绩效管理的开展。

首先，政府数字化转型有助于破解预算绩效管理的数据获取困境。政府数字化转型中建立的政务信息系统集成和公共服务数据资源体系，尤其是一体化政务数据平台，将有效推进财政数据在各个部门之间的共享，打破"信息孤岛"对预算管理在数据获取和整合方面的阻碍。同时，数字政府的开放性、规范化和透明化，也便于社会公众通过多种形式获取政务信息和数据，参与对预算项目的监督。

其次，政府数字化转型有助于提升预算绩效管理机构的业务能力。在数字化转型过程中，大数据、人工智能、区块链、云计算、物联网等数字技术将得到更加充分的

应用。由此，预算绩效管理机构可以对数据潜在价值进行深度挖掘，从而缓解评价指标量化、评价体系差异化、项目评估准确性和项目风险预警等方面存在的能力不足问题。

最后，政府数字化转型有助于实现预算绩效管理工作的标准化。政府数字化转型的全面推进，必然伴随着总体标准、技术标准、业务应用标准、管理标准、服务标准和安全标准等在内的标准体系建设，这将为预算绩效管理所需的数据整合利用以及业务流程化、标准化奠定良好基础。另外，在推进政府数字化转型的过程中，政府部门中的高层次人才队伍将快速壮大，既能为全面预算绩效管理提供必不可少的人才支持（张鸣，2020），也有助于政府部门数字治理能力的有效提升，为数字经济时代政府的职能转变创造有利环境。

第三节　政府数字化转型与预算绩效管理
融合存在的问题及解决路径

数字政府是预算绩效管理全面实施的重要基础，也是数字经济时代实施预算绩效管理的必然结果。但是，数字政府建设和全面实施预算绩效管理之间存在衔接不畅、联动不足等问题，这是当前推进财政治理现代化的重要发力点。

一、阻碍融合和联动的主要问题

虽然实现政府数字化转型与预算绩效管理协同推进是促进国家治理能力现代化的重要途径，但目前存在顶层设计不足、观念不一致、数字政府建设与预算绩效管理"两张皮"、标准化和差异化的要求相冲突，以及相应的配套机制和设施不足等问题。

第一，顶层设计不到位。在政府数字化转型和预算绩效管理实践中，存在制度规范不健全、部门数据标准不一、数据开放共享不足、数据综合价值难以挖掘等问题，其主要根源在于顶层设计不到位。预算绩效管理方面，虽然2018年《中共中央　国务院关于全面实施预算绩效管理的意见》的发布为预算管理指明了方向，但其以原则性规定为主，缺乏具体的指导意见，使得基层政府在实施预算绩效管理的过程中存在很大的不确定性。数字政府建设方面，虽然有多个省（自治区、直辖市）提出了数字化转型诉求，但是缺乏从中央到地方的统筹规划和协同推进，而是各地区、各部门各自为政。统筹规划和协调不足，很可能加剧数据、系统等标准不统一的负面影响，其在促进地区或部门范围内数据共享的同时，又可能引致新的"数据孤岛"，阻碍更大范围内政府数据开放共享的实现。

第二，思想观念存在冲突。不管是政府数字化转型还是预算绩效管理，都是新时代新形势对政府履行职能提出的新要求，这其中必然存在不同观念的冲突，且集中表现在三个方面。一是去中心化与层级化相冲突。在数字技术浪潮下，政府数字化转型强调跨部门业务协同，特别强调"去中心化"。相反，传统运行模式则突出表现为以管理者为中心的科层化。二是开放性与封闭性相冲突。在传统政府组织体系中，政府作为处理和应对各项事务的中心，无论是在内部还是外部均缺乏互动性和开放性。与此不同的是，数字技术推动的治理结构转型则要求政府开放治理边界，动员社会组织和公众等参与政府治理（陈朋，2019）。三是治理与管理的冲突。传统政府管理模式以政府为主导，而政府治理旨在和其他社会多元主体建立平等的合作伙伴关系，通过引导社会资源，着力满足现代社会的复杂和多元需求。

第三，配套机制和设施不足。最大化利用数字技术带来的机遇，不仅在于对技术的积极应用，更在于建立与技术相匹配的组织机制。当前，管理协调机构缺位、工作机制缺失、专业管理人才匮乏、制度政策不健全等问题，直接制约着政府数字化转型的进度，并阻碍其实际效用的发挥。例如，虽然各级政府部门建立了众多的数据平台，但普遍存在功能单一、覆盖范围小、集约化水平低、数据闭塞等问题（张建锋，2019）。全面预算绩效管理方面，除与政府数字化转型类似的问题外，还存在相关主体参与不足、各级政府预算管理部门缺乏联动、外部监督弱化、审计和财政未形成合力、预算管理实践缺乏适用工具等不利因素。

第四，数字政府建设与预算绩效管理"两张皮"。当前，对政府数字化转型和全面预算绩效管理之间的关系认识不足，在体制机制和制度建设层面缺乏促进两者融合互动的前瞻性规划和具体行动计划。一方面，目前尚未将预算绩效管理纳入政府数字化转型过程，数字政府建设仍然秉持传统的预算管理理念，更多将预算作为提供资金支持和规范资金管理的重要环节；另一方面，虽然政府数字化转型在技术、组织和人才等方面有助于推进预算绩效管理，但政府在推进全面预算绩效管理的过程中，并未考虑政府数字化转型所具有的协同作用，更多地是将预算管理局限于财政业务领域，无法以其为重点建立全流程的预算绩效管理。

第五，标准化和差异化冲突。数字政府建设追求标准化，包括对数字政务服务平台的建设标准、数据的采集和存储标准等的统一规范。运用标准化的理念和思维开展政府治理，被视为推动数字政府建设的有效手段。然而，不同于数字政府对标准化的强调，预算绩效管理必须考虑不同地区、领域或项目的特殊要求和具体条件，因此存在差异化和异质性特征。在实施时，必须对不同被评估项目或主体进行具体分析，提出不同的绩效目标，并且根据实际情况进行科学、合理评估，避免产生数字经济时代的"教条化"。因此，推进政府数字化转型与预算绩效管理的融合，需要解决标准化和差异化之间的冲突。

二、解决路径

政府数字化转型与预算绩效管理紧密相关，是国家治理特别是财政治理的重要基础。在数字经济逐渐成为经济增长主动能的背景下，必须有效促进政府数字化转型与预算绩效管理的融合，使其协同发力推动财政治理现代化。

1. 完善顶层设计和统筹规划。综合考虑数字政府建设和全面预算绩效管理，进行全局性统筹、通盘性考虑和战略性部署，以预算绩效管理为抓手，从全国层面推进数字政府建设。

一方面，通过制定整体性发展规划，树立和贯彻数字政府建设与全面预算绩效管理协同发展的理念，并且提升中央与地方在实践方面的耦合性及协同性。在中央政府政策的规划指引下，加强政务数据治理体系建设，以数据集中和信息共享为途径，推动各个政府层级和不同部门的数据融合、技术融合、业务融合，最终形成多渠道、多形式相结合的政务数据共享大平台（戴祥玉和卜凡帅，2020）。

另一方面，将预算绩效管理作为实现政府数字化转型目标的重要途径，通过"事前有绩效目标、事中有绩效监控、事后有绩效评价"的全过程全覆盖的预算绩效管理机制，在数字政府建设过程中统筹协调财政资金的配置。对于和数字政府建设相关的项目，应在事前绩效评估中严格论证项目的可行性和预期绩效，并且基于预算管理对项目运行和实施效果的约束机制，提高政府数字化转型的效率。

2. 持续改进协同机制。在使用数字技术对政府治理进行赋能、推进政府数字化转型和全面预算绩效管理的过程中，也必须加快完善相关体制机制。

第一，建立工作领导协调机制。通过成立领导小组，负责平台顶层设计、规划建设、组织推进、统筹协调和监督指导等工作，出台或完善相应的法规、规章及配套政策，为实现政府数字化转型和预算绩效管理的持续性、整体性提供强有力的保障。

第二，完善政府治理结构。国家治理能力现代化建设不仅包括信息技术改进、数据治理能力增强等，而且涉及政府自身治理结构的改革。在数字经济背景下，需要将数字化管理思维与政府治理结构和运行机制相结合，建设与数字政府和全面预算绩效管理目标相匹配的部门结构和跨部门业务协同关系，从而为实现"一站式服务"的数字政府、全流程的全面预算绩效管理提供组织保障。

第三，提供人才保障。数字政府并不是以信息化取代人工，而是实现两者更好的互补，因此需要建立数字化人才培养机制，对公务员队伍进行数字赋能，通过提升电子政务队伍的数字化素养和技能以满足数字化转型和全面预算绩效管理对人才的需求。

3. 加强通用能力建设。虽然作为政府治理体系现代化的重要组成部分，数字化政府转型和全面预算绩效管理关注的重点有所区别，但两者之间存在通用能力，即数字技术支撑能力和业务服务能力。在数字技术支撑能力方面，数字技术作为数字政府建设和全面预算绩效管理开展的基础，一方面需要在顶层设计的引导下完善包括电子政务网络、云平台、信息安全和运维平台在内的基础设施建设，并且通过集约化建设实现基础设施之间的互联互通，提高整体使用效益和避免重复建设；另一方面，在基础设施建设过程中需要具有前瞻性思维，考虑未来技术的快速变化和迭代，为数字化系统的升级提供足够的应变空间，提高政务平台及相关基础设施的扩展性和兼容性。

在业务服务能力方面，一方面，需要在数据服务平台的基础上，开发包括电子归档、可信身份认证等各类通用工具和模块，以提高对业务的支持能力，便于开展数据汇总和分析等业务（张建锋，2019）；另一方面，基于大数据和人工智能等数字技术具有的智能化特征，数据服务平台需要提供具有科学性、可行性和可操作性的数据算法和模型，以适应在不同场景中存在差异化的业务需求，从而应对标准化和差异化的冲突。

第四节　基于政府数字化转型的预算绩效管理的地方实践

实现政府数字化转型与全面预算绩效管理协同发展，是推进财政治理现代化的重要内容。其中，一体化数字平台是主要的实践形式。当前，基于数字政府建设及全面预算绩效管理在国家层面的顶层设计和推进，以及地方政府自身提高效率和降低成本的需要，多种类型的数据平台在全国各地得到建立。根据主要职能，可以将这些平台划分为三种：一是以预算管理为主的数据平台；二是包含预算功能在内的财经数据平台；三是涉及其他政府职能的数据平台。

一、以预算功能为主的数据平台

以预算功能为主的数据平台，是指主要围绕实施全面预算绩效管理而搭建的数据平台。典型案例包括以下三个。

（一）A省财政厅预算绩效管理系统

A省财政厅为进一步深化预算管理制度改革，提升预算绩效管理水平，以全新的微服务云架构为支撑，以"1＋N"的管理制度体系管理模式，无缝对接财政厅核心业务系统，创新"3＋3＋2"的绩效管理体系，打造事前、事中、事后的全面预算绩效管理闭环（见图8－1）。

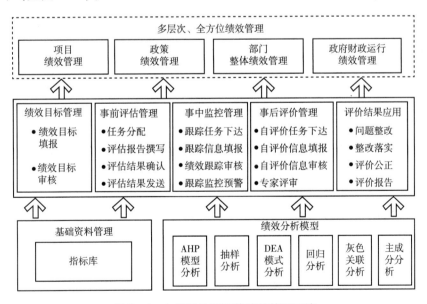

图8－1　A省财政厅预算绩效管理系统

资料来源：北京用友政务软件股份有限公司提供。

A 省财政厅预算绩效管理系统在更深层次上实现了预算与绩效管理的一体化，表现出以下几个亮点。

第一，借鉴互联网思维，以业务角色为中心，量身定制专属工作平台。通过提前预置主管部门和预算单位等各类用户的工作台首页，在人员和业务流程方面实现互动。此外，工作平台具有自动提醒功能，能够进一步推进绩效管理自动化和大幅度提升工作效率。

第二，完善绩效基础资料库，为各模块业务提供支撑。基础资料库由指标库、模板库、案例库、绩效对象库、专家库、第三方机构库、政策制度资料库和问卷库等 9 大库组成。通过各基础库的支撑使各模块业务数据来源有支撑、衔接数据有工具、数据流程有标准、数据结果有保障。

第三，绩效目标申报和预算编制相衔接，从源头上规范预算资金的使用方向和预期使用效益。绩效目标申报可以实现对项目入库信息的补充和项目绩效目标的填报，目标填报时可以通过系统对历史目标、目标模板和案例模板进行引用，为单位用户目标的填报提供有用、有效和有依据的参考，帮助单位更好地完成目标填报。

第四，推动绩效事前评估。为使目标申报更合理，项目立项阶段应对遴选重点项目开展事前评估工作，可由财政部门直接组织或邀请第三方机构，通过准备、实施、总结、结果反馈等环节对项目的必要性、可行性、合理性进行综合评估，并形成对应的评估报告。

第五，绩效事中监控采用"双监控"模式，从过程上把控目标实现程度。通过与财政一体化交互，直接获取项目的预算调整和执行信息，根据内置评分公式自动计算指标偏差度，实现智能偏差预警，根据目标完成的可能性生成预警信息反馈到预算执行动态监控模块，根据预警程度对项目资金执行进行处理。

第六，开展绩效事后评价，提高评价的客观性和准确性。绩效评价管理是预算绩效管理中的核心环节，从业务角度上分为单位自评、部门整体评价、财政评价、财政重点评价四类，从系统角度中设置评价模式分为自评和外部评价等。在年度结束或者政策、项目执行周期到期等需要开展绩效评价时，按照规定程序对前期准备、绩效自评、评价实施和报告撰写四个方面设计流程。

第七，加强绩效结果应用，通过信息公开，增强财政资金绩效情况透明度。基于绩效管理全过程中的事前、事中、事后各环节评价的结果，形成完整的评价报告。同时，对于整个管理过程中发现的问题进行持续跟进和验证整改。实现全过程留痕、档案化管理，为数据分析和信息公开提供支撑。

第八，实行绩效监督考核，强化绩效主体责任。各级财政部门依据内置考核指标开展对本级部门和预算单位、下级财政部门、第三方评价机构的预算绩效管理工作的考核，可对考核结果进行公示和排名。考核结果可作为对考核对象的奖惩依据。

（二）B 市财政局预算绩效管理系统

B 市财政局在 2018 年对预算绩效管理系统进行了升级改造，实现了在预算系统中选取项目，并将项目信息和绩效目标导出，作为预算绩效管理的依据，形成当年绩效评价、事前评估、再评价和绩效跟踪等措施的绩效管理项目库，从而建立以项目库、资料库、中介库和专家库为基础，以预算绩效管理系统为支撑平台的预算绩效管理系统，主要功能见图8-2。

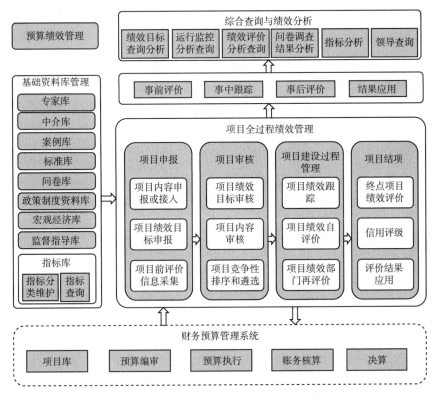

图8-2 B市财政局预算绩效管理系统

资料来源：北京用友政务软件股份有限公司提供。

第一，中介库。中介库主要负责第三方中介信息的管理和维护，并处理第三方中介机构入库申请、第三方中介机构入库审核、第三方中介机构选取、第三方中介机构委托、第三方中介机构工作考核和第三方中介机构退库等业务。

第二，绩效基础资料管理。绩效基础数据包括绩效指标库、专家库、第三方机构库、政策制度资料库和案例库。其中，建立完善的财政支出绩效评价指标库是开展财政支出绩效管理的核心环节。指标库管理分为三个部分：指标库的建立、对指标库的管理和指标库中指标的调用。

第三，绩效目标管理及事前评估。项目入库绩效管理模块实现了项目入库系统和预算系统的数据交换，实现预算单位、财政等用户的在线绩效目标申报、审核、专家评审、批复、反馈、再评价等工作。财政部门在项目遴选后，可以选取第三方或专家对单位上报的信息与佐证材料进行评审，第三方或专家根据检查核对结果提出调整或修改意见。由财政部门汇总项目单位申报信息和第三方、专家调整意见，对项目出具评估意见。

第四，绩效运行监控管理。财政支出绩效运行监控是预算绩效管理的重要环节。绩效系统通过财政综合平台或预算执行接口，获取项目的资金执行情况，与项目绩效计划进行比较，并结合单位填报进展情况、专家评审、现场勘察、财政集中评审等多种评价手段，对项目的绩效目标偏离情况进行分析，对于偏离严重的，发送整改通知并通过预算执行接口推送项目控制状态，直到项目整改通过后继续执行，实现在项目执行过程中提前监控项目，减少不必要的预算资金损失的目的。

第五，绩效评价管理。项目完成后，预算部门开展自评价工作，通过系统按照标准格式采集、填写绩效评价内容并生成自评报告，提交给财政部门。财政部门组织专家对单位提交的自评报告、再评价报告进行审核；对于再评价项目汇集形成审核意见，上报分管领导审核并与单位沟通反馈后，最终形成评价结论。根据绩效管理全过程中的事前、事中、事后各环节评价的结果，形成完整的评价报告。

（三）C省人大预算联网监督系统

C省人大预算联网监督系统通过对人大预算监督业务、数据来源、系统和技术等方面进行全方位和多角度分析，重点建设查询、预警、分析和服务四大功能，并且考虑到系统横向联网与纵向贯通的衔接，加强对系统在先进性和可扩展性方面的设计，以适应人大和财政的未来发展需要。

C省人大预算联网监督系统通过对接省财政厅的信息系统，对一般公共预算、政府性基金预算、国有资本经营预算，以及社会保险基金预算的编制、执行、调整及决算的全过程进行监督，实现报表查询、智能分析、智能预警、动态监控、比对纠错等功能，推进人大预算审查监督信息化和自动化，提高人大预算审查监督的效率。同时，与财政、国资、自然资源等管理部门的数据对接，实现对国有资产全口径、全覆盖监督，着力解决国有资产底数不够清楚、管理不够公开和透明、人大监督职能发挥不够等问题。

此外，C省人大预算联网监督系统通过数据接口、数据资源下载等方式，提供数据共享应用服务。而且，基于对智能移动终端的开发，C省人大预算联网监督系统打破了时间与地域限制，系统用户能够随时随地查看预算审查文件、预算监督数据以及相关意见和处理意见，并与之交互，实现线下即时办公。

（四）总结与启示

在上述三个案例中，A省财政厅和B市财政局的预算绩效管理系统围绕预算实施的全流程开展，涉及预算绩效管理的事前、事中和事后三个环节，C省人大预算联网监督系统则主要是对预算管理过程进行监督。三者之间的共性包括以下几个方面：第一，对所涉及的地域实现全覆盖。例如，C省人大预算联网监督系统强调实现纵向贯通，打通与市、县、乡人大的数据共享，实现了集约化和统一化建设。第二，确定了数据采集、存储和管理方面的规范和标准。第三，打破部门间壁垒，实现数据共享。上述三个案例均强调实现对相关部门的数据接入，实现数据整合。第四，强调数据分析的智能化，包括使用分析模型对数据进行处理，以及基于数据分析结果自动生成报告等。第五，强调实时监控，从而能够及时发现问题并进行纠错。因此，从上述案例可以发现，预算绩效管理系统在极大程度上解决了如数据标准化和数据共享等基本问题。而且，预算绩效管理系统对数据共享、实时监控、智能化的强调也对数字政府建设提出了更高要求，有助于促进非预算管理部门的数字化转型进程。

然而，上述案例也显现出多个问题。其一，预算绩效管理系统主要是对来自政府内部数据进行分析，忽视了公众参与在预算编制、执行、监督、评价等过程中所能发挥的作用，没有提供相应的对政府外部信息和数据的接入模块，以及预算绩效信息对公众开放的功能。其二，预算绩效管理的开展不仅依赖数据平台所提供的技术支撑等硬实力，还要求具有与全面预算绩效管理相一致的绩效治理理念，以及能够提供足够人力支持的预算管理队伍等软实力，但这方面并未在案例中得到集中体现。其三，包括预算管理在内的数字化和智能化转型的主要目的之一在于应对高不确定性的外部环境，因此在预算编制和实施过程中，可能会因为不可预测因素的影响使预算执行受到影响。此时如何保持预算管理系统的柔性，如在临时追加预算后如何对预算目标进行调整和监控等，仍然有待进一步解决。

二、包含预算功能的财经数据平台

财经数据平台的主要目的在于提高财政资金的使用效率，平台的建设主体为各省（自治区、直辖市）的财政部门，这里主要以 D 市财经大数据平台和 E 州大数据平台为例。

（一）D 市财经大数据平台

D 市财经大数据平台通过构建"用数据说话、用数据决策、用数据管理、用数据创新"的智慧财政系统，实现对 D 市财政资金的全覆盖、全反映和全支撑。在标准化和规范化的财政数据基础上，大数据平台汇总了互联网数据和全市多个部门数据，并在对业务数据进行处理后，形成了由贴源数据库、实时数据库，以及各类主题数据库、专题数据库和分析指标库等组成的数据中心。在技术方面，基于云计算、大数据架构、支持关系数据存储、对象数据存储、数据仓库、分布式计算等，满足了大规模数据对于横向扩展性的技术要求，具备现状分析、预警预测和决策支持三类应用的支撑能力，见图 8-3。

财经大数据平台的建立满足了以财政业务控制框架为核心，实现财政资金管理闭环回路的管理要求，在预算绩效管理方面达成了以下目标：第一，基于财政业务基础的标准体系，采集相关业务数据，在财经大数据平台底层合并为一套统计核算、会计核算总台账；第二，通过财政资金台账记录，反映财政和预算编审、预算执行及各财政业务系统产生的经济活动，包括预算资金和现金流，以及预算单位人、财、物的动态和静态数据；第三，统一的财政资金总台账，从统计和会计角度为各级财政决策、管理和监督提供数据服务。

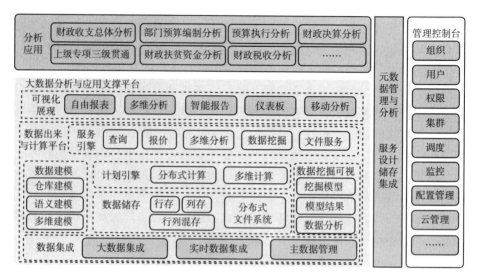

图 8 - 3　D市财经大数据平台

资料来源：北京用友政务软件股份有限公司提供。

（二）E州财政局"数据铁笼"项目

E州聚焦于建立全面规范透明、标准科学、约束有力的预算制度，构建财政业务、资金监管、项目管理、分析应用的"数据铁笼"（见图8-4），着力打造"变人跑为数跑、变人监为数监、变人控为数控、变人管为数管"的财政大数据体系，将全州的全部预算安排资金纳入管理，实现了财政资金全覆盖和预算单位全覆盖，取得了积极效果。

第一，财政业务"数据铁笼"变人跑为数跑。

其一，业务系统标准化。以财政资金为主线，将预算编制、资金分配、资金下达、资金支付、资金监控、账务核算等多个分散独立的业务系统进行整合，实现全州数据互通、互联、互控，构建起覆盖财政所有业务、代理银行和所有预算单位的财政业务应用一体化平台，形成财政业务"数据铁笼"。

其二，工作流程标准化。按照《预算法》规定，结合内控管理要求，将预算管理工作全过程纳入系统。将工作流程、岗位设置、权限分配固化并统一植入系统管理，使财政业务工作效率得到普遍提高，精细化管理水平得到有效提升。

其三，业务链条标准化。以资金流向为主线，将转移支付及本级预算安排的资金统一下达，形成清晰的资金来源数据链。

第二，资金监管"数据铁笼"变人监为数监。

其一，财政监管基层化。按照资金使用和监管相分离的原则，明确乡级预算单位履行会计核算的职能，将国库集中支付职能延伸到乡级财政。

其二，资金监管全程化。财政资金分配、下达和支付等各个环节，全部在"数据铁笼"平台内完成，所有操作实现系统内留痕。通过正向追踪和逆向追溯，可准确厘清资金的来源、分配、使用方向和最终收款人，以及在各个流程节点的处理情况、停留时间、预算单位的会计账务处理情况等基本信息，实现监管全程化。

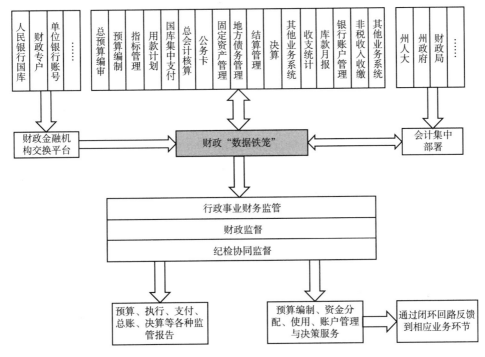

图8-4　E州"数据铁笼"应用架构

资料来源：北京用友政务软件股份有限公司提供。

其三，资金监管动态化。使用系统对财政资金支付进行事前、事中动态监控，对于违反监控规则的行为，实时预警或拒绝支付，切实保障资金安全。

其四，会计监管集中化。在平台上统一部署账务集中核算系统，形成标准化账务处理流程，实现所有预算单位在同一系统内、按同一标准进行账务核算。打通国库集中支付系统与预算单位账务集中核算系统之间的数据关联，资金支付与会计核算实现无缝对接。

第三，项目管理"数据铁笼"变人控为数控。

其一，项目资金管理精准化。为确保项目资金使用高效安全，在平台上部署项目（合同）管理系统，预算单位的所有项目资金支出，都以合同（或虚拟合同）的形式在系统中录入项目基本信息。

其二，项目资金使用精准化。通过系统完成四个"比对"，可有效控制项目资金挤占挪用的现象，切实提升项目资金管理使用精准度，确保专款专用，基本实现变人员控制为数据控制的预期目标。

其三，项目补助发放精准化。项目补助资金由预算单位在项目（合同）系统中以虚拟合同的形式录入基本信息，填报对应的补助资金发放清册，有效控制了补助资金截留、冒领和乱领等行为。

其四，数据交换共享实时化。已形成支出的项目（合同）基本信息、补助资金发放清册信息等，通过系统实时自动推送到"智慧金州"大数据平台，实现与其他脱贫攻坚系统数据的有机链接，为项目决策提供精准的价值参考。

第四，分析应用"数据铁笼"变人管为数管。

其一，业务融合常态化。在各业务系统集中部署、数据有效关联的基础上，构建"数据铁笼"分析应用平台，纵向、横向打通分析应用平台与其他各业务系统的数据交换渠道，实现数据关联共享。

其二，责任落实层级化。在"数据铁笼"分析应用平台上，层层把控财政资金在各个环节的流转情况，实时提供各类资金分配及支出情况，提高资金的使用效率和保障资金安全。

其三，决策辅助精细化。通过对各类资金分布情况、使用情况等数据的综合分析，形成从政策控制、过程控制到效率控制的高效支出控制机制，强化资金监督力度。

（三）总结与启示

从财经大数据平台的案例可以看出，相较于功能较为单一的预算管理系统，财经大数据平台具有更多功能。而且，预算管理作为财经大数据平台的主体，不仅能够依托于平台实现预算管理自身职能的更好履行，同时也有助于提高财政资金的使用效率，更好地发挥财经大数据平台的作用。因此，全面预算绩效管理的开展和财政部门的数字化转型存在彼此相互促进的关系。但值得注意的是，财经大数据平台可能在项目评价方面存在问题。

问题出现的原因在于，财经大数据平台的目的之一是提高财政资金管理的自动化和智能化水平，但是财政资金涉及不同部门和不同区域中的不同项目，而这些项目在实施过程中会受到外部环境、项目实施条件和预算投入等因素的影响。因此，在通过一体化平台对财政数据进行集中整合、分析和监控时，一方面是如何实现评价指标对项目完成全覆盖，即保证评价指标的完整性；另一方面则是如何在标准化的体系框架内，实现根据不同项目客观条件的差异对评价指标进行差异化处理，以保证项目评价和分析的准确性。

三、以其他政府职能为主的数据平台

预算管理作为项目实施的主要功能模块，也存在于为了更好地履行除财政以外的其他政府职能而建立的数据平台中，本部分以 F 省人力资源与社会保障大数据应用平台为典型案例。

（一）案例介绍

F 省为推进人力资源和社会保障信息化建设，建立了覆盖省、市、县（区）、街镇四级网络的人力资源与社会保障大数据应用平台（以下简称社保大数据应用平台），全省150多个人社行政管理部门和600多个社保经办机构实现了网络互联。该项目旨在为全省社保业务、财务监管分析系统、部省联网监测应用、统计台账和统计核算分析、决策支持系统、精算、对外公共信息服务、联网即时审计以及与其他部门信息交换等多项业务，提供完整和实时的公共数据源，从而实现由单一的社保经办业务管理向经办、监测、预警、分析并重的复合经办管理的转型。

F省社保大数据应用平台的建设内容主要包括全省集中的社保报表体系，社保数据采集标准接口体系，集中社保数据库，社保运行分析体系，社保监控预警、效果评估与报告体系，以及App手机端应用六个部分。在数据采集、存储和管理方面，通过制定数据采集及数据管理的标准和规则，确定数据使用、开放等环节的程序、范围和责任，建立了以社保基金财务数据和业务数据为主的数据中心。在数据整合基础上，社保大数据应用平台融合了社保运行分析系统、监督预警系统、效果评估与报告体系，以及App手机端应用，通过创新基金监管模式、支持社保全流域业务分析、业务违规即时预警和自动生成分析监控报告等提高了经济效益和社会效益。

第一，创新基金监管模式。传统基金监管模式是任务从上至下逐级下发，统计的数据或形成的汇总报告再从下至上依次反馈，不但效率低、耗时长，而且手工统计数据容易出现误差。创新后的基金监管模式能够迅速形成分析报告并及时反馈，不但能够实时掌握基金运行状态，还可以通过科学统计方法避免手工操作可能出现的误差。

第二，支持社保全流域业务分析。社保大数据应用平台实现了对参保、征缴、待遇支付等全流域的指标监管分析，从各指标总体趋势变化、年计划任务执行进度、待遇支付项目构成、享受待遇人次、待遇支付金额等角度进行分析，重点分析影响征缴收入因素、负担系数、在职退休比等，从而为社保征缴、管理、待遇发放以及劳动就业等业务提供有效的决策支持和有力的监管。

第三，实现业务违规即时预警。社保大数据应用平台能够监控基金运行过程中的财务处理情况、大额支出、基金调拨、待遇支付和违规违纪情况等，如监控跨统筹区重复参保、参保个人缴费基数一致性、未满缴费年限领取养老金、人员已死亡但继续享受养老待遇等情况。

第四，自动生成分析监控报告。通过配置报告模块，自动生成业务经办、专题、财务业务疑点分析报告。提供多角度、全面的分析与政策评价结果，为社保决策和外部监督提供科学依据。在监管分析系统的成果中心，存储着参保扩面、征缴因素分析、负担系数、基金支撑能力、待遇支付费用分析等信息，将上述信息通过参数绑定的方式自定义配置报告模板后，即可根据模板自动生成监控报告。

（二）主要启示

F省社保大数据应用平台作为政府部门数字化转型的典型案例，与预算绩效管理系统和财经大数据平台相类似，实现了集约化和统一化的系统建设，无须地市、区县重复进行建设，而且利用算法模型等分析方法对数据进行智能化分析也有助于提高管理效率，以及决策的科学性、精准性和严谨性。

此外，从该案例中也可以发现，社保大数据应用平台也为预算绩效管理的开展推进奠定了基础。一方面，数据采集和管理标准的制定采用更为科学化的数据获取方式，建立的数据中心巩固了预算管理的数据基础；另一方面，社保大数据应用平台汇集的分析模型可以对数据价值进行有效的归集挖掘，有助于提高预算绩效管理的智能化程度预算编制的科学性。

通过对该案例的具体内容进行分析可以发现，不同于财经大数据平台，社保大数据应用平台仅将预算作为平台的一个应用套件，没有对预算管理给予应有的重视，从而可能限制预算管理所具有的对社保业务整个环节进行全流程监管，以及提升社保部门管理能力的作用。例如，在社保资金支出之后，可以根据预算目标对实施情况进行系统评估，通过应用预算绩效的评价结果，可以进一步提升社保资金的使用效率。

第五节　总结与建议

在新冠肺炎疫情的冲击下，数字技术应用范围进一步拓展，向生产生活领域和公共治理领域广泛渗透，不仅使得数字经济的经济发展主引擎作用更加牢固，而且推动政府加快数字化转型以及国家治理体系快速创新。预算绩效管理是国家治理现代化的重要制度供给，在数字经济时代面临的挑战与机遇同样突出。在数字经济发展倒逼政府数字化转型加快实施的背景下，以数字政府建设作为契机和依托，以数字为主线开展全方位、全过程、全覆盖的预算绩效管理，是如期推进国家治理体系和治理能力现代化的重要基础和根本保障。预算绩效管理是影响政府数字化转型进度的决定性因素之一，而政府数字化转型又从不同方面改变着预算绩效管理所处的环境和约束。正如各地相关实践所示，政府数字化转型和预算绩效管理紧密相关、互为依托、相互促进，是国家治理特别是财政治理现代化的双轮驱动。同时也要看到，政府数字化转型和预算绩效管理的协同受到较多理念因素和制度因素的制约，其潜在作用得不到充分发挥。现阶段，应当以各地积极实践的成果和经验为基础，以深度融合和协同互动为基准，有序推进政府数字化转型和全面实施预算绩效管理，让两者真正成为国家治理体系和治理能力现代化的双轮驱动。

以政府数字化转型为依托推进全面预算绩效管理，应当把握几个重点：一是加快理念创新，充分认识政府数字化转型和预算绩效管理的内在关联性，为跨区域、跨领域的多元协同营造适宜、可行的环境；二是深化体制改革，打破阻碍政府数字化转型和预算绩效管理联动的制度性因素，为全过程开放和全要素共享创造有利条件；三是做好顶层设计，通过制定中长期规划和优化联动机制设计，让政府数字化转型和预算绩效管理在深入融合中协同推进；四是强化央地协同，确保中央和地方两级的数字政府建设有序推进，实现全国标准化和区域差异性的有机结合，既要避免过度标准化导致的局部失效，也要规避各自为政引发的互联互通不足和数据自由流动受阻；五是加强公私合作，充分发挥各类社会和市场主体在数字政府建设和预算绩效管理中的技术、资本、人才等优势，加快政府数字化转型和全面预算绩效管理的进程；六是推进社会共治，将共治、共建、共享的理念融入政府数字化转型和预算绩效管理的每一个环节，积极引导市场和社会力量参与数字政府建设和公共治理。

课后习题

1. 什么是国家治理的重要基础？
2. 如何促进政府数字化转型与预算绩效管理的融合？
3. 你对政府数字化转型的预算绩效管理的地方实践有什么建议？

第九章 财政大数据应用成熟度模型构建、评估与展望

【学习目标】

1. 了解财政大数据应用能力成熟度模型形成背景。
2. 熟悉财政大数据应用能力成熟度模型。
3. 掌握财政大数据应用能力成熟度评估标准。

第一节 研究背景、目标及价值

一、研究背景

当前我国正处于数字经济快速发展阶段，数字经济是继农业经济、工业经济之后一种新的经济社会发展形态，日益成为全球经济发展的新动能。以云计算、大数据、人工智能、区块链、物联网等为核心的数字技术推动了数字经济的蓬勃兴起，为经济和社会的发展带来了深刻变革。数字技术在重塑商业世界的同时，赋能国家治理的现代化，加速了政府治理和服务模式的数字化转型，因此数字技术的发展被赋予了新的使命。建设"数字政府"是基于数字技术时代背景下的政府创新变革，其核心是增强治理能力、优化业务流程、提升政务质量、升级服务效率，涉及政府自身改革及外部环境的全方位系统性变革，是顺应数字经济发展和打造数字经济发展新引擎的战略举措。

在数字技术的发展与应用中，大数据已成为国家重要基础性战略资源，是数字经济发展的关键生产要素，是发挥数据价值的使能因素，是驱动数字经济创新发展的核心动能。2015 年国务院印发《促进大数据发展行动纲要》，明确指出要把"加快政府数字开放共享、推动资源整合、提升治理能力"作为三大任务之一，"政府数据资源共享开放工程""政府治理大数据工程"是十项工程的核心组成部分。2016 年，工业和信息化部印发《大数据产业发展规划（2016－2020 年）》，全面统筹大据产业发展。党的十九大报告提出要"推动互联网、大数据、人工智能和实体经济深度融合"，进一步突出了大数据作为国家基础性战略资源的重要地位。掌握丰富的高价值数据资源日益成为抢占未来发展主动权的前提和保障。2020 年，工信部将"5G 基站建设、大数据中心、人工智能"等七大领域列为"新基建"，以技术创新为驱动，实现国家生态化、数字化、高速化发展。发展大数据成为各行业信息化建设的战略之举。

在此形势下，财政作为国家治理的基础和重要支柱，是数字政府建设的关键领域，同时数字技术与财政业务融合，打造"数字财政"是时代之趋，是走向现代财政的必由之路。2016 年财政部在全国财政信息化工作会议上提出"创新理念，积极开展财政数据应用""用数据说话、用数据决策"等要求。2018 年财政部召开网络安全和信息化领导小组会议，提出要积极开展财政大数据应用，着力推动财政网信工作从以"流程为主线"向以"数据为核心"转变。2019 年财政部发布《关于推进财政大数据应用的实施意见》，为财政大数据建设指明方向，要求"构建财政大数据中心体系""建立数据整合共享机制""开展财政大数据重点应用"等。在一系列政策的指引和支持下，数字财政时代已经到来，大数据环境下的财政信息化建设中，新产品、新应用、新模式、新业态不断涌现。财政数据的加速流通与价值的深度挖掘，驱动传统产业向数字化和智能化方向转型升级。

我国财政业务历经数十年的发展，积累了海量的数据资源和丰富的业务经验，全国多地财政部门正积极推进财政大数据综合利用工作，全面实施财政大数据应用建设行动，目前取得了一定的成果。但针对财政领域大数据建设的技术与应用标准尚未形成，各地财政部门大数据实施的政策制度、数据条件、业务需求、组织保障等不同，财政大数据应用建设呈现出发展不均衡、数据利用不充分、行业应用深度不够、数据开放共享进展缓慢等问题。编制"财政大数据应用能力成熟度模型"（以下简称成熟度模型）的工作，是通过对国内外行业成熟度模型建设的研究，对各行业大数据应用建设的顶层设计、需求、应用设计、案例等的梳理，从战略规划、组织保障、技术平台、应用设计、创新影响等角度，设计一套科学的、客观的、统一的财政大数据应用能力成熟度量化标准和评估方法，旨在为各地财政部门实施财政大数据应用建设提供指导、解决问题，并在此基础上进一步改进和优化相关工作，促进财政大数据向规范化、资产化、业务化、智能化发展。

二、研究目标及价值

成熟度模型作为一个解释型或标准化概念，被广泛应用于计算机、管理、医疗等多个不同领域，如著名的 CMMI 能力成熟度模型、SPICE 软件过程改进和能力提升模型、项目管理成熟度模型等。成熟度模型是对于在财政领域进行大数据应用建设时，其特定能力从最初到达到期望目标过程的演化进度的描述，是一种对所关注领域进行评估的工具和持续改进的方法，用于把成熟度要素分成若干不同阶段，并评估领域现状和所处发展阶段。

成熟度模型作为一套管理与评估方法论，能够精练地描述财政大数据应用由顶层设计到建设再到应用的演进路径，我们将其描述为几个有限的成熟级别，每个级别有明确的定义、相应的标准、实现其的必要条件、需要达到的阶梯目标等。从初始级到最高级，各级别之间具有顺序性，每个级别都是前一级别的进一步完善，也是向下一个级别演进的基础，呈现出财政大数据应用递进式发展的过程。

通过应用成熟度模型，财政部门能够对其自身所处的发展阶段、现状、能力、质量、发展路径有清晰的认知；根据成熟度模型进行科学、客观的自我评估与诊断，识别当前财政大数据应用建设的不足，引导其科学地弥补战略目标与现状之间的差距，推进大数据向更高水平学习和发展；可将成熟度模型作为不同地区政府之间大数据建设能力比较与衡量的基准，以减少差距，平衡发展。通过应用成熟度模型，可以有效解决财政大数据应用如何规划、如何建设、如何评估和如何提升四个关键问题；可将成熟度模型作为衡量与评价各地财政部门大数据实施水平的重要手段，帮助政府深入探索与挖掘财政数据价值，提升财政治理能力和推进治理体系现代化。

通过成熟度模型的建设，可以帮助财政部门回答如下问题。

问题一：财政部门目前处于财政大数据应用的哪个阶段、什么水平？当前存在的问题是什么？当前现状与战略规划的差距是什么？

问题二：财政部门应该如何确立大数据应用的目标范围？已有的发展规划是否符合未来发展趋势和要求？如何做出科学、合理的规划？

问题三：财政部门成功实施财政大数据应用的依据是什么？关键点是什么？需要何种能力支撑大数据应用建设？如何分步骤有条理地实施？

财政部门应在财政大数据应用能力成熟度模型的基础上，科学客观地制定财政业务部门的大数据应用规划和实施方案。

第二节　财政大数据应用能力成熟度模型基本构成

财政大数据应用能力成熟度模型构建的方法论包括模型组成、模型评价和模型应用，其建设路径如图 9 - 1 所示。

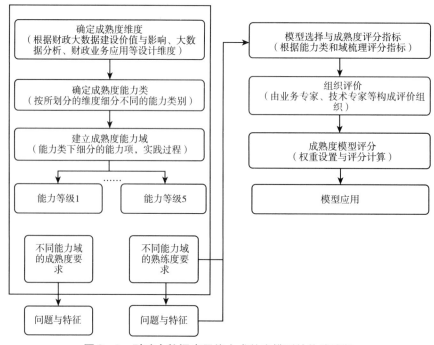

图 9 - 1　财政大数据应用能力成熟度模型的构建路径

通过借鉴行业先进的 CMMI 能力成熟度模型、数据管理能力成熟度评估模型等，结合政务领域大数据平台建设经验、财政领域对大数据应用建设的要求，形成财政大数据应用能力成熟度模型框架（见表 9-1）。

表 9-1 　　　　　　　　　　　　财政大数据应用能力成熟度模型框架

维度	核心要素
引导力维度	创新与价值管理
	风险与合规管理
	可持续发展与社会责任
	战略与组织
财政应用维度	财政收入
	财政支出
	国库现金
	债务
	国资
	财政宏观
大数据分析维度	信息
	治理
	分析
	架构

财政大数据应用能力成熟度模型中对维度、能力类、能力域和能力等级的定义如下。

（一）维度

维度代表对财政大数据应用能力成熟度的视角，本节从引导力维度、大数据分析维度和财维度三个方面对成熟度模型进行阐述。

引导力维度体现了在财政技术应用中秉持创新优先、体现价值、防范风险和坚持可持续发展的技术应用路线。财政应用维度体现了注重业务需求、围绕业务痛点、从业务中来到业务中去的建设思路。大数据分析维度从信息、治理、分析和架构方面全面客观地对大数据分析技术应用程度进行刻画。

（二）类和域

描述所列的类和域代表了财政大数据应用关心的核心要素，是对引导力维度、财政应用维度和大数据分析维度的深化和具化，域是对类的进一步细化阐述。3 个维度包括 14 大类核心要素，多角度描述了财政大数据应用的成熟度状态。

（三）等级定义

等级定义了财政大数据应用在不同维度和不同能力类的阶段水平，刻画了当前财政大数据应用的程度，是成熟度模型应用评估的结果，也是财政部门有方法有计划开展大数据应用的目标和行动路径。

财政大数据应用能力成熟度模型确定了 5 个成熟度评估等级 L_1 - 初始阶段、L_2 - 基础阶段、L_3 - 稳定阶段、L_4 - 成熟阶段和 L_5 - 持续优化阶段（见表 9 - 2）。

表 9 - 2　　　　　　　　　　　**财政大数据成熟度能力等级定义**

成熟度评估等级	定　义
L_1 - 初始阶段	• 具有财政大数据应用需求，但数据应用处于临时和被动状态 • 在业务系统中建设有基本统计功能，没有实现跨系统的数据集中和数据统计分析 • 财政业务中的数据应用集中在向上统计汇报和处室内部使用
L_2 - 基础阶段	• 建立财政大数据应用规划并开始主动探索，处于非体系化状态 • 实现数据集中和专门的数据应用系统，能够实现跨系统跨业务处室的分析 • 财政业务中的数据主要应用于统计报表和财政现状分析
L_3 - 稳定阶段	• 形成财政大数据应用体系并正式进行建设，满足财政大数据应用基本要求 • 在数据交换和数据治理方面达到了较高水平，在财政领域实现数据标准化和数据应用体系化 • 财政业务中的数据应用扩展到预警预测和决策支持的较高阶应用，能够在财政业务中充分利用数据洞察结果
L_4 - 成熟阶段	• 量化阶段，通过大数据建设获取较大的业务价值，具备对财政业务产生影响的能力 • 数据成为有价值的资产，具备向财政部门外提供数据服务的能力 • 财政业务与大数据应用深度结合，大数据应用系统在财政业务日常运营中不可或缺
L_5 - 持续优化阶段	• 财政大数据应用建设实现持续优化，具备输出财政大数据应用最佳实践的能力 • 在数据应用的同时关注数据的生产，实现数据生命周期的有效管理 • 财政业务通过大数据应用进行重塑，实现财政业务流程和决策的同步优化

财政大数据应用能力成熟度模型架构和能力成熟度模型由 3 个维度、14 个能力类、45 项能力域及 5 个等级能力要求构成。财政大数据应用能力成熟度模型矩阵见表 9 - 3。

表 9 - 3　　　　　　　　　　　**财政大数据应用能力成熟度矩阵**

序号	维度	能力类	能力域	L_1 级	L_2 级	L_3 级	L_4 级	L_5 级
1	引导力维度	创新与价值管理	业务与技术创新	—	—	■	■	■
2			业务收益与运行效率	—	—	■	■	■
3		风险与合规管理	操作风险	—	—	■	■	■
4			流动风险	—	—	■	■	■
5		可持续发展与社会责任	数据共享与开放	—	—	■	■	■
6			财政行为影响力	—	—	■	■	■
7		战略与组织	数字实施战略	■	■	■	■	■
8			管理制度与流程	■	■	■	■	■
9			管理组织建设	■	■	■	■	■

续表

序号	维度	能力类	能力域	L₁级	L₂级	L₃级	L₄级	L₅级
10	财务应用维度	财政收入	财政收入全景分析	■	■	■	■	■
11			税源分析	■	■	■	■	■
12			收入趋势预测	■	■	■	■	■
13			智能分析报告	—	—	■	■	■
14		财政支出	财政支出运行监测	■	■	■	■	■
15			支出预警与预测	■	■	■	■	■
16			支出行为评价	■	■	■	■	■
17			智能编审与支付	—	—	■	■	■
18		国库现金	国库库款分析	■	■	■	■	■
19			国库现金管理评价指标	—	—	■	■	■
20			国库现金趋势预测	—	■	■	■	■
21		债务	存量债务分析	—	■	■	■	■
22			债务趋势分析	—	■	■	■	■
23			地方债务风险预警与评估	—	—	■	■	■
24			政府债务分析报告	—	—	■	■	■
25		国资	国资综合查询与分析	—	■	■	■	■
26			资产地图	—	—	■	■	■
27			金融/非金融企业监管	—	—	■	■	■
28		财政宏观	经济景气监测预警	—	—	■	■	■
29			经济运行健康度评估	—	—	■	■	■
30			财政与宏观经济影响分析	—	—	■	■	■
31			经济运行趋势预测与仿真	—	—	■	■	■
32	大数据分析维度	信息	数据集成与共享	■	■	■	■	■
33			数据模型	■	■	■	■	■
34			数据资产	■	■	■	■	■
35			数据监控	■	■	■	■	■
36		治理	数据治理机制	■	■	■	■	■
37			数据标准规范	■	■	■	■	■
38			元数据管理	■	■	■	■	■
39			数据质量与安全	■	■	■	■	■
40			数据生命周期管理	■	■	■	■	■
41		分析	数据分析能力	■	■	■	■	■
42			算法与模型能力	—	—	■	■	■
43			数据服务能力	■	■	■	■	■
44		架构	基础设施	■	■	■	■	■
45			架构标准	■	■	■	■	■

注：矩阵内，"—"表示不涉及该级别的能力建设，"■"表示需要在该级别建设的相关能力。

第三节　财政大数据应用成熟度模型数据来源

成熟度模型的建设，无论是从数据平台还是应用设计的层面进行研究，都离不开数据源的支撑，数据源是实施大数据应用建设的基础。而数据源的获取途径、获取方式、质量好坏、价值高低、安全可靠、传输稳定等，将对后续数据研发产生极大影响。成熟度模型源数据的采集，将基于财政部业务规范和技术标准，形成一致的数据标准。我们将数据源划分为内部数据和外部数据。其中，内部数据是基于财政业务自身运营而产生的数据；外部数据是与财政业务发展相关的跨业务数据以及互联网公开数据等，用以补充财政数据源，满足海量的数据分析需求。

预算管理数据是财政部规定的内部数据中最为关键的部分，涵盖省、市、县、乡的基础信息（资产信息、部门基础信息、财政供养人员）、项目库信息、预算编审信息、预算指标数据、中央专项、专项资金、用款计划、支付申请、支付凭证、决算数据、财务报告数据、绩效数据、会计核算模块等数据，其中各模块分别包含若干子数据源。专项系统数据涵盖非税系统、政府采购系统、国有资产系统、地方债务系统、会计核算系统等数据，其中各模块分别包含若干子数据源。外部数据涵盖税务局税务数据、工商局企业登记数据、公安局人员数据、银行支付明细数据、统计局统计数据等。

按财政应用维度的能力域，对财政收入、财政支出、国库现金管理的数据源进行梳理。

一、财政收入分析主要数据源

- 收支月报和统计数据，支撑公共财政预算、政府性基金预算的总体收入的分析；
- 财税库横向联网系统数据，支撑按科目、征收机关、收入级次的分析；
- 税务数据，支撑税种、级次、行业、区划、企业所有制、企业等维度的数据分析，包括纳税人登记信息、税款征收信息、企业财务数据等；
- 非税数据，支撑非税的征收科目、行业、行政区划、征收对象、日期、征收项目等维度的分析；
- 涉税信息，包括统计局、市场监督管理局、不动产局、住建局、发展改革委等相关部门涉税的信息。

其中，财政收入的分析度量可包括全口径收入、税收收入、非税收入、中央级收入、一般公共预算收入、收入预算、计税依据、税率、价格、销售金额、销售数量、国内生产总值（GDP）、统计数据、基金收入、债务收入、社保基金收入、国有资本经营收入、转移支付收入等。分析主题可包括财政收入主题、税收收入主题、非税主题、债务收入主题、基金收入主题、社保基金收入主题、转移支付收入主题、税源信息主题等。

二、财政支出运行主要数据源

- 收支月报，支撑按区划和支出功能分类的分析；
- 国库集中支付系统，支撑按业务处室、预算单位、预算项目的明细分析；
- 预算指标、核算、部门决算、财政决算等系统数据，支撑横向支出一体化分析与监控；
- 上下级财政、主管部门数据，支撑纵向系统分析、横向专项资金分析与监控。

财政支出的分析度量可包括"四本预算"、预算指标、计划用款、支付凭证、核算、决算、国有资产、专项资金、人员经费、政府采购、公务卡、热点支出、扶贫资金、公用经费、人员经费、"三公经费"、民生资金、转移支付、结余资金等。分析主题可包括支出全景分析、预算执行进度分析、支出规模与结构分析、重点支出项目分析、专项纵向贯通分析、资金横向联通分析、项目画像、违规支出预警、偏离预算预警、支出进度预测与评价等。

三、国库现金管理主要数据源

- 财税库银横向联网系统，获取当前收入数据；
- 预算执行系统，获取指标、计划和支付数据，对未来支付情况进行分析；
- 总账系统，获取历史收入支出数据；
- 债务系统，获取未来债务还款数据。

国库现金管理的分析维度可包括库款分区划分析、库款余额分月份分析、库款余额分年度分析、库存现金支撑平均每月支出的比率、库款流出分析、近30日库款余额变动情况等。

通过对财政数据的梳理与整合，可为财政大数据应用能力成熟模型建设提供全面支撑。部分数据的获取需要多系统数据的融合，部分外部数据可以从互联网公开获得，这里不作详细介绍。

第四节　财政大数据应用成熟度评估方法

成熟度模型用于衡量财政部门在大数据应用方面的综合能力，兼顾财政和大数据应用两个维度，在模型应用上可以分为两种表现形式：整体成熟度模型和单项能力成熟度模型。整体成熟度模型为财政部门提供了全面评估利用大数据技术来促进财政业务水平提升的一种路径，而单项能力成熟度模型为财政部门针对某一类关键领域的大数据应用提供持续性改进的一种路径。

整体成熟度模型用于衡量财政大数据应用的综合能力，主要在为财政部门落实财政部相关政策指引和制定相关规划时提供诊断评估和改进计划时使用。财政大数据应用能力成熟度模型分为 5 个等级，数字越大成熟度越高。例如，成熟度为 L_1 表明财政大数据应用处于初始阶段，需要采取相应的行动计划并进行实施，只有在达到相应的目标后才能够获得更高层级的成熟度模型等级。按照本模型提升财政大数据应用水平是从低到高逐步提升的，很难从较低的等级直接越级提升到比较高的等级，而且每个等级向下包含下一个等级的评价要求。在成熟度模型中部分能力项只有在达到较高等级后才能够进行评价，即随着等级的提升，要实现的能力类和能力域是增加的。整体成熟度模型等级以及在该等级下应该采集的行动计划和行动目标总结见表 9 - 4。

表 9 - 4　　　　　　　　　成熟度模型等级划定与界定

模型分级	描述	行动计划	行动目标
L_1 - 初始阶段	具有财政大数据应用需求，但数据应用处于临时和被动状态	评估现状，制定财政大数据应用规划	制定财政大数据应用规划并着手实施
L_2 - 基础阶段	按照财政大数据应用规划完成基础建设，并开始主动探索，处于非体系化状态	启动财政大数据应用基础建设，构建体系化的大数据应用体系	建成大数据中心实现数据资产管理；具备初步的大数据应用
L_3 - 稳定阶段	形成财政大数据应用体系并正式进行建设，满足财政大数据应用基本要求	启动财政大数据应用体系化建设	建成财政大数据应用体系，覆盖现状分析、预测预警和决策支持等主要需求
L_4 - 成熟阶段	财政大数据应用可按业务需求实现定量建设，具备对财政业务产生影响的能力	建设财政大数据应用服务平台	建成财政大数据应用服务平台，大数据应用嵌入财政部门的日常业务使用
L_5 - 持续优化阶段	财政大数据应用建设实现持续优化，具备输出财政大数据应用最佳实践的能力	持续优化财政大数据应用建设，财政大数据应用最佳实践	输出财政大数据应用最佳实践

单项能力成熟度模型主要面向财政部门在某些具体领域有提升需求的情况，用于衡量财政部门在某一关键业务领域的财政大数据应用能力，侧重于财政维度的实施。在模型中，大数据分析维度通常更多地侧重技术的综合评测方面。通常财政部门在大数据应用中会侧重某个方面，如在财政宏观分析中做得比较深入，但是财政部门很难在其他方面都还处于较低级别的情况下，在某个方面达到较高级别的水平。财政大数据应用是综合发展的过程，需要遵循科学渐进的步骤，做好基础建设才能够保障综合均衡的发展。

一、成熟度评价过程

基于财政大数据应用能力成熟度模型，针对财政部门的现状和业务需求，科学地做好成熟度评价，能够帮助财政部门理清现状，制定面向未来支撑财政业务需求的可行规划和实施方案。

二、选择模型和评价域

财政部门根据其现状和业务需求，选择整体成熟度模型或者单项能力模型。处于大数据应用初期的财政部门适合选择整体成熟度模型对现状和未来的业务应用作整体评价，并据此制定科学的大数据应用规划，避免在后续大数据应用建设中出现目标混乱或者重复建设的问题。具备一定大数据应用能力的财政部门可以选择单项能力模型，有针对性地对某些特定领域进行评价并实施后续的持续规划、建设和优化过程；通常在此过程中，此类财政部门也会周期性地采取整体成熟度模型进行阶段性评价，以及对整体规划进行调整和优化。

财政部门应结合自身大数据应用现状和业务需求，对成熟度模型的能力域进行裁剪，确定适合自身的能力域进行评价。模型中大数据分析维度下的大部分能力域通常是个持续建设的过程，财政部门在不同阶段均需要对其进行评价，除非某些能力域只在高级阶段才会考虑。模型中财政维度下的能力域可以根据财政部门的建设重点进行一定的裁剪，以契合当前的业务需求。

对具有一定基础的财政部门，可以针对选定维度下的部分能力域进行成熟度评估，即对单项能力模型进行一定的扩展来灵活满足业务需求。但是，该类裁剪只能应用到具体能力域的诊断改进中，不能作为能力类的成熟度评估证据。同时，在大数据应用中需要满足能力项之间的关联关系，以避免选择的部分能力域在成熟度描述方面不完整或不正确的引导。

三、成熟度评价指标

针对成熟度模型的能力域等级要求设置不同的问题，以对问题的满足程度来评价财政部门是否满足该能力域等级的要求。财政大数据应用能力成熟度模型中对多个维度下的能力类进行了详细介绍，该能力类下的评价标准适用于细分的能力域。在进行成熟度评价时，需要针对细分能力域作进一步的细致评估来获得该能力类的成熟度评价等级。

针对能力域的成熟度要求对问题进行打分，加权平均后形成能力域的得分。对某一个能力域，通常针对 5 个不同等级的问题都需要进行评估。评估根据该问题分为不满足、基本满足、满足和超越 4 个级别，评估分数分别取 0、50、80 和 100 分 4 个选项。评估过程有向下兼容的特性，即只有达到较低级别的能力域要求后，才可以申请评估更高级别的能力域。

某能力类达到某一等级的标准时，需要该等级内各域的得分均大于等于 50 分。当成熟度模型评价达到某一等级的标准时，需要该等级内各能力类的得分均大于等于 80 分。如果对该能力域的问题均进行评分，则对应的评分区间见表 9-5。

表 9 – 5 成熟度模型各等级评分区间

等级	对应评分区间
L_5 – 持续优化阶段	【96，100】
L_4 – 成熟阶段	【86，96）
L_3 – 稳定阶段	【66，86）
L_2 – 基础阶段	【36，66）
L_1 – 初始阶段	【16，36）

通过上述成熟度模型评分规则获得相应评分，在该对应等级下根据财政大数据应用建设指导意见，制定相应的目标和行动计划，示例见表 9 – 6。

表 9 – 6 成熟度模型各等级评分示例

等级	目标示例	行动计划示例
L_5 – 持续优化阶段	持续优化	最佳实践
L_4 – 成熟阶段	L_5	持续优化
L_3 – 稳定阶段	L_4	业务应用
L_2 – 基础阶段	L_3	体系化建设
L_1 – 初始阶段	L_2	制定规划

第五节 财政大数据应用发展指数与展望

财政数字化转型的目标是建设数字财政。数字财政建设是一项系统工程，当前的工作重点在于推动开展财政大数据应用，充分整合和挖掘财政、经济、社会数据资源，这是推动财政信息化由传统流程化支撑向数据资源价值发挥、支持财政科学决策的一项重大转变，能够进一步推动政策完善、决策优化和风险预警等业务管理的落实，提升财政部门预算管理水平和财政资金的综合使用效益，创新财政管理机制。

为了更好地推动财政数字化转型，我们试图构建数字财政发展指数，在综合测评地方财政大数据应用能力的基础上，分析财政大数据实施过程中各类能力要素的影响程度，研究总体成熟度评价指标变动中各能力域指标的影响作用。基于系统诊断的结论给出相应的咨询建议，帮助地方更好地推进数字财政建设。

数字财政发展指数聚焦财政引导力、财政应用、大数据分析三个关键领域，这三大板块紧密联系财政大数据应用发展的八大领域：战略、组织、人才、数据、技术、应用、服务、生态。三大板块各有侧重，但密切相联、相互促进。数字财政发展主要体现在以下三个方面。

第一，构建财政大数据应用标准体系。标准体系的建设是财政开展大数据应用的基础，以信息资源规划设计理论作为顶层指导，对财政业务和数据进行全面梳理和分析。统一财政基础数据、技术标准、数据交换标准和业务规范，加强财政基础数据资源的管控，打破系统割裂和"信息孤岛"，打通财政大数据资源链路，为财政数据治理和智能化应用建设提供支撑。

第二，打造资产型的财政大数据中心。基于数据标准，构建认识型的数据治理体系，贯穿于财政大数据应用建设的整个生命周期，实现财政数据的高效采集、科学分析、智能应用、智慧服务，同时为财政大数据质量与安全管理提供保障。数据中心通过提供财政业务现状分析、预警预测和决策支持三类数据研发能力，盘活财政数据资产，为财政全面深化应用提供数据架构和应用平台。

第三，深化财政大数据智能化应用建设。数据场景化应用是财政大数据应用未来长期的发展趋势。智能化应用需要基于财政预算收支、国库支付、绩效等财政活动关键节点数据要素的业务分析算法与模型，融合机器学习、知识图谱等大数据环境下的数字技术，洞察财政业务数据中的规律和趋势，挖掘财政大数据的业务价值，实现财政业务由"流程管理"走向"数据驱动"，支撑财政业务向现代化治理与服务推进。

课后习题

1. 应用成熟度模型对财政部门有什么益处？
2. 简述应用成熟度模型对财政大数据的影响。
3. 如何利用财政大数据应用成熟度评估方法？

第十章　政府支出数据的分析指标、方法与应用

【学习目标】

掌握各项数据计算方法。

第一节　总体分析指标与计算方法

总体分析指标是指根据国家财政政策和重大财税体制改革而形成的科目运行特征。根据党的十八届三中全会、十九届四中全会和十九届五中全会的精神，本章将总体分析指标设定为以下四个指标，并提出主要的计算方法。

一、进一步压缩"一般性公共服务支出"

这是党的十九大和2013年以来各年度《政府工作报告》的总体要求，既有定量的比例限制，又有定性的年度要求，总体来看是只能减少不能增加，而且相关的减少既包括规模绝对值的减少、占比的持续下降，也包括部门预算中人均费用的下降等方面。具体分析指标和计算方法如下。

第一，"三公经费"的科目为50206 + 50207 + 50208，这三项经费应根据国务院的规定，按照年度规模控制要求安排。即：

$$Q_n(三公经费) \leqslant Q_{n-1}(三公经费)$$

其中，$Q(X)$ 为资金规模；n 为年份。

第二，办公经费的科目为50201，按照国务院的规定需要"双降"，即规模下降和比例下降。按此要求有：

$$Q_n(50201) \leqslant Q_{n-1}(50201)$$

$$R_n(50201/一般预算收入) \leqslant R_{n-1}(50201/一般预算收入)$$

其中，$R(x)$ 为比率。

二、相关挂钩和脱钩事项

按照党的十八届三中全会的要求，要解除财政支出与相关领域和事项的挂钩安排。

此外，根据党的十八届三中全会精神，要建立起与新型城镇化相关联的财政转移支付挂钩机制，也需要在支出上予以有效体现。主要包括以下指标。

第一，教育支出要占到 GDP 的 4% 以上。这一要求来自《中华人民共和国教育法》的规定，从体制来看，我国基础教育的支出基本由县区财政来保障，而高中教育、职业教育和高等教育支出则相应地由更高层次的政府财政来保障。从目前教育经费的分布结构来看，基础教育（含幼儿园）的财政支出规模占比在 60% 左右，中等职业教育和高中教育的财政支出规模占比在 20% 左右，而高等职业教育和高等教育的财政支出规模占比在 20% 左右。这样，一般而言，县区级财政自行负担的教育支出占 GDP 的比重应不低于 2.4%，而地市级（非本级）的财政教育支出占 GDP 的比重应不低于3.5%，省级应不低于 4%。具体计算如下。

50501 中的教师工资福利支出。表述为 $\theta_{教育1}Q(50501)$，其中，θ 为比例系数，下同。

50502 中的学校购买非资本性耗材、教具、教材的支出以及购买后勤及其他社会服务的支出。表述为 $\theta_{教育2}Q(50502)$。

50601 中的由学校根据自身发展的需要和地方政府的要求而开展的资本性投资活动，其中，不包括政府基本建设支出中的发展改革委的切块部分。表述为 $\theta_{教育3}Q(50601)$。

50602 中由学校根据自身发展的需要和地方政府的要求而开展的资本性投资活动，其中，仅指政府基本建设支出中的发展改革委的切块部分。表述为 $\theta_{教育4}Q(50602)$。

50902 为政府部门（含非教育行政部门，如人社部门）向学生提供的奖学金、助学金和生活补助费用（如免费午餐）。本科目均为教育支出，表述为 $Q(50902)$。

59908 为财政对符合要求的非营利民办教育机构提供的补贴补助支出。表述为 $\theta_{教育5}Q(59908)$。

这样，教育支出可以表示为以下科目的加总：$\theta_{教育1}Q(50501) + \theta_{教育2}Q(50502) + \theta_{教育3}Q(50601) + \theta_{教育4}Q(50602) + Q(50902) + \theta_{教育5}Q(59908)$。

第二，国家财政科技支出要不低于一般财政支出的增速水平。这是"十三五"规划对国家财政科技支出的基本要求。从 2018 年财政支出结构来看，国家财政科技支出一共达到 9 518.2 亿元，其中，中央占 40% 左右，地方各级占 60% 左右。这样，总体考核指标有两个：一个是各级财政的科技支出增速均应超过财政一般支出增速水平；另一个是地方科技支出占地方财政支出规模（不含中央转移支付的部分）约为 4%，则县、市、省三级应按照 2.5%、3.5%、4% 进行管理考核。具体计算如下。

50501 中科研事业单位职工工资和福利支出。无具体要求，表述为 $\theta_{科技1}Q(50501)$。

50502 中科技事业单位的相关耗材类商品和社会化服务的补助支出。表述为 $\theta_{科技2}Q(50502)$。

50701 中对企业研发活动的费用性补贴，主要包括"科技三项费"，即新产品试制费、中间试验费和重大科研项目补助费等。表述为 $\theta_{科技3}Q(50701)$。

50601 中对科研基建费投入中的非发展改革委的切块资金的投入部分。表述为 $\theta_{科技4}Q(50601)$。

50602 中对科研基建费投入中的发展改革委切块资金的投入部分。表述为 $\theta_{科技5}Q$（50602）。

50599 中对相关事业单位的其他科研类支出，以及对科研事业单位所形成的职务发明奖励、产权股权分配等支出安排。表述为 $\theta_{科技6}Q(50599)$。

50799 中对企业研发活动实施的以奖代补安排，对企业部分基础性研发活动次施的后补助安排。表述为 $\theta_{科技7}Q(50799)$。

59908 中对科技行业协会、标准协会、鉴定评价机构等非营利性组织的相关补助安排。表述为 $\theta_{科技8}Q(59908)$。

这样，科技支出主要为以下科目的加总：$\theta_{科技1}Q(50501)+\theta_{科技2}Q(50502)+\theta_{科技3}Q(50701)+\theta_{科技4}Q(50601)+\theta_{科技5}Q(50602)+\theta_{科技6}Q(50599)+\theta_{科技7}Q(50799)+\theta_{科技8}Q(59908)$。

考核指标包括：

一是规模指标，即 $Q_n(科技支出) \geqslant Q_{n-i}(科技支出)$；

二是增速指标，即 $V_n(科技支出) \geqslant V_n(一般支出)$，其中 $V(x)$ 为增速函数；

三是比例指标，即 $R\left(\dfrac{科技支出}{一般支出}\right)$ 取值为 $\begin{cases} \geqslant 2.5\%，县级 \\ \geqslant 3.5\%，地市级 \\ \geqslant 4\%，县级 \end{cases}$。

第三，财政农业支出要持续加大支出规模和提高在财政支出中的比例。这一要求写入了 2014 年以来的各年度中央一号文件。根据要求，财政农业支出考核包括规模递增、占比递增两项，至于合适的比例结构，则由于农业总体属于上级对下级转移支付的范围，不适合按层级进行比例管理。根据我国预算制度，农业财政资金包括支农支出、农业基本建设支出、农业科技三项费用、农村救济费、其他等。要重点注意"其他"的范围，由于扶贫力度的加大，其他项下的内容和资金规模明显增多。具体计算如下。

50501 为对农业事业单位（含农业科技）工作人员的工资福利支出。表述为 $\theta_{农业1}Q(50501)$。

50502 为对农业事业单位（含农业科技）购置的消耗类商品、实验用品和后勤社会性服务的支出。表述为 $\theta_{农业2}Q(50502)$。

50599 为对农业事业单位开展的国家战略性项目，以及农业科技推广、扶贫项目服务的支出。表述为 $\theta_{农业3}Q(50599)$。

50601 为对农业事业单位开展的相关固定资产投资，非发展改革委切块资金部分。表述为 $\theta_{农业4}Q(50601)$。

50602 为对农业事业单位开展的相关固定资产投资，发展改革委切块资金部分。表述为 $\theta_{农业5}Q(50602)$。

50701 为政府对"三农"企业提供的运输、科技、财务、信息等费用补贴。表述为 $\theta_{农业6}Q(50701)$。

50702 为政府对"三农"企业提供的包括科技研发在内的债务贴息补贴。表述为 $\theta_{农业7}Q(50702)$。

50799 为政府对"三农"企业开展产权管理、经营模式转型、合作社与其他集体经济组织企业化（法人化）改革的补助支出。表述为 $\theta_{农业8}Q(50799)$。

50801 为政府对"三农"企业提供的设备改造、基础设施建设等方面的投资，且属于非发展改革委的切块资金部分。表述为 $\theta_{农业9}Q(50801)$。

50802 为政府对"三农"企业提供的设备改造、基础设施建设等方面的投资，且属于发展改革委的切块资金部分。表述为 $\theta_{农业10}Q(50802)$。

50901 为政府对农民的生活补助、救济费、养老金、医疗费补贴等，是以农民的"人"为补贴对象的。表述为 $\theta_{农业11}Q(50901)$。

50903 为政府提供的个人农业生产补贴，是以农业生产资料和土地产权为补贴对象的。表述为 $Q(50903)$。

50999 为政府提供的脱贫补贴、义务兵回乡一次性建房补助等。表述为 $\theta_{农业12}Q(50999)$。

51302 为本地政府援助非本地"三农"的转移支付支出，但不包括中央统一部署的援藏、援疆安排。表述为 $\theta_{农业13}Q(51302)$。

59908 为政府对农业协会、农民合作社和村民委员会等非营利性、群众自治性组织的补贴。表述为 $\theta_{农业14}Q(59908)$。

这样，政府的农业支出主要为以下科目的加总：$\theta_{农业1}Q(50501)+\theta_{农业2}Q(50502)+\theta_{农业3}Q(50599)+\theta_{农业4}Q(50601)+\theta_{农业5}Q(50602)+\theta_{农业6}Q(50701)+\theta_{农业7}Q(50702)+\theta_{农业8}Q(50799)+\theta_{农业9}Q(50801)+\theta_{农业10}Q(50802)+\theta_{农业11}Q(50901)+Q(50903)+\theta_{农业12}Q(50999)+\theta_{农业13}Q(51302)+\theta_{农业14}Q(59908)$。

按照规模递增、占比上升的要求，财政农业支出须满足以下要求：

一是规模指标，即 $Q_n(农业支出)\geqslant Q_{n-1}(农业支出)$；

二是占比指标，即 $R_n\left(\dfrac{农业支出}{一般支出}\right)\geqslant R_{n-1}\left(\dfrac{农业支出}{一般支出}\right)$。

第四，财政文化支出占财政支出的比重要逐年提升。党的十七届六中全会提出了文化大繁荣大发展的重要命题，要求财政文化支出占财政支出总额的比重要逐年提升。这里的财政文化支出既包括文化事业支出，也包括文化产业支出，还包括一些重大文化工程和文化基础设施的建设支出。在科目归类上，实际上应为文化体育与传媒支出。考核标准为比重逐年提升和合适层级的占比情况，但考虑到文化支出中对文化产业的支出规模较大，且其主要集中在中心城市和省会城市，我们仅对省级要求比率应高于1.7%（根据 2018 年的比例测算）。具体计算如下。

50501 主要是对文化体育和传媒等（以下简称文化）事业单位职工的工资福利支出。表述为 $\theta_{文化1}Q(50501)$。

50502 为对文化事业单位购置的消耗类商品（如布景、服装等）、宣传用品和后勤社会性服务的支出。表述为 $\theta_{文化2}Q(50502)$。

50599 为对文化事业单位演出、宣传和免费开放的补助支出。表述为 $\theta_{文化3}Q(50599)$。

50601 为对文化事业单位开展的相关固定资产投资，非发展改革委切块资金部分。表述为 $\theta_{文化4}Q(50601)$。

50602 为对文化事业单位开展相关固定资产投资，发展改革委切块资金部分。表述为 $\theta_{\text{文化5}}Q(50602)$。

50701 为政府对文化企业提供的运营、宣传和排演等费用补贴。表述为 $\theta_{\text{文化6}}Q(50701)$。

50702 为政府对文化企业提供的债务贴息补贴。表述为 $\theta_{\text{文化7}}Q(50702)$。

50799 为政府对文化企业开展产权管理、经营模式转型等改革的补助支出。表述为 $\theta_{\text{文化8}}Q(50799)$。

50801 为政府对文化企业（含文化产业园区运营企业）提供的固定资产投资，且属于非发展改革委的切块资金部分。表述为 $\theta_{\text{文化9}}Q(50801)$。投资可能形成国有企业的股权。

50802 为政府对文化企业（含文化产业园区运营企业）提供的固定资产投资，且属于非发展改革委的切块资金部分。表述为 $\theta_{\text{文化10}}Q(50802)$。投资大概率是形成国有企业资产，未必形成国有企业的股权。

59908 为政府对文化协会、文化公益组织等非营利性、群众自治性组织的补贴。表述为 $\theta_{\text{文化11}}Q(59908)$。

这样，财政文化支出可以表示为以下科目的加总：$\theta_{\text{文化1}}Q(50501)+\theta_{\text{文化2}}Q(50702)+\theta_{\text{文化3}}Q(50599)+\theta_{\text{文化4}}Q(50601)+\theta_{\text{文化5}}Q(50602)+\theta_{\text{文化6}}Q(50701)+\theta_{\text{文化7}}Q(50702)+\theta_{\text{文化8}}Q(50799)+\theta_{\text{文化9}}Q(50801)+\theta_{\text{文化10}}Q(50802)+\theta_{\text{文化11}}Q(59908)$。

按照占比持续提高的要求，财政文化支出应满足：

一是占比要求，即 $R_n\left(\dfrac{\text{文化支出}}{\text{一般支出}}\right)\geq R_{n-1}\left(\dfrac{\text{文化支出}}{\text{一般支出}}\right)$；

二是最低比例要求，即 $R_{\text{省级}}\left(\dfrac{\text{文化支出}}{\text{一般支出}}\right)\geq 1.7\%$。

第五，财政医疗卫生支出增速不低于财政支出的平均增速。这是党的十八大提出的完善公共财政体系的要求。据历年《中国财政年鉴》统计数据，2013～2017年，全国财政医疗卫生累计支出59 502亿元，年均增幅11.7%，比同期全国财政支出增幅高出2个百分点。这里的财政医疗卫生支出的口径是全口径的，除公共卫生体系、医疗卫生服务外，还包括一般公共预算向基本医疗保险体系提供的补助。考核指标主要包括两个方面：一是占比考核；二是最低比例管理。考虑到各级政府的实际支出情况，按照县级医疗卫生支出不低于9.5%、地市级不低于9%以及省级不低于8.5%纳入考核管理较为合理。具体计算如下。

50501 为对医疗卫生事业单位的工作人员差额部分的工资福利支出。表述为 $\theta_{\text{医卫1}}Q(50501)$。

50502 为对医疗卫生事业单位购置的防护用品、实验用品和后勤社会性服务的支出。表述为 $\theta_{\text{医卫2}}Q(50502)$。

50599 为对医护人员承担国家重大使命、应对重大疫情形成的补助支出。表述为 $\theta_{\text{医卫3}}Q(50599)$。

50601 为对医疗卫生事业单位开展的相关固定资产投资，非发展改革委切块资金部分。表述为 $\theta_{\text{医卫4}}Q(50601)$。

50602 为对医疗卫生事业单位开展的相关固定资产投资，发展改革委切块资金部分。表述为 $\theta_{医卫5}Q(50602)$。

50701 为政府对医药企业、设备企业和民营医院等承担政府要求或任务而形成的费用补贴。表述为 $\theta_{医卫6}Q(50701)$。

50702 为政府对医药企业、设备企业和民营医院等发放符合要求的贷款而形成的债务贴息补贴。表述为 $\theta_{医卫7}Q(50702)$。

50799 为政府对医疗卫生企业开展的国家储备、产能支持等补助支出。表述为 $\theta_{医卫8}Q(50799)$。

50801 为政府对医药企业和民营医院等提供的设备改造、基础设施建设等方面的投资，且属于非发展改革委的切块资金部分。表述为 $\theta_{医卫9}Q(50801)$。

50802 为政府对医药企业和民营医院等提供的设备改造、基础设施建设等方面的投资，且属于发展改革委的切块资金部分。表述为 $\theta_{医卫10}Q(50802)$。

50901 为政府对个人和家庭的医疗费补贴等。表述为 $\theta_{医卫11}Q(50901)$。

50999 为政府提供的重大疫病的防控、救治补贴等。表述为 $\theta_{医卫12}Q(50999)$。

51002 为政府对职工医保和居民医保提供的补贴补助资金。表述为 $\theta_{医卫13}Q(51002)$。

51301 为上级政府对下级政府医疗卫生领域的转移支付支出。表述为 $\theta_{医卫14}Q(51301)$。

59908 为政府对非营利性民营医院、行业自律性组织（协会）提供的补贴。表述为 $\theta_{医卫15}Q(59908)$。

这样，财政医疗卫生支出可以表示为以下科目的加总：$\theta_{医卫1}Q(50501)+\theta_{医卫2}Q(50502)+\theta_{医卫3}Q(50599)+\theta_{医卫4}Q(50601)+\theta_{医卫5}Q(50602)+\theta_{医卫6}Q(50701)+\theta_{医卫7}Q(50702)+\theta_{医卫8}Q(50799)+\theta_{医卫9}Q(50801)+\theta_{医卫10}Q(50802)+\theta_{医卫11}Q(50901)+\theta_{医卫12}Q(50999)+\theta_{医卫13}Q(51002)+\theta_{医卫14}Q(51301)+\theta_{医卫15}Q(59908)$。

指标评价的取值为：

一是占比提高，即 $R_n\left(\dfrac{医疗支出}{一般支出}\right) \geqslant R_{n-1}\left(\dfrac{医疗支出}{一般支出}\right)$；

二是比例要求，即 $R\left(\dfrac{医疗支出}{一般支出}\right)$ 取值为 $\begin{cases} \geqslant 9.5\%，县级 \\ \geqslant 9\%，地市级 \\ \geqslant 8.5\%，县级 \end{cases}$。

第六，建立与农民城镇化相关的转移支付机制。目前的要求主要是上级对下级的转移支付，也没有确定的正比例安排，但正比的逻辑是基本要求。这样，问题主要集中在转移支付的部分，此外，教育、社保等领域的补贴资金还有一些"费随人走"的特点。指标管理要求是转移支付的规模随着农民工城镇化率的提高而提高。具体计算如下。

51301 主要是上级对下级根据农民工城镇化情况安排的转移支付支出。表示为 $\theta_{城镇化1}Q(51301)$。

51302 主要是根据本地外迁的农民工城镇化的数量，根据社保、教育等管理规定而实施的横向转移支付安排（费随人走）。表示为 $\theta_{城镇化2}Q(51302)$。

转移支付的规模合计为 $\theta_{城镇化1}Q(51301)+\theta_{城镇化2}Q(51302)$。

考核指标包括：

一是总量指标,即无论迁出还是迁入地均有$\dfrac{Q(\text{城镇化转移支付})}{Q(\text{农民工城镇化数量})}>0$;

二是增量指标,即无论迁出还是迁入地均有$\dfrac{\Delta(\text{城镇化转移支付})}{\Delta(\text{农民工城镇化数量})}>0$。

三、债务偿还事项

该类指标要核算债务还本付息规模,其中,还本重点指无法实现借新还旧而必须实际偿还的本金,也就是还本的净头寸。此外,还要区分内外债务(目前的"熊猫债"和"点心债"多是国债,与地方政府关系不大)。受到预算科目调整的影响,原来部分专项债是依托于政府性基金收入来予以偿还的,所以对于纳入一般公共预算的政府性基金,还需要考虑这一特点,从公共预算中安排调出资金。重要的考核指标包括:一是年还本付息的债务占本地财政预算收入的比重;二是国际经济组织债务转贷支出的规模占本地财政支出的比重;三是年还本付息的债务规模与本地新增财政收入之间的关系。具体计算如下。

51101 为国内债务本年付息规模。表述为$I_n(51101)$。

51103 为本年发生的国内债务发行费用。表述为$F_n(51103)$。

51303 为累计的债务转贷支出规模。表述为$\sum\limits_{i=1}^{n}(51303)_i$。

51304 为一般公共预算向基金预算的调出资金,主要用以偿还专项债务的本金和利息。表述为$\theta_{\text{债务1}}Q(51104)$。

51201 为本年度的国内债务还本支出。这一支出为净支出,即扣除续期债务和借新还旧债务的本金之后,实际用一般公共预算资金偿还的债务。表述为$M_n(51201)$。

本年度债务的还本付息压力(M_n)表述为$I_n(51101)+M_n(51201)+F_n(51103)+\theta_{\text{债务1}}Q(51104)$。

考核指标包括:

一是$R_n=\dfrac{M_n}{\text{预算收入}}$,习惯上,将6%作为预警线,将10%作为风险红线;

二是转贷的债务资金的比率,即$\dfrac{\sum\limits_{i=1}^{n}(51303)}{\text{预计收入}}$,没有具体的比例要求,但值越小越好;

三是债务偿还对财力的挤出,即$M_n-\Delta(\text{预算收入})$取值为$\begin{cases}\leqslant 0,\ \text{尚未挤出}\\ >0,\ \text{已经挤出}\end{cases}$。

四、财政支出的自主度指标

财政支出的自主度指标主要有三个:一是本地一般公共预算收入(含税收返还,但不含转移支付,下同)与一般公共预算支出的比值(K_1);二是本地一般公共预算收入扣除被上级专项转移支付要求配套的地方财力后，与一般公共预算支出的比值（K_2）；三是本地一般公共预算收入扣除被上级专项转移支付要求配套的地方财力后，再扣除当年债务收入，余额与一般公共预算支出的比值（K_3）。

评价指标循以下原则：

第一，K 值越大越好；

第二，$\dfrac{K_1 - K_2}{K_2}$ 的比值应低于 25%（经验值）；

第三，$\dfrac{K_1 - K_3}{K_3}$ 的比值应低于 40%，或者 $\dfrac{K_2 - K_3}{K_3}$ 的比值应低于 10%（经验值）。

第二节　重点支出科目分析

一、501 科目

该科目为机关福利支出。须重点关注以下五个问题。

第一，主要是因公务员养老保险改革，形成社会保险缴费，增速应较快，但应与近年来新录用公务员的数量在增速上保持匹配。

第二，2018 年我国进行了党政机关的重大机构改革，2020 年，地方市县两级相应地调整部门结构和权力配置，并调整人员编制，给相关的部门预算带来较大的变化。

第三，事实上，从 2018 年起，公务员的工资薪金和津补贴都有一定程度的上涨，给本科目带来一定程度的增量。

第四，住房公积金制度跟随改革的情况进行调整。

第五，注意部分津补贴纳入工资结构，尽管科目下的总规模没有发生变化，但实际上的支出刚性增强了（设定指标分析）。

二、502 科目

该科目为机关购买商品和服务的支出。须重点关注以下两个问题。

第一，整个科目与办公经费、"三公经费"还是有区别的。总体上，科目的资金规模应保持稳定（而不是像办公经费和"三公经费"一样，需要减少或降低比重），但占一般预算支出的比重应是降低的。

第二，培训费的规模应该是明显增加的，而且在 2019 年大幅增加的基础上，跟随人员基数的变化和培训费用标准的变化，逐年还有提升。

三、503 及 504 科目

这两个科目为机关单位的资本性支出，503 科目为非发展改革委切块资金的部分，

504 科目为发展改革委切块资金投入的部分。须重点关注以下两个问题。

第一，商品和服务是政务性服务的辅助服务，而不是政府要提供的社会公共服务，其商品和服务满足的对象应是政府本身。但是，原则上对这一类支出没有规模和占比的限制，甚至随着后勤社会化的改革，规模还有可能扩大。

第二，因为公车购置是纳入资本性支出的，原则上公车购置费用应该逐步小幅度下降，以此作为该类子科目的支出标准考核。

四、505 科目

该科目为对事业单位的经常性补助。须重点关注以下两个问题。

第一，事业单位改革会对事业单位的数量、人员数量以及公益一类、二类的机构和人员结构等都带来直接的影响。须注意与本地区的事业单位改革保持一致。

第二，一般而言，公益二类事业单位在市县两级认定较多，如果公益二类的机构和人员数量增长，可能在 50501 和 50502 两个科目间形成比值递增的效果。

五、506 科目

该科目为对事业单位的资本性支出。须重点关注以下问题：由于事业单位会计准则、制度和财务制度都已经修改，事业单位的固定资产须计提折旧，在财政收支表和资产负债表之间须注意协调和平衡的问题。

六、507 科目

该科目为对企业的补助，包括费用补助、贴息补助和其他补助。其中，费用补助主要是指经营性补助，贴息补助主要是指资本性补助，而其他补助具有临时性、补偿性和社会性特征。须注意以下三个问题。

第一，其他补助应逐步规范，到期的该退出应退出，该转为 50701 科目或 50702 科目的需要及时调整。

第二，一般而言，资本性补助是有期限的，到期就退出，资金一般保持稳定（又用作其他资本性补助）；而经营性补助则是逐步提高的，受到物价、成本和劳动的影响。这样，正常情况下 $\dfrac{Q(50701)}{Q(50702)}$ 呈现逐步增大的变化。

第三，资本性补助原则上不形成资本产权和股权，但是应有相对的资本形成量与资本性补助相应对，这应作一个匹配分析。

七、508 科目

该科目为对企业的资本性支出。须注意以下问题：由于对企业形成的是资本性支出，原则上应是政府持有直接产权或股权，而不应该通过融资平台公司来代持。2019年以前存在代持的情况，2020年以后政府投资的产权或股权应直接归政府，或者融资平台公司改革为国有资本运营/投资公司，政府表现为持股国有资本运营/投资公司，并由其持有被投资企业的股权或产权。

八、509 科目

该科目为对个人和家庭的补助，属于政府实施社会化服务或直接对居民实施转移支付的内容。须注意以下三个问题。

第一，个人非生产性农业补贴基本保持稳定，而生产性农业补贴则持续加强。

第二，助学金持续增加，特别是中职学生的助学金和高职学生的助学金支出增长很快，相应的市县两级的助学金支出增长应是较快的。

第三，在社会救助中，包括对无劳动能力家庭实施脱贫的相关资金，2020年应予以凸显，作为支撑决策的数据。

九、510 科目

该科目为对社保资金的补助。须注意以下两个问题。

第一，补助总规模应明显增长，特别是居民养老、职工养老、居民医疗三个板块。由于普遍为省市统筹，新增支出主要是省市两级的。

第二，在养老保险的补助上，应与国有资本经营预算相协调。

十、511 科目

该科目为债务利息及费用支出。除已经谈到的问题外，还应注意以下两个指标。

第一，债务利息的偿还增速与政府财政收入增速的关系（包括短期和中长期）。

第二，政府代偿的利息中，专项债利息的规模和占比情况。

这两个指标值均越低越好。

十一、512 科目

该科目主要为债务还本支出的情况。一般地方政府不涉及外债问题。须注意以下三个问题。

第一，债务实际净还本与债务理论应还本之间的比例关系。比例值越低越好。

第二，债务的实际还本与本级政府杠杆率的匹配关系，需要联合分析。

第三，专项债的稳定性和合理性由政府性基金预算收入的还本规模与其净还本规模之间的比例关系确定。理论上专项债是对应项目的，债务原则上不能借新还旧，而是应逐步偿还、逐步新发。

十二、513 科目

该科目为政府间转移支付科目。须注意以下两个问题。

第一，一般性转移支付支出和专项转移支付支出之间的比例，一般而言，应逐年提高。

第二，专项转移支付收入与对应项目的转移支付支出和本级支出的关系，原则上后者应大于前者，但差额应越小越好。

十三、514 科目

该科目为预算的平衡和临时性支出项目，按照人大批准的额度安排预备费及预留家庭实施脱贫的相关资金，2020 年应予以凸显，作为支撑决策的数据。

十四、599 科目

该科目为其他支出。须注意以下两个问题。

第一，随着党的十九届四中全会精神的贯彻落实，国家赔偿案例会逐步增多，且赔偿数量持续增加，属于正常现象。

第二，随着社会治理和市场治理现代化的展开，以及政府购买服务工作的深入进行，政府对民间自治性组织和市场非营利组织的补贴支出会越来越高。

第三节　一般公共预算支出科目的结构性分析

一般公共预算支出科目的结构性分析主要包括三项内容：一是库底资金预期管理与国库现金管理；二是项目竣工到期与专项债资金管理；三是支出进度和结构协调度的分析和判断。其中，第一项和第二项将作为政府支出管理活动的内容在以后研究中体现，这里重点分析支出进度与结构协调度。

一、支出进度分析

支出进度包括总体支出进度分析和分项支出进度分析。公式均为 $C_n = \dfrac{\dfrac{已支出规模}{预算支出}}{\dfrac{已实施月份 - 1}{11}}$。

地方"两会"一般在每年的 1 月份召开，影响预算执行约 1 个月的时间，则

$$C_n = \begin{cases} <1,\ 总体进度滞后 \\ =1,\ 总体进度良好。\\ >1,\ 总体进度偏快 \end{cases}$$

此外，从规范上讲，还应一年比一年好，即 $C_n > C_{n-1}$。

二、结构协调度分析

要求地方财政部门基本支出按 12 个月均匀支出、项目支出按项目进度有序开展，列出各部门的基本支出和项目支出安排后，按月度分别进行加总，从而形成两个进度表：基本支出进度表和项目支出进度表。根据这两张表计算协调性，找到具体的项目和部门，督促改正。

课后习题

重点支出科目包括哪几个？怎么使用？

第十一章 基于大数据的国库库底资金 预测与管理优化分析

【学习目标】

1. 了解国库资金管理政策。
2. 掌握国库现金预测模型。

第一节 国库资金管理的政策约束

地方财政库底资金管理和预测是加强资金调度与国库现金管理的重要内容。《中华人民共和国预算法》（以下简称《预算法》）和国务院、财政部行政法规都对国库管理作了明确约束。《预算法》规定，"各级国库应当按照国家有关规定，及时准确地办理预算收入的收纳、划分、留解、退付和预算支出的拨付。各级国库库款的支配权属于本级政府财政部门。除法律、行政法规另有规定外，未经本级政府财政部门同意，任何部门、单位和个人都无权冻结、动用国库库款或者以其他方式支配已入国库的库款。各级政府应当加强对本级国库的管理和监督，按照国务院的规定完善国库现金管理，合理调节国库资金余额"。

财政部对地方政府国库库款资金管理的考核和激励也有明确的规定，近年来出台的政策文件见表11-1。

表11-1 近年来财政部发布的关于国库库款管理的相关文件

编号	年份	文件名称
1	2016	《2016年地方财政库款考核排名办法》
2	2017	《关于进一步加强库款管理工作的通知》
3	2018	《关于地方财政库款管理有关事项的通知》
4	2020	《地方财政管理工作考核与激励办法》

目前，2020年印发的《地方财政管理工作考核与激励办法》（以下简称《办法》）是对地方国库库款管理明确了考核标准的最新政策文件。根据《办法》，对国库库款管理工作进行考核，考核内容为各省、自治区、直辖市（以下统称为省份）国库库款管理工作情况，包括库款保障水平、库款保障水平偏低市县占比、国库集中支付结余

消化进度、新增专项债券资金使用进度4项考核指标，分值比例为6∶4∶4∶4。各省份库款保障水平指标得分：库款保障水平指标处于0.3～0.8的，得满分（即6分）；库款保障水平指标为0.3以下的，采用正向激励指标调整得分方法，调整为指标得分；库款保障水平指标为0.8以上的，采用逆向激励指标调整得分方法，调整为指标得分。具体计算公式如下所示。

某月某省份库款保障水平 = 某省份月末库款余额÷年内月均库款流出量

其中，库款余额为国家金库中的财政存款（库款净额）与国库现金管理余额之和。

某月某省份库款保障水平偏低市县占比 = 某省份月末库款保障水平低于0.1的市县级财政部门个数÷某省份市县级财政部门个数

其中，设有金库的开发区、高新区等机构，作为单独财政部门统计。

某月某省份国库集中支付结余消化进度 =（某省份上年末国库集中支付结余余额 - 某省份月末国库集中支付结余余额）÷某省份上年末国库集中支付结余余额

其中，上年末国库集中支付结余，在决算会审前暂用年末执行数，决算会审后改用决算数。

某月某省份新增专项债券资金使用进度 = 某省份月末新增专项债券资金累计支出金额÷（月末的当年新增专项债券发行收入 + 上年新增专项债券结转资金）

其中，上年新增专项债券结转资金为上年发行但未使用完毕、结转到当年的新增专项债券资金。

指标调整得分方法包括以下两种。

第一，正向指标调整得分方法。

某省份某项指标得分 =［某省份某项指标 - min（各省份某项指标）］÷［max（各省份某项指标）- min（各省份某项指标）］× 分值

第二，反向指标调整得分方法。

某省份某项指标得分 =［max（各省份某项指标）- 某省份某项指标］÷［max（各省份某项指标）- min（各省份某项指标）］× 分值

其中，max（各省份某项指标）指各省份某项指标的最大值；min（各省份某项指标）指各省份某项指标的最小值。

第二节　地方财政库底资金决定因素

地方财政库款资金余额由当期财政收入和财政支出的差额决定。财政收入包括一般公共预算收入、政府性基金收入、国有资本经营预算收入、转移性收入、地方政府债券收入、国库现金管理到期收入、商业银行其他存款到期收入、暂付款项收回、暂存款项等；财政支出包括一般公共预算支出、政府性基金支出、国有资本经营预算支出、转移性支出、地方政府债券还本和转贷支出、国库现金管理、商业银行其他存款操作、暂付款项和拨款项等。具体计算公式如下所示。

期末库款余额 = 期初库款余额 + 本期库款流入 - 本期库款流出

本期库款流入＝一般公共预算收入＋政府性基金收入＋国有资本经营预算收入＋转移性收入＋地方政府债券收入＋国库现金管理到期收回＋商业银行其他存款到期＋暂付款项收回＋暂存款项＋其他库款流入

本期库款流出＝一般公共预算支出＋政府性基金支出＋国有资本经营预算支出＋转移性支出＋地方政府债券还本支出＋地方政府债券转贷支出＋国库现金管理操作＋商业银行其他存款操作＋暂付款项＋拨付暂存款项＋其他库款流出

另外，地方财政还有专户资金，包括社保基金专户、非税收入专户、事业收入专户、代管资金专户、专项支出类专户、偿债准备金专户和其他专户。

专户资金余额＝期初资金余额＋本期资金流入－本期资金流出

一、一般公共预算收入和支出

一般公共预算收入以税收为主，按预算进度入库，具体可参见财政收入预测课题相关研究。

一般公共预算支出也按预算进度支付出库，具体可参见政府支出科目分析报告的基本方法与指标的研究。

二、政府性基金收入和支出

地方政府性基金收入主要以土地出让收入为主。土地出让收入由地方政府土地供给和土地市场情况共同决定。政府性基金支出由政府性项目计划进度决定，可与当地政府发展改革委的投资规划对接。

三、国有资本经营收入和支出

国有资本经营收入和支出由当地国有企业运营情况决定，与当地国有资产监督管理委员会相关规划对接。

四、转移性收入和支出

转移性收入由中央财政各类转移性支付组成，受政策影响较大。通常每年有一般性转移支付和专项转移支付，一般性转移支付规模进度预测性更强，专项转移支付各地方均有不同。

五、地方政府债券收入和支出

地方政府债券包括一般债券和专项债券，债券发行获得资金流入国库，债券资金拨付项目资金流出国库。对于省级和市级政府，地方政府债券转贷下级政府则资金流出国库。2019 年尽管各省份发行地方政府债券的时间点各不相同，但总体来看大多于全国"两会"之后的 3~5 月发行第一批专项债券，7~8 月发行第二批专项债券。

六、国库现金管理和商业银行其他存款

国库现金管理是加强国库库款管理、提高收益、熨平库款波动、盘活财政结余、解决预算资金沉淀问题的重要手段。目前我国国库现金管理以商业银行存款为主，国库现金管理的节奏以库款的波动预测为依据。执行国库现金管理操作则库款流出，国库现金管理到期则库款流入。

七、暂存款项和暂付款项

暂存款项包括应付国库集中支付结余、应付代管资金和其他应付款。其他应付款又包括从融资平台借款、从预算单位借款、从银行贷款、从企业借款、税务代征社会保险费、收回存量资金、财政专户清理收回资金和其他。

暂付款项包括借出款项和其他应收款。借出款项包括对预算单位借款、对企业借款、对融资平台借款、其他借出款项。其他应收款则包括垫付公益性项目资金、垫付土地收储征地成本、垫付地方债务到期本息、垫付上级专项配套资金、其他垫付资金。

第三节　国库现金管理预测模型

国库现金管理目前比较流行的有经验分析预测法、鲍莫尔（Baumol）模型、米勒-奥尔（Miller-Orr）模型和在险价值（value at risk，VaR）模型等方法，各个模型有其优缺点，但随着经济的快速发展，国库现金收支变得更加复杂，仅凭经验来进行分析预测变得不再可靠，而与此同时国库大数据不断积累，分析技术不断进步，越来越多地方政府国库部门希望用大数据分析模型来预测国库库底余额，优化国库现金管理，提高库底资金使用效益。国库现金管理需要考虑的主要方面有科学的最优财政库底目标余额（现金预测，频度包括日旬月季）、国库现金管理银行账户及资金清算与核算体系、国库现金管理投融资运行机制、完善国库现金管理风控机制。

一、Baumol 模型

Baumol 模型是现金管理的经典模型，由美国的威廉·杰克·鲍莫尔（William Jack Baumol）于 1952 年提出。该模型利用企业存款管理的思路引入宏观国库现金管理，将库存现金视为企业生产经营活动中一种特殊的存货。

该模型基本假设为：第一，现金支出流量持续均匀、规则且确定；第二，有价证券投资收益率固定不变；第三，现金与证券组合之间的转换在任何时候都可以进行，

而且转换费用固定；第四，借款成本为无限大，因而无法通过市场融资等。显然，由于模型假定过于严格，假设条件并不符合现实的国库现金收付随机性波动的现实，但对于分析国库现金管理的基本原理有借鉴意义。

国库最优现金持有量是考虑机会成本和转换成本之间的权衡。假定国库出售价值为 Q 的有价证券，并将所获现金存放在中央银行国库账户上。随着国库平均支出，国库库底资金逐步降低至零，此时财政再售出价值为 Q 的有价证券，并存入国库账户。如此不断循环，模型现金余额的变动趋势呈锯齿形状。

在一段时间内，平均现金余额为 Q/2。如果有价证券的投资收益率为 K，则持有现金 Q 的机会成本为 K(Q/2)。同样，如果每次存入现金 Q，并且一年内国库需要在账户中存入总额为 S 的现金，现金与有价证券之间的每次转换成本为 E，那么每年的转换成本为 E(S/Q)。那么，要满足国库现金管理需要，年运行总成本为：

$$TC = E\left(\frac{S}{Q}\right) + K\left(\frac{Q}{2}\right)$$

对上面公式求导，得到一阶导数为零的点位极值点 $(TC_Q)' = \frac{K}{2} + \frac{ES}{Q_2} = 0$。

推导得到最佳现金持有量为 Q^*。

每年有价证券转化次数为 $\frac{S}{Q^*}$。

二、Miller-Orr 模型

Miler-Orr 模型是默顿·米勒（Merton Miller）和丹尼尔·奥尔（Daniel Orr）于 1966 年创建的。该模型基于一定时期内的现金收支统计资料，允许日常现金流量根据一定的概率函数变化，体现了国库现金流估计从点估计到区间估计的跨越，估计结果往往更为可靠，实用性更强。

首先，确定一个下限 L，是国库部门在一定时期的最低现金持有量。如果国库库底余额接近下限时，就需要出售有价证券来补充现金。

其次，确定一个上限 H，也就是国库部门在一定时期内持有的最高现金规模。如果国库库底余额接近上限时，进行国库现金管理操作，购买有价证券，降低库底资金。M 为均衡点，在这一点上，持有现金的机会成本和交易成本之和最小，是最优的现金持有量。模型在不断调整模拟逼近得到目标值。

最后，求解得到 H 与 L 的距离是 3Z 个单位，M 与 L 之间的距离是 Z 个单位，H 与 M 的距离是 2Z 个单位。其中，Z 由有价证券的交易成本 F、每期有价证券的投资收益率 K 以及每期净现金流量的方差 σ^2 这三个参数共同决定。最优现金持有量 M 和上限 H 为：

$$M = L + Z$$
$$H = L + 3Z$$
$$Z = \left[\frac{3F\sigma^2}{4K}\right]^{\frac{1}{3}}$$

Miller-Orr 模型在考虑现金流的随机波动和支付的前提下，尝试解决成本最小化原则的现金持有量测算，相对 Baumol 模型有较大改进。但是，仍存在过度依赖模型参数设定、参数估算缺乏实际数据支撑等缺点。

三、VaR 模型

Miller-Orr 模型和 Baumol 模型都是基于持有现金成本最小化、获得投资收益最大化的原则，来寻找均衡点测算现金最优持有量。这需要成熟的现金流量预测体系建设，在我国当前国库现金管理的发展情况下，测算准确性有待提高。可以利用在险价值模型（VaR）进行统计层面预测。VaR 模型是指在一定的置信水平下，某一金融工具在未来特定的一段时间内的最大可能损失。金融机构风险准备金的性质和财政国库库底资金的性质相似，可利用 VaR 模型确定国库库底目标的余额水平。

利用 VaR 模型测算库底目标余额的公式为：

$$Prob(NET \leqslant var) = 1 - \alpha$$

其中，Prob 为事件发生的概率；NET 为国库在一定时期内的净流出头寸；var 为置信水平；$1 - \alpha$ 为给定的概率，即置信水平，取 95% 的置信水平，则 $\alpha = 0.05$，$1 - \alpha$ 下的在险价值即国库库底余额。VaR 模型的求解方法通常有参数法、历史数据模拟法和蒙特卡洛（Monte Carlo）模拟三种。

第四节　国库现金管理大数据分析案例
——F 省财政厅国库集中支付系统

一、项目基本概况

F 省财政厅携手北京用友政务软件股份有限公司（以下简称用友公司）打造了新国库集中支付系统，以信息化助推深化改革的顺利前行。用友公司为 F 省财政厅打造的新版国库集中支付系统于 2018 年年初上线，一直稳定运行，为省级 1 300 多家预算单位据供了更便捷的服务，在完成近 500 万笔电子化业务单据的同时大大提高了用户的工作效率。

二、应用效果

在 F 省财政信息化过程中，为实现各级各部门的业务和管理目标，财政厅逐建设完善了相应的财政信息系统，从而落实了财政资金使用的规范化，在一定程度上提升了资金的使用效率。但随着财政改革的不断深入、财政资金规模的不断增加，也带来了新的问题，主要包括：业务系统繁多，工作人员工作量暴增，"五加二、白加黑"依然不能完成资金拨付任务；多系统、多模块、多风格以及易用性差；资金规模增加，业务笔数递增，系统性能下降严重；操作烦琐，操作步骤多，功能分散，资金拨付进度慢；直接支付比重大、资金拨付主体责任不明确等多方面的问题。

F省新国库集中支付系统（以下简称新系统）实现了管理和系统的"双升级"，全面提升了系统性能和功能。新系统采用互联网思维创新界面设计，以业务需求为导向，以大数据、人工智能、图形化展示等技术为支撑，打造场景化的业务操作模式（数据与业务分离的高效查询体验、即时通信共同监督的动态监控机制、图表结合的领导决策平台），为深化改革提供了现代化、全方位的技术保障。

第一，落实以用户为中心的设计理念。一是去菜单、多入口。新系统采用以数据驱动代替菜单式管理的思路，使界面更加人性化、智能化，采取"所见即所做"的操作模式，实现多点式应用入口，带来财政支付新体验。二是全流程可视化、单据状态全知道。新系统实现了全景式业务办理，单据状态透明化，简化了操作，改善了用户体验。三是深化改革，提升管理水平，明确预算单位的预算执行主体责任，取消用款计划环节，简政放权，进行创新实践。

第二，以数据驱动助推工作效率提升。一是利用业务和查询相分离的思路，提高工作效率，在底层架构方面实现全新的突破。新系统智能查询功能得到了极大提升，实现了数据的钻取和追溯，做到查询全覆盖、无死角。二是以用户为中心，采用互联网思维，基于调研和业务梳理，打造财政国库集中支付"七大业务通道"，全面覆盖国库集中支付业务，以通道化、场景化简化操作，方便业务办理。

第三，以大数据提高监管质量。一是放管结合，以动态监控体现管理职责规避监管风险，同时将监控规则制定权下放给部门单位，形成共商共建动态监控新形式。二是新系统简化了功能操作、创新了服务模式、优化了系统性能，深度契合F省财政厅简政放权、放管结合、优化服务的财政改革目标，为改革的进一步推进提供了有力支撑。

第五节　总结和展望

国库数据是财政大数据最重要的组成部分之一，加强国库大数据分析系统和算法建设，提高中央和地方国库资金预测精准度，有助于增强国库现金管理能力。第一，财政大数据运用应以服务国库管理政策为目标。从近年来国库管理的政策导向来看，围绕库款保障水平、国库集中支付进度、地方政府债券资金使用进度等核心指标，不断优化国库库款管理的考核和激励机制。财政大数据系统的构建和算法的开发也应聚焦我国中央和地方国库管理的政策重点。第二，地方国库库款的决定因素纷繁复杂，不仅包括各个科目的财政支出和财政收入，还包括国库现金管理、暂存付款等内容，而且不同科目的变化规律并不相同。本章将地方财政库底资金的决定因素按各科目分为一般公共预算收入和支出、政府性基金收入和支出、国有资本经营收入和支出、转移性收入和支出、地方政府债券收入和支出、国库现金管理以及商业银行其他存款、暂存款项和暂付款项七个部分进行具体分析，构建基本预测框架。第三，常用的国库现金管理经典模型有经验分析预测法、Baumol 模型、Miller-Orr 模型和 VaR 模型等，可根据不同的需求和数据特点嵌入大数据系统。第四，从用友公司为 F 省财政厅打造的国库集中支付系统案例中，可以看到地方政府国库管理的数据化程度在不断提升，信息化系统也具备大数据采集的功能，能够为财政大数据的进一步整合、分析、预测等环节提供关键支撑。随着我国政府越来越重视数据作为生产要素的作用，逐步自上而下推动政府大数据整合，打通"数据孤岛"，大数据技术正在蓬勃发展，数据和技术都能迅速转化，服务于国库现金管理。

课后习题

1. 列举国库资金管理的政策。
2. 地方财政库底资金决定因素有哪些？
3. 如何利用 VaR 模型测算库底目标余额？

第三模块

第十二章　大数据与税制改革

【学习目标】

1. 了解建立大数据平台以及进行税制改革的意义。
2. 理解税务风险的种类、税制改革的方向以及路径。
3. 掌握大数据时代的背景、税制改革的目标、税收治理现代化。

【导读】

　　大数据时代的到来，推进了全球经济的空前发展，我国的税收问题一直影响着我国经济的发展，大数据时代的推进，给我国税收问题带来了新的机遇和挑战。国家的税收征管能力体现着国家的经济实力和治理能力，因此，针对我国税收征管发展现状，应从大数据中获取经验，与我国实际国情相结合，提高对税收征管工作的思想认识，加强对税收征管工作人员综合素质的培养，以此来提高我国税收征管工作的工作质量。

第一节　大数据时代深化税收改革的系列思考

一、大数据时代税务风险的探讨

　　风险，即事件发生的不确定性对预期目标的影响。事件的发生、不发生或怎样发生必然受客观环境变化的影响，那么社会进步与发展所表现出来的时代特征也就直接影响不同时期风险的内容和类型。纵观税务系统现行的风险管理指导思想和工作内容，似乎依然停留在传统的风险管理模式下，就现行征管模式下的征管事项谈防范，深感现行税制和征管落后于大数据时代的要求，有必要探讨一下大数据时代的税务风险管理。

（一）经济转型对客观环境的影响

　　税务风险的焦点是否在变，先看经济转型对税务客观环境的影响。

　　大数据时代的"互联网＋"新经济模式带来了数字经济和经济全球化发展，由此将带来人类经济社会活动乃至经济运行横式的颠覆性改变：首先，经济效率的推进驱动由传统的"专业化分工式"转变为"市场资源网络高效整合"来实现；其次，市场价格机制由传统的规模效益定价模式转变为个性需求以市场价格快速反应实现，并有效避免供过于求；最后，个性的需求定制，使企业规模趋小甚至个体化，并造成企业内部管理模式都需要重新设计。这种颠覆性的革命是对传统市场机制的根本变革。

这种颠覆性的革命对税制会有以下影响：

第一，纳税主体随市场主体的多变性而呈现复杂化和难以控制。信息技术快速发展，不仅影响了商品买卖，而且市场主体随时在重组和兼并，并涉及跨国重组。纳税人随时在变化，导致税务管理难度和复杂性大大增加。

第二，"互联网＋"传统产业相融合，经营模式复杂化，税源难以分割。新业态改变了完全有形商品的生产和销售模式，经济活动的复杂化和经营形式的多样化使得税务机关对税基的控制难度加大。

第三，常设机构和固定营业场所的关系变得模糊不清，税权划分复杂化。尤其是非居民可以不在境外设立常设机构或固定营业场所，而可以通过其设立在居住国门户网站或第三方电子商务平台的虚拟机构，直接向境外个人客户销售货物或提供劳务。这样的经营活动，使得税源的发生地变得模糊不清。

第四，税源与价值创造分离，利润归属难辨。尤其是国际贸易和国际经营活动利润归属问题。

所以，数据经济和经济全球化都会给税收管理带来前所未有的挑战。

（二）大数据时代的机遇与挑战

1. 信息管税，信息在哪里？大数据时代的进步，给税务管理以及信息管税带来了前所未有的机遇：现成的网络资源和真实的数据基础。"信息管税"，内涵要求是管住信息，没有信息谈何信息管税。大数据时代的形成，优势显见于2009年左右，扎实的基础成就于2013年，根据美国科学家希尔伯特在《科学》杂志上发表论文可知，这一时期的数字存储信息已达到93%的水平。除非涉税信息全部落脚于这93%之外，否则，涉税信息即全部数字化了，而产生这些涉税信息的网络资源已经扎实地根植于社会经济生活的各个方面。

2. 信息管税，何以管信息？大数据时代的进步，给税务管理以及信息管税带来的挑战也是前所未有的：理论上客观存在的这些涉税信息，税务系统是既看不着也摸不着。面对这突变发展的大数据时代，由于落后的税务征管信息系统背离大数据时代互通的特征与现实应用的网络资源脱节，所以征管系统现存的数据就不可能做到完整、真实、准确。而由于不重视文明、进步社会管理的基本理念，至今尚未开展税源信息标准化的基础工作，致使社会税源信息五花八门，其产生只能勉强满足各市场主体自身业务推进的需要，不能满足税源信息采集的需要，进入大数据时代后就如何采集和掌握现实税源信息成了信息管理最大的难题。

对于信息管税，管不住信息，是税收管理的最大风险。管不住信息，何以管税？

（三）数字经济时代税收风险的分析

基于上述大数据时代导致经济转型带来的机遇与挑战分析，税收管理可在宏观、中观和微观三个层面探讨税务风险。

首先，在宏观层面，新经济时代，什么是税源、税源在哪里、找不到税源是税务管理工作最大的风险。讨论经济发展方式转变下的税务风险，先是要考虑转变后的主要经济形式和内容，也即税源是什么，税源在哪里，现行税制与经济发展方式转变后的主体经济内容是否相适应。大数据时代影响下的数字经济中，商业领域的一个点子可能在瞬间完成交易或聚财成百上千亿元。例如，"双11"购物，一天成交912亿元，春节微信发红包321亿次将沉淀几百或上千亿元的资金。诸如支付宝、余额宝、招财宝、微信红包、节目摇奖、免费赠送物品、礼品、交换广告服务、流通信息流、比特币、积分互换、兑奖，混营农村电商还算不算农业等，这一系列数字经济形态流行的经济方式和内容，在经营过程中占用了哪些资源？有没有合同？有没有登记？18个税种涉及哪个税种？谁要过发票？谁交了什么税？该归谁管？

在中观和微观层面，传统以产业分类为基础的经济结构，由产业划分行业再细分为经济单元，即相应的企业，以专业化分工的方式促进生产效率提升，推进经济和社会的发展，这一时期的网络仅仅是促进效率的手段和工具。进入以大数据为特征的数字经济时代，经济基础是网络资源，所有的商务活动和社会交互活动都根植于基础网络资源，在此基础上发展个性、互融、混营并存，再分不出什么行业、产业、经营主体。在这种新经济模式下，传统税制再找不着适用税率的行业、纳税主体、相应的税基，甚至再见不着现金，理不出相关的结算关系。新经济模式向传统的税制提出挑战，税源在哪里？在传统税制下找不到税源，是当前税务管理面临的最大风险，是构建现代财税制度的关键。

其次，从征管工作来看，找不到税收实现的环节和利益主体，该如何核定适用税率、纳税人划分标准、优惠适用关系和税赋承担主体等法律关系。相关的税法体系、征管制度和手段与信息革命导致的经济方式转变不匹配，是当前征管工作面临的最大风险。

（四）防范风险深化税收改革的思考

大数据时代的税务风险，是传统税制与新经济基础不相适应的风险，是落后的征管制度和手段与第二次信息革命不相匹配的风险，是基础管理理念和工作内容落后于社会文明与进步的风险，而决非某些纳税人偷逃税这样的个案风险！

大数据时代防范税务风险的基本路径，应从顶层设计优化税制、中层规范法律关系和底层采用先进的技术手段并举，方能统筹实现。

在底层上，先进技术手段是基础。进入"互联网＋"时代后，互联网不仅是新经济的驱动力，实际上已经发展成为经济基础的主要资源和要素。这时期的网络技术是不用政府操心的，其发展始终站在客户需求的基础上，永远走在技术尖端。税务管理如果不走"互联网＋税务"路线，不将税务工作融于现成的网络资源，而是走以自我为主开发"税务＋互联网"的老路，税收工作就永远融入不到现实的经济环境中，"税务＋互联网"也将永远落后于"互联网＋税务"技术的发展，难以完成税收管理工作。

二、创新征管模式、简化征管内容

（一）现行征管状况

先看现行征管模式。我国税收征管模式改革的历程，经历了两个阶段：前一个阶段的建立是在 1995 年初，确立了"征、管、查三分离，重点稽查"的严加征管模式。在新的税收征管模式作用下，税收收入总量已从 1997 年的 7 548 亿元增长到 2001 年的 15 157 亿元，五年时间翻了一番，其中加强征管的贡献率每年均在 500 亿元左右，新税收征管模式为强化税收征管起到很好的指导作用。

后一个阶段中随着 2008 年税收管理专业化工作和服务型政府管理理念的推进，我国的征管模式改进为"以纳税申报和优化服务为基础，以计算机网络为依托，集中服务，重点稽查，强化管理"。这种以申报为基础，以发票管理和重点稽查为主要控制手段的征管模式，给征管工作添加了巨大的工作量。以广州国税申报数据采集为例，每月增值税、消费税指标 210 多个，每季所得税指标 30 多个，年度汇算清缴指标 150 多个，税务登记信息 130 多项，各类查询监控功能 400 多个。这只涉及 3 个税种，而我国税制现行 18 个税种，再包括出口退税、各种政策审批，近 70 万名税务干部面对近 5 000 万户的纳税人，工作只能是疲于应对。[①]

这种脱离生产经营实践的申报，只能是拼凑的应付性申报和虚假申报，其申报的内容已经没有可供参考的依据，所以每年有企业所得税贡献的纳税人在税务登记群体中可以说是微不足道的。以票管税观念落后且成本巨大。

（二）创新征管模式

大数据时代，一个明显的特征是各种信息数据化。有数据统计，2000 年时，数字存储信息只占全球数据量的 1/4，另外 3/4 的信息都存储在报纸、胶片、黑胶唱片和盒式磁带等媒介。到了 2007 年，数字信息占比已经达到了 93％。[②] 特别是在处于大数据时代的今天，企业生产经营及其交易行为，从财务管理、生产管理到交易过程已经可以做到完全数据化了。这时的管理模式应该充分利用信息手段，在简化税制的基础上做到：交易发生时税款实现同时实施分配，价税分离直接入库，年终汇总清算税款。

1. 交易发生时分配税金。交易过程中直接实现税金在国家、集体、个人三者之间的分配，是在税制简化的基础上才可行的，即上述简并税制思路所提及将 18 个税种简并为 2 个税种，并由数字网络金融信息系统全力配合。同时，"一照一码"制度，使得不论是自然人或法人，通过金融机构或第三方支付平台发生交易结算行为时，交易

---

① 资料来源：广东省国家税务局统计。
② 资料来源：据《中国档案报》信息统计可知。

双方将由收付结算机构在识别唯一、统一纳税人代码异同的基础上分别扣缴所得税和消费税，并直接通过电子结算系统实施价税分离措施，将税款直接划入国库，做到伴随交易行为发生税款实时入库。如果款项结转属同一身份不同账户行为，属于财富所有人自己财富在不同账户的相关划转，无须扣缴相关税金；如果款项结转属不同身份不同账户行为，必然伴随双方收入和消费并行的状况，拟对双方同时扣缴相关税金。对于非交易行为，在提供资料基础上，在汇总清算环节申报退税。

2. 现金管理。通过金融机构或第三方支付机构在交易环节预扣税款，将会导致更多的人想通过现金交易逃避纳税。对此的管理措施是在取现和存款时都将伴随税款的扣缴发生。取现会有哪些用途呢？不外乎消费、转赠、还款等，其背后终将体现为某种货币耗用行为——消费。这些行为，在传统管理中都可能涉及不同的税种，这里可将其统统简并视同消费，在取现时预扣消费税。如此，取现消费和转账消费都扣税，现实生活中取现消费的比例和现金交易行为将会大大减少。为避免取现确有不属于消费的情况，可以在年终提供相关凭证申报退税。另外，为防止洗钱或发放现金支付报酬逃税，将开设账户存入现金的行为视为取得收入，直接扣缴所得税。针对现实中社会存在部分现金的情况，税改前实施一过渡期，让民众妥善处理好手头现金，过期存入银行的，将视为新取得收入扣缴所得税。

3. 年度汇总清算。税收征管卡住收入和消费两个环节，同时取现和存款都要预扣税款，可以说做到不留缝隙严加征管，但在预扣税款中可能会包含非交易行为或所得税政策允许扣除的内容。对此，将在汇算清缴环节中予以解决。

针对非交易行为，如借贷关系中的本金，可在识别双方统一税号和账号的基础上自动清算退税，由此发生的利息收入和支出则相应扣税。

不论是自然人或法人，在收入和消费环节预扣缴相关税款，都将存在所得税政策允许扣除的精准计算问题。特别是针对个人所得税综合分类税制建设的要求，通过收入和消费环节对同一身份、不同账户税款的预扣，可以了解掌握个人的全部收入和消费内容，据此扣除政策允许的内容，精算计税所得，确保退税准确。

同样，对于法人单位，在取得收入和购进支出环节预扣缴相关税款，也存在剥离政策允许的免税收入、成本费用和购进资产的区别，对此都将在年度汇算清缴时统一厘清解决，同时将预扣成本费用中的税款直接抵销法人所得税税款，简化征收并消除重复征税问题。改申报缴税为汇总清算，由于存在退税问题，纳税人主动要求汇总清算的意愿将更强，更容易促进纳税人自觉遵从，减少税收流失风险。

（三）简化税收征管改革方法

运用现代手段措施简化征管。随着征管模式的变革，社会上发生的每一笔交易信息均能实时地进入税收管理信息，这时就应思考，法人或是自然人是否还需要进行税款申报缴纳。纳税人进行自主申报缴纳税款的行为，是在过去征管手段落后、无法掌握纳税人涉税相关信息的情况下，由征管法强加给纳税人的义务，以便根据申报信息汇算相关税款。现行税制有 18 个税种，纳税申报就成了当前税收征管的主要工作，尽管申报可能脱离实际，申报一堆无用数据，但在无法掌握纳税人真实信息的情况下，这种申报缴税制度也为过去的征管工作做出过巨大贡献。随着征管模式的变革，交易信息实时入库，计算机系统自动整理汇算相关内容，这时再让纳税人进行纳税申报就成为多余的浪费，可以考虑适时废除。

三、大数据时代下的信息管税

大数据时代赐予的便利征管条件，现代税制可控制信息反映的现金流和资金流，以此为控制链条简化税制。想要实现这一目标，基础条件是征管手段的现代化，这也就决定了实现税收现代化的根本途径和手段是信息管税。

（一）信息管税——时代使命

2015 年 3 月 5 日全国人大十二届三次会议上，李克强总理在政府工作报告中首次提出"互联网＋"行动计划，标志着中国政府已经关注到大数据时代引领经济发展的主要途径——网络经济，提高政府工作效率的根本手段——网络行政。

大数据时代，数据信息呈爆炸性增长。2000 年，数字存储信息只占全球数据量的 1/4，另外 3/4 的信息都存储在报纸、胶片、黑胶唱片和盒式磁带等媒介中。但是到了 2007 年，在短短的 7 年里信息形成和存储模式发生了翻天覆地的变化，数字信息占比已经达到了 93％。特别是在经济领域，生产经营管理、商贸交易、财务核算、资金融通已基本可以用资金信息流充分反映。在这种信息社会环境中，一切背离信息管理的工作模式都显得落后，未融入网络环境的任何领域都将被历史发展的潮流所淘汰。

大数据时代下，必然也对税务工作提出了以"信息管税"还是以"发票管税"的讨论命题。面对大数据时代的机遇与挑战，如何承接时代赋予的使命，关系着税收治理体系和税收治理能力现代化建设的走向和命运！

（二）信息管税的内涵

随着党的十八届三中全会提出国家治理体系和治理能力现代化建设的要求，税务系统也在迎头赶上，并提出了"信息管税"的口号指导税收管理工作。但纵观税务系统信息化推进工作的内容，决策层尚未真正理解和认识信息管税的内涵要求。推进和落实信息管税思想，必须要认识到这样一个基本要求：信息管税要先管信息！其基本内涵包括：信息管税要真实信息；信息管税要实时信息；信息管税要共享信息。

一方面，信息管税要先管信息。要想管住税，必须先掌握涉税信息，不掌握涉税信息，或者信息不对称，征纳双方只能是玩"猫和老鼠"的博弈游戏。目前，税务系统的信息管税概念，停留在试图在"大集中"征管信息的基础上，通过数据分析，建立风险管理机制，防堵税收流失漏洞，实现严加征管目标。但这一管理思想的基础是一个不牢靠的基础，是脱离了真实税源数据的基础，是一个追溯以往税收问题的管理模式，远远落后于信息管税的基本要求。信息管税，要求掌握的是真实的信息、实时的信息，并根据真实、实时的信息同时完成税收收入参与国民收入分配的任务，直接缴入国库，不再给征纳双方留有任何税收流失的风险空间和漏洞，也用不着麻烦事后追溯任何查补，从根本上解决税务风险问题，扎实促进纳税遵从。

另一方面，信息管税势必废除"以票管税"。信息管税要求全面掌握每一笔实时、真实的交易信息。从发票管理系统来看，是脱离真实交易另建的管理系统，如果商家交易不走发票管理系统，就得不到相关信息。即使使用发票管理系统，由于脱离商家交易系统，得到的只能是通过其他输入方式形成交易结果的二手信息、重复信息。总结现有的发票管理系统中存在的问题：一是信息不全；二是得到二手信息和重复信息。所以要问：这种重复建设的意义是什么呢？

（三）实现信息管税的改革路径

要实现信息管税，从税收管理的业务流程来看必须紧紧抓住三个环节：一是纳税人基本情况信息；二是实时交易的真实信息；三是交易过程分离价税直接入库。

关于第一个环节纳税人的基本情况，随着简化政府审批程序的推进，目前组织形式注册代码登记、工商注册登记和税务注册登记已经实现形式上的合一，即已经能打印出"三证合一"的证书。但实际上，各部门围绕此工作仍然是各建各的数据库，形成了重复建设的巨大浪费。进一步推动此项工作的信息化建设，使之合并成一个数据库实现全社会数据共享。其实现办法是构建一个数据库，由三个部门接续填充纳税人相关信息。从三个部门已有的数据库情况来看，工商部门的现代化程度最高，已经可以供全社会查询注册单位的诚信情况。在这种情况下，税务部门完全没有必要再建自己的税务登记数据库了，只要接续工商登记数据库增加相关内容，便可实现全社会共享。

关于实时抓取交易的真实信息并伴随交易过程实现价税分离、税款入库，实际上就是将交易过程中产生的交易清单上的信息采集到税务部门的数据库，同时要求结算款项的部门将税款直接划入国库账户。由于交易清单信息已经由商家自己的信息系统实现，对此只要税务部门提出需要增加涉税信息要求，并将其标准化、法定化，可以直接利用商家的信息系统产生完整的涉税交易信息内容，并直接转接到税务部门的数据库。完成这一任务的前提条件是税务部门数据库有开放型的接口，可以让商家的信息流输入税务信息库并完成分类存储。其实，这样的数据接口也无须太多，只要向具有款项结算功能的金融机构开放即可，在款项收入和支付的过程中，伴随着税款的划拨采集相关的涉税交易信息。

（四）信息管税的基础工作

要实现信息管税的上述改革，必须做好以下一些基础性管理工作。

1. 规范涉税信息范畴。目前我国现行税制有18个税种，每个税种都伴随有相应的申报内容，由于税种的重复、交叉、多环节征收问题，也必然导致涉税信息的重复申报，无从归类。信息管税，在优化简并税制的基础上，采集的是实时交易过程中的涉税信息，信息内容会大大缩减，但该有的信息必须有，从中反映交易过程中涉及税款的各种法律关系，并对此予以规范。从内容上来看，应满足税收汇算清缴的要求，一笔交易信息必须包括买卖双方纳税人统一识别码信息、款项收付双方金融机构纳税人统一识别码信息、账户信息及开户人纳税人统一识别码信息。考虑到宏观财税体制涉及的税收收入在中央与地方的分配关系，还应包括款项收付金融机构所在地的行政地理信息。

2. 涉税信息标准化。在规范涉税信息范畴的基础上，需要对涉税信息进一步标准化，包括具体信息条目的概念定义、技术术语含义、信息字节格式、信息排列布局及编码格式转换等。只有统一标准，商家在建设自己的信息系统时才能将税务信息管理的标准植入信息系统，也才能实现征纳双方信息系统的对接，方便将涉税信息传输到税务部门的数据库。

3. 信息管税法治化。要实现信息管税，采集收入和消费交易过程中的实时信息，必须在相关的法律文件中明确涉税信息关系人的法律关系和义务责任，做到依法治税。在法律文件的约束规范下，涉税信息关系人在建立自己的信息系统时就必须履行相关的义务，按照涉税信息的标准要求设计布局，并按照法律规定要求将信息传输给税务部门的数据库。传送信息不符合涉税信息标准要求，或传送任何虚假信息都属违法行为，都必将受到依法处置。同时，有货币收付功能的金融机构必须到税务部门备案，开通信息对接功能。未能实现信息对接的备案单位，不得营业从事货币收付结算服务业务。

第二节　大数据时代纳税申报资料真实性改革路径

纳税人纳税申报资料是否具有真实性，是决定能否遵从纳税的基础信息，是各国税收征管面临的一项关键技术问题。要解决这一问题，随着发达国家信用体系的建立，已不是难题，但在尚未建立完善信用体系的我国的现有征管模式下仍然是一大难题。本节从要求纳税人如实、准确、完整履行申报义务的税法规定出发，在申报内容的构成上增加经金融机构鉴证的企业账户现金流，从而既实现纳税人自主申报，又兼有第三方鉴证真实性的过渡措施，继而用大数据思维完成税银网络系统对接，构建自动实现税银数据互通共享的机制，彻底解决纳税人申报信息不实的问题，实现服务社会信用体系的构想。

在现行税收征管制度和模式下，税收管理最令人头疼的一件事就是纳税申报的真实性。证实，是社会经济领域行事的基本准则，涉税工作中申报资料不实，就没有税收遵从的基础。本节将围绕税收申报资料证实这一问题，总结现行制度的缺陷，探讨改革路径。

一、现行制度的缺陷和问题

从宪法、税收实体法到税收程序法，相关税法规定都要求纳税人如实履行纳税义务，做到如实、完整、准确地申报纳税。但纳税人出于个人利益普遍存在少交税的心理，申报资料是做不到大面积的如实、完整、准确，现行制度执行的结果事实与法规要求正相反。为解决这一问题，目前税务部门的做法是追加申报附列资料，随着税收政策的越加复杂，追加更多的附列资料，以求满足税法相关规定，掌握充分数据核算应纳税款或应享税收优惠。目前，仅企业所得税申报，就要求纳税人附列40多种报表。而且增值税申报也一样，要求附报企业财务报表，再考虑到非居民关联交易、其他税种和出口退税等，有一系列的附列资料要求，并形成多头重复申报。其结果，一是增添征纳双方的税务管理工作负担和征纳成本；二是并没有解决纳税人虚假申报的问题。联系起来看，这一做法没有解决问题反而增加负担，就更是得不偿失了。

出现这种情况，我们再审一下申报资料的成分，究其问题根源，一个突出的特点就是所有这些资料都是由纳税人自己编制的。美其名曰纳税人自主申报，风险自担，明确纳税人责任。但是自编的结果是，有些申报资料是编造的，与企业的生产经营情况和财务状况事实根本不搭边。这就是现行制度的缺陷和根本问题所在。

解决问题的基本思路为：既要纳税人自主申报、自担责任，还应该设法要求纳税人证实其申报的真实性。证实，也是纳税人的义务，而不应该在申报后期，由税务机关通过一系列复杂的数据应用分析评估推断纳税人应纳税额。

二、建立完善纳税申报证实制度的改革路径

近期，社会上流行一个段子，说在办理涉及重大利益和责任事项时，要求证明关系人身份"谁是谁"。证明一个人的身份"自己是自己"，看似一个办事累赘的笑话，但反映了办事须"证实"这样的基本准则。进入大数据时代，很多事物的证实已经不是一种特别烦琐复杂的事，可以应用大数据思维推进完善纳税申报管理办法，逐步推进和建立完善纳税申报资料证实制度。

（一）要求纳税人申报时附报由开户银行鉴证的企业账户现金流

从企业财务核算与税收制度的关系来看，纳税人操纵少缴税的机理是瞒报收入多列成本费用支出，反映到现金流就是账户"一收一支"的关系。那么，从税源监控的角度来看，就应该要求必须掌握企业收支现金流的真实性。如果企业收支的现金流得不到客观真实的反映，那么所有的企业财务报表及其40多种附列报表就全是编造的，就不可能做到真实、准确、完整。因此，申报时附报企业财务报表和这40多种附列报表是次要因素，掌握企业银行账户的收支现金流才是主要因素。

当前的问题是，税务部门一直将企业的银行信息作为第三方信息看待，由于金融保密法的相关规定，不便从银行直接全方位地取得企业账户信息，只有进入涉税违法案件查处的司法程序后，才可逐户冻结纳税人账户实施查证。

其实，从涉税信息隶属关系来看，企业银行账户信息不属于第三方信息，而是纳税人直接的涉税信息。是否是第三方信息，主要看由谁来提供。这一信息，从银行取得，是从第三方获取的，但纳税人本身就有申报的义务。因此，税务部门要求纳税人申报的资料，首要考虑的不是复杂的40多种报表，而是让纳税人简单地申报其所有银行账户的收支现金流即可，并要求加盖开户银行章鉴证。《税法》有要求纳税人如

实申报涉税信息的规定，要求纳税人自主申报银行账户信息的做法即避开了金融法规要求银行为客户保密的相关规定，是纳税人自主申报的要求。其实，这一做法已经普遍在社会的其他鉴证工作中应用了。例如，出国办理签证手续，经常要求开具银行有多少存款的证明，也就是社会上经常开玩笑说的"证明你妈是你妈"的过程。税务工作为什么不能要求纳税人也证明一下自己真实的现金流呢？《税法》赋予纳税人的义务要求，一定要用起来！

（二）金融机构的鉴证责任

客户要求银行证明自己账户活动情况，以此证明企业资产运作能力，是商务活动常见现象，银行必须为客户提供相关服务，否则会丢失大量客户，这是市场客观规律，都无须法律约束。因此，纳税人要求银行鉴证其账户现金流，也是顺理成章的事，更是银行的义务责任。现在需要银行进一步明确的责任，是在纳税人没有主动要求银行出具企业账户现金流证明时，可以定期通知纳税人履行相关责任和义务，并在纳税人过期仍未履行责任义务时，向税务机关报送未办理证明的银行账户企业名单。

现实生活中，纳税人为少缴税，常常会在多家银行开设账户。对于上述要求纳税人申报银行账户现金流的办法，纳税人的对策可能是只申报一个账户的信息。

随着国务院"多照一码"工作的推进，未来社会经济工作中普遍存在的办事代码将截然分为法人码和自然人码，所有企业银行账户将应用唯一法人码开设。如果企业没有去银行办理企业账户现金流鉴证业务，可有如下措施推进相关工作：一是银行系统可以自动整理出未办理企业，通知其办理；二是将逾期未办理账户信息通报税务机关；三是在银行开设企业账户须办相关备案手续。这种多环节措施，将强迫纳税人只能按相关税法规定定期报送企业账户现金流收支信息。

（三）税银大数据直接对接

上述纳税人企业账户现金流鉴证资料报送的操作，只是过渡时期申报业务流程涉及关联关系方的简单描述。进入大数据时代后，网络金融如此发达，根本无须纳税人亲自到银行开具鉴证资料，只要有一个客户服务协议，银行和税务机关可以建立网络大数据对接关系，直接将纳税人企业账户现金流的鉴证信息传输到税务机关。这时，由于是纳税人与银行的客户协议使然，就不存在银行所谓遵从金融保密法不能向税务机关提供客户信息的情况了，从而完全解决纳税人申报信息不实的根本问题。

三、进一步建立健全保障制度

要做到上述由银行直接向税务机关提供由纳税人主动申请的鉴证申报信息，需要在税收管理相关的法律法规中明确如下规定。

（一）改革纳税申报的构成

有助于税源监控管理、促进纳税遵从的纳税申报资料，关键是在于"真"，而不是在于多。附列再多资料，如果全是编制的假材料，只会给征纳双方添更多的麻烦，而获取到企业真实的资金现金流才能对纳税义务作出有效评估并合理完税。因此，促进纳税申报资料真实性改革的第一步是修改纳税申报信息的构成，明确规定在纳税人申报资料中应增加申报由银行鉴证的企业账户现金流收支信息。

（二）规范理顺企业账户备份业务

在企业开设银行账户问题上，应明确规定必须在税务机关备案，并且在操作业务流程设计上，经税务局备案后方能在金融机构开设账户。未在税务机关备案的，金融机构不得给企业开立企业账户。如此，税务机关可以掌握企业在不同金融机构开设的所有账户，严防纳税人不申报银行账户现金流信息的情况发生。

（三）规范统一银行账户编码

随着国务院统一规范"多照一码"制度的推进，金融系统也应规范统一企业账户编码规则，以企业唯一一码为基础开设账户，并辅以分类码识别金融机构类型。这样，在社会治理现代化进程中，金融机构在金融大数据网络体系中，很容易监控企业在各类金融机构开设的所有账户，方便税源监控管理和部门数据互通、对接、共享。

目前，个别金融机构已经与税务部门开展了非常友好的税银合作，相互共享相关信息，正在稳步推进税银两个系统的信用体系建设。下一步的深入合作，还需要从纳税申报资料真实性这方面基础工作改革入手，奠定扎实的税收管理基础工作，方能进一步深化改革，将征纳双方从目前繁重的税收管理工作中彻底解放出来。解决纳税申报真实性问题，只是大数据时代现征管模式下的过渡性措施。迎接大数据时代给全社会带来的福利，必须以优化税制为契机突破传统征管模式，以大数据思维建立全新信息管税模式，促进税收本质的真正回归，实现大数据大金融国民收入分配管理的现代化。

第三节　扬大数据思维，加速推进税收治理现代化

习近平总书记在党的十九大报告中指出，中国共产党领导中国进入了一个全"新时代"，肩负着全"新使命"，必须以全"新思想"引领伟大的"新征程"。这"四个新"的认识，擘画出一份中国发展蓝图的纲领性文件，将引领未来中国伟大复兴之路，实现把我国建成富强民主文明和谐美丽的社会主义现代化强国总目标。围绕新时期这一伟大目标的实现，在税收领域应着重做好以下几个方面的工作。

一、积极推进税收治理现代化

把我国建成富强民主文明和谐美丽的社会主义现代化强国，先要实现国家治理体系和治理能力现代化。这不仅预示着国家治理体系和治理能力现代化将成为我国"两

个一百年"奋斗目标中的重要组成部分，而且是强国梦现代化体系中的顶层目标。国家治理现代化的思路和逻辑贯穿"五位一体"的各个部分。国家治理体系和治理能力现代化既是一个战略目标，也是一个支撑体系，能够为我国在新时期推进经济、政治、文化、社会以及生态文明建设，全面建成小康社会提供重要支撑。在这个问题上，报告并未回避问题，特别提出"国家治理体系和治理能力有待加强"。这进一步说明现有的国家治理体系和能力距离人民日益增长的美好生活的需要仍然有一定的差距，与推进"四个全面"战略布局、实现"五位一体"总体布局的要求仍然有一定差距。因此，在未来一段时期内，推进国家治理体系和治理能力现代化依然是我党的重要目标。

对于推进国家治理体系和治理能力现代化，税收治理现代化将占有重中之重的影响作用。早期为贯彻落实党的十八大会议精神，2014 年 6 月 30 日习近平主持的中共中央政治局召开会议，审议通过了《深化财税体制改革总体方案》。会议指出，财政是国家治理的基础和重要支柱，财税体制在治国安邦中始终发挥着基础性、制度性、保障性作用。由此我们可以认识到，财税体制改革是一场关系国家治理体系和治理能力现代化的深刻变革，是立足全局、着眼长远的制度创新。因此，积极推进税收治理现代化，是新时期税收工作最重要的使命，必须以新时期的全新思想引领这场关系国家治理体系现代化进程与成败的重点工作领域，使命重大，是一场任重道远改革新征程。

二、正确把握税收制度改革的使命要求

中央政治局关于《深化财税体制改革总体方案》的决议，部署全面深化经济体制改革时提出，"加快改革财税体制，健全中央和地方财力与事权相匹配的体制，完善促进基本公共服务均等化和主体功能区建设的公共财政体系，构建地方税体系，形成有利于结构优化、社会公平的税收制度"。对此，党的十九大报告再次强调，"深化税收制度改革，健全地方税体系"。这一段关于税收工作的表述，篇幅不大，意味深长。对比党的十八大对财税工作提出的要求，党的十九大报告表述得更言简意赅，目标要求高度一致，清晰可见。这种表述，一定程度反映出在砥砺奋进各领域取得辉映成就的5 年，财税改革原地踏步，没有实质性的进展。在两届大会提出同样的目标要求，更体现国家对财税改革的高度重视和期待，事关国家治理体系现代化建设的基础和支柱，使命重大，意义深远，应予以财税部门的高度重视。

细观两届会议文件表述的细微差异，党的十九大报告特别强调"深化税收制度改革"，将财、税分离表述，从某种角度预示着税收制度的改革虽然与财政改革存在必然的内在配套联系，但是在诸多工作领域中可以不受财政体制的掣肘，独立先行先试探索深化改革的内容和路径。同时，这种独立表述可从另一种角度揭示出，税收制度改革在本届政府将担当特殊使命，即能否突破传统束缚引领新的变革，满足新经济体系现代化建设提出的与之相适应的现代税收制度使命要求。这种使命要求包括：一是在政策上搞活市场资源，鼓励新经济体系内容的健康发展；二是在制度上减轻新经济实体各种负担，促成新经济实体轻装上阵加速推进现代化进程。最后，独立表述"深化

税收制度改革"，说明财税体系的系统改革先要解决"收"的问题，收的问题解决不了，就没有现代财税制度建立的基础。解决"收"的问题，一是要优化税制，不能万税乱收，现代税制要适应现代化经济体系发展的要求；二是"收"的模式，回归税收分配本质，不能强收、乱收，要以现代大数据思维，创新国民收入分配方式，建立大数据大金融现代化国民收入分配体系。

三、以大数据思维加速推进税收治理现代化

推进税收治理现代化，必须贯彻新发展理念，建设适应现代化新经济体系的税收制度。进入新时期，随着网络化大数据时代的到来，大数据技术、网络化思维和云算法模式不仅引领着现代经济体系向数据字化、全球化发展，更是颠覆性地改变了经济基础结构，衍生多种新型经济业态和混营模式引领经济发展。目前，欧盟委员会审视其税制与经济发展关系现状，面对互联网经济和大数据日新月异的迅猛发展，欧盟委员会认为，基于传统经济制定的现行税收体制已跟不上现实发展需要，尤其无法适用于不断增长的基于无形资产和数字经济活动发展的要求。由此提出，对数字经济更加公平地征税迫在眉睫。数字企业主要基于无形资产进行经营，成本降低的同时又能享受税收优惠，跨国数字企业还能基于无形资产的高移动性而进一步降低税负，通过不设常设机构进行避税，甚至可以利用最优惠的税收体制将实际税负降低到零。

构建税收治理现代化体系，一个基本指导思想就是融入社会，集成资源，优化税制促发展，简化征管降成本，简政放权提效率。

融入社会，就是要将税收工作融入现代化经济体系整体考虑，实现税收与经济的整体有机契合。一方面要坚持以经济为基础实现税收合理分配；另一方面研究在恰当的经济领域实现分配，解放市场配置资源的主要途径，促进市场充分发挥资源配置高效机制，促进现代经济发展。

集成资源，就是要充分利用市场和经济领域已经铺就的信息网络资源，以大数据、互联网和云计算思维，通过"互联网＋税收"的改革模式，依托经济领域各税收节点的分布关系直接解决交易过程中价税分离、税款直接入库的问题，修正传统集中征收模式高成本低效率的做法，推进税收工作的信息和现代化进程。

优化税制，就是要充分认识现代化经济体系的内涵实质，理论上厘清新经济内容的税源所在，制度上科学地修正现行税制18个税种与新经济内容的对接，有效地建立新型税收经济关系，既保证税收基本职能的实现，为国家公共服务产品提供必须的财力保障，又要高效促进国民经济发展。其中，一个很重要的方面，就是如何建立互联网环境下经济全球化条件下的地方税体系，理顺地域管理及层级管理的收入分配关系。

简化征管是党的十九大报告再次强调"放管服"的基本精神。现代治理条件下的放管服，是在政府行政部门简政放权同时，通过社会综合治理规范纳税人市场行为，通过政府服务促进纳税遵从。在大数据环境下，简化征管也要创新思想，摒弃登记、申报、发票等传统手段和"征、管、查"守旧模式，充分利用现有社会网络资源和信用体系，在优化税制的基础上以云计算分布式方案化解税款缴库方式，以此杜绝任何

形式的税款流失和洗钱行为，从而彻底解放征纳双方繁重的日常税务管理工作，体现税收治理现代化的优越性。

推进税收治理现代化，是实现国家治理现代化的重要组成部分和突破口，是服务现代化经济体系建设发展的重要途径和手段。财税部门一定要认真学习领悟党的新时期、新使命、新思想和新征程的"四新"精神，以全新思想引领税收制度改革，突破守旧思想和传统征管模式的束缚，把党的十九大提出的税收制度改革任务扎扎实实地推向前进。

第四节　科技创新推进税收治理现代化

继全国税收工作"十二五"规划提出"按科学化、精细化管理理念推进专业化、信息化管理方式"之后，2012 年全国深化税收征管改革工作会议又提出"围绕服务科学发展……，构建……现代化税收征管体系"的工作要求。围绕税收治理现代化的推进工作，国家税务总局局长王军于 2013 年 12 月 12 日在《人民日报》发表文章《以科技创新推进税收管理现代化》，并在 2013 年 12 月 26 日的全国税务工作会议工作报告——《解放思想，改革创新，全面推进税收现代化》中勾画出到 2020 年基本实现税收现代化的 6 个目标体系。中国共产党十八届三中全会通过的《中共中央关于全面深化改革若干重大问题的决定》中明确提出，"全面深化改革的总目标是完善和发展中国特色社会主义制度，推进国家治理体系和治理能力现代化"，并对这一目标提出了更高要求。2015 年 1 月全国税务工作会议上，国家税务总局党组书记、局长王军作的工作报告题为《励精图治，改革创新，持续推进税收现代化》，2016 年 1 月全国税务工作会议上，王军局长再次强调全国税务系统干部职工要砥砺奋进，改革创新，深入推进税收现代化。这一系列的信息预示着税收管理正在向着税收治理现代化迈进，对近期推进、落实工作重点提出了迫切要求，尤其是进入经济新常态时期，更需要以现代治理理念推进税收治理现代化的进程。

税收治理现代化，一个重要的特征就是先进技术手段在税收管理工作中的应用。从当前的税收管理信息化建设方面的工作来看，突出的主要问题有以下三个方面：一是信息化的建设和信息占有关系仍处于部门分治的格局，未能将散布于各个领域的税源相关信息统一成政府部门信息，实现信息共享；二是涉税信息在内容、格式等要素上没有统一标准，从信息产生阶段就为共享造成技术上的困难，也为日后的应用整理增添了巨大的管理成本；三是没有法律层面的信息协作机制，无形中增添了信息共享的法律障碍。以上三个问题如果得不到根本上的解决，信息管税将永远是一句空话。因此，要实现信息管税必须先解决以上三个根本性问题。

一、建立科学严密的税收征管体系

税收征管体系是一项系统工程，其主要因素包括：明确的管理目标和战略目的；

合理的组织机构和高素质的人才；现代化的技术手段；健全的征管法律制度；严密的纳税人自我申报机制；完好的司法保障体系和良好的治税环境。

全国税务系统深化税收征管改革工作会议上提出进一步深化税收征管改革的总体要求是：构建以明晰征纳双方权利和义务为前提，以风险管理为导向，以专业化管理为基础，以重点税源管理为着力点，以信息化为支撑的现代化税收征管体系。构建现代化税收征管体系，重点是做好以下几个方面的工作。

首先，要做好纳税服务工作。以维护纳税人合法权益为重点，切实优化纳税服务，提高纳税人满意度和税法遵从度。扎实做好纳税风险提示工作，着力减轻纳税人办税负担，做好纳税人维权工作，重视做好税收法律救济工作，积极促进涉税中介服务发展。

其次，以数据信息的采集和应用为重点，切实加强税收风险分析监控，开展以风险为导向的征管工作。深入开展税收收入分析与预测、税收政策效应分析、税收经济分析。做好纳税评估工作，运用柔性手段，帮助纳税人消除税收风险，提高税法遵从度。规范纳税评估程序，改进纳税评估方法，加强对纳税评估工作的监督制约。

再其次，在营造征管法治环境方面，税务部门要坚持依法文明稽查，严厉打击涉税违法行为，增强税务稽查威慑力，维护税法严肃性。做好执法监督工作，创新执法督察手段，深入推进内控机制建设，严格实行行政问责。同时，要加强税收征管法律制度建设。立足解决制约税收征管实践的难点问题，增强前瞻性，抓紧做好税收征管法律制度的立、改、废工作，平衡配置税务机关与纳税人的权利和义务，做到既适应加强征管、保障收入的需要，又满足规范权力、优化服务的要求。

最后，探索建立包含税法遵从度、纳税人满意度、税收流失率、征纳成本等在内的税收征管质量评价指标体系，努力做到能量化可操作，客观评价税收征管工作成效和纳税人税法遵从程度。

二、建立稳固强大的涉税信息体系

（一）信息系统

信息系统是由计算机硬件、网络和通信设备、计算机软件、信息资源、信息用户和规章制度组成的以处理信息流为目的的人机一体化系统，应用其五项基本功能即输入、存储、处理、输出和控制的组合，方便日常事务管理，加强管控，增进效率，是现代促进生产力发展的基础手段。

（二）信息化的发展

诺兰模型将计算机信息系统的发展道路划分为初始阶段、扩展阶段、控制阶段、统一阶段、数据管理阶段、成熟阶段六个阶段，实现从数据处理到智能处理；信息系统从管理过程和功能角度，可分为战略计划、管理控制、操作控制和事务数据处理四个层次。

网络环境下的信息系统（open system interconnection，OSI）模型，是一种定义连接异种计算机的标准体系结构，有物理层、数据链路层、网络层、传输层、会话层、表示层和应用层七层，其结构模式有集中式结构模式、客户机/服务器（C/S）结构模式和浏览器/服务器（B/S）结构模式三种，是一个由人、计算机及其他外围设备等组成的能进行信息收集、传递、存贮、加工、维护和使用的系统。

"互联网＋"是一门新兴的科学，其主要任务是最大限度地利用现代计算机及网络通信技术加强企业的信息管理，通过对社会人、财、物、技术、信息等资源的高效组合，实现市场资源适时配置，快速形成生产力推动经济发展。"互联网＋"技术的应用已成为现代社会进行经济发展方式转变的主要技术手段。

（三）构建现代涉税信息体系的原则和模式

在网络技术高速发展和普及的时代，构建现代涉税信息体系，必须将自身融入社会网络体系，随社会网络技术的发展而进步，随社会网络信息资源的丰富而充实涉税信息的内容，并及时调整涉税信息的标准。封闭式地另搞一套信息体系，只能是背离发展模式，被发展趋势远远地抛于身后，而且不能有效地利用社会信息资源，导致现代社会发展模式下的巨大浪费。

现代涉税信息体系的模式，将是在充分利用社会信息资源的基础上，方便征纳双方随时随地处理涉税事务，税款在网络环境条件下价税分离、实时入库，共享相关信息，服务于大数据时代要求下的全社会、全方位服务。

第五节　大数据下的企业纳税评估

税收专业化管理工作的一个重要组成内容，就是用专业化税源监控手段和方式减少税源的流失，纳税评估分析即是重要专业化手段之一。

一、纳税评估

2005 年国家税务总局正式出台了《纳税评估管理办法（试行）》。根据该文件的有关精神可知，纳税评估的概念是指税务机关通过纳税人相关数据信息分析，对纳税人和扣缴义务人纳税申报（包括减、免、缓、抵、退税申请）情况的真实性和准确性作出定性和定量的判断，并据此采取进一步征管措施的管理行为。

纳税评估是一项税收征收管理的基础性管理工作，但这项管理工作的具体实施与税收管理制度的完善程度、管理手段的先进程度和社会诚信环境的影响有着密切相关的联系。从各国的税收管理状况来看，经济发达国家和地区普遍实施纳税评估制度。我国随着加强税源管理工作的需要，也正在逐步探索适用于我国现行税制的纳税评估方法，建立健全纳税评估制度。纳税评估主要内容包括：根据宏观税收分析和行业税负监控结果，以及相关数据设立评估指标及其预警值；综合运用各类对比分析方法筛选评估对象；对所筛选出的异常情况进行深入分析并作出定量和定性的判断；对评估分析中发现的问题分别采取税务约谈、调查核实、处理处罚、提出管理建议、移交稽查部门查处等方法进行处理；维护更新税源管理数据，为税收宏观分析和行业税负监控提供基础信息等。

根据上述纳税评估主要工作内容可知，纳税评估是一项集专业分析技术和高业务知识要求、对税收征管指导性很强的技术性工作。因此要做好这项工作，必须遵循以下几项原则：强化管理、优化服务；因地制宜、分类实施；人机结合、简便易行。

纳税评估的对象为主管税务机关负责管理的所有纳税人及其所有应纳税种。但在实际工作中不会对所有纳税人进行评估，而是有重点地选择部分纳税人进行评估。筛选纳税评估对象，要依据税收宏观分析、行业税负监控结果等数据，结合各项评估指标及其预警值和税收管理员掌握的纳税人实际情况，参照纳税人所属行业、经济类型、经营规模、信用等级等因素进行全面、综合的审核对比分析。

（一）主要依据及信息来源

开展纳税评估工作所依据的数据信息来源有以下四个方面。

1. "一户式"存储的纳税人各类纳税信息资料，主要包括：纳税人税务登记的基本情况，各项核定、认定、减、免、缓、抵、退税审批事项的结果，纳税人申报纳税资料，财务会计报表以及税务机关要求纳税人提供的其他相关资料，增值税交叉稽核系统各类票证比对结果等；

2. 税收管理员通过日常管理所掌握的纳税人生产经营实际情况，主要包括：生产经营规模、产销量、工艺流程、成本、费用、能耗、物耗情况等各类与税收相关的数据信息；

3. 上级税务机关发布的宏观税收分析数据，行业税负的监控数据，各类评估指标的预警值；

4. 本地区的主要经济指标、产业和行业的相关指标数据、外部交换信息，以及与纳税人申报纳税相关的其他信息。

（二）纳税评估分析方法

开展纳税评估常采用的技术方法和步骤如下：

1. 通过各项指标与相关数据的测算，设置相应的预警值，将纳税人的申报数据与预警值相比较；

2. 对纳税人申报纳税资料进行案头的初步审核比对，以确定进一步评估分析的方向和重点；

3. 将纳税人申报数据与财务会计报表数据进行比较，与同行业相关数据或类似行业同期相关数据进行横向比较；

4. 将纳税人申报数据与历史同期相关数据进行纵向比较；

5. 根据不同税种之间的关联性和钩稽关系，参照相关预警值进行税种之间的关联性分析，分析纳税人应纳相关税种的异常变化；

6. 应用税收管理员日常管理中所掌握的情况和积累的经验，将纳税人申报情况与其生产经营实际情况相对照，分析其合理性，以确定纳税人申报纳税中存在的问题及其原因；

7. 通过对纳税人生产经营结构、主要产品能耗、物耗等生产经营要素的当期数据、历史平均数据、同行业平均数据以及其他相关经济指标进行比较，推测纳税人实际纳税能力。

在开展纳税评估工作中，还要特别注意处理好分税种评估与总体评估的关系，避免对同一纳税人进行分税种重复评估，以降低税收成本，减轻纳税人负担。

二、纳税评估常用指标

纳税评估指标可分为通用分析指标和特定分析指标两大类。评估指标预警值是税务机关根据宏观税收分析、行业税负监控、纳税人生产经营和财务会计核算情况以及内外部相关信息，运用数学方法测算出的算术、加权平均值及其合理变动范围。

（一）通用分析指标及功能

1. 收入类分析指标。

收入变动率 =（本期收入 − 基期收入）÷ 基期收入 × 100%

这里的收入可以是企业主营业务收入，也可以是具体的计税收入，其计算公式都是通用的。如企业收入变动率超出预警值范围，可能存在少计收入或转移收入等问题，可运用其他数据指标作进一步分析。

2. 成本费用类分析指标。

（1）单位产成品原材料耗用率。

单位产成品原材料耗用率 = 本期投入原材料 ÷ 本期产成品成本 × 100%

分析单位产品当期耗用原材料与当期产出的产成品成本比率，可以判断纳税人是否存在账外销售问题、是否错误使用存货计价方法、是否人为调整产成品成本及其对应纳税所得额的影响等问题。

（2）成本变动率。

成本变动率 =（本期成本 − 基期成本）÷ 基期成本 × 100%

成本变动率超出预警值范围，可能存在销售未计收入、多列成本，扩大税前扣除范围等问题。

（3）期间费用变动率。

期间费用变动率 =（本期费用 − 基期费用）÷ 基期费用 × 100%

与预警值相比，如相差较大，可能存在多列费用问题。如果营业（管理、财务）费用变动率与前期相差较大，可能存在税前多列支营业（管理、财务）费用问题。

（4）成本费用率。

成本费用率 = 本期成本费用 ÷ 本期收入 × 100%

成本费用率可用于分析纳税人成本费用与销售收入之间关系，与预警值相比较，如相差较大，企业可能存在多列成本和期间费用问题。

税前列支费用评估分析指标包括：工资扣除限额、"三费"（职工福利费、工会经费、职工教育经费）扣除限额、交际应酬费列支额（业务招待费扣除限额）、公益救济性捐赠扣除限额、开办费摊销额、技术开发费加计扣除额、广告费扣除限额、业务宣传费扣除限额、财产损失扣除限额、呆（坏）账损失扣除限额、总机构管理费扣除限额、社会保险费扣除限额、无形资产摊销额、递延资产摊销额等。

如果申报扣除（摊销）额超过允许扣除（摊销）标准，可能存在未按规定进行纳税调整，擅自扩大扣除（摊销）基数等问题。

3. 利润类分析指标。

利润变动率 =（本期利润总额 − 基期利润总额）÷基期利润总额 × 100%

将利润变动情况与预警值相比，相差较大时，可能存在多结转成本或不计、少计收入问题。

税前弥补亏损扣除限额。按税法规定审核分析允许弥补的亏损数额。

如申报弥补亏损额大于税前弥补亏损扣除限额，可能存在未按规定申报税前弥补等问题。

营业外收支增减额。营业外收入增减额与基期相比减少较多，可能存在隐瞒营业外收入问题。营业外支出增减额与基期相比支出增加较多，可能存在将不符合规定支出列入营业外支出的问题。

4. 资产类分析指标。

（1）净资产收益率。

净资产收益率 = 净利润 ÷ 平均净资产 × 100%

该指标可用于分析纳税人资产综合利用情况。如指标与预警值相差较大，可能存在隐瞒收入，或闲置未用资产计提折旧等问题。

（2）总资产周转率。

总资产周转率 =（利润总额 + 利息支出）÷ 平均总资产 × 100%

（3）存货周转率。

存货周转率 = 主营业务成本 ÷ [（期初存货成本 + 期末存货成本）÷ 2] × 100%

该指标可用于分析总资产和存货周转情况，推测销售能力。如总资产周转率或存货周转率加快，而应纳税税额减少，可能存在隐瞒收入、虚增成本的问题。

（4）固定资产折旧率。

固定资产折旧率 = 基期固定资产折旧 ÷ 基期固定资产原值 × 100%

固定资产折旧率高于基期标准值，可能存在税前多列支固定资产折旧额问题。要求企业提供各类固定资产的折旧计算情况，以分析固定资产折旧率变化的原因。

（5）资产负债率。

资产负债率 = 负债总额 ÷ 资产总额 × 100%

其中，负债总额 = 流动负债 + 长期负债，资产总额是扣除累计折旧后的净额。

该指标可用于分析纳税人经营活力，判断其偿债能力。如果资产负债率与预警值相差较大，则企业偿债能力有问题，要考虑由此对税收收入产生的影响。

（二）常用配比分析指标

1. 主营业务收入变动率与主营业务利润变动率配比分析。

正常情况下，两者基本同步增长。（1）当比值＜1且相差较大，两者都为负时，可能存在企业多列成本费用、扩大税前扣除范围问题。（2）当比值＞1且相差较大，两者都为正时，可能存在企业多列成本费用、扩大税前扣除范围等问题。（3）当比值为负数，且前者为正后者为负时，可能存在企业多列成本费用、扩大税前扣除范围等问题。

对产生疑点的纳税人可从以下三个方面进行分析：结合"主营业务利润率"指标进行分析，了解企业历年主营业务利润率的变动情况；对于"主营业务利润率"指标也异常的企业，应通过年度申报表及附表分析企业收入构成情况，以判断是否存在少计收入问题；结合《资产负债表》中"应付账款""预收账款"和"其他应付款"等科目的期初、期末数进行分析，如出现"应付账款"与"其他应付款"红字和"预收账款"期末大幅度增长等情况，应判断存在少计收入问题。

2. 主营业务收入变动率与主营业务成本变动率配比分析。

正常情况下两者基本同步增长，比值接近1。当比值＜1且相差较大，两者都为负时，可能存在企业多列成本费用、扩大税前扣除范围等问题；当比值＞1且相差较大，两者都为正时，可能存在企业多列成本费用、扩大税前扣除范围等问题；当比值为负数，且前者为正后者为负时，可能存在企业多列成本费用、扩大税前扣除范围等问题。

对产生疑点的纳税人可以从以下三个方面进行分析：结合"主营业务收入变动率"指标，对企业主营业务收入情况进行分析，通过分析企业年度申报表及附表《营业收入表》，了解企业收入的构成情况，判断是否存在少计收入的情况；结合《资产负债表》中"应付账款""预收账款"和"其他应付款"等科目的期初、期末数额进行分析，如出现"应付账款"与"其他应付款"出现红字和"预收账款"期末大幅度增长情况，应判断存在少计收入问题；结合主营业务成本率对年度申报表及附表进行分析，了解企业成本的结转情况，分析是否存在改变成本结转方法、少计存货（含产成品、在产品和材料）等问题。

3. 主营业务收入变动率与主营业务费用变动率配比分析。

正常情况下，两者基本同步增长。当比值＜1且相差较大，两者都为负时，可能存在企业多列成本费用、扩大税前扣除范围等问题；当比值＞1且相差较大，两者都为正时，可能存在企业多列成本费用、扩大税前扣除范围等问题；当比值为负数，且前者为正后者为负时，可能存在企业多列成本费用、扩大税前扣除范围等问题。

对产生疑点的纳税人可从以下三个方面进行分析：结合《资产负债表》中"应付账款""预收账款"和"其他应付款"等科目的期初、期末数进行分析。如出现"应付账款"与"其他应付款"出现红字和"预收账款"期末大幅度增长等情况，应判断存在少计收入问题；结合主营业务成本，通过年度申报表及附表分析企业成本的结转情况，以判断是否存在改变成本结转方法、少计存货（含产成品、在产品和材料）等问题；结合"主营业务费用率""主营业务费用变动率"两项指标进行分析，与同行业的水平比较；通过《损益表》中营业费用、财务费用、管理费用的若干年度数据分析三项费用中增长较多的费用项目，对财务费用增长较多的，结合《资产负债表》中短期借款、长期借款的期初、期末数进行分析，以判断财务费用增长是否合理，是否存在基建贷款利息列入当期财务费用等问题。

4. 主营业务成本变动率与主营业务利润变动率配比分析。

当两者比值大于 1 且都为正时，可能存在多列成本的问题；前者为正后者为负，反向差异过大时视为异常，可能存在多列成本、扩大税前扣除范围等问题。

5. 资产利润率、总资产周转率、销售利润率配比分析。

综合分析本期资产利润率与上年同期资产利润率，本期销售利润率与上年同期销售利润率，本期总资产周转率与上年同期总资产周转率。如本期总资产周转率 - 上年同期总资产周转率 >0，本期销售利润率 - 上年同期销售利润率 ≤0，而本期资产利润率 - 上年同期资产利润率 ≤0 时，说明本期的资产使用效率提高，但收益不足以抵补销售利润率下降造成的损失，可能存在隐匿销售收入、多列成本费用等问题。如本期总资产周转率 - 上年同期总资产周转率 ≤0，本期销售利润率 - 上年同期销售利润率 >0，而本期资产利润率 - 上年同期资产利润率 ≤0 时，说明资产使用效率降低，导致资产利润率降低，可能存在隐匿销售收入问题。

6. 存货变动率、资产利润率、总资产周转率配比分析。

比较分析本期资产利润率与上年同期资产利润率，本期总资产周转率与上年同期总资产周转率。若本期存货增加不大，即存货变动率 ≤0，本期总资产周转率 - 上年同期总资产周转率 ≤0，可能存在隐匿销售收入问题。

课后习题

1. 大数据时代下税务风险应如何分析？
2. 简述大数据时代下信息管税的内涵与改革路径。
3. 大数据时代下纳税申报资料真实性改革路径有哪些？
4. 大数据时代下如何加速推进税收治理现代化？
5. 大数据时代下企业纳税评估常用指标有哪些？

第十三章　金税工程及金税一期

【学习目标】

1. 了解金税工程其他信息、一期工程发展过程。
2. 理解金税工程的进展状况、有待完善的地方，熟悉大数据的应用。
3. 掌握金税工程的工程背景、框架，熟悉大数据面临的安全问题。

【导读】

　　金税工程是我国整个税收管理信息系统的总称，本质上是利用信息技术和其他技术对税务机关的内部组织结构和业务运行方式进行重大或根本改造，使税收征管更加科学、合理、严密、高效，税收管理由金字塔式向扁平化的结构转变，使对纳税人的管理与服务更加透明、更加便捷、更有效率，树立税务队伍更加廉洁的公众形象。金税工程成功之日，就是税收管理现代化实现之时。

第一节　金税工程

　　金税工程是经国务院批准的国家级电子政务工程之一，目的是构建覆盖全国的、统一的税收管理信息系统。金税工程是吸收国际先进经验，运用高科技手段结合我国增值税管理实际设计的高科技管理系统。该系统由一个网络、四个子系统构成。一个网络是指国家税务总局与省、地、县国家税务局四级计算机网络；四个子系统是指增值税防伪税控开票子系统、防伪税控认证子系统、增值税稽核子系统和发票协查子系统。金税工程实际上就是利用覆盖全国税务机关的计算机网络对增值税专用发票和企业增值税纳税状况进行严密监控的一个体系。

一、工程背景

　　1994 年，我国的工商税收制度进行了重大改革。这次税制改革的核心内容是建立以增值税为主体的流转税制度。增值税从税制本身来看，它易于公平税负，便于征收管理。但新税制出台以后，由于税务机关当时还比较缺乏对纳税人使用增值税专用发票进行监控的有效手段，一些不法分子就趁此机会利用伪造、倒卖、盗窃、虚开增值税专用发票等手段进行偷、逃、骗国家税款的违法犯罪活动，有的还相当猖獗，严重干扰了国家的税收秩序和经济秩序。对此，国家除了进一步集中社会各方面力量，加强管理，开展打击伪造、倒卖、盗窃发票违法犯罪专项斗争，坚决维护新税制的正常运行外，还决定引入现代化技术手段加强对增值税的监控管理。

1994年2月1日，时任国务院副总理的朱镕基同志在听取了电子部、航天工业总公司、财政部、国家税务总局等单位的汇报后，指示要尽快实施以加强增值税管理为主要目标的"金税"工程。为了组织实施这项工程，成立了跨部门的国家税控系统建设协调领导小组，下设"金税"工程办公室，具体负责组织、协调系统建设工作。1994年3月底，"金税"工程试点工作正式启动。

二、工程框架

金税工程由一个网络、四个子系统构成基本框架。一个网络，就是从国家税务总局到省、地市、县四级统一的计算机主干网；四个系统，就是覆盖全国增值税一般纳税人的增值税防伪税控开票子系统，以及覆盖全国税务系统的防伪税控认证子系统、增值税交叉稽核子系统和发票协查信息管理子系统。四个子系统紧密相联，相互制约，构成了完整的增值税管理监控系统的基本框架。

"增值税管理监控系统"的基本构成和主要功能包括以下几项。

（一）增值税防伪税控开票子系统

增值税防伪税控开票子系统是运用数字密码和电子信息存储技术，通过强化增值税专用发票的防伪功能，监控企业的销售收入，解决销项发票信息真实性问题的计算机管理系统。这一系统将推行到所有增值税一般纳税人，也就是说，所有的增值税一般纳税人必须通过这一系统开增值税发票。税务机关配套使用的是增值税防伪税控系统金税卡和税控IC卡发行、发票发售和认证报税子系统。

（二）防伪税控认证子系统

防伪税控认证子系统是对增值税一般纳税人申报抵扣的增值税发票抵扣联进行解密还原认证。经过认证无误的，才能作为增值税一般纳税人合法的抵扣凭证。凡是不能通过认证子系统认证的发票抵扣联一律不能抵扣。

（三）增值税交叉稽核子系统

增值税交叉稽核子系统主要进行发票信息的交叉稽核和申报信息的稽核。为了保证发票信息正确性，发票销项信息由防伪税控开票子系统自动生成，并由企业向税务机关进行电子申报；发票进项数据通过税务机关认证子系统自动生成。进项销项发票信息采集完毕后，通过计算机网络将抵扣联和存根联进行清分比对。稽核的方法采取三级交叉稽核，即本地市发票就地交叉稽核，跨地市发票上传省级税务机关交叉稽核，跨省发票上传国税总局进行交叉稽核。今后将在税收规模较大、增值税专用发票流量较多的区县增设稽核系统，实现四级交叉稽核的管理模式。

（四）发票协查信息管理子系统

发票协查信息管理子系统是对有疑问的和已证实虚开的增值税发票案件协查信息，防伪税控认证子系统和增值程交叉稽核子系统发现有问题的发票，以及协查结果信息，通过税务系统计算机网络逐级传递，国税总局通过这一系统对协查工作实现组织、监控和管理。

三、工程组成

金税工程由一个网络、四个软件系统组成。一个网络即覆盖全国国税系统的，区县局、地市局、省局到总局的四级广域网络；四个软件系统分别为：防伪税控开票系统、防伪税控认证系统、计算机稽核系统、发票协查系统。

（一）金税工程网络

国家税务系统整体管理呈四级分层结构，即国家税务总局；省、自治区、计划单列市国税局；地市级国税局；区县级国税局。总的看来国税系统具有机构分布广、层次多的特点。其网络设计遵循层次化设计的总体原则，将整个金税网络进行垂直分层（按照管理模式）和水平分割（按照地域），从而将大型网络面临的复杂问题分解到多个层次相对简单的网络中去解决。这样既有利于简化网络的管理，其结构又符合整体业务流程。金税网络在垂直方向按照功能划分成骨干层、分布层、接入层三个层次，在水平方向按照地域划分成各个省、自治区、计划单列市内部的网络（简称省内网络）。各个省内网络在地位上都是平等的，它们向上连接国家税务总局，内部包括省级国税局、地市级国税局、区县级国税局这三级机构。从垂直方向来看，整个网络可分为骨干层、分布层、接入层这三个层次。

（二）金税工程软件系统

（1）2001年将增值税防伪税控开票系统推行到所有开具万元以上销售额增值税专用发票企业。自2002年1月1日起，所有增值税一般纳税人必须通过增值税防伪税控开票系统开具销售额在万元以上的专用发票，同时全国统一废止手写万元版专用发票。自2002年4月1日起，万元版手工发票一律不得作为增值税扣税凭证。（2）2002年完成增值税税控系统的全面推行工作。自2003年1月1日起，所有增值税一般纳税人必须通过增值税防伪税控开票系统开具专用发票，同时全国将统一废止手写版专用发票。自2003年4月1日起，手写版专用发票一律不得作为增值税扣税凭证。

金税工程前期的主要内容。金税工程原由三个紧密衔接的系统组成，分别是：增值税计算机稽核系统、增值税专用发票防伪税控系统和税控收款机系统。增值税计算机稽核系统是指在全国区、县以上税务部门，建立四级计算机稽核网络，全面采集纳税人开具的增值税申报及专用发票票面信息，建立增值税专用发票数据库，通过计算机网络进行统计分析和抽样稽核，发现各种利用增值税专用发票进行偷、漏、骗税的案件线索，并通过网络将这些线索传递给与之相关的税务部门进行重点查实。

增值税专用发票防伪税控系统是指为具有一定规模的增值税纳税人配备防伪税控设备，用其开具增值税专用发票，在打印发票时，对数据进行特定的加密，并将密文（加密结果）打印在发票指定位置；同时在各级税务部门装备认证系统，通过加密的逆运算将发票抵扣联上的密文还原为明文，通过与票面实际填写数据比较，来识别和防止通过各类假票、阴阳票等骗取抵扣税款的行为。

税控收款机系统则主要装备在商业、服务业、娱乐业等行业中适合使用收款机的小规模企业和有一定经营规模及有固定场所的个体工商户，它可以将全部应纳税商业活动数据记录在不可更改的存储器中，便于税务部门检查、管理和监控税源，以减少和防止税收流失。

（三）金税工程试点情况

为了保证新税制的正常运行和起到对利用增值税专用发票进行偷、逃、骗税的违法犯罪分子的震慑作用，根据国务院的指示，在金税工程的三个系统中，先上马的是增值税计算机交叉稽核系统。从 1994 年 3 月底开始，金税工程办公室组织实施了建设以 50 个城市为试点的增值税计算机交叉稽核系统，即金税一期工程。这是税务系统在较短的时间内组织实施的一项较大规模的信息化工程，这项工程在没有现成经验可以借鉴的情况下，又要在半年内完成，确实是时间紧、任务重、要求高。但有关部门为确保完成任务，密切合作，相互支持。财政部特事特办，拨专款 1.25 亿元，电子部长城计算机集团公司承担了工程的总承包任务，中国人民银行为增值税专用发票的传递提供了卫星通信手段，国家计委和航天工业总公司也积极参与，国家税务总局和有关地区税务机关更是全力以赴，确保了该系统于 1994 年 8 月按计划开通。

（四）立项情况

1995 年 5 月，根据朱镕基副总理提出的金税工程要积极稳妥地向前推进的指示精神，进一步明确了金税工程包括的内容，即增值税计算机稽核系统、防伪税控系统和税控收款机系统，同时抓好这三个系统的紧密衔接。1997 年 12 月，在全国税务工作会议上，李鹏总理、朱镕基副总理再次强调，要用现代科技武装税务部门。国家税务总局项怀诚副局长在这次会议结束时的讲话中，把金税工程列为 1998 年税务系统的一项重要工作。1996 年 11 月，国家税务总局向国家计委报送了金税工程立项的有关材料，计委表示，他们积极支持此项工程，只要财政部给一个明确落实资金的答复，计委马上批复立项报告。1998 年初，财政部同意拨资金 15.75 亿元（包括一期试点工程的 1.25 亿元）用于金税工程的建设，其中，13.5 亿元用于增值税稽核系统的建设，1 亿元用于防伪税控系统和税控收款机系统的推广。1998 年 6 月 8 日，金税工程项目建议书经国务院批准，国家计委同意立项。

四、进展情况

2000 年 8 月 31 日，国家税务总局向国务院汇报金税工程二期的建设方案并得到批准。2001 年 7 月 1 日，增值税防伪税控开票、认证、交叉稽核、协查四个子系统在全国全面开通，总体运行情况良好，在加强增值税专用发票管理，打击偷、骗税犯罪行为，增加税收收入等方面起到积极有效的作用。

（一）作用一

金税工程建成了全国增值税发票监控网，对全国百万元、十万元和部分万元版专用发票进行监管，这些增值税发票占全部增值税发票数量的 46%。全国已有 40 万户增值税一般纳税人配备防伪税控开票子系统，这些企业缴纳的增值税约占全国增值税总量的 60% 以上。[①] 百万元版、十万元版专用发票已取消手工开具改用该系统开具。通过网络，税务机关可以有效监控企业和税务机关内部增值税发票的使用和管理，企业已不能够利用假票骗抵税款，不能够隐瞒销售收入（指开具增值税发票部分），基本上杜绝假票和大头小尾票等骗取抵扣问题，确保了增值税链条的完整；同时，也促使企业销售额如实申报。全国范围内专用发票的交叉稽核和协查，提高了稽查质量，极大地打击和威慑了利用专用发票偷逃骗税的不法行为。

（二）作用二

认证子系统已部分发挥作用。全国区县级国税局已配备低档认证子系统，对百万元和十万元版专用发票全部进行认证。据统计，犯罪分子已很难用一张专用发票骗取 1.7 万元以上的税款。[②] 可以说，系统的运用已初见成效。

（三）作用三

计算机稽核系统软件和发票协查软件在北京等 9 个省区市已投入运行，经过 4 个月的运行，数据采集率已经达到 99.6%。[③]

（四）作用四

国税系统的网络建设已经覆盖了全国区县（含）以上国税机关，形成了总局、省局、地市局、区县局的四级广域网，成为国税系统的网络通信支撑平台。在进行网络建设的同时，税务系统在各种硬件配备上也有了一定规模：拥有小型机 1 000 多台，其中国税约 800 台，地税约 200 台；PC 服务器 15 000 多台，其中国税约 10 000 台，地税约 5 000 台；PC 机 25 万台，其中国税 16 万台，地税 9 万台；已经实现计算机化管理的基层征收单位 2.2 万多个，其中国税约 1.2 万个，地税约 1 万个；通过计算机管理的纳税户超过 1 000 万户，80% 以上的税款通过计算机征收。另外，在税务系统

[①②③]　资料来源：国家税务总局发布的《关于金税工程运行有关问题的通知》。

信息化建设过程中形成了 3 万人左右的信息技术队伍，成为整个税务系统信息化建设的中坚力量。[①]

五、其他信息

（一）紧迫性

随着我国加入世界贸易组织（WTO），我国政府必将按照国际惯例管理社会经济生活。其中，缩小信息化鸿沟，已迫在眉睫。国务院在《中华人民共和国国民经济和社会发展第十个五年计划纲要》中，已经明确提出以"信息化带动工业化"的经济发展战略方针。为适应这一进程，必须通过信息化、专业化重组政府业务流程，提高行政管理水平和效率，逐步建立廉洁、高效、廉价的现代化政府。而税收工作作为社会经济生活的一个重要组成部分，实现信息化和全面网络化，可以更好地筹集财政收入，更好地为人民服务，改善党和政府形象。因此，把税收征管工作置于网络信息化的环境中运行，规划和实施好金税工程三期，于国于民都是一件大事。

（二）有待完善

金税工程现存主要问题是采集的信息局限于发票，无法真正实现"税控"的目的，需要将系统功能拓展到一般纳税人认定、发票发售、纳税评估等业务环节。在整个税收工作形势中，增收因素与以往相比明显不同，无论是在依法治税、从严治队、组织收入、监控税源和加大执法打击力度以及减少执法随意性等方面，都有明显成效，其中金税工程二期的顺利运行发挥了不可低估的作用。因此，建立一个业务覆盖全面、功能强大、监控有效、全国联网运行的税收信息管理系统势在必行。同时，为了提高执法力度和执法效率，必须加强税务部门与其他部门，如工商、银行、外贸、海关、质监、公安、统计等系统的信息共享，实现跨部门的网络互联，加快电子政府工程的进程。

金税工程三期是在对金税工程二期四个子系统进行功能整合、技术升级和业务与数据优化的基础上，进一步强化征管功能，扩大业务覆盖面，形成有效的、相互联系的制约和监控考核机制。

（三）七大系统

主体软件中国税务信息管理系统（CTAIS）将建立如下七大子系统，共 35 个模块。

1. 管理子系统：主要用于税前的事务处理，包括税务登记、认定管理、发票管理、待批文书、税额核定、证件管理、档案管理、外部信息采集以及咨询服务九大模块。

2. 征收子系统：主要用于税中的事务处理，包括纳税申报、税款征收、纳税评

---

① 资料来源：国家税务总局发布的《关于金税工程运行有关问题的通知》。

估、出口退税管理、税收计划（含重点税源分析）、税收会计、税收统计、票证管理八大模块。

3. 稽查子系统：主要用于税后的事务处理，包括稽查选案、稽查实施、稽查审理、案卷管理以及反避税五大模块。

4. 处罚子系统：主要用于税前、税中、税后违法违章处罚的事务处理。

5. 执行子系统：主要用于前四大子系统产生的各类税务决定的执行与保全事务处理，包括一般执行、税收保全、强制执行三大模块。

6. 救济子系统：主要用于对纳税争议的事务处理，包括行政复议、行政诉讼应诉、行政赔偿三大模块。

7. 监控子系统：主要用于市局、省局、总局的纵向监控、指导、协调，包括日常业务、统计查询、分析监控、质量考核、报表管理和决策支持六大模块。

上述七大子系统 35 个主模块使金税工程二期的发票管理功能与整个涉税管理功能紧密结合，融为一体，从而全面覆盖基层国税、地税机关的所有税种、各个环节、各个方面的税收业务处理，同时满足市局、省局和总局各级管理层的监控、分析、查询和辅助决策需求。

第二节　金税工程一期

一、金税工程一期——计算机管税的初步尝试

1994 年 1 月 1 日，我国开始推行以增值税为核心的税制改革，并实施以专用发票为主要扣税凭证的增值税征管制度。为了有效防止不法分子采取伪造、倒卖、虚开专用发票等手段进行偷、骗、逃税的违法犯罪活动，国家决定引入现代化技术手段强化增值税征收管理。同年 8 月 1 日，增值税专用发票计算机交叉稽查系统正式在全国 50 个试点大城市率先运行，该系统主要采用纳税人提供的票面税额在 5 000 元以上、购销双方均在 50 个试点城市之内的增值税专用发票，基层税务机关采取手工录入的方式进行数据采集。但仅靠几十万名税务人员手工操作，是无法辨别几亿张增值税专用发票真伪的，无法从根本上解决增值税专用发票伪造、虚开、骗抵等问题，对税务系统内部人员不严格执行税法甚至参与犯罪活动的行为也无法有效监控。而偷、骗税分子正是在这种情况下，大肆伪造、虚开增值税专用发票，不仅造成了国家税款的大量流失，而且严重破坏了国家的经济和税收秩序，任其发展下去，不仅作为我国第一大税种的增值税前途堪忧，而且整个新税制的运行都要受到威胁。

二、金税工程一期发展过程

1994 年随着税制改革的进行，为了对增值税专用发票进行有效管理，当时的国务院副总理朱镕基批准启动金税工程一期：增值税交叉稽核系统（该系统主要采用企业

提供增值税专用发票，由税务机关组织手工录入的方式进行数据采集）和增值税防伪税控系统在全国范围内进行推广使用。

1995 年在全国 50 个试点单位实施上线。

1996 年底停止运行。

三、金税工程一期停止原因

其原因有以下两个：（1）手工采集数据，错误率高。（2）覆盖面窄，只有 50 个城市试点运行。

课后习题

1. 简述金税工程的工程背景。
2. 简述金税工程的工程框架。
3. 简述金税工程的进展状况。
4. 简述对金税工程一期的认识。

第十四章　金税工程二期

【学习目标】

　　1. 了解金税工程二期其他信息、发展过程。

　　2. 理解金税工程二期的进展状况、有待完善的地方。

　　3. 掌握金税工程二期的工程背景、框架。

【导读】

　　以税收信息化为核心内容的金税工程走过了近十年的历程。十年来，金税工程从无到有，从肤浅到深入，从功能单一到全面覆盖，从收效甚微到成效显著，在税收信息化建设工作中已经并将进一步发挥极大的作用。在肯定成绩的同时，我们还应看到当前金税工程运行中存在不少问题，应进一步对其进行改进和完善。在金税工程一期因重重原因停止后，金税工程二期便适时开展。

第一节　金税工程二期概述

　　金税二期一般指金税工程二期。1994 年 1 月我国推行新税制，核心内容之一是建立以增值税为主体税种的税制体系，并实施以专用发票为主要扣税凭证的增值税征管制度。为有效防止不法分子利用伪造、倒卖、盗窃、虚开专用发票等手段进行偷、骗、逃国家税款的违法犯罪活动，国家决定在纸质专用发票物理防伪的基础上，引入现代化技术手段强化增值税征收管理。

一、项目介绍

　　1994 年我国实施了以推行增值税为主要内容的工商税制改革。增值税遵循环环抵扣的原则，避免了重复征税，是国际上普遍采用的先进的税收制度。新税制实施以来，我国税收收入平均每年增长 1 千多亿元，国家每年 95％ 的财政收入来自税收，而税收收入中 40％ 来自增值税[①]，这一巨大成绩的取得，标志着税制改革的成功。但增值税运行过程并不是一帆风顺的，由于增值税专用发票不仅能作为购销凭证，而且也是税

[①]　资料来源：国家税务总局官网税收收入相关数据。

务抵扣凭证，发票的重要性也导致了它的危险性。在利益的驱动下，一些不法犯罪分子采取虚开、代开、伪造增值税专用发票等手段进行经济犯罪，造成国家税款大量流失。因此，用好、管好增值税专用发票，成为税制改革的重中之重。

为了打击犯罪，管好增值税专用发票，确保增值税成功实施，保护国家利益，国家税务部门按照"科技加管理"的思路，加快税务部门管理信息化的进程，建立了有中国特色的增值税监管体系——金税工程。1994 年，增值税征管信息系统项目一期（以下简称金税一期）开始在全国部分城市试点。试运行发现交叉稽核系统存在一些缺陷，影响了系统功能的发挥。原因有两点：一是依靠人工录入专用发票数据存在大量的采集错误，导致计算机产生许多错误的稽核结果，使大家对系统失去信心。二是试点的范围有限，当时只在 50 个城市建立了稽核网络，对其他地区的专用发票没有办法进行交叉稽核。1998 年国家税务总局在总结试运行经验的基础上提出了金税工程二期（以下简称金税二期）的建设方案。项目总体目标是：在建设全国税收电子化基础网络和电子数据采集系统的基础上，建成覆盖全国的增值税计算机监控网络，在增值税一般纳税人中逐步推广防伪税控系统，并把稽核系统和防伪税控系统"捆绑"运行，实现税务机关对增值税的严密控管。金税二期项目主要建设内容是：建立计算机稽核系统，建立 1 个全国增值税计算机稽核总中心，31 个省级稽核中心，400 个地市级稽核中心，4 500 个数据采集分中心；推广防伪税控系统，为具有一定规模的纳税人配备开具增值税专用发票的防伪税控设备，并将其数据纳入计算机交叉稽核系统。

1994 年 2 月国务院召开专题会议，指示要尽快建设以加强增值税管理为主要目标的"金税工程"。

会议同意利用人民银行清算中心网络建设交叉稽核系统，同时指出防伪税控系统要先试点，后推行。为组织实施这项工程，国务院成立了国家税控系统建设协调领导小组，下设"金税工程"工作办公室，具体负责组织、协调系统建设工作。当年下半年防伪税控系统和交叉稽核系统开始试点，金税工程正式启动。

从 1998 年到 2003 年底，金税二期实施并取得阶段性成果。

二、实施步骤

1998 年 6 月，经请示国务院批准，金税二期正式立项。2000 年底，全国税务系统主干网建成，完成总局与各省市县国税局的四级网络建设。2001 年 1 月 1 日起金税二期四个系统在辽宁、江苏、浙江、山东、广东和北京、天津、上海、重庆"五省四市"开通运行。2001 年 7 月 1 日在其他 22 省区市开通运行，国家税务总局到省、市、县国税局的四级网络全部联通，金税二期覆盖到全国所有省市县。2003 年 7 月底，防伪税控开票子系统全面覆盖全国所有约 140 万户增值税一般纳税人[①]，从 2003 年 8 月 1 日起，一般纳税人使用手写版专用发票的历史从此宣告结束。2003 年 7 月，在全国

---

① 许善达. 中国税务信息化回顾与展望［J］. 电子政务，2009（10）.

推行增值税纳税申报"一窗式"管理，将报税、抵扣联认证、纳税申报集中到一个窗口，对金税二期认证、抄报税数据和申报数据进行票、表稽核。为堵塞除增值税专用发票以外的其他扣税凭证存在的漏洞，分别于 2003 年 11 月、2004 年 2 月、2004 年 6 月开始对运输发票、海关代征进口增值税专用缴款书、废旧物资发票和税务机关代开增值税专用发票进行数据采集和稽核比对，有效解决了企业开具发票或取得扣税凭证不如实申报、票表不一、偷骗税的问题，为税务机关进一步核实企业是否足额纳税提供了支持。2004 年 2 月，全国税务系统税务端防伪税控系统由原来的 DOS 单机版统一升级为网络版，税务端网络版系统将服务器置于地市级税务机关，税务机关征收大厅工作人员通过浏览器进行操作，产生的业务数据集中存储在地市局的服务器中，实现了数据集中、数据共享和网络实时监控的目标。目前，纳税评估、税银库联网等工作也正在准备实施。这些工作全面完成后，将建立完整的增值税征管信息系统，实现从监控增值税专用发票到监控增值税征管各个环节的转变。

金税二期的主要实施步骤如下：

1. 在全国范围内建立覆盖总局、省局、地（市）局、县（区）局的四级交叉稽核；把稽核和防伪税控原本相互独立的系统"捆绑"在一起运行，做到数据共享、功能互补，解决交叉稽核中由于人工录入数据造成的数据错误；同时把海关增值税完税凭证纳入金税工程管理。

2. 将增值税征管各环节都放在网络上运行，尤其要采集纳税人的增值税申报信息和税款缴纳信息，以此对纳税人进行纳税评估和监控。金税二期取得的主要成果是：增值税交叉稽核系统和发票协查系统在全国范围内联网运行；防伪税控认证子系统在全国范围内推广运行；防伪税控开票子系统已经大规模推广。

三、系统构成

金税二期由一个网络、四个软件系统组成，即覆盖全国国税系统的区县局、地市局、省局到总局的四级广域网络。四个软件系统分别为：防伪税控开票子系统、防伪税控认证子系统、计算机稽核子系统、发票协查子系统，防伪税控开票子系统是运用数字密码和电子信息存贮技术，通过强化增值税专用发票的防伪功能，监控企业的销售收入，解决销项发票信息真实性问题的计算机管理系统。该系统适用于增值税一般纳税人。防伪税控认证子系统可以对增值税一般纳税人申请抵扣的增值税专用发票抵扣联解密还原、认证，及时发现假票，并解决进项发票的信息真实性问题。计算机稽核子系统主要是进行发票信息交叉稽核和申报信息稽核，该系统可以及时发现购货方已申报抵扣但销货方未申报纳税的增值税发票，并动态监测企业纳税情况。发票协查子系统可以对有疑问的发票或是已证实属虚开的增值税专用发票进行调查处理。在这四个子系统的联合作用下，通过覆盖全国的计算机网络实现税务机关对企业开具增值税专用发票和纳税状况的严密监控。

三个子系统的内涵及应用见表 14-1。

表14-1   子系统内涵与应用

防伪税控开票子系统	防伪税控认证子系统	增值税稽核子系统
一般纳税人必须通过这一系统开具增值税发票。 监控企业销售收入,解决销项发票信息真实性问题	对一般纳税人申请抵扣的增值税发票抵扣联进行解密还原认证。 经认证无误的,才能作为纳税人合法的抵扣凭证	进项销项发票信息采集完毕后,通过计算机网络比对抵扣联和存根联。 采取三级交叉稽核,即本地市发票就地交叉稽核,跨地市发票上传省级税务局,跨省发票上传总局

(1)2001年将增值税防伪税控系统推行到所有开具万元以上销售额增值税专用发票企业。自2002年1月1日起,所有增值税一般纳税人必须通过增值税防伪税控系统开具销售额在万元以上的专用发票,同时全国统一废止手写万元版专用发票。自2002年4月1日起,万元版手工发票一律不得作为增值税扣税凭证。

(2)2002年完成增值税税控系统的全面推行工作。自2003年1月1日起,所有增值税一般纳税人必须通过增值税防伪税控开票子系统开具专用发票,同时全国将统一废止手写版专用发票。自2003年4月1日起,手写版专用发票一律不得作为增值税的扣税凭证。

四、金税工程二期意义

金税二期不仅能通过计算机信息系统对纳税人的增值税发票资料分级进行交叉认证、稽核,有效地实施增值税的管控和查处,打击利用增值税发票的犯罪行为;而且能运用现代电子网络系统,实现从传统的人海战术、手工征管方式向现代化、信息化征管方式转变,大幅提高税收征管质量和效率,该系统的运行是我国增值税征管方式质的转变。另外,金税二期建设投资额大,覆盖面广,建设期长,国家为其投入了大量的人力、物力、财力。至今金税二期已经按照计划建设完成了,本章对该项目是否有效地达到了预期目标和它对增值税征管效益的影响进行研究有很强的现实意义,而且也有利于发现金税二期实施中的经验与不足,对金税二期后续项目的设计与运行有一定的参考价值。

第二节 金税工程二期总体业务流程

金税二期总体业务流程见图14-1。

防伪税控认证系统的主要功能是认证和采集纳税人抵扣联专用发票。

备注:(1)虚线方形框表示系统还未开发完成或未正式使用;(2)虚线椭圆表示外部数据录入或获取;(3)防伪税控发售系统的主要功能是发售发票;(4)防伪税控发行系统的主要功能是发行集成电路卡(IC卡)和金税卡,授权纳税人能够使用开票软件;(5)防伪税控报税系统的主要功能是采集纳税人存根联专用发票信息。

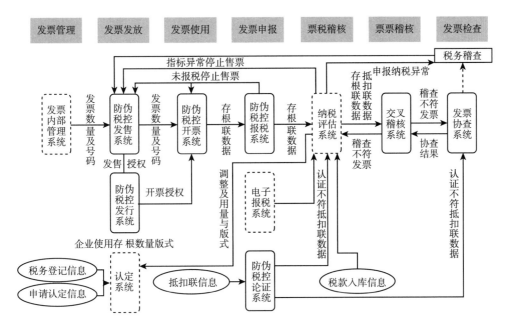

图 14 - 1　金税二期总体业务流程

课后习题

1. 阐述金税工程二期的背景。
2. 简述金税工程二期的系统构成。
3. 简述金税工程二期建设的意义。
4. 简述金税二期总体业务流程。

第十五章　金税工程三期

【学习目标】

1. 了解金税工程三期其他信息、发展过程。
2. 理解金税工程三期的进展状况、有待完善的地方。
3. 掌握金税工程三期的工程背景、框架。

【导读】

随着"互联网+"和大数据时代的到来，各行各业发生着翻天覆地的变化，国家税收也紧跟时代步伐走进了税收大数据时代，金税工程三期在这样的时代背景下应运而生。2013年，推出金税工程三期，经过在广东、山东、河南、山西、内蒙古、重庆6个省（市）级国地税局试点后，已在全国范围内完成初步推广。金税工程三期可以说是我国税收征管水平上的一个里程碑，是真正意义上的信息管税、数据管税。

第一节　金税工程三期概述

金税工程三期（以下简称金税三期）是国家税务局用来进行税收管理的信息系统工程，它采用了比较完善的大数据评估及云计算，通过互联网把工商局、公安局、税务局、社保局、质监局、国家统计局、银行等所有行政管理部门全部打通，行政监管，一号连控，使税收征管从凭个人经验管理向依靠大数据分析转变。预示着税收"强制规范"时代的到来。金税项目（GTP）是一个管理信息系统，在过去30年中分三个阶段更新。1994年，一个简单的增值税专用发票交叉核对系统在全国50个试点城市投入运行，这是GTP的第一阶段。该系统主要从发票中收集任何超过5 000元交易的增值税信息，由于这些数据是由国家税务部门的工作人员手工输入的，使得该系统有许多错误，很难手工检查假发票。1998年，国家税务总局开始建立GTP的第二阶段，其目标是构建"一个平台和四个子系统"。子系统是反假冒税务计费系统、反假冒税务认证系统、计算机审计系统和发票调查系统。2006年，我国批准了GTP第三阶段的建设。GTP更新后包括"一个平台，两个级别的流程，三个覆盖和四个子系统"。此时，GTP有七个子系统和35个功能模块，子系统是管理系统、收集系统、检查系统、惩罚系统、实施系统、补救系统和监督系统。管理子系统主要是使所有其他子系统的运行更为流畅，展示其他六个子系统的结构、功能和操作过程。增值税发票由反假冒发票子系统自动生成。发票调查可以进一步探索可疑发票的来源，并确定这些发票是否可以在下一阶段记入贷方。GTP在全国范围内对增值税发票、信贷和付款进行交叉核对，减少了增值税欺诈，有效增加了税收。

一、金税三期背景及功能定位

随着信息化网络化时代的不断发展，信息技术应用范围不断扩展，基于互联网大数据发展和智能技术的进步，金税三期基于大数据分析和云计算技术的应用构建了起来，同时金三系统在数据分析和云计算中可以将税务系统中相关数据信息进行统筹集中处理，在企业运营调查中，通过金三系统能够实现远程办公。在大数据发展水平不断提高的状况下，金三系统依靠强大的网络信息平台，将税务征收工作中所有税的纳税操作，归集到国地税各层的分级管理部门中，通过各级管理部门进行综合的税务预警分析处理，在金三系统中能够充分地利用和整合数据信息资源，促进在税务管理工作中相关环节的纳税服务水平提高，行政效率的增强、税收成本的充分降低以及在税务改革发展中依法治税改革进程的推进发展都会起到积极的作用。金三系统的有效应用在数据处理方面包含了网络硬件和基础软件的有效融合，在金三系统中将各种税务信息分发到总局和分局进行集中统一处理，在系统中预警功能实现体现为信息数据的有效分析和数据语言的有效应用。

二、金税三期实现了国地税和其他部门的联网

金税三期的总体目标为建立"一个平台、两级处理、三个覆盖、四个系统"。一个平台是指包含网络硬件和基础软件的统一的技术基础平台。两级处理是指依托统一的技术基础平台，逐步实现数据信息在总局和省局集中处理。三个覆盖是指应用内容逐步覆盖所有税种，覆盖所有工作环节，覆盖国地税并与相关部门联网。四个系统是指通过业务重组、优化和规范，逐步形成一个以征管业务系统为主，包括行政管理、外部信息和决策支持在内的四个应用系统软件。

金税三期的功能更加强大，运行更加顺畅，内容更加完备，流程更加合理。其中，最重要的就是实现国地税和其他部门的联网。简单来说，金税三期在全国统一了税收征管及相关税务系统软件，不再是各省各自为政，减少数据利用的难度。

三、税务局的大数据评估及云计算平台

1. 企业的任何事项均会留下记录，金税三期的大数据，也会追踪企业的资金流、票据流等。只要大数据系统将企业纳税人识别号作为起点，追查同一税号下进项发票与销项发票，企业是否虚开发票，以及是否购买假发票入账，其实一目了然。

2. 开票软件已经增加了商品编码，为下一步企业开票的货物流监控预留接口，买黄金票冲进项的年代一去不复返。

3. 五证合一后，税务、工商、社保、统计、银行等接口，个税社保、公积金、残保金、银行账户等，应该在税务系统里面一览无余。

4. 金税三期上线后，企业的违规被查风险确实增大，掩耳盗铃式的反舞弊手段失灵，一批靠偷漏税得利的企业，要走向死亡。

四、金税三期大数据监测异常

金税三期大数据会从如下几个维度进行检验并判断出异常：企业的收入、成本、利润、库存、银行账户和应纳税额等。

1. 企业的收入。如果你的企业少记了销售收入或是隐匿了一部分销售收入，那么金税三期可通过你的成本和费用来比对你的利润是否为负数，或是比对你开具出去的发票、收到的货款数额以及卖出的商品，或者进一步通过大数据，查询与你交易的下游企业的相关账本数据，比对出异常。

2. 企业的成本费用。如果你的企业长期购进原材料或商品时暂估入库、企业购进原材料或商品为了价格低一点而不索要发票、企业计提了费用而迟迟没有费用发票。那么金税三期会比对你的每一笔支出数额、相应的商品或服务以及对应的发票，三者应该是一一对应的，若少了任何一项，都会被判定为异常。

3. 企业的利润。如果你的企业的利润表中利润总额与企业所得税申报表中的利润总额不一致；如果你想"财不露白"，将利润少报一部分。如上所述，金税三期大数据是可以得到你所有的收入信息和成本信息的，而利润就是收入减去成本，你说它算出你的利润会是什么难事吗？所以无论是你的利润不一致还是少报了，都会被轻易查出来。

4. 企业的库存。一般来说，企业都会有库存，包括原材料库存和成品或半成品库存。而且库存量一般都在一个相对稳定的值附近呈周期性波动。

金税三期大数据会先判断出库存是否一直处于递增或递减状态，并进一步形成电子底账来比对你的库存，最后判断出异常。

5. 企业的银行账户。

6. 企业的应纳税额。如果你的企业增值税额与企业毛利不匹配；如果你的企业期末存货与留底税金不匹配；如果你的企业缴纳了地税附加税费，但与国税增值税比对不一致；如果你的企业实收资本增资了，而印花税却为0；如果你的企业增值税额偏低；如果你的企业所得税贡献率长期偏低；如果你的企业应纳税额变动太大。对于以上情景金税三期都会识别出来的，前四个维度都能识别出异常，而应纳税额就是由以上的数据为基础计算出来的，所以金税三期通过比对你的收入、成本、利润、库存、资产资本、国地税数据、往期税收数据等来判定出企业应纳税额的异常。

其实企业只要行得端坐得正，真实地、准确地、合法地经营、开具取得发票和做账并按时按规申报，即使是被金税三期查出所谓的异常也是不用担心的，毕竟它查出异常只是第一步，还会有专门的人员具体来核实，不会那么草率就判定你申报的数据作假，所以无须太过担心。

五、金税三期的建设原则

金税三期工程总体上遵循以下几个建设原则：（1）统一标准；（2）突出重点；（3）分步实施；（4）统筹规划；（5）讲究实效；（6）加强管理；（7）保证安全；（8）整合资源。

六、金税三期发展经历的阶段

2005 年，为实现"业务一体化、技术一体化、系统一体化"，实施金税三期工程建设。2005 年 9 月 7 日，国务院审议通过金税三期工程项目建议书。

2007 年 4 月 9 日，国家发改委批准金税工程三期可行性研究报告。

2008 年 9 月 24 日，国家发改委正式批准初步设计方案和中央投资概算，标志金税工程三期正式启动。

2013 年，金税工程三期在重庆、山东、山西等国税、地税局系统单轨上线运行。

2015 年 1 月 8 日，金税工程三期优化版应用系统（以下简称金税三期优化系统）在广东、内蒙古、河南等国税局、地税局单轨上线。2015 年 9 月 1 日，在河北、宁夏、贵州、云南、广西等国税局、地税局单轨上线。2015 年 10 月 1 日，将在湖南、青海、海南、西藏、甘肃等国税局、地税局单轨上线。

2016 年 8 月起，北京市金税三期优化系统上线，个税、五险一金信息将联网。其他城市金税系统于 2016 年也将陆续使用。届时，员工个税、五险一金缴费基数不匹配的企业将面临税务及社保稽查的风险。在绑定了工商和税务这两个主要系统之后，企业如果不为员工按时足额缴纳社保面临稽查风险将成倍增加。

金税工程三期新建系统包括核心征管、个人税收管理、决策支持 1 包、决策支持 2 包、纳税服务、外部交换、应用集成平台、安全策略 2 包等系统。

税务总局保留软件包括：（1）税控收款机系统；（2）机动车发票管理系统；（3）公路内河货物运输发票税控系统；（4）公路内河货运发票税务机关代开系统；（5）抵扣凭证审核检查系统；（6）增值税专用发票稽核软件；（7）防伪税控系统；（8）税库银前置平台系统；（9）出口退税审核系统；（10）企业所得税汇算清缴软件等系统。

2019 年，金税三期优化系统的再升级，大数据的广泛应用，随着"互联网＋"和大数据时代的到来，各行各业发生着翻天覆地的变化，发票新规的相继出台，最严发票管控的时代到来，国家税收也紧跟步伐走进了税收大数据时代。

金税三期一路历经 2013 年部分地区试点、期间调整优化、2016 年在全国铺开运行，税务系统管理涉税信息的水平由简单整合迈向协同共享的新阶段，这也标志着我国税收信息化建设实现了巨大突破。为与近些年我国各项工商税制改革相适应，金税三期优化系统于 2018 年 5 月 1 日完成新一轮升级改造，税务部门之间实现了对纳税人更多涉税信息的整合共享。例如营改增、五证合一政策，金税三期优化系统也作出相应的更新整合，将标准化外部数据接口、境外收入情报交换等信息也覆盖在内。紧接着，2018 年 8 月，金税三期优化系统实现再次优化升级，被称为"自然人税收管理系统扣缴客户端"子系统功能更加强大，显著增加了纳税主体失信成本。企业一旦被查到存在失真的涉税信息，违法失信分子不仅要面临更大力度的税收处罚和补缴，还将被纳入全国信用平台。优化升级后的金三系统覆盖了纳税人所有税种、纳税行为的重要工作环节，掌握相关涉税信息并且数据可在各部门实现共享共用，方便对纳税人应缴税款和纳税行为进行比对稽核、交叉管理。税务机关对纳税人涉税信息的监管能力得到提升，企业纳税行为也得以规范化。

七、实施金税工程三期的重要意义

1. 优化纳税服务，通过信息网络为纳税人提供优质、便捷、全方位的税收服务；逐步实现纳税人可以足不出户轻松办税，从而大大减轻纳税人办税负担。

2. 统一国地税核心征管应用系统版本，实现业务操作和执法标准统一规范，促进税务部门管理职能变革；实现全国数据大集中，利用及时全面准确的数据信息，提高决策的科学化水平和税收征管水平，有效降低税收成本。

3. 有力地推动国家电子政务建设，促进政府部门间信息共享和协作，为提高国家宏观经济管理能力和决策水平提供全方位支持，从而对国家的经济建设和社会发展产生积极而重要的作用。

八、金税工程三期建设的总体目标

金税工程三期确定了"一个平台、两级处理、三个覆盖、四类系统"的工作目标，将被建成一个年事务处理量超过 100 亿笔、覆盖税务机关内部用户超过 80 万户、管理过亿名纳税人的现代化税收管理信息化系统。

"一个平台"：建立一个包含网络硬件和基础软件的统一技术基础平台。实现覆盖税务总局、国地税各级机关以及与其他政府部门的网络互联；逐步建成基于因特网的纳税服务平台。

"两级处理"：依托统一的技术基础平台，建立税务总局、省局两级数据处理中心和以省局为主、税务总局为辅的数据处理机制，逐步实现税务系统的数据信息在税务总局和省局集中处理，实现涉税电子数据在税务总局、省局两级的集中存储、集中处理和集中管理，使业务流程更加简化，管理和监控更加严密，纳税服务更加简便，系统维护更加便捷，系统运行更加安全。支持数据总体分析，实现宏观分析与微观分析相结合、全局分析与局部透视相结合，全面提升数据综合利用水平，提高决策支持能力。

"三个覆盖"：应用信息系统逐步覆盖所有税种，覆盖税务管理的重要工作环节，覆盖各级国地税机关，并与有关部门联网。

"四类系统"：通过业务的重组、优化和规范，逐步形成一个以征收管理和外部信息为主，包括行政管理和决策支持等辅助业务在内的四个信息管理应用系统。重点建立以税收业务为主要处理对象的征收管理系统，以外部信息交换和为纳税人服务为主要处理对象的外部信息系统，并配套建设以税务系统内部行政管理事务为处理对象的行政管理系统和面向各级税务机关税收经济分析、监控和预测的决策支持系统。

金税三期系统将统一全国国税局、地税局征管应用系统版本，规范全国税收执法；实施全国征管数据大集中，监控全国征管数据；优化纳税服务；建设决策支持平台，及时、完整、准确地为决策、管理提供信息，进一步提高税法遵从度和税收征收率。

第二节 金税工程三期的特点及影响

一、金税三期优化系统的主要特点

（一）实现业务规范统一化、税收管理规范化和制度化

金税三期优化系统通过统一税务标准代码体系，实现税务事项及类型的规范统一；通过统一表单文书标准，实现全国范围内的数据采集和利用；通过统一业务需求规范，统一编写业务工作手册，形成体系相对完整、逻辑相对严谨、覆盖面广的业务需求，并按照业务需求开发金税三期优化系统，使税收管理更加规范化和制度化。

（二）覆盖全业务

金税三期优化系统业务框架实现了全覆盖：覆盖各层级国地税机关征管的全部税（费）种，覆盖对纳税人税务管理的各个工作环节。

（三）简化涉税事项

金税三期优化系统以简捷高效为目标，优化重组业务，明确受理即办事项，精简处理环节，实现税务事项的多业务处理模式。以流程管理为导向，实现"工作找人"。将执法结果监督转变为过程控制，规范统一执法。以"减轻纳税人不必要的办税负担、减轻基层税务机关额外的工作负担"为原则，简并了涉税事项、流程和表单。

（四）加强纳税遵从风险管理

引入风险管理理念，将提高税法遵从度作为税收管理的战略目标；立足于风险防范，着眼预警提醒，聚焦高风险领域和对象。

（五）建设信息化纳税服务平台

金税三期优化系统引入以纳税人为中心的业务理念，突出个性化服务，建设能提供多种渠道组合的、协同服务的信息化服务平台。

为纳税人提供多样化的服务手段和统一的服务内容，能够提供网上、电话等多种办税服务渠道以及提供涉税事项处理、信息查询、推送与发布、双向交流互动等全方位服务，从而满足纳税人多方位的纳税服务需求。

（六）实现信息共享和外部涉税信息管理

金税三期优化系统通过建设国税、地税统一标准的核心征管应用系统，实现国地税业务交互、信息实时共享，加强对共管户的管理，实现联合登记、联合双定户核定、联合信用等级评定、申报信息共享，提高双方信息采集准确率，达到国地税双方强化税源管理、提高税源管理水平的目的；并通过双方信息的共享共用，优化办税程序，减轻纳税人的税收负担，提高纳税服务水平。

以外部涉税信息交互为基础，充分利用现代信息技术手段，构建全国统一的外部信息管理系统和信息交换通道，形成以涉税信息的采集、整理、应用为主线的管理体系，为强化税源管理提供外部信息保障。

（七）推进全员建档管理模式

金税三期优化系统针对所有办理涉税（费）事项的组织和自然人建立税收档案，确认组织和自然人唯一有效身份证明，并在国地税机关通用，改变了以往基于税务登记制度的税收建档模式，实现税收全员建档。

将全员建档管理模式全面应用于各业务流程的业务处理过程中，为管理决策系统实现一户式电子档案查询奠定了基础。

此外，把自然人纳入税收建档的范围，强化自然人税收征管，为即将建设的全国统一个人税收管理系统，开展的个人所得税综合税制改革、财产税深化改革等奠定前期基础和提供数据准备。

推进自然人税收管理，基于现行税制和对个人税收管理的实践探索，实现对自然人的建档管理和信息共享，增加财产登记与投资管理、纳税信用等级管理、一户式档案查询等自然人税收管理的内容，建设自然人数据库，为个人所得税、财产税管理提供手段支撑。

（八）推进财产一体化管理

金税三期优化系统从精细化管理的角度出发，严格按照现行政策，提出了房地产税收一体化管理和车船税收一体化管理的要求，借助信息化手段，实现了跨税种、跨纳税环节的信息共享，深化了税收管理的颗粒度，将以前停留在纳税人层级的管理深入到纳税人所拥有的财产层级。

以房地产一体化管理为例：分土地使用权取得环节—房地产开发或建筑环节—房产交易环节—房地产保有环节共四个环节进行管理，

不动产项目按照：土地受让申报—土地登记—不动产项目登记—建筑业项目登记—开发产品登记—销售房屋的信息采集—房产交易税费申报—土地增值税清算—项目注销等任务流一步步进行，以"税源管理编号"保持不变为抓手，实现全过程控制，使申报纳税、征收管理更严谨规范。

二、金税三期优化系统上线给纳税人带来的影响

金税三期优化系统上线之前，各级税务机关将按照国家税务总局的统一标准，对原征管系统中的信息进行核查、清理和迁移等数据准备工作，对纳税人端相关软件进行升级和培训，为保障上线前后各类征管数据的完整转换和纳税申报等业务的平稳顺畅运行，广大纳税人大力支持配合。

金税三期优化系统上线之初，因为系统的初始运行或纳税人端、税务端等操作问题，出现一些涉税事务办理速度较以往稍有减慢的情况，广大纳税人予以理解，各级国地税部门已做好各种准备和应急预案，将会积极应对金税三期优化系统上线准备及实施过程中出现的突发问题，尽力将系统上线对纳税人产生的影响降到最低。

近年来我国营商环境明显改善，离不开金税三期大数据平台的完善、增值税发票系统的统一、涉税信用机制和全社会信用机制的接轨，这一切预示着税收"强制规范"时代的到来。尤其是不知不觉中，大数据时代悄然来临。国税的金税三期系统目前运用的是"互联网＋"模式，正在平稳地实施增值税发票管理新系统，提高电子发票的使用率，提升税收大数据的运用水平，使税收征管从凭个人经验管理向依靠大数据分析转变。企业需提高税法专业技能、加强企业内部管理、加快业务财务有效融合、合理安排业务模式、重塑公司组织架构、防范税务风险。

第三节　金税工程三期附加信息

一、金税工程三期与风险规避

（一）金税工程三期的人工智能化

税务系统的大数据及云计算平台之前的系统只能识别发票上的"基础信息，如金额、税号"等，但现在的金税三期系统，实现人工智能，将逐一实时采集、存储、查验、对比发票的全要素信息。现在的金税三期系统，采用的是大数据与云计算技术，强大到超乎想象。

1. 利用大数据，金税三期系统现在连你发生了多少固定资产发票（买过多少房、买过几辆车）、多少费用发票（多少是办公的、多少是差旅的、多少是请客的），都可以准确知道。金税三期税务系统功能全部完善开放，到时所有税种，如企业所得税、增值税、个人所得税、社保等，100％都能够检测到。

2. 金税三期的实施，提高了企业的违规被查风险水平，掩耳盗铃式的反舞弊方法不再起作用，那些依靠偷漏税的企业，一定会成为税务预警的对象。

3. 企业的所有事项都会有相关的记录，金税三期的大数据，也可以对企业的资金流、票据流等进行跟踪。只要大数据系统把企业纳税人识别号作为出发点，对同一个

税号下的进项发票与销项发票展开追踪，企业到底有没有虚开发票和有没有购买假发票计入账中，都可以清楚地了解到。

4. 开票软件已经添加了商品编码，商品品目由商品编码控制，商品数量由单位编码控制，一旦被监控，系统将直接知道企业的库存状况，并计算出商品增值额、库存存量额，对增值税你还敢抱侥幸的心吗？

5. 五证合一后，税务、工商、社保、统计、银行等接口，个税社保、公积金、残保金、银行账户等，都应该可以在税务系统内清楚地了解到有关情况。

（二）企业对金税三期的风险规避措施

1. 守住"底线"，不虚开发票不虚抵进项税额，依法、依规经营，金税三期大数据主要从企业的收入、成本、利润、库存、银行账户和应纳税额六个维度进行比对。

企业必须行得端，坐得正，真实地、准确地、合法地经营、开具发票和做账并按时按规申报。无真实业务，千万别买进项发票抵扣。金税三期会让你有所亏损。国税局运用"互联网"，借助"网络爬虫"技术，自主研发的"金三"系统十分厉害。就像在你的企业装上了监控器，全程对企业的实时采集、存储、查验、对比发票全要素信息都在它的掌控之中，所有的业务360度无死角地展示在金税三期的面前。最近税务检查风暴来临，国地税联合稽查，很多企业的法人和财务被税务机关约谈。各地税务机关会同公安、银行等多部门联手打击骗税和虚开增值税专用发票等各类涉税违法行为，特别是2017年3月，北京市国税局联合公安机关成功查处北京"11.01"虚开增值税专用发票案。犯罪嫌疑人采用票货分离、改变产品名称、签署虚假购销合同、虚造资金流向等方法向河北、天津等地1 662户企业虚开增值税专用发票2万份，牵扯到的金额为35.5亿元，税额为6.0亿元。[①] 金税三期从它被运用的那一刻开始就很受欢迎和重视，它的大数据和云计算可计算分析同一法人相关性、同一地址相关性；通过比较和跟踪让虚开发票的、虚抵扣的企业无处可逃。

2. 要搭好"天线"，努力提升专业知识。新形势下，纳税意识提升不仅仅是财务部门的事情，而是与企业各环节息息相关。企业应从战略角度出发，考虑宏观经济政策及经济运行情况、本行业状况、国家产业政策，使企业及时跟上国家产业政策及外围的变化。市场部门主要核查主要客户、主要供应商的信用情况。财务部门人员更需努力提升专业知识，尤其是营改增后，税收政策不断更新，目不暇接，财务部门人员需及时更新专业知识，也需要在法律、计算机等业务上不断提升，努力成为复合型人才，唯有此才能更好地应对新形势发展的需求。企业人力资源培训可定期聘请专家进行涉税知识辅导，帮助企业完善内部控制等工作，及时堵塞税务漏洞，降低企业涉税风险。让你、让我、让我们大家都能合法、合规经营。采购部门在采购环节中需要明确供应商增值税发票的法律与风险责任。让企业的链条数据从源头到结尾都是规范、真实的。企业从上至下紧紧围绕税收风险管理目标，强化领导，调整职能，明确职责，

---

① 国家税务总局公布7起骗税和虚开典型案件［OL］. 国家税务总局官网，http：//www. chinatax. gov. cn/n810219/n810724/c2921154/content. html？from＝timeline.

加强衔接，共同参与，协同推进，高效应对各类税务风险，促进企业稳步、健康、良性发展。

3. 税企互动，力争取得双赢的局面。企业在经营中，如遇到涉税问题，可以主动、及时和主管税务局真诚地沟通。现在税务局在切实创新监管方式、建立信用动态监管、完善纳税信用管理制度、扩大纳税信用评价范围、缩短评价周期、以推行实名办税为契机，收集办税人员的信用记录，建设办税人员涉税信用管理制度，增强企业信用与企业信用之间的联动。当办税流程中出现差异，可及时提供资料进行复核。在每年度税务对企业的纳税信用评定上企业力争达到"A 级纳税信用企业"。它可以决定该企业是否为一家值得信赖的优质企业，可以在企业招标、金融信贷等经营活动发挥关键作用。国家进一步落实将纳税信用体系融入社会信用体系的计划，增强守信联合激励和失信联合处罚，建立起纳税人自律、社会监督和行政监管相融合的合作体制。所以诚信经营是企业生存、发展的关键。

伴随着信息化、网络化技术的快速发展，信息搜索和集中、加工、处理的能力大幅度提升。金税三期在很大程度上提高了涉税信息采集的效率，标志着大数据管理时代的到来。与此同时，为税收管理从事前管理转变为事后监管，奠定了强大的数据信息基础。新形势下的金税三期上线后，企业就像展示在透明的玻璃瓶中，一览无余。企业唯有规范、真实、合法、合规经营、生产、销售，才能更好地发展。而且税收问题是大问题，万万不可为了节税而涉及有风险的事。

二、金税三期的九大亮点

根据"金税三期"建设的战略目标，金税三期工程进行了业务和管理服务创新，主要有九大亮点。

（一）运用先进税收管理理念和信息技术做好总体规划

1. 从管理角度来看，建立基于信息管税的税收管理模式，以纳税人关系管理为核心，把纳税人价值获取作为建设和发展方向。

2. 从技术角度来看，遵循顶层设计、业务导向、架构驱动的建设模式，紧紧围绕税务业务发展方向，从全局角度审视、设计工程体系框架。

（二）统一全国征管数据标准和口径

通过对税收元数据和代码集的属性定义和标准规范，实现税收征管数据的"法言法语"，保证数据项标准、口径的唯一性。

（三）实现全国征管数据大集中

采用"应用省级集中，生产数据在省局落地，然后集中至总局"的模式，并建立第三方信息共享机制，实时、完整、准确地掌握纳税人涉税信息和税务机构、人员情况。

（四）统一国地税征管应用系统版本

面向税收业务、行政管理、外部交换和决策支持四类应用，设计并搭建一体化技术和应用环境，实现全国国税局、地税局征管应用系统的版本统一，为消除国地税业务办理间的障碍奠定了基础。

系统版本的统一应包括：（1）标准化操作界面；（2）标准化流程管理；（3）统一权限管理；（4）统一服务管理；（5）统一数据模型；（6）统一外部渠道。

（五）统一规范外部信息交换和纳税服务系统

构建全国统一的外部信息管理系统和交换通道，形成以涉税信息的采集、整理和应用为主线的管理体系，为风险管理提供外部信息保障。

规范国家税务总局、省局的纳税服务渠道、功能，形成一体化纳税服务平台，为纳税人和社会公众提供统一、规范的信息服务、办税服务、征纳互动服务。该平台可分为企业端、办税服务厅、税务网站、纳税服务热线、自助终端和短信系统。

（六）实行遵从风险管理

引入先进管理理念，将提高纳税遵从度作为税收管理的战略目标：一是构建分类分级管理和技术框架，对纳税人实行分类、分级；二是按风险分析、排序、应对、评价的流程建立国地税一体化遵从风险管理平台。

（七）加强管理决策

实现税收数据的查询、监控以及深层次、多方位的分析和挖掘，督促、检查、监控税务人员服务、管理和执法全过程，为各级税务机关税收决策提供依据。

（八）支持个人税收管理

建立承担纳税（费）义务的自然人信息库，覆盖个人所得税及社保费的核心业务，实现全员建档、数据全国集中和信息共享。

（九）强化数据质量管理

全面贯彻数据治理理念，通过事前审核监控、事后纠错调整和补偿业务等方式，及时更正数据差错，确保数据质量。

三、金税三期的数据库及管理过程

金税项目（GTP）数据库中的数据量非常大，因为中国有数千万笔产品交易记录在该系统中。GTP数据库中的原始数据直接来自发票，也就是说，它收集每笔交易中的信息。增值税发票中列出了买方和卖方的名称、识别码、地址、电话号码和银行账户信息。发票中还会显示交易产品的名称、类型、数量、价格、交易价值、增值税税率和增值税。GTP 数据库可以在不同的规模上汇总，例如在公司或区域一级。因此，它可以用来分析和研究许多问题，包括多阶段生产过程的增值、垂直专业化和地区间的税收转移。根据公司名称、注册码和地点，观察结果也可以与其他公司的调查相匹配。这为研究公司交易与投资、财务政策和利润分配等其他行为之间的关系提供了良好又可靠的数据支持。

根据增值税制度的设计和 GTP 在中国的交叉检查机制，该数据库是可靠的。通常，增值税专用发票中有四页。除标题外，四页的内容相同。第一页的标题是卖方保留的"存根票据"以供将来参考；第二页的标题是用于会计簿记购买者的"发票单"；第三页的标题是"信用票据"，即购买者税收抵免的有效证书；最后一页的标题是用于卖方簿记的"簿记单"。这种设计在一定程度上防止了贸易伙伴之间的税务欺诈。卖方负责将发票发送给买方，并促使买方始终要这些发票，因为在下一次销售货物时，这些发票对于税收抵免是必要的。在生产链中，每个生产者都有权接收和发送代表实际交易价值的发票。此外，中国政府还设立了 GTP 来监督交易和增值税的缴纳。由于 GTP 系统中几乎所有交易都在整个经济体中受到监控，因此现在只有少数几起违反增值税的案例。

此外，GTP 扩大到包括中国的所有非增值税，税收和管理方面的所有信息都已集成到该系统中。因此，GTP 建立了一个连接中国所有税务部门的税务监督网络。通过使用这个网络，全国各地的税务机关可以有效地监控纳税人使用的发票。它几乎消除了虚假发票和税收抵免中的其他欺诈行为，特别是在增值税征收方面。到目前为止，系统中的数据包括增值税发票数据、运输发票数据、废发票数据、海关支付凭证数据和出口退税审核数据。通过使用该系统，相关部门可以分析有关纳税和企业税务负担的信息，并监测纳税人的行为。

课后习题

1. 阐述金税工程三期的背景及建设原则。
2. 简述金税工程三期的重要意义。
3. 简述金税工程三期系统的主要特点。
4. 简述金税工程三期的亮点。

第十六章　金税工程四期

【学习目标】

　　1. 掌握金税工程四期的工程背景、框架。

　　2. 理解金税工程四期的进展状况、有待完善的地方。

　　3. 了解金税工程四期其他信息、发展过程。

【导读】

　　2021年9月15日，在金砖国家税务局长视频会议中，国家税务总局局长王军在会议上发言：我国正向"以数治税"时期迈进，税务工作将进入一个新的时代，金税工程四期建设已正式启动实施!

第一节　金税工程四期概述

　　2021年1月13日，国家税务总局官网公开了金税工程四期（以下简称金税四期）决策指挥端之指挥台及配套功能项目成交结果公告，至此，金税四期决策指挥系统的商务部分和技术部分文件被公开。在金税三期的基础上，金税四期纳入"非税"业务，实现对业务更全面地监控，再加上各部委、人民银行以及其他银行等参与机构之间信息共享和核查的通道，实现企业相关人员手机号码、企业纳税状态、企业登记注册信息核查三大功能。这也说明，金税四期的推进将会使得现在的现代化税收征管系统更加强大，实现"税费"全数据、全业务、全流程的"云化"打通，为智能办税、智慧监管提供条件和基础。为更严、更精准、更全方位全智能化税务稽查打下了基础，国家织的"监管天网"越来越严密，企业违法成本越来越高。

　　金税四期＝金税三期的一平台两级处理四类系统＋非税业务（涉税业务全面监控）＋信息共享（打通国家各部委、人行、各银行等所有通道实现信息共享）＋信息核查（企业相关人员手机号、登记注册信息、纳税状态）＋高端云化打通（税费进入全数据、全业务、全流程、全智能监控）（如图16－1所示）

　　从公开的金税四期决策指挥系统的商务部分和技术部分文件来看，金税四期大大增强了内部控制监督平台，其三项主体功能和三项配套功能如下：

　　1. 主体功能：（1）视频指挥台；（2）重大事项；（3）重大日程。

2. 配套功能：（1）多人音频视频沟通；（2）会议室预定；（3）扩展接口。

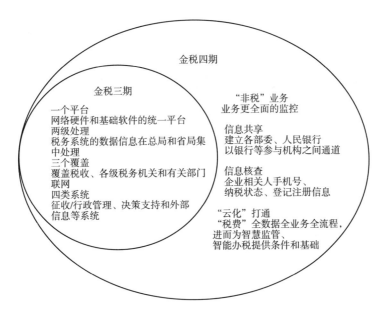

图 16 - 1　金税三期与金税四期内容

通过技术加持，强化了内容控制监督。外部随着大数据等技术的成熟也会不断升级，税务监控变得越来越严。

一、金税四期决策指挥项目背景

税务系统五级垂直管理，汇报沟通层级多、频率高；税务总局机关两地办公，大部分省税务局也是两地办公，召开会议不便；总局机关办公楼装修进入倒计时，将更加凸显异地办公情况下工作会商、指挥协调的不便。为提升工作效率，急需开展金税四期立项实施工作，基于税务专网建设使用便捷、安全可靠的可视化指挥平台，实现直达单兵（一对一）、直连现场（一对多）的视频指挥功能，提升税务机关工作效率。此外，还包括以下背景：

1. 税收收入占财政总收入 80% 以上，2020 年疫情年份都占 75%，税收是国家财政收入的主要来源，保证国家钱袋子的流入关系到国家的命脉。

2. 税务不只是收税，各种非税收收入也移交到税务征收，例如最大的民生工程"社保"就由税务征收了，税务已成为国家钱袋子的中流砥柱。

3. 税务重任在身，税费征管系统就要适应征管的需要，金税三期系统已经不能满足现代征管的要求（全方位、全业务、全流程、全智能），因此，金税四期上线是很有必要也是相当紧急。

4. 税务局没发通知或文件说要上金税四期，但是税务要上线金税四期肯定要花钱，而且这也是一笔不小的开支，国家机关要花钱是通过预算管理，大宗采购必须于

12月31日前经过政府采购通道申请，税务总局已经在2020年12月申请上报金税四期项目，就说明金四期上线千真万确（如图16-2所示）。

图16-2　金税四期项目申报

资料来源：国家税务总局官网。

二、金税四期决策指挥项目建设目标

为打造智慧税务，实现税收治理现代化的规划要求，国家税务总局决定推进决策指挥端建设工作，为领导层打造一套信息获取及时准确、页面展示直观形象、实操实控简单明了、指挥决策精准有力的"作战图"指挥平台，以实现以下目标。

一是"智慧办公"提效率。引入可视化、语音化、智能化技术，建设先进的多人音视频沟通系统，提供便捷的线上沟通、线上会商功能，实现全方位、宽领域、多场景的互动，解决会议室订不上、异地办公交互难的问题，提升智慧办公、智慧协作水平。

二是"智慧指挥"添能力。搭建各层级间上下贯通、左右互联的弹性指挥控制链条，组成纵向贯穿各级税务机关，横向覆盖各地区各部门的指挥网络，为国家税务总局和省以下税务机关提供方便快捷的实时指挥能力。

三是"智慧决策"有帮手。智能收集推送重大事项、税务要情，运用个性化信息推送服务技术和人工智能交互界面技术，实现领导决策任务差异化推送和智能关联推送，方便领导第一时间掌握重要情况，更好地服务宏观经济决策，提升税收治理现代化水平。

根据"想得要大，起步要小，扩展要快"的原则，先行启动决策指挥端（一期）项目建设，实现当前最为迫切的指挥台及配套功能。

三、金税四期决策指挥项目功能性需求

（一）主体功能

该项目主体功能包括三部分，即"视频指挥台""重大事项"和"重要日程"。

1. 视频指挥台模块。该模块主要用于满足总局领导与司局领导、各省市领导，各司局领导、各省市领导及有关干部，在指定区域（指税务内网覆盖区域，如国家税务总局不同办公区，总局、省局、市局办公和驻点区域等）对相关事件（如紧急任务下发、最新政策研讨、重点工作事项的汇报与交流）进行视频交互、远程指挥、情况汇报以及交流分析。该模块可开展一对多视频指挥、多对多视频沟通，支撑多方稳定通话、便捷分享屏幕和文档。

2. 重大事项模块。该模块主要通过分析匹配信息文档的标签与个人岗位、职务等信息，根据不同使用者的个人偏好，将内网和互联网上相关涉税信息、高层动态、社会热点、经济动态、国内外大事等信息进行个性化的推送，满足千人千面的定制化需求，使得使用人可以在该模块快速方便地浏览到感兴趣的信息。

3. 重要日程模块。该模块主要是结合日历，将与系统使用者有关的行程进行展示和共享，可以根据需要设定日程提醒，同时便于上级领导安排和召集会议、确定相关行程等重要事务性安排。该模块还可提供指定人员在岗状态信息和外出情况信息的查询，便于掌握人员工作动态，对视频指挥台模块开展远程视频会议起到辅助提示作用。

（二）辅助功能和扩展功能

除了主体功能外，该项目需求还包括多人音视频沟通、会议室预定功能等在内的辅助功能，同时还要求保留接口提供功能扩展能力，用于决策指挥系统后期相关功能模块的衔接。

1. 多人音视频沟通。可根据需要，随时使用音视频方式与上级、同事连线沟通。支持几十人同时在线，单次沟通不限时长。设置了主持人角色，会议发起人为首任主持人，主持人可以使用特定限制和管理，组织会议顺利进行，避免参会人员发言冲突。同时可以根据目前发言人进行界面优化和突出显示，根据需要选择降噪模式，消除敲击键盘声等的干扰。满足屏幕共享和远程协助，参会人可以通过屏幕共享直观展示会议议题、会议文件等，实时进行远程互动和写作。

2. 会议室预定。可实现会议室在线预定、变更，支持会议排座管理、会议席卡打印。支持查看不同办公区所有会议室的使用情况，以及会议室的实时预定情况、预订者、预定时间，在会议室资源紧张时可以与预订者进行协调。

3. 扩展接口。提供应用标准开发框架，实现功能可扩展性，满足未来办公协同的需求。

四、金税四期决策指挥项目系统总体架构

本项目主要由三项主体功能和三项配套功能组成，如图16-3所示。

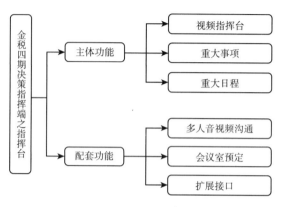

图16-3　总体框架

打造一个面向领导层"作战图式"的可视化智能交互指挥台，为领导层动态实时显示重大事项、重要日程等个性化推荐内容，大大缩短领导决策前的信息获取时间。同时，本项目还提供多人音视频沟通、会议室预定等配套功能，为领导层面提供更便捷的办公服务。本项目预计使用人数为10 000人，使用频率为每天，高峰在线人数为1 000人，高峰持续时间为4小时/天。

由上述内容可见，真正的金税四期和很多自媒体传播的金税四期有很大差别，纳税人切莫受到忽悠，只要你依法申报，金税十八期也都是为你服务的。

五、金税四期上线的作用

金税四期上线解决了国地税合并和税务内部之间信息不畅通和信息不对等等问题，会彻底解决公平税负、净化营商环境，对纳税人来说是一件好事。

1. 解决了纳税人过去的人情税费观：纳税人总认为如果被查了，就找关系摆平，导致税收环境不公平。

2. 解决了纳税人过去的胆识税费观：很多老板经常一句话说到会计无言以对，这句话是"我从开公司以来就这样做的，没出什么事，我哪个朋友公司更夸张"。

3. 解决了纳税人过去无知糊涂的税费意识：对国家出台的税收政策不学习，只重视销售，对上下游的税收风险转移到自己企业一点不清楚，要么多交了税费，要么一查就死，只有被查到补税了才恍然大悟，为自己的糊涂和无知买单。

4. 解决了纳税人过去的运气税费观：经常有老板说，这么多企业，我不相信税务局就查到我们头上来了，查到再说，老板们对待缴纳税费问题，真的是像在下赌注碰运气一样，他们认为只要没人去举报，自己公司规模不大又不出名，税务局不会知道，

再说税务局人手不多也忙不过来。

5. 解决了纳税人过去的无赖税费观：只要被税务检查，不需要什么高深的检查手段，一查就一堆问题，这时，企业老板有两个观点出来了："我就没钱交，税务你说怎么办嘛"，"把我们这些企业都整死了，国家找谁收税去嘛"，老板在面对偷逃税问题上完全是一种无赖的观点。

6. 金税四期上线，是全方位透明，全方位云端监控，全方位与公司老板们零距离说税费，老板因私卡流水经常被税务请去约谈，真的是随时一对一辅导老板学税法，老板的意识到位了对交税费足够重视了，才听得进会计的建议，自己也会加强学习税法，也不会再纵容公司人员无视财税工作。

7. 所有企业老板重视税费政策了，整个税费环境就公平了，不再在偷逃税费上打主意义了，只能在这个税负公平的大市场背景下"八仙过海各显神通"去锤炼自己企业，招录精英人才打造过硬的团队，这才是一个国家一个民族应该有的发展方向和道理。

六、金税四期上线解决的诸多难题

（一）解决了公账私卡账户天网问题

1. 建设企业信息联网核查系统：是取消企业账户许可、优化企业账户服务、全面加强企业账户事中事后监管防控账户风险的基础性配套措施。

2018 年 12 月 24 日国务院第 35 次常务会议决定，在分批试点基础上，《中国人民银行关于取消企业银行账户许可的通知》规定，于 2019 年底完全取消企业银行账户许可，办理基本户、临时户采用备案制。同时强化银行账户管理职责，推动与相关部门信息共享，全面强化事中事后监管。

2. 涉及可疑交易报告的账户，银行将按照反洗钱有关规定采取措施，超限额划款、不合规的公对私转账、用私户发工资、乱用公户等这些行为都可能被核实和严肃处理。

3. 企业每季度最少对账一次。

4. 中国工商银行、交通银行、中信银行、中国民生银行、招商银行、广发银行、平安银行、上海浦东发展银行 8 家银行作为首批用户接入企业信息联网核查系统，其他银行、非银行支付机构将按照"自愿接入"原则陆续申请接入系统。也就是说，很快系统会覆盖所有银行。

5. 未来，四部门将深化跨部门信息共享和交流合作机制，逐步扩大企业信息联网核查系统功能，依托系统加大在企业和个人账户服务、信用信息共享等方面的深度合作。

6. 将冒名开户、虚假开户的路子彻底堵死。依托企业信息联网核查系统，银行、非银行支付机构等参与机构可以核实企业相关人员手机实名信息、企业纳税状态、企业登记注册信息等重要信息，多维度、及时、准确核实企业及法人身份真实性，了解企业经营状态、实际受益人等，动态识别企业开户资格，促进落实企业账户实名制。

7. 私人账户避税行不通。参与机构依托系统及时、准确识别企业身份，防范企业预留手机号码被他人操控、空壳公司开户、虚假证明文件开户等异常账户风险，提升开户审核水平和能力，遏制电信网络诈骗、洗钱、偷逃税款等违法犯罪风险，维护经济金融秩序，维护公众利益。

（二）全国全网全业务抓取数据形成全能电子底账

以企业的身份证号（纳税识别号，即三证合一统一代码）为唯一的归集信息线索全网全业务智能抓取数据。

1. 企业开给客户的各种发票。

2. 全国开给企业的各种发票（包括 ETC 电子发票、农产品收购发票、税务窗口和第三方平台代开发票、二手车和 4S 店开票新系统开具的发票等以报销单形式或其他载体形式都不重要了，载体附件即各种进来的发票都已被税务智能机器人抓取）。

3. 工资表申报到税务系统的工资：社保基数、个税扣缴、企业所得税工资成本以及残保金工会经费。

4. 银行对公户和老板私卡进出资金抓取数据

5. 月末会计自制会计单据（折旧计算表、成本计算表、摊销或计提说明）在取得发票时数据就已被抓取，在传财务报或纳税申报就以表代备选择了会计准则和折旧摊销方法等，税务智能机器也会自动出具以上单据。

6. 税务和企业会计唯一的区别，企业会计是用借贷复式记账方法将原始单据进行编号管理和出具财务报表数据；税务电子底账是机器人抓取数据出具各种风控指标；收到会计财务报表和纳税申报表再取数计算各种风控指标，将两方指标比对，就能发现企业是否老实，是否超出预警信息，于是就有了纳税评估和税务稽查一堆事的出现。

七、企业面临金税四期该如何做

（一）合规是唯一的出路

1. 如实申报收入：隐瞒未开票收入的事坚决不做。

2. 凡支出都要取得合规票据：不要再去贪图不要票会便宜，这样会因小失大。

3. 结算支付尽量走公账合规化。

4. 三大凭证要合规：会计凭证、税务凭证、法律凭证要合规有效。

（二）勤学习并合法进行税费筹划是一条阳光大道

国家出台的税费法规，要学习并运用落实到企业经营中，未来谁精通税费法规，有能力运用到企业的经营中节省税费成本，谁就挣钱多，就是最大的赢家。

八、金税四期的主要特点

顾名思义，金税四期是金税三期的一个进化及完善。最大的亮点就是企业信息联网核查系统搭建了各部委、人民银行以及银行等参与机构之间信息共享和核查的通道，实现企业相关人员手机号码、企业纳税状态、企业登记注册信息核查三大功能。

企业纳税登记状态信息是反映企业是否正常经营，对银行、非银行支付机构了解客户、识别客户风险非常重要。企业信息联网核查系统支持企业纳税登记状态核查功能，银行、非银行支付机构通过系统可以核实企业是否纳入税务管理，以及具体纳税人状态（工商注册、注销、异常户、非正常注销）等，方便各个相关部门及时了解企业的情况。

附：企业信息联网核查系统对企业的影响如下。

1. 2019 年底，全部取消企业银行开户许可，在取消企业开户许可的地区，基本户、临时户采用备案制；

2. 严查企业基本户、临时户的开设、变更、撤销，并加强企业银行账户的管理；

3. 严厉打击企业多头开户，乱开账户，出租、出售、出借账户的违法行为；

4. 基本户只能开一个，虚名账户假账户走不通，银行对企业账户进行监管，如发现异常行为，立马进行冻结及处罚；

5. 对涉及可疑交易的账户（超额度划款、不合规的公转私、乱用公户、用私户发工资等），银行按照反洗钱规定采取措施处理；

6. 企业账户至少每一个季度进行对账一次。

针对金税四期的特点，企业存在以下 27 种异常情况需谨慎（见表 16 - 1）。

表 16 - 1 　　　　　　　　　　　　27 种异常情况

编号	异常情况
1	企业长期存在增值税留抵异常、增值税税负异常偏低或异常偏高
2	公司长期零申报或常年亏损
3	公司大量不通过对公账户的交易
4	企业的往来账户挂账过大
5	企业存货过大
6	企业大量取得未填写纳税人识别号或统一社会信用代码的增值税普通发票
7	公司缴纳的增值税与附加税费金额比对异常
8	企业连续三年以上盈利但从来不向股东分红
9	企业存在大量发票抬头为个人的不正常费用
10	企业所得税申报表中的利润数据和报送的财务报表的数据不一致
11	"未开票收入"为负，"进项税额转出"为负
12	增值税申报表申报的销售额与增值税开票系统销售额不一致
13	无免税备案但有免税销售额
14	无简易征收备案但有简易计税销售额
15	开票项目与实际经营范围严重不符
16	公司只有销项但没有进项或只有进项没有销项

编号	异常情况
17	新成立的公司频繁开票或短期内开票额突增
18	工资薪金的个人所得税人均税款偏低
19	个人取得两处及两处以上工资薪金所得未合并申报
20	同一单位员工同时存在工资薪金所得与劳务报酬所得
21	个人所得税和企业所得税申报的工资总额不符
22	大部分发票顶额开具
23	增值税专用发票用量变动异常
24	销售货物发票价格变动异常
25	法人户籍非本地、法人设立异常集中
26	企业大量存在"会务费""材料一批""咨询费""服务费""培训费"等无证据链的支出
27	试用期不入社保，工资高却按最低基数缴纳社保，员工自愿放弃社保，代别人挂靠社保

九、对比金税三期，从企业角度看金税四期的变化

（一）办税服务厅智能办税

当你进入办税服务厅，会有智能机器人为您引导办税，通过扫码认证、身份识别、语音引导为您办理各类涉税业务。相信在今后会有越来越多的无人式、无窗式办税服务厅，为你提供各类智慧办税业务。

（二）纳税申报表智能预填

今后，企业财务需要填报增值税、企业所得税等各类复杂报表时，金税四期会根据企业当期发票开具、取得等数据，智能预填申报表。而财务需要做的只是审核报表，轻松一点就可以自动申报缴税，省去了财务人员每个月月初用于埋头填表的大量时间。

（三）涉税业务实名认证

为防控风险，金税四期将全面推行实名办税。无论是线下窗口办理，还是线上电子税务局、掌上 APP 办理，办税人员都需要通过严格的身份识别，主要途径有身份证取号、人脸扫码认证、税控开票设备验证、数字签名认证、指纹认证等。

（四）业务办理区域交互

金税四期启动后，涉税业务将从目前常见的同城通办推向更大范围的省内通办、区域通办、全国通办，通办的业务数量和范围也将逐步扩大。在不久的将来，家住北京的公司财务，可以为深圳分公司办理发票领用、日常申报、税款缴纳、优惠备案，也可以与西安分公司的税局管理员、稽查局检查人员视频连线、线上约谈、沟通交流。

（五）电子发票全面普及

宁波、天津、河北等地已经开始试点增值税电子专用发票，国家税务总局也明确长三角一体化地区年底前要基本实现专用发票电子化。未来将取消纸质发票，增值税专用发票、普通发票都将全面电子化，电子发票全面普及。今后和财务打交道的不再是纸质凭证，将会是电子发票、财政电子票据、电子客票、电子行程单、电子海关专用缴款书、银行电子回单等各类电子会计凭证。

（六）税务检查精准靶向

在税务检查方面，金税四期以税收大数据为支撑，以打击偷税（逃避缴纳税款）、逃避追缴欠税、骗税、抗税、虚开发票等为主要目标，分析研判企业涉税风险点，精准选取企业开展税务检查。

（七）职能部门数据共享

银行、市场监管、海关、公安等各职能部门的数据相互共享。这些源自税局、企业之外第三方的数据，与企业生产经营、物流、仓储、供应、投融资等有着密切关系，是税局开展风险分析和核查、精准选户开展检查的重要参考和依据。

第二节　金税工程四期的思考与发展

一、对于金税四期的深入思考

"金税四期"的采购信息发出了一个讯号——"系统升级，加强监控"，要加强在技术层面上的监控，加强税局的统筹监管能力。这也意味着，"互联网＋大数据＋云计算"稽查天网已经铺开，企业更多的数据将被税局掌握，监控也呈现全方位、立体化，曾经的侥幸、投机、擦边球更加行不通。

从 2020 年 11 月 1 日开始，全国开始了社保入税，释放出一个信号，对企业社保的征收目标就是低费率、严征管！在各部门大数据联网的情况下，企业的任何举动都被纳入了稽查系统，全国进入大清查时间。

"互联网＋大数据＋云计算"时代，金税四期上线，多部门联动，1 分钟可找到税收风险点，30 分钟佐证税收风险点，50 分钟联动标识税收检查点。

但企业只要合理合法经营，数据真实并按时按规申报纳税，无论政策、制度、系统怎么变化，对于那些合法合规经营的企业来说，虽是被监察的对象，也是被肯定保护的对象。依法纳税是每个企业和个人的义务，对于一些企业来说，其实很多时候并不是说企业不想纳税，而是企业在正常经营中一些支出是根本没有办法取得相应的发票，没有发票账面上就会被税务视为利润，企业就会面临多交税的情况。还有的商贸企业上游供货商无法全额提供进项发票，而下游客户在购买货物时又要求商贸企业必须开具足额增值税专票，造成企业增值税税负加重。有的企业为了解决这些问题不惜通过一些买票充成本、虚开、进项不符等违规操作来起到"节税"的目的，这些操作在金税四期上线之后肯定是会被稽查出来的，根本行不通。这种情况下，其实企业就可以考虑通过享受地方政府出台的税收优惠政策来降低企业税负，一些地方政府为了提升当地财政收入招商引资，会出台一些税收优惠政策，例如核定征收和税收奖励，通常采用实体招商（企业实体入驻）和总部经济招商的模式（企业不需要实体入驻）。

例如有的服务型企业可采用在园区设立小规模个人独资企业享受核定征收，把主体企业的部分业务分包给园区个独企业，主体企业与个独企业签订相应的合同，主体企业给个独企业相应的劳务报酬，这样主体企业税务将会大幅降低，而园区小规模个独企业仅需缴纳个人经营所得税和附加税（核定营业额10%为应税所得额，核定后税率为0.9%～2.1%），包括3%增值税、0.18%附加税，总税率5%左右，完税之后法人可以自由支配，没有分红个税，需要注意的是园区小规模个人独资核定征收无任何进项和成本要求，也不需要实体入驻。

还有一些商贸企业上游供货商长期无法提供足额进项专票，缺进项导致商贸企业增值税压力巨大，可以在江西园区设立一般纳税人有限公司，享受增值税地方留存奖励，奖励比例为地方留存的40%～80%（具体比例根据年纳税额来定），企业所得税按照开票额1%核定征收，且不需要实体入驻。

举例：某建材企业入驻江西园区，年营收5 000万元，也就是年开票额为5 000万元。

增值税在园区缴纳：5 000万/1.13×13%=575（万元）。

附加税在园区缴纳：575万×12%=69（万元）。

企业所得税在园区缴纳：5 000万×1%（核定行业利润率为1%）×25%=12.5（万元）。

资源税：5 000万×3%=150（万元）。

增值税地方留存为41%，增值税享受园区地方留存60%比例返还：

575万×41%×60%=141（万元）

在园区实际纳税总计：575万+69万+12.5万+150万－141万=665.5（万元）。

目前一般纳税人企业所得税按照1%税率核定的园区是非常少的，还能同时享受增值税奖励就更少了。金税四期上线之后，企业更应该做好自身税务筹划，避免出现不必要税务风险。通过地方政府的税收优惠政策来合理合法节省税务支出才是正确途径。

二、未来金税工程的发展

（一）支持更加全面地收集涉税信息

金税三期最大的亮点在于支持数据共享。

除了税务部门内部的数据已经实现共享外，金税三期还支持跨部门间的数据共享。

金税三期预留了第三方数据接口，工商、社保、海关、银行、公安等有数据共享需要的部门今后都可能逐步联网。企业在其他政府部门申报的数据信息都将同步传送到税务局。

金税三期还支持通过发票采集更多信息。例如开具普通发票要求填写纳税人识别号、要求填写商品编码、采购商品取得的发票要求附采购清单等。金税三期下，通过发票采集了更多交易信息，这些信息有的已经实现系统自动采集，有些仍待系统进一步优化后才能实现自动采集。无疑，税务系统对企业交易情况的掌控将会更加细致。

不夸张地说，未来，很可能企业就连卖了根针税务局也是知道的。

（二）支持税收违法责任落实到人

继自然人纳税识别号制度将自然人的纳税义务准确定点到自然人之后，又出台了实名办税制度，将办税责任与具体办税人员相联系。税收违法企业的联合惩戒措施强化了欠税企业法人高管的责任。虽然从法律关系上来说，部分税收违法责任应当由作为纳税人或扣缴义务人的企业承担，但税务系统已经可以做到将税收违法企业与个人点对点连接。随着信用体系的建设，企业的税收违法可能直接影响个人。

（三）大数据比对企业纳税情况

金税三期最大的威力在于用大数据发现企业的税收违法嫌疑。未来，金税工程可以比对的数据将会越来越多，大致可以分为以下几类：

第一类：交易本身的数据是否匹配。

如进项发票的品名及数量与销项发票的品名及数量是否一致；交易发生地点与企业经营地点分离的情况是否属于合理范围等。

第二类：企业整体的涉税数据是否正常。

如企业期末存货与增值税留抵税额是否匹配；企业新增应收账款、其他应收款、预收账款、应付账款、企业应付款等往来账户的金额是否与公司的销售收入、销售成本比对异常；企业的成本费用变动与销售收入变动关系是否合理等。

第三类：向税务申报的数据是否与其他政府部门掌握的数据一致。

如向国税申报的增值税金额与向地税申报的各项附加税费是否匹配；为企业员工缴纳的个人所得税以及企业所得税前扣除的工资薪金成本是否与社保、公积金等部门掌握的数据一致；股权转让交易纳税申报情况与在工商部门备案登记信息是否一致，甚至在未来有可能与银行账户收款情况比对等。一旦全面实现税务系统与其他部门，尤其是与银行系统的无缝对接，企业的交易都将赤裸裸地暴露在税务局的计算机系统内。

第四类：企业纳税情况与类似企业是否大致相当。

税收大数据收集了大量纳税人的涉税信息，掌握了各行业经营、纳税的总体情况。因此，一旦企业申报的纳税数据与同行业类似企业申报的数据出现较大的偏差，系统完全可以做到自动识别。如企业整体税负率是否偏低，税负率变动水平是否异常；企业对原材料的消耗及取得的销售收入是否与行业普遍水平一致；企业纳税申报情况是否符合行业的一般发展规律等。

第三节　金税工程四期试点工作组

2021 年是税务部门落实中办、国办印发的《关于进一步深化税收征管改革的意见》的首年，也是金税四期建设的开启之年。2021 年 8 月，为了同一个目标任务，一群税务人从全国各地汇聚到一起，组成了税务铁军中的"特种部队"——发票电子化改革（金税四期）试点工作组，日夜奋战在广东、四川、上海和内蒙古四地。国家税务总局党委书记、局长王军曾寄语这支"特种部队"："同志们正在干一件攀攻几年，骄傲一生，惠及几代，享誉内外的事情！"[①] 攀攻之路注定荆棘遍地、充满艰辛，"特种部队"的战士们牢记王军局长的嘱托和期望，勇担使命、风雨兼程，谱写了一曲攻坚克难、团结奋斗、无私奉献的战歌。

放眼世界，发票电子化改革没有先例，更没有捷径。一个电子化系统，从想法到实现，需要经历多少道环节？设计、需求转化、编程、调试、测试、试点上线、正式上线……"金四"系统的攻关，除了环节多，更大的困难在于它数据驱动的理念前所未有，实现目标的路途中充满未知数。将一个项目落地，其实就是将顶层设计变为现实。但将一个有待满足的需求变为现实，需要设计方和实践方的深入沟通和反复磨合。把需求转化成实践的过程，并不顺利。

2021 年 12 月 1 日，全国统一的电子发票平台上线运行，并顺利开出全国首张全面数字化的电子发票，大幅降低了市场主体的制度性交易成本。全电发票最终上线需要经过精密的测试，既包括众多场景的测试，也包括流程的测试，一环扣一环的开票流程，如果有一个地方受阻，就会影响到整个系统的使用。资源部署、数据迁移、系统改造、应用测试、上线切换、推广计划、业务配套……金税四期项目擘画的宏伟蓝图是我们税务人的梦想，我们多一分努力，金税四期的梦想就会离我们越近。在试点工作组这支"特种部队"里，每个深夜，成都基地的 8 层小楼总是灯火通明，在周边人走灯灭的黑暗楼群里，显得异常明亮耀眼。在明亮的窗户背后，是一群奋勇争先的税务人，正朝着金税四期的高峰在不停地攀登。奉献甘如饴干同样的工作，有人觉得工作繁重压力大，但也有人觉得能够得到提升、实现价值，因此乐于在工作中发光发热、贡献力量。金税四期追梦人内心总是涌动着火一般的工作热情，克服重重艰难险阻，为金税四期大厦添砖加瓦，心中甘之如饴。一起向未来，众人拾柴火焰高。在试点工作组这个干事创业的舞台上，队伍总是整齐划一、步调一致朝着共同的目标进发，心往一处想，劲往一处使，形成了攻关金税四期的强大合力。全电发票试点上线，既是一个阶段的结束，同时也是一个新阶段的开始。未来全电发票从试点到全面铺开，再到金税四期、智慧税务的实现，还需要试点工作组一步一个脚印，久久为功，再创辉煌。"'金四'不上线，我们坚决不下线！"这是试点组每一名成员共同的誓言。

---

① "金四"不上线，我们不下线 ［N］. 中国税务报，2022－01－21.

课后习题

1. 简述金税工程四期的背景。
2. 简述金税工程四期的建设目标。
3. 简述金税工程四期系统的总体架构。
4. 简述金税工程四期与金税工程三期的区别与联系。

第十七章 深化税收征管改革

【学习目标】

1. 掌握税收征管数字化升级与智能化改造。
2. 理解税收征管改革总体要求。
3. 了解税收执法制度和机制、税务监管。

【导读】

"十四五"规划和2035年远景目标纲要提出:"深化税收征管制度改革,建设智慧税务,推动税收征管现代化。"深化税收征管改革是完善现代税收体制的重要内容,涉及政府与市场关系的调整,对完善社会主义市场经济体制具有积极作用。2021年3月,中共中央办公厅、国务院办公厅印发《关于进一步深化税收征管改革的意见》,对深化税收征管改革进行了全面部署。贯彻落实中央决策部署,深入推进税收征管改革,对于完善现代税收体制、打造市场化法治化国际化营商环境、更好服务市场主体发展具有重要意义。

第一节 关于进一步深化税收征管改革的意见

2021年3月24日,中共中央办公厅、国务院办公厅印发了《关于进一步深化税收征管改革的意见》,并发出通知,要求各地区各部门结合实际贯彻落实。

《关于进一步深化税收征管改革的意见》全文如下。

近年来,我国税收制度改革不断深化,税收征管体制持续优化,纳税服务和税务执法的规范性、便捷性、精准性不断提升。为深入推进税务领域"放管服"改革,完善税务监管体系,打造市场化法治化国际化营商环境,更好服务市场主体发展,现就进一步深化税收征管改革提出如下意见。

一、总体要求

（一）指导思想

以习近平新时代中国特色社会主义思想为指导,全面贯彻党的十九大和十九届二中、三中、四中、五中全会精神，围绕把握新发展阶段、贯彻新发展理念、构建新发展格局，深化税收征管制度改革，着力建设以服务纳税人缴费人为中心、以发票电子化改革为突破口、以税收大数据为驱动力的具有高集成功能、高安全性能、高应用效能的智慧税务，深入推进精确执法、精细服务、精准监管、精诚共治，大幅提高税法遵从度和社会满意度，明显降低征纳成本，充分发挥税收在国家治理中的基础性、支柱性、保障性作用，为推动高质量发展提供有力支撑。

（二）工作原则

坚持党的全面领导，确保党中央、国务院决策部署不折不扣落实到位；坚持依法治税，善于运用法治思维和法治方式深化改革，不断优化税务执法方式，着力提升税收法治化水平；坚持为民便民，进一步完善利企便民服务措施，更好满足纳税人缴费人合理需求；坚持问题导向，着力补短板强弱项，切实解决税收征管中的突出问题；坚持改革创新，深化税务领域"放管服"改革，推动税务执法、服务、监管的理念和方式手段等全方位变革；坚持系统观念，统筹推进各项改革措施，整体性集成式提升税收治理效能。

（三）主要目标

到2022年，在税务执法规范性、税费服务便捷性、税务监管精准性上取得重要进展。到2023年，基本建成"无风险不打扰、有违法要追究、全过程强智控"的税务执法新体系，实现从经验式执法向科学精确执法转变；基本建成"线下服务无死角、线上服务不打烊、定制服务广覆盖"的税费服务新体系，实现从无差别服务向精细化、智能化、个性化服务转变；基本建成以"双随机、一公开"监管和"互联网＋监管"为基本手段、以重点监管为补充、以"信用＋风险"监管为基础的税务监管新体系，实现从"以票管税"向"以数治税"分类精准监管转变。到2025年，深化税收征管制度改革取得显著成效，基本建成功能强大的智慧税务，形成国内一流的智能化行政应用系统，全方位提高税务执法、服务、监管能力。

二、全面推进税收征管数字化升级和智能化改造

（一）加快推进智慧税务建设

充分运用大数据、云计算、人工智能、移动互联网等现代信息技术，着力推进内外部涉税数据汇聚联通、线上线下有机贯通，驱动税务执法、服务、监管制度创新和业务变革，进一步优化组织体系和资源配置。2022年基本实现法人税费信息"一户式"、自然人税费信息"一人式"智能归集，2023年基本实现税务机关信息"一局式"、税务人员信息"一员式"智能归集，深入推进对纳税人缴费人行为的自动分析管理、对税务人员履责的全过程自控考核考评、对税务决策信息和任务的自主分类推送。2025年实现税务执法、服务、监管与大数据智能化应用深度融合、高效联动、全面升级。

（二）稳步实施发票电子化改革

2021 年建成全国统一的电子发票服务平台，24 小时在线免费为纳税人提供电子发票申领、开具、交付、查验等服务。制定出台电子发票国家标准，有序推进铁路、民航等领域发票电子化，2025 年基本实现发票全领域、全环节、全要素电子化，着力降低制度性交易成本。

（三）深化税收大数据共享应用

探索区块链技术在社会保险费征收、房地产交易和不动产登记等方面的应用，并持续拓展在促进涉税涉费信息共享等领域的应用。不断完善税收大数据云平台，加强数据资源开发利用，持续推进与国家及有关部门信息系统互联互通。2025 年建成税务部门与相关部门常态化、制度化数据共享协调机制，依法保障涉税涉费必要信息获取；健全涉税涉费信息对外提供机制，打造规模大、类型多、价值高、颗粒度细的税收大数据，高效发挥数据要素驱动作用。完善税收大数据安全治理体系和管理制度，加强安全态势感知平台建设，常态化开展数据安全风险评估和检查，健全监测预警和应急处置机制，确保数据全生命周期安全。加强智能化税收大数据分析，不断强化税收大数据在经济运行研判和社会管理等领域的深层次应用。

三、不断完善税务执法制度和机制

（一）健全税费法律法规制度

全面落实税收法定原则，加快推进将现行税收暂行条例上升为法律。完善现代税收制度，更好发挥税收作用，促进建立现代财税体制。推动修订税收征收管理法、反洗钱法、发票管理办法等法律法规和规章。加强非税收入管理法制化建设。

（二）严格规范税务执法行为

坚持依法依规征税收费，做到应收尽收。同时，坚决防止落实税费优惠政策不到位、征收"过头税费"及对税收工作进行不当行政干预等行为。全面落实行政执法公示、执法全过程记录、重大执法决定法制审核制度，推进执法信息网上录入、执法程序网上流转、执法活动网上监督、执法结果网上查询，2023 年基本建成税务执法质量智能控制体系。不断完善税务执法及税费服务相关工作规范，持续健全行政处罚裁量基准制度。

（三）不断提升税务执法精确度

创新行政执法方式，有效运用说服教育、约谈警示等非强制性执法方式，让执法既有力度又有温度，做到宽严相济、法理相融。坚决防止粗放式、选择性、"一刀切"执法。准确把握一般涉税违法与涉税犯罪的界限，做到依法处置、罚当其责。在税务执法领域研究推广"首违不罚"清单制度。坚持包容审慎原则，积极支持新产业、新业态、新模式健康发展，以问题为导向完善税务执法，促进依法纳税和公平竞争。

（四）加强税务执法区域协同

推进区域间税务执法标准统一，实现执法信息互通、执法结果互认，更好服务国家区域协调发展战略。简化企业涉税涉费事项跨省迁移办理程序，2022年基本实现资质异地共认。持续扩大跨省经营企业全国通办涉税涉费事项范围，2025年基本实现全国通办。

（五）强化税务执法内部控制和监督

2022年基本构建起全面覆盖、全程防控、全员有责的税务执法风险信息化内控监督体系，将税务执法风险防范措施嵌入信息系统，实现事前预警、事中阻断、事后追责。强化内外部审计监督和重大税务违法案件"一案双查"，不断完善对税务执法行为的常态化、精准化、机制化监督。

四、大力推行优质高效智能税费服务

（一）确保税费优惠政策直达快享

2021年实现征管操作办法与税费优惠政策同步发布、同步解读，增强政策落实的及时性、确定性、一致性。进一步精简享受优惠政策办理流程和手续，持续扩大"自行判别、自行申报、事后监管"范围，确保便利操作、快速享受、有效监管。2022年实现依法运用大数据精准推送优惠政策信息，促进市场主体充分享受政策红利。

（二）切实减轻办税缴费负担

积极通过信息系统采集数据，加强部门间数据共享，着力减少纳税人缴费人重复报送。全面推行税务证明事项告知承诺制，拓展容缺办理事项，持续扩大涉税资料由事前报送改为留存备查的范围。

（三）全面改进办税缴费方式

2021年基本实现企业税费事项网上办理，个人税费事项能掌上办理。2022年建成全国统一规范的电子税务局，不断拓展"非接触式""不见面"办税缴费服务。逐步改变以表单为载体的传统申报模式，2023年基本实现信息系统自动提取数据、自动计算税额、自动预填申报，纳税人缴费人确认或补正后即可线上提交。

（四）持续压减纳税缴费次数和时间

落实《优化营商环境条例》，对标国际先进水平，大力推进税（费）种综合申报，依法简并部分税种征期，减少申报次数和时间。扩大部门间数据共享范围，加快企业出口退税事项全环节办理速度，2022 年税务部门办理正常出口退税的平均时间压缩至 6 个工作日以内，对高信用级别企业进一步缩短办理时间。

（五）积极推行智能型个性化服务

全面改造提升 12366 税费服务平台，加快推动向以 24 小时智能咨询为主转变，2022 年基本实现全国咨询"一线通答"。运用税收大数据智能分析识别纳税人缴费人的实际体验、个性需求等，精准提供线上服务。持续优化线下服务，更好满足特殊人员、特殊事项的服务需求。

（六）维护纳税人缴费人合法权益

完善纳税人缴费人权利救济和税费争议解决机制，畅通诉求有效收集、快速响应和及时反馈渠道。探索实施大企业税收事先裁定并建立健全相关制度。健全纳税人缴费人个人信息保护等制度，依法加强税费数据查询权限和留痕等管理，严格保护纳税人缴费人及扣缴义务人的商业秘密、个人隐私等，严防个人信息泄露和滥用等。税务机关和税务人员违反有关法律法规规定、因疏于监管造成重大损失的，依法严肃追究责任。

五、精准实施税务监管

（一）建立健全以"信用＋风险"为基础的新型监管机制

健全守信激励和失信惩戒制度，充分发挥纳税信用在社会信用体系中的基础性作用。建立健全纳税缴费信用评价制度，对纳税缴费信用高的市场主体给予更多便利。在全面推行实名办税缴费制度基础上，实行纳税人缴费人动态信用等级分类和智能化风险监管，既以最严格的标准防范逃避税，又避免影响企业正常生产经营。健全以"数据集成＋优质服务＋提醒纠错＋依法查处"为主要内容的自然人税费服务与监管体系。依法加强对高收入高净值人员的税费服务与监管。

（二）加强重点领域风险防控和监管

对逃避税问题多发的行业、地区和人群，根据税收风险适当提高"双随机、一公开"抽查比例。对隐瞒收入、虚列成本、转移利润以及利用"税收洼地""阴阳合同"和关联交易等逃避税行为，加强预防性制度建设，加大依法防控和监督检查力度。

（三）依法严厉打击涉税违法犯罪行为

充分发挥税收大数据作用，依托税务网络可信身份体系对发票开具、使用等进行全环节即时验证和监控，实现对虚开骗税等违法犯罪行为惩处从事后打击向事前事中精准防范转变。健全违法查处体系，充分依托国家"互联网＋监管"系统多元数据汇聚功能，精准有效打击"假企业"虚开发票、"假出口"骗取退税、"假申报"骗取税费优惠等行为，保障国家税收安全。对重大涉税违法犯罪案件，依法从严查处曝光并按照有关规定纳入企业和个人信用记录，共享至全国信用信息平台。

六、持续深化拓展税收共治格局

（一）加强部门协作

大力推进会计核算和财务管理信息化，通过电子发票与财政支付、金融支付和各类单位财务核算系统、电子档案管理信息系统的衔接，加快推进电子发票无纸化报销、入账、归档、存储。持续深化"银税互动"，助力解决小微企业融资难融资贵问题。加强情报交换、信息通报和执法联动，积极推进跨部门协同监管。

（二）加强社会协同

积极发挥行业协会和社会中介组织作用，支持第三方按市场化原则为纳税人提供个性化服务，加强对涉税中介组织的执业监管和行业监管。大力开展税费法律法规的普及宣传，持续深化青少年税收法治教育，发挥税法宣传教育的预防和引导作用，在全社会营造诚信纳税的浓厚氛围。

（三）强化税收司法保障

公安部门要强化涉税犯罪案件查办工作力量，做实健全公安派驻税务联络机制。实行警税双方制度化、信息化、常态化联合办案，进一步畅通行政执法与刑事执法衔接工作机制。检察机关发现负有税务监管相关职责的行政机关不依法履责的，应依法提出检察建议。完善涉税司法解释，明晰司法裁判标准。

（四）强化国际税收合作

深度参与数字经济等领域的国际税收规则和标准制定，持续推动全球税收治理体系建设。落实防止税基侵蚀和利润转移行动计划，严厉打击国际逃避税，保护外资企业合法权益，维护我国税收利益。不断完善"一带一路"税收征管合作机制，支持发展中国家提高税收征管能力。进一步扩大和完善税收协定网络，加大跨境涉税争议案件协商力度，实施好对所得避免双重征税的双边协定，为高质量引进来和高水平走出去提供支撑。

七、强化税务组织保障

（一）优化征管职责和力量

强化市县税务机构在日常性服务、涉税涉费事项办理和风险应对等方面的职责，适当上移全局性、复杂性税费服务和管理职责。不断优化业务流程，合理划分业务边界，科学界定岗位职责，建立健全闭环管理机制。加大人力资源向风险管理、税费分析、大数据应用等领域倾斜力度，增强税务稽查执法力量。

（二）加强征管能力建设

坚持更高标准、更高要求，着力建设德才兼备的高素质税务执法队伍，加大税务领军人才和各层次骨干人才培养力度。高质量建设和应用学习兴税平台，促进学习日常化、工作学习化。

（三）改进提升绩效考评

在实现税务执法、税费服务、税务监管行为全过程记录和数字化智能归集基础上，推动绩效管理渗入业务流程、融入岗责体系、嵌入信息系统，对税务执法等实施自动化考评，将法治素养和依法履职情况作为考核评价干部的重要内容，促进工作质效持续提升。

八、认真抓好贯彻实施

（一）加强组织领导

各地区各有关部门要增强"四个意识"、坚定"四个自信"、做到"两个维护"，切实履行职责，密切协调配合，确保各项任务落地见效。税务总局要牵头组织实施，积极研究解决工作推进中遇到的重大问题，加强协调沟通，抓好贯彻落实。地方各级党委和政府要按照税务系统实行双重领导管理体制的要求，在依法依规征税收费、落实减税降费、推进税收共治、强化司法保障、深化信息共享、加强税法普及、强化经费保障等方面提供支持。

（二）加强跟踪问效

在税务领域深入推行"好差评"制度，适时开展监督检查和评估总结，减轻基层负担，促进执法方式持续优化、征管效能持续提升。

（三）加强宣传引导

税务总局要会同有关部门认真做好宣传工作，准确解读便民利企政策措施，及时回应社会关切，正确引导社会预期，营造良好舆论氛围。

第二节　《关于进一步深化税收征管改革的意见》的解读

全面贯彻落实中共中央办公厅、国务院办公厅印发的《关于进一步深化税收征管改革的意见》，为"十四五"时期各省进一步深化税收改革作出了总体规划，吹响了推动税收治理能力和治理体系现代化迈入高质量发展新阶段的前进号角。《意见》以习近平新时代中国特色社会主义思想为指导，围绕把握新发展阶段、贯彻新发展理念、构建新发展格局，对深入推进精确执法、精细服务、精准监管、精诚共治，深化税收征管改革作出全面部署。这既是党中央、国务院关于"十四五"时期税收征管改革的重要制度安排，为"十四五"时期高质量推进新发展阶段税收现代化确立了总体规划，又是党中央、国务院顺应纳税人缴费人期盼部署实施的重大民心工程，还是税务部门庆祝建党 100 周年和党史学习教育开展"我为群众办实事"实践活动的重要指导，必将成为发挥税收在国家治理中基础性、支柱性、保障性作用，更好推动高质量发展、服务国家治理现代化的基本遵循。

一、三个特点保障中央要求落实落地

《实施方案》充分体现了对中央要求的有效承接，坚持党对税收工作的全面领导，践行"以人民为中心"的发展思想，从六大方面对中央部署的任务全部进行了有效承接和细化落实，既保障不折不扣落实中央文件精神，又注重实际，突出针对性和可操作性。概括来讲有以下三个特点：

1. 体现各省特色。贯彻"十四五"规划和 2035 年远景目标纲要，在数据共享、健全地方税费法规制度、压减纳税缴费时间等方面提出了具体措施，彰显了地域特点。比如，结合省营商环境建设需要，增加了压缩出口退税、增值税留抵退税时间、优化自然人社保费医保费缴库方式和退库流程等内容。推行税收专家顾问与企业"一对一"直连服务模式，实施"一户一策"一揽子税费解决方案。完善省级管理权限内的税收政策，推动制定《省税收保障条例》，营造公平竞争的税费政策环境。

2. 突出协同共治。更加强调政府主导和部门配合，发挥税务系统双重领导管理体制优势，不断健全"党政领导、税务主责、部门协作、社会协同、公众参与、国际合作"税收共治新体系，持续深化拓展税收共治格局。比如，在加强部门协作上，财政、人民银行、公安、海关、自然资源等有关部门对税务部门履行税费征收职责予以协助，进一步完善与税务部门在情报交换、信息通报和执法联动等方面的协同措施。进一步拓宽涉税涉费数据信息来源，完善涉税涉费信息共享和沟通机制，推行涉税涉费信息共享目录制管理。

3. 强化以数治税。强调运用大数据、云计算、人工智能、移动互联网等现代信息技术，着力推进涉税数据汇聚联通、线上线下有机贯通，驱动税务执法、服务、监管制度创新和业务变革，体现了浓厚的时代气息。比如，建设全省税收大数据平台，推动制定并落实《大数据发展促进条例》，推动各级政府大数据主管部门向税务部门提供相关数据，实现涉税数据共享共用。深化大数据和新技术应用，构建税收算法模型工具库，不断丰富税收指数体系指标，为党委政府决策提供参考。发挥数据要素的驱动作用，拓展大数据驱动下的生产型应用场景建设。2022 年底前，基本实现非税收入标签化分级分类管理和社会协同治理新模式。

二、六大方面绘就改革任务新蓝图

《实施方案》从全面实施数字化、智能化转型升级等六个方面，共提出了24条举措，深入推进税务领域"放管服"改革，打造市场化法治化国际化营商环境，更好服务市场主体发展。主要包括以下内容：

1. 全面实施数字化、智能化转型升级。包括积极推进智慧税务建设、实施发票电子化改革、积极推进数据共享、深化大数据和新技术应用4项任务，重点是建立涉税数据的常态化、制度化共享协调机制，加强智能化税收大数据分析，服务党委政府决策参考。

2. 进一步优化税务执法方式。包括健全地方税费法规制度、维护税费征收秩序、严格规范税务执法行为、不断提升税务执法精确度、强化税务执法内部控制和监督5项任务，重点是制定全省统一的税务行政处罚裁量基准，创新税务行政执法方式，有效运用说服教育、约谈警示等非强制性执法方式，让执法既有力度又有温度。

3. 大力推行优质高效智能税费服务。包括确保税费优惠政策直达快享、大幅减轻办税缴费负担、全面改进办税缴费方式、压减纳税缴费次数和时间、强化智能型个性化服务、维护纳税人缴费人合法权益6项任务，重点是对标全国营商环境评价标杆城市先进水平，进一步拓展完善"非接触式"办税缴费服务，持续简并征期、优化流程、压缩办税缴费时间，全面提升纳税人满意度和获得感。

4. 精准实施税务监管。包括完善"信用＋风险"新型监管机制、加强重点监管和防范、严厉打击涉税违法行为3项任务，重点是健全守信激励和失信惩戒制度，深入推进动态"信用＋风险"精准监管，精准有效打击"假企业""假出口""假申报"等涉税违法犯罪行为，健全违法查处体系，在保障国家税收安全的同时，为合法经营企业提供更加公平优质的税收营商环境。

5. 持续深化拓展税收共治格局。包括加强部门协作、加强社会协同、强化税收法治保障、加强国际税收合作4项任务，重点是推动制定《税收保障条例》，加强政府部门在信息共享、执法联动等方面的合作，强化检察、审判、公安等司法机关的协助，形成税收共治的强大合力。

6. 强化组织保障。包括加强组织领导、强化保障实施2项任务，重点是加强党委政府的领导，在依法依规征税收费、落实减税降费、推进税费共治、强化司法保障、深化信息共享、加强税法普及等方面提供支持。

三、此次出台的《意见》概括来说，将推动税收工作实现四方面的突破

一是税收征管从合作、合并到合成的突破。党的十八大以来，我国在税收征管方面经历三次大的变革，2015年中办、国办印发的《深化国税、地税征管体制改革方案》推进的是国税地税"合作"；2018年中办、国办印发的《国税地税征管体制改革方案》实施的是国税地税"合并"；这次中办、国办印发的《意见》将推动税收征管

的第三次变革，其特征可概括为"合成"，是执法、服务、监管的系统优化，是业务流程、制度规范、信息技术、数据要素、岗责体系的一体化融合升级。这就要求新阶段新税务要有新作为，促进税法遵从度和社会满意度大幅提高，以及征纳成本的明显降低。

二是税收服务、执法和监管深度融合的突破。《意见》落实建设服务型政府要求，不仅专门对大力推行优质高效智能税费服务作出部署，而且强调寓执法、监管于服务之中，把服务理念有机融入税收征管各个环节。比如，创新行政执法方式，提高执法的精确度，让执法既有力度又有温度；在税务监管领域建立健全纳税缴费信用评价体系，让守信者健步阳光道，失信者要过独木桥。

三是税收治理实现数字化、智能化、智慧化的突破。《意见》提出，以发票电子化改革为突破口、以税收大数据为驱动力，建成具有高集成功能、高安全性能、高应用效能的智慧税务，全面推进税收征管数字化升级和智能化改造。

四是税收改革创新从渐进式到体系性集成的突破。《意见》强调，推动税务执法、服务、监管的理念和方式手段等全方位变革，并提出了一系列开拓性的改革举措。如到2023年，基本建成"无风险不打扰、有违法要追究、全过程强智控"的税务执法新体系，实现从经验式执法向科学精确执法转变；基本建成"线下服务无死角、线上服务不打烊、定制服务广覆盖"的税费服务新体系，实现从无差别服务向精细化、智能化、个性化服务转变；基本建成以"双随机、一公开"监管和"互联网＋监管"为基本手段、以重点监管为补充、以"信用＋风险"监管为基础的税务监管新体系，实现从"以票管税"向"以数治税"精准监管的转变。

一分部署，九分落实。对全体税务人而言，《意见》是开启"十四五"时期税收现代化新征程的动员令，任务艰巨、责任重大、使命光荣。我们有决心、有信心、有恒心，在以习近平同志为核心的党中央坚强领导下，按照党中央、国务院部署，以钉钉子精神抓好《意见》落实，更好服务广大纳税人缴费人、更好服务经济社会发展、更好服务构建新发展格局。

四、《意见》从四个方面提出了拓展税收共治格局的措施

一是部门协作推进改革。如《意见》提出，通过电子发票与财政支付、金融支付和各类单位财务核算系统、电子档案管理信息系统的衔接，加快推进电子发票无纸化报销、入账、归档和存储等。

二是社会协同相向发力。如《意见》提出，积极发挥行业协会和社会中介组织作用，支持第三方按市场化原则为纳税人提供个性化服务，加强对涉税中介组织的执业监管和行业监管。

三是司法支持保驾护航。公检法等司法部门是保障国家税收安全和纳税人缴费人合法权益的有力防线，也是税收共治格局中的关键一环。《意见》要求，进一步健全做实公安派驻税务联络机制，实行税警双方制度化、信息化、常态化联合办案，进一步畅通行政执法与刑事执法衔接工作机制。

四是国际合作互惠共赢。《意见》要求，强化国际合作，进一步扩大和完善税收协定网络，加大跨境涉税争议案件协商力度，实施好避免双重征税的双边协定，为更高水平的对外开放提供有力的税收支撑。

五、《意见》中对税收大数据运用的工作和部署

税收大数据是智慧税务的重要基础。近年来，税务部门积极落实党中央、国务院决策部署，加强对数据资源的深挖细掘、智能分析和融合共享，充分运用大数据提升税收治理现代化水平。特别是依托信息技术和税收大数据，大力推行并不断拓展"非接触式"办税缴费范围，目前"非接触式"办税缴费清单已达214项，其中203项可全程网上办，基本实现了"服务不见面，时刻都在线"。运用税收大数据，分析经济运行情况，2020年，各级税务局形成了2万多篇有分量、高价值的税收分析报告，有效服务了各级党委政府决策。

税务部门将按照《意见》要求，探索建立全国统一的税务云征管服务平台和全国统一的电子税务局，确保税收数据全生命周期安全，严格保护纳税人缴费人的商业秘密、个人隐私等，同时加强智能化税收大数据分析，不断强化税收大数据在经济运行研判和社会管理等领域的深层次应用。

课后习题

1. 简述深化税收征管改革的总体要求。
2. 如何深化税收征管改革？
3. 简述对深化税收征管改革的认识。

第十八章　财税综合信息化平台

【学习目标】

1. 掌握财税综合信息化平台的建设背景、框架。
2. 理解财税综合信息化平台的建设进展状况、设计原则。
3. 了解财税综合信息化平台中各行业信息分析。

【导读】

当今是"互联网＋"时代，习近平总书记在网络安全和信息化座谈会上要求："我们要强化信息资源的深度整合，打通经济社会发展的信息'大动脉'。"通过建跨部门财税综合信息共享系统，运用现代信息技术，及时传递和利用涉税信息，最终建立起"政府领导、财政牵头、税务主管、部门配合、信息共享、社会参与"的立体化、全方位的综合治税（费）新模式，切实保障财政收入稳定较快增长。

第一节　背景与目标

一、背景

（一）概念界定

财税综合信息化平台是一套整合政府各部门涉税数据和互联网的经济大数据平台，利用该平台进行财税分析、风险预警、协控联管、项目管理、财源建设，依法对税务征管实施监督，摸清家底，掌握经济主动权。

（二）财税征管现状

财税征管工作中存在部门信息分割、共享不充分、信息获取技术落后等突出问题，导致财税征管手段弱化，影响了财税收入顺畅入库。尤其在房地产、建筑安装（以下简称建安）项目、旅游业、园区管理等领域，缺乏相应的信息化监管手段，使这些领域税收征管不到位。同时在税收共治方面，目前主要靠人工统计分析，涉税信息时效性、准确性、完整性、安全性无法得到保证，缺乏专门的部门进行税收共治工作，直接影响数据分析结果和利用成效。

（三）建设的必要性

加强财税综合信息平台建设，有助于解决部门信息分割、共享不充分、管理不到位等突出问题，确保政府及有关部门及时、准确、充分获取、运用涉税信息，及时采取有效应对措施，形成政府依法管税、税务部门依法征税、纳税人依法纳税、各单位协税护税的综合治税新格局，提升政府治理能力和财税管理水平。

（四）建设的可能性

1. 理论依据。《中华人民共和国税收征收管理法》第四条规定：地方各级人民政府应当积极支持税务系统信息化建设，并组织有关部门实现相关信息的共享。《国务院关于印发促进大数据发展行动纲要的通知》指出：建立运行平稳、安全高效的经济运行新机制。充分运用大数据，不断提升信用、财政、金融、税收、农业、统计、进出口、资源环境、产品质量、企业登记监管等领域数据资源的获取和利用能力，丰富经济统计数据来源，实现对经济运行更为准确的监测、分析、预测、预警，提高决策的针对性、科学性和时效性，提升宏观调控以及产业发展、信用体系、市场监管等方面管理效能，保障供需平衡，促进经济平稳运行。《国务院办公厅关于运用大数据加强对市场主体服务和监管的若干意见》中要求：加强统计监测和数据加工服务。创新统计调查信息采集和挖掘分析技术。加强跨部门数据关联比对分析等加工服务，充分挖掘政府数据价值。《河北省税收征管保障办法》第三条要求各级人民政府应当加强对本行政区域内税收征管保障工作的领导、组织和协调，对税收征管保障工作进行监督和考核，并按财政事权与支出责任划分保障相应工作经费。

2. 实践经验。近年来，为促进经济高质量发展，加大力度培植财源，提高经济发展含金量，湖南省、河南省、甘肃省、广西省等多地成立税管办/财源办/综合治税办，积极开展财源建设工作，并开展政策试点，探索财源建设方式方法，从立足比较优势、营造良好环境来抓招商，从综合治税方面进行税收挖潜，从延伸产业链、找补缺失产业链抓培育。各地财税综合信息平台建设好的做法，为其他地区平台建设提供了宝贵的借鉴经验。

二、建设目标

（一）建立更高效数据采集通道，升级数据中心采集渠道和方式

基于各部门信息化快速发展，建立高效、智能的数据采集通道，着重解决外连数据的广度和深度，统一数据交换接口规范和标准，方便数据交换，通过网络技术实现涉税信息采集共享的自动化，建立财税数据中心；通过系统软件实现涉税信息与税收征管信息比对分析利用的自动化，并不断提升数据交换的应用层次，建立区域大数据中心，为财税管理提供强有力的数据信息支撑。

（二）提升财税信息化管理水平，进一步促进财税稳步增收

进一步适应新经济工作形式给财税管理带来的挑战，强化财税收入分析，帮助财税部门及时掌握各类涉税信息，充分挖掘征收潜力，提高税收征管效率，提高税收征管工作水平，营造公平纳税环境。重点挖掘房地产、建筑安装、商砼、加油站、项目土地增值税清算等重点行业和领域税收潜力，提高财税征管效率，着力解决财税收入"跑、冒、滴、漏"问题和企业对股东、银行、税务"三本账"问题，稳步增加地方财税收入，优化收入质量。

（三）加强税源监控分析，培植壮大财源

建立税源动态监管机制，对新增税源、变化异常税源进行及时掌握。基于"凭税收看发展、凭贡献定支持"的财源培植思路，加强对产业发展、产业培植的分析，服务政府发展产业精准施策。加强企业事前扶持评价、事中动态监管、事后效益评估，引导政府、科技金融机构精准帮扶。

（四）挖掘数据应用深度，拓展财政管理应用

尤其在纳入管理范围的八大行业以及重点对建安房地产项目一体化管理上，运用统计数据，提高宏观经济指标数据的分析能力，为政府科学决策、优化资源配置提供依据。进一步加强经济分析应用，充分发挥数据价值，运用大数据，做好财税收入预测、统计分析、财税政策研究、经济运行分析调度等工作，为财税决策提供参考。

（五）建立手机移动端应用

同步财税信息报表，个性化展示，一方面方便各领导对财税信息、项目信息的获取；另一方面帮助各级部门了解税源情况。打造掌上移动端财税资料库，可通过移动终端设备随时查询全区域的财政收支情况、收入结构情况、企业税收情况、项目建设情况等。

（六）加强工作考核、绩效评价

对各级各单位综合治税工作情况进行统计、评价、考核，促进综合治税工作长期规范、稳定开展。

第二节　建设方案

本系统总体按照一个经济数据中心，信息分析预警系统、财源建设管理系统、建安房地产一体化管理系统、移动应用系统、大屏可视化系统五个应用系统的架构搭建。

一、数据中心

数据作为财源建设综合信息系统的最核心资源，如何结合区域现状建立起多种多样的数据交换通道，满足区域财税经济数据分布存储多样性的需求，是平台建设的关键，平台需要采集的数据涵盖全区域的所有经济数据，主要包含以下四个部分：第一，发改部门、市场监督管理部门、公安部门、财政部门、税务部门、住建部门、自然资源部门、医疗保障部门、人民银行等涉税部门的信息；第二，供电公司、自来水公司、燃气公司、烟草公司、平台公司、保险公司等企事业单位的信息；第三，省级财税平台共享的市场、税务等数据；第四，互联网分布的例如团购、中标、企业公示等信息。

（一）数据交换

1. 平台数据交换。数据作为财源建设综合信息系统的最核心资源，应如何结合区域现状建立起多种多样的数据交换通道，满足区域财税经济数据分布存储多样性，同时建立起统一数据共享的需求平台需要采集的数据涵盖全区域的所有经济数据，此次数据中心升级会考虑与大数据局/政务中心进行数据项比对，通过建立系统直连方式进行个别数据交换。

2. 数据交换平台交换。针对部门信息系统由本级部门建设，已经接通区域电子政务外网，且具备数据接入条件的单位，例如医疗保障局、房管局、自然资源局等，依托数据交换平台进行数据交换（见图 18－1）。

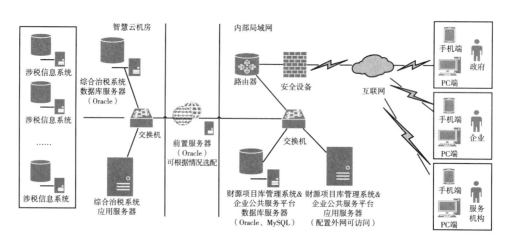

图 18－1　数据交换平台示意

（1）文件传输信息交换。基于电力、自来水、燃气、平台公司等未开通电子政务网，以及部分专网系统暂不具备交换条件的部门，采取文件加密传输方式进入系统。同时根据数据交换需要，通过中间库将相关数据交换给区域数据交换平台（见图 18－2）。

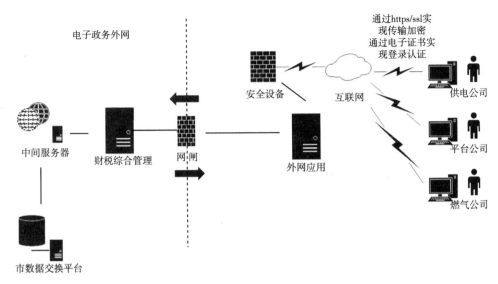

图 18 - 2　文件传输信息交换流程示意

（2）大数据局信息中心数据融合接口预留。财源建设综合信息系统规划数据共享交换平台，提供数据交换、数据处理、交换桥接、交换前置、异议数据处理等功能，充分结合区域大数据局信息中心数据，通过平台间数据分类、查找相同数据项，打通与大数据局信息中心数据交换通道，实现数据共享。

（3）互联网数据交换。互联网中存在大量的信息，例如团购信息、中标信息、企业公示信息、知识产权信息、各级政府各部门扶持政策信息等，通过互联网采集模块，进行数据定义采集，经过语义标准、自动算出采集规则、采集规则发布、采集和结构化转换、入库和文本挖掘过程，实现互联网数据采集与结构化转换。

综上所述，对涉税数据进行及时更新，以保障数据的正确性和鲜活性，主要来自三种途径。

（1）通过上述途径，将各部门业务系统更新的数据通过数据共享交换平台进行数据的及时更新。

（2）通过数据资源管理平台的异议数据处理模块对数据进行更新，数据采集模块对数据进行补充。

（3）通过与大数据局数据中心进行接口级数据交换，保证数据的及时同步。

（二）数据治理

数据治理主要目的是上层应用提供高质量的数据。因此，数据治理的结果直接决定基于数据的项目建设成果，是大数据中心建设的重要组成部分。

数据治理流程包括先将分散、多样化的数据进行登记、汇集、标准化、清洗转换、整合等操作处理，实现对数据分布和动态变更情况的追踪，提升数据质量，接着对数据进行全面的业务化、规范化，形成统一的业务视图，并保障数据在各个使用环节的安全可控。

1. 元数据管理。元数据是进行数据治理和运营的基础，通过集中的元数据服务，提供跨业务系统和计算引擎的统一元数据管理，可对采集的各类数据源元数据进行集中管理，根据元数据的信息进行数据的生命周期管理，获得数据的血缘信息及数据地图展现，基于元数据还可以通过统一的门户方便各种角色的用户进行数据的管理和控制。

2. 元模型管理。元模型是描述元数据结构和关系的数据模型。

元模型符合公共仓库元模型（CWM）规范，内置数据字典、代码管理等技术元数据和指标、业务规则等业务元数据、操作元数据符合企业数据仓库环境的各类元数据管理模型。元模型可由用户自定义扩展，满足客户化元数据的需求，有元模型查询、元模型增加、元模型修改、元模型删除、添加关系、权限的设置等功能。

3. 元数据采集。元数据是关于数据的数据，描述数据及其环境的数据，包括业务元数据、技术元数据、管理元数据。该功能就是要从各种源头去采集元数据信息，以实现对其的管理。

元数据采集是指对采集元数据整体流程的管理，目的是采集元数据到元数据知识库中来实现元数据统一管理，包括适配器管理、任务配置管理、自动采集、手动采集、采集日志等功能。

4. 元数据分析。

（1）血统分析。血统分析是指为向用户直观展示元数据之间的流向关系而进行的以目标为起点往前分析，主要在元数据出现数据质量问题的时候，用于追溯造成这种质量问题的元数据，从而定位问题的根源；也用于为数据流的流向提供一个统一视图，方便统计口径和知识的传递。

血统分析可以提供跨工具的元数据血统分析，并可以下钻到字段级，展示字段级血统分析。

（2）影响分析。影响分析是指为向用户直观展示元数据之间的流向关系而进行的以目标为起点往后分析，主要为业务人员使用，在新需求提出时，分析元数据变动，对整个业务的改动提供一个修改代价的分析。另外，当元数据对应的数据出现数据质量时，可以提供相应的影响代价分析；也用于为数据流的流向提供一个统一视图，方便统计口径和知识的传递。

影响分析可以提供跨工具的元数据影响分析，并可以下钻到字段级，展示字段级影响分析。

5. 数据标准。数据治理提供数据标准管理功能，主要用于在不同系统间，形成数据信息统一的参照标准，包括字典标准化映射、数据分类与编码、数字地图标准，以及基于标准的可视化数据建模，通过页面操作即可完成数据模型的创建和维护工作，配置的数据模型具备导入和导出操作，可在不同系统间移植，实现模型快速复制。

（三）数据清洗

通过对新增数据源数据的抽取，并按照规则过滤不符合要求的数据，如不完整的数据、错误的数据和重复的数据以及系统的各个环节可能出现的数据二义性、重复、不完整、违反业务规则等问题，将有问题的数据剔除出来，保证数据的质量。数据清洗功能一方面可以基于数据标准自动生成清洗规则；另一方面用户可以通过拖拽的方式快速完成各种复杂数据清洗需求，通过 Web 界面拖拉拽的操作快速实现数据清洗转换。

（四）数据地图

数据地图描述所有数据之间的逻辑关系，可用于对种类繁多、格式各异、位于不同业务系统中的数据进行宏观层面的组织，对企业信息进行归并、整理和展现。数据地图能够覆盖数据平台所有相关数据库产品，并且基于这些采集的信息自动生成数据资产之间的血缘关系，支持从表数目和数据存储量的角度图形化地展示数据仓库中变化的动态信息，并按照不同部门进行统计分析。

二、信息分析预警子系统

（一）企业综合查询

企业综合查询按照企业基本信息、企业许可信息、企业公共缴费信息、企业经营信息、企业其他信息进行分类整合，主要包括税务局、市场监督管理局、自然资源局、房产局、电力部门、水务部门等部门数据，以及互联网上企业专利信息、资质认证信息等。输入某房地产企业名称就能够查询到该企业关联到房地产部门提供的房屋销售信息、工商注册信息、税务认定信息等；输入某工业企业名称就能够查询到该企业关联到电力部门提供的电力信息、自来水公司提供的自来水信息、工商注册信息、税务注册信息等，实现企业综合查询。

企业综合查询主要包括纳税人一户式查询、纳税人纳税情况查询、分户分税种查询、指定纳税人税收查询、净入库明细查询、申报明细查询。

1. 纳税人一户式查询。纳税人一户式查询可查询信息主要包括企业基本信息、企业许可信息、企业公共缴费信息、企业经营信息、企业其他信息（见图 18 - 3）。

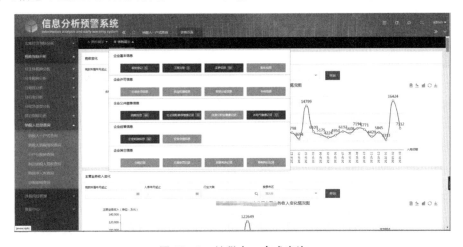

图 18 - 3　纳税人一户式查询

2. 纳税人纳税情况查询。纳税人纳税情况查询从中央级、省市级、地市级、区域级等维度分析企业今年税收和去年税收，以表格形式展示分析结果（见图18-4）。

图18-4 纳税人纳税情况查询

3. 分户分税种查询。分户分税种查询按征收品目、税款所属期、入库日期、注册类型、区域、行业大类等维度分析企业税收情况，其中主要包括增值税、企业所得税、个人所得税、土地增值税等税种分析，以表格形式展示分析结果（见图18-5）。

图18-5 分户分税种查询

4. 指定纳税人税收查询。指定纳税人税收查询通过导入纳税人名单、选择税收入库日期，查询企业税收情况，以表格形式展示分析结果（见图18-6）。

5. 净入库明细查询。净入库明细查询将纳税人名称、社会信用代码、入库日期、税款所属期、注册类型、行业大类等维度作为条件，查询企业税收情况（见图18-7）。

6. 申报明细查询。申报明细查询主要是指企业申报信息时，提供按照纳税人名称、社会信用代码、入库日期、税款所属期、注册类型、行业大类等查询条件查询的结果，以表格展示企业信息（见图18-8）。

图 18 - 6 指定纳税人税收查询

图 18 - 7 净入库明细查询

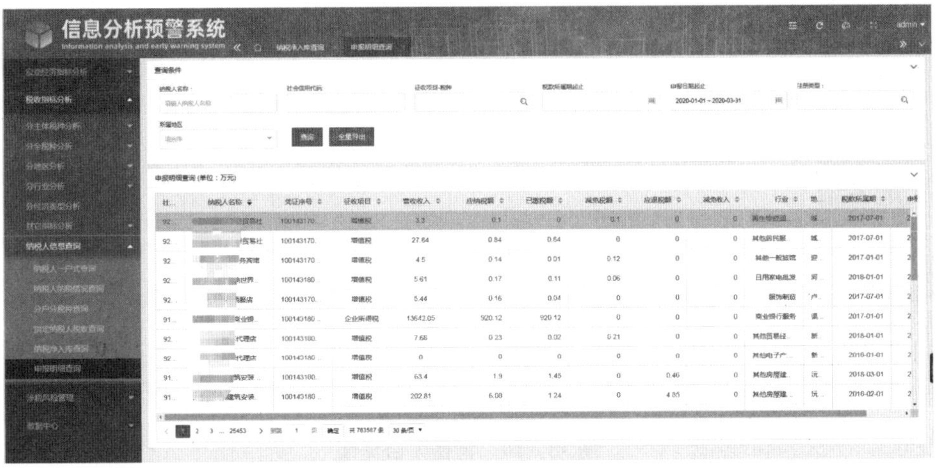

图 18 - 8 申报明细查询

（二）宏观经济分析

通过对宏观经济数据分析，为产业发展、就业指标、人口数据、财税任务等提供数字化支持，宏观经济指标分析主要包括常用经济指标分析、主要经济指标分析、支撑指标分析等模块。

1. 常用经济指标分析。常用经济指标分析主要包括人口指标分析、就业指标分析、经济指标分析。

（1）人口指标分析。人口指标分析主要包括人口规模（总人口）、常住总人口、常住城镇人口、常住农村人口、城镇化率等维度的分析。通过分析各维度历年数据走势、增长走势，为宏观经济分析提供数据支撑（见图18-9、图18-10）。

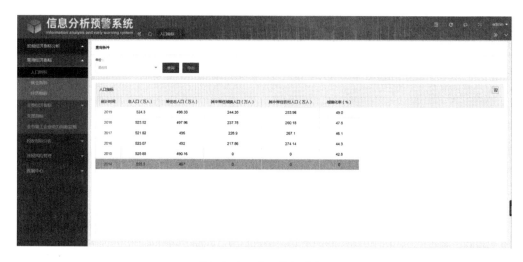

图 18-9　人口指标分析

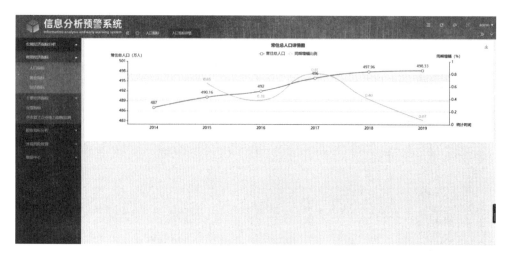

图 18-10　常住人口详情

（2）就业指标分析。就业指标分析主要包括新增城镇就业人数、农村劳动力转移就业人数、城镇登记失业率等维度的分析。通过分析各维度历年数据走势、增长走势，为宏观经济分析提供数据支撑（见图18-11、图18-12）。

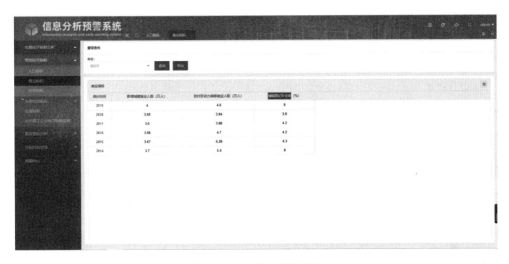

图18-11 就业指标分析

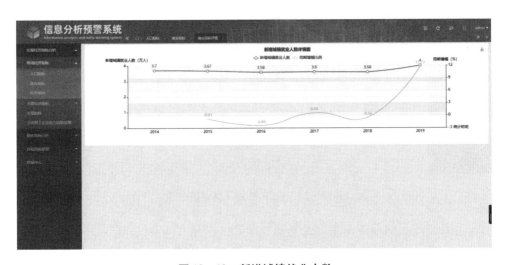

图18-12 新增城镇就业人数

（3）经济指标分析。经济指标分析主要包括GDP总量、人均GDP、一般公共预算收入、一般公共预算支出、规模工业增加值、固定资产投资额、社会消费品零售总额、城镇居民人均可支配收入、农村居民人均可支配收入、金融机构各项存款余额、金融机构各项款余额、存贷比、居民消费价格指数等维度的分析。通过分析各维度历年数据走势、增长走势，为宏观经济分析提供数据支撑（见图18-13、图18-14）。

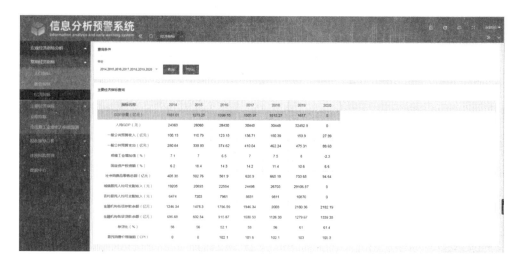

图 18 – 13　经济指标分析

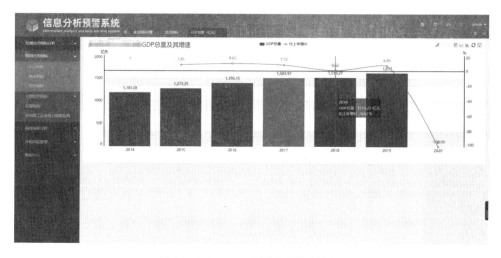

图 18 – 14　GDP 总量及其增速分析

2. 主要经济指标分析。主要经济指标分析主要包括 GDP、规模工业增加值、固定资产投资额、社会消费品零售额、地方一般公共预算收入、城镇居民人均可支配收入等指标的分析。主要经济指标分析具有全区域完成情况、区域市区对比分析等功能。

（1）全区域完成情况。全区域完成情况主要从全区域角度去分析主要经济指标，分析全区域主要经济指标同比变化情况、增速变化情况、增速排名变化情况等（见图 18 – 15）。

（2）区域市区对比分析。区域市区对比分析主要从区域角度去分析主要经济指标，分析主要经济指标同比变化情况、增速变化情况、增速排名变化情况以及各区域对比分析等（见图 18 – 16）。

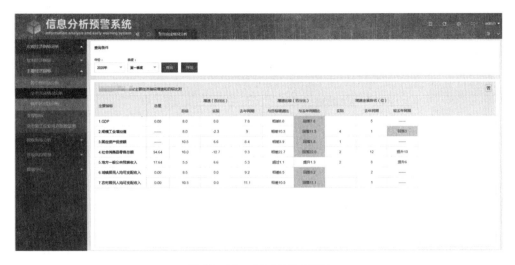

图 18 - 15　全区域完成情况

图 18 - 16　区域市区对比分析

3. 支撑指标分析。支撑指标分析主要包括基础指标、匹配指标、四上单位新增指标三类指标分析，其中，基础指标分析主要包括餐饮业营业额、电信业务总量、水路运输总周转量、文化体育和娱乐业营业收入、批发业商品销售额、房地产业从业人员与劳动报酬平均、建筑业增加值（现行价）、居民消费价格等指标的分析；匹配指标分析包括建筑安装工程投资、建筑业增值税、工业用电量、工业增值税、商业增值税指标的分析；四上单位新增指标分析主要包括限额以上批零住餐企业、资质等级建筑企业、规模租赁和商务服务业等指标的分析（见图 18 - 17）。

（三）税收指标分析

税收指标分析主要从行业、区域、税种等维度分析财政收入情况，主要包括分主体税种分析、分全税种分析、分地区分析、分行业分析、分经济类型分析、整体情况分析、其他指标分析等模块。

图 18 – 17　主要支撑指标分析

1. 分主体税种分析。分主体税种分析主要围绕增值税、个人所得税、企业所得税进行。

（1）增值税。增值税税种分析主要包括增值税行业分析、增值税行业纳税人排名分析。通过饼状图展示行业门类增值税占比情况，并且能够根据行业门类细化到行业增值税占比，同时对每个行业下面纳税人进行增值税排名分析（见图 18 – 18）。

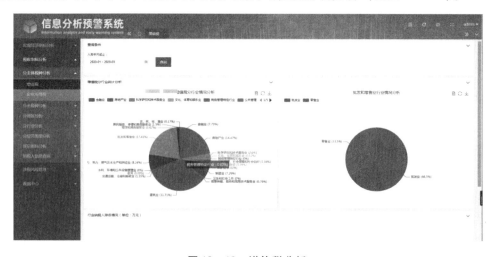

图 18 – 18　增值税分析

（2）企业所得税。企业所得税税种分析主要包括企业所得税行业分析、企业所得税行业纳税人排名分析。通过饼状图展示行业门类企业所得税占比情况，并且能够根据行业门类细化到行业企业所得税占比，同时对每个行业下面纳税人进行企业所得税排名分析（见图 18 –19）。

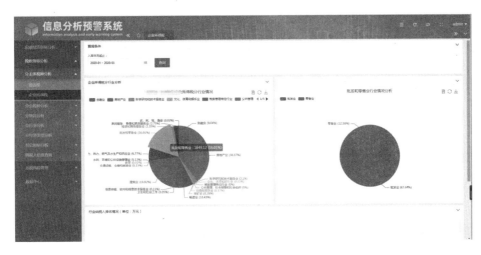

图 18 – 19　企业所得税分析

2. 分全税种分析。全税种主要包括增值税、消费税、企业所得税、税务部门罚没收入、文化事业建设费、环境保护税、资源税、残疾人就业保障金、其他收入、个人所得税、水利建设专项收入、地方教育附加、印花税、车船税、教育费附加、房产税。分全税种分析主要包括整体分析和明细分析两个子功能。

（1）整体分析。整体分析主要包括各税种占比分析饼状图、各税收分年对比柱状图、各区域税收结构分析、当月税收结构分析（见图 18 – 20）。

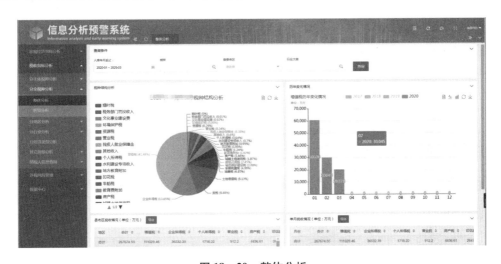

图 18 – 20　整体分析

（2）明细分析。明细分析即按照入库日期、税款所属期起、登记注册类型、区域市区、行业大类等维度对全税种中央级、省市级、地市级、区域级进行同比分析（见图 18 – 21）。

3. 分行业分析。行业信息主要有房地产业，建筑业，批发和零售业，公共管理、社会保障和社会组织，金融业，制造业，租赁和商务服务业，电力、热力、燃气及水

图 18-21　明细分析

生产和供应业，税务管理特定行业，科学研究和技术服务业，居民服务、修理和其他服务业，交通运输、仓储和邮政业，采矿业，信息传输、软件和信息技术服务业，农、林、牧、渔业，住宿和餐饮业，教育、文化、体育和娱乐业，水利、环境和公共设施管理业，卫生和社会工作等。按照入库日期、税种、区域等维度分析各行业税收情况，以饼状图、柱状图、表格等形式展示分析结果，分行业分析主要包括整体分析和明细分析两个子功能。

（1）整体分析。整体分析按入库日期、税种、区域等维度，分析各行业门类税种情况，以饼状图展示各行业门类税收占比，并且能够根据行业门类细化到行业税占比，同时对每个行业下面纳税人进行税费排名分析。整体分析主要有行业分析图、各行业分析排名表（见图 18-22）。

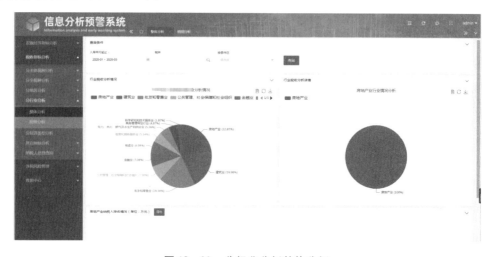

图 18-22　分行业分析整体分析

（2）明细分析。明细分析按照入库日期、税款所属期起、税种、区域市区等维度对各产业、行业门类、行业中类税收的中央级、省市级、地市级、区域级税收进行同比分析（见图 18 - 23）。

图 18 - 23　明细分析

4. 分经济类型分析。企业登记注册类型主要包括私营有限责任公司，国有企业，其他有限责任公司，内资个人、国有独资公司，非国有控股上市企业，事业单位，私营股份有限公司，内资个体、非国有控股非上市企业，国家机关，合资经营企业（港或澳、台资），集体企业，国有绝对控股上市企业，国有相对控股上市企业，港、澳、台商独资经营企业，中外合资经营企业，私营独资企业，私营合伙企业，国有绝对控股非上市企业，外资企业，中外合作经营企业，其他企业，民办非企业单位（法人），外商投资股份有限公司，政党机关、社会团体、民办非企业单位（合伙），港澳台个人、内资合伙、股份合作企业，基层群众自治组织、国际运输企业，港、澳、台商投资股份有限公司，国有相对控股非上市企业，其他、其他联营企业，国有联营企业，外资个人、缴纳预提所得税的企业等类型，系统以饼状图、柱状图、表格等形式展示分析结果。分经济类型分析主要包括整体分析和明细分析。

（1）整体分析。整体分析按入库日期、税种、街道乡镇等维度，分析市经济类型税收情况，以饼状图展示各经济类型税收占比，同时对每个经济类型下面纳税人进行税费排名分析。整体分析主要有经济类型分析图、分析排名表两大表现形式。

（2）明细分析。明细分析按照入库日期、税款所属期起、税种、区域市区等维度对各经济类型税收的中央级、省市级、地市级、区域级税收进行同比分析（见图 18 - 24）。

5. 其他指标分析。其他指标分析主要包括税源整体分析、企业纳税规模分析、新增企业税收分析、重点企业税收分析、纳税排名分析、企业税收增减分析，以饼状图、柱状图、表格等形式展示。

图 18 - 24　明细分析

（1）税源整体分析。税源整体分析主要包税源税种和税源行业分析，通过各税种税收分布情况，掌握整体税源情况；另外通过各行业税收情况，掌握整体税源情况（见图 18 - 25）。

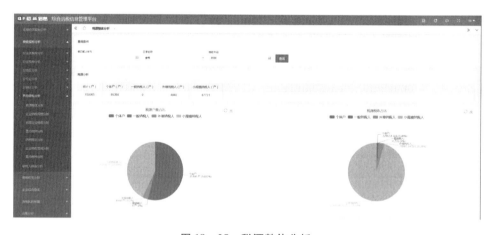

图 18 - 25　税源整体分析

（2）企业纳税规模分析。按照纳税人纳税情况形成纳税规模等级，如 50 万元以下、50 万 ~ 100 万元、100 万 ~ 200 万元、200 万 ~ 500 万元、500 万 ~ 1 000 万元、1 000 万 ~ 1 500 万元、1 500 万 ~ 2 000 万元、2 000 万 ~ 5 000 万元、5 000 万元 ~ 1 亿元、1 亿元以上等划分等级，企业纳税规模分析各规模下企业数量占比、数量同比变化情况，以饼状图和折线图、表格展示（见图 18 - 26）。

（3）新增企业税收分析。新增企业税收分析主要包括新注册企业税收分析、重点关注招商引资企业税收分析，以饼状图和折线图、表格展示（见图 18 - 27）。

（4）纳税排名分析。纳税排名分析，根据企业税收和税费缴纳情况，分析税费合计排名靠前的企业，以及企业税费同比变化情况，以饼状图和折线图、表格展示（见图 18 - 28）。

图 18 – 26　企业纳税规模分析

图 18 – 27　新增企业税收分析

图 18 – 28　纳税排名分析

（5）企业税收增减分析。企业税收增减分析，重点关注税收变动大的企业，根据企业税收和税费缴纳情况，分析税费合计排名靠前的企业，以及企业税费同比变化情况，以饼状图和折线图、表格展示（见图 18 – 29）。

图 18-29　企业税收增减分析

（四）财政收入支出分析

财政收入支出分析围绕财政收入和支出两本账；收入主要包括税收收入、非税收入；支出主要包括一般公共服务支出、公共安全支出、教育支出、科学技术支出等。财政收入支出分析主要包括收入分析、支出分析、结构分析、水平分析、关联分析、库款分析等模块。

1. 收入分析。收入分析主要包括一般公共预算收入分析、政府性基金收入分析、国有资本经营收入分析、社保基金收入分析四项功能。

（1）一般公共预算收入分析。一般公共预算收入分析是按照分级次、分部门、分税费、分税种、分费种等维度分析一般公共预算收入、一般公共预算收入增幅、一般公共预算收入进度、地方收入、地方收入增幅、地方收入进度、地方税收、地方税收增幅、地方税收进度等指标变化情况（见图 18-30、图 18-31）。

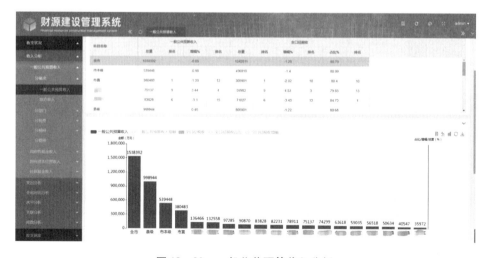

图 18-30　一般公共预算收入分析

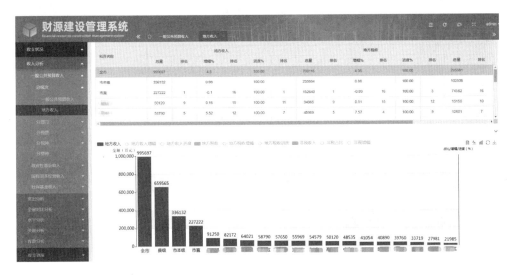

图 18 - 31　地方收入分析

（2）政府性基金收入分析。政府性基金收入分析按照分级次、分科目维度分析政府性基金收入情况，以柱状图和折线图、表格展示（见图 18 - 32）。

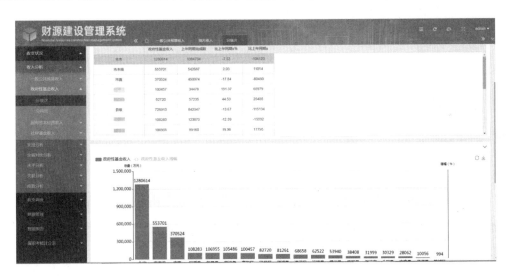

图 18 - 32　政府性基金收入分析

（3）国有资本经营收入分析。国有资本经营收入分析按照分级次、分科目维度分析国有资本经营收入情况，以柱状图和折线图、表格展示（见图 18 - 33）。

（4）社保基金收入分析。社保基金收入分析按照分级次、分险种维度分析社保基金收入情况，以柱状图和折线图、表格展示（见图 18 - 34）。

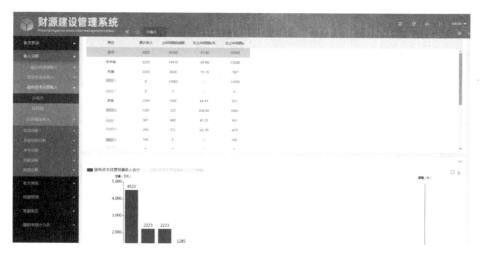

图 18-33　国有资本经营收入分析

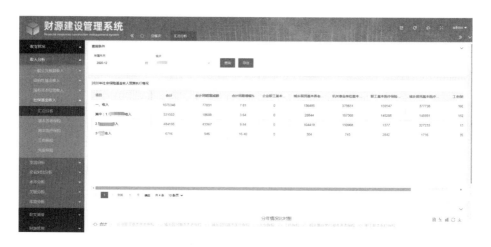

图 18-34　社保基金收入分析

2. 支出分析。支出分析主要包括一般公共预算支出分析、政府性基金支出分析、国有资本经营支出分析、社保基金支出分析四项功能。

（1）一般公共预算支出分析。一般公共预算支出分析按照分级次、分科目等维度进行一般公共预算支出分析，主要包括一般公共预算支出增幅、一般公共预算进度等指标变化情况（见图 18-35）。

（2）政府性基金支出分析。政府性基金支出分析按照分级次、分科目维度分析政府性基金收入情况，以柱状图和折线图、表格展示（见图 18-36）。

（3）国有资本经营支出分析。国有资本经营支出分析按照分级次、分科目维度分析国有资本经营收入情况，以柱状图和折线图、表格展示（见图 18-37）。

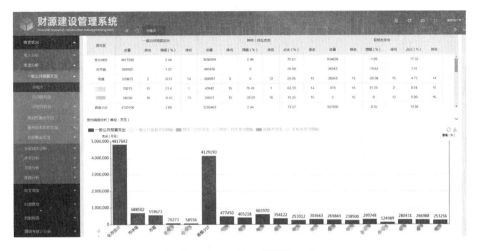

图 18 - 35　一般公共预算支出

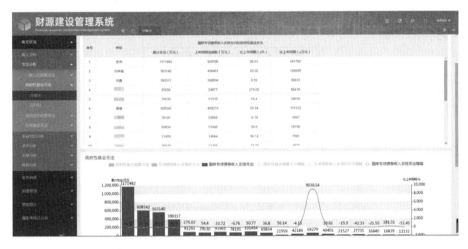

图 18 - 36　政府性基金支出

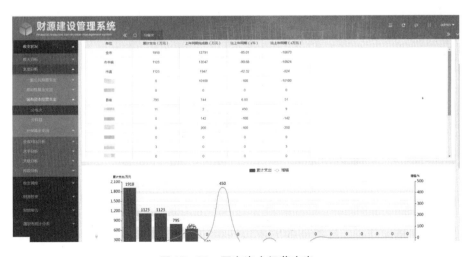

图 18 - 37　国有资本经营支出

（4）社保基金支出分析。社保基金支出分析按照分级次、分险种维度分析社保基金收入情况，以柱状图和折线图、表格展示（见图18-38）。

图18-38　社保基金支出

3. 结构分析。结构分析主要包括收支对比分析、税费结构分析、税种结构分析、级次结构分析、非税结构分析、支出占比分析。

（1）收支对比分析。收支对比分析主要包括对地方收入、地方税收、非税收入、一般公共预算支出进行对比分析，产生对比分析结果、增长走势分析结果，以表格、折线图展示（见图18-39）。

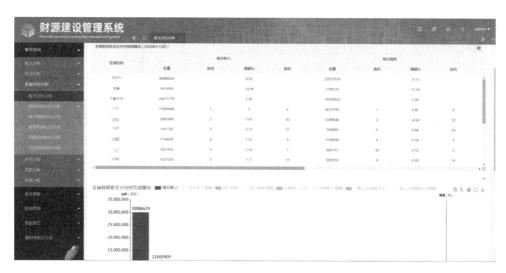

图18-39　收支对比分析

（2）税费结构分析。税费结构主要包括税和费，其中，税主要包括企业所得税、增值税、消费税、土地增值税、个人所得税、房产税等税种；费主要包括教育费附加、地市教育附加、文化建设费等。税费结构分析税费结构占比，以饼状图、折线图、表格形式展示分析结果（见图18-40）。

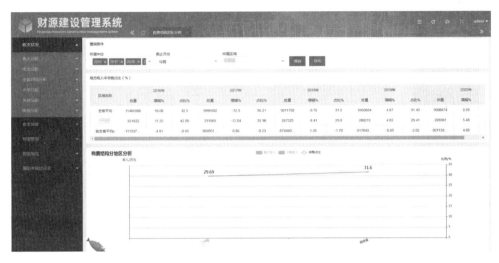

图18-40　税费结构分析

（3）税种结构分析。全税种主要包括增值税、消费税、企业所得税、税务部门罚没收入、文化事业建设费、环境保护税、资源税、残疾人就业保障金、其他收入、个人所得税、水利建设专项收入、地方教育附加、印花税、车船税、教育费附加、房产税。税种结构分析税种结构占比，以饼状图、折线图、表格形式展示分析结果（见图18-41）。

图18-41　税种结构分析

（4）级次结构分析。级次结构主要包括中央级、省市级、地市级、区域级，级次结构分析各级次税收情况，以饼状图、折线图、表格形式展示分析结果（见图18-42）。

图 18 - 42　级次结构分析

（5）非税结构分析。非税收入管理范围主要包括政府性基金、彩票公益金、国有资源有偿使用收入、国有资产有偿使用收入、国有资本经营收益、罚没收入、以政府名义接受的捐赠收入、主管部门集中收入、政府财政资金产生的利息收入等。非税结构分析非税结构占比，以饼状图、折线图、表格形式展示分析结果（见图 18 - 43）。

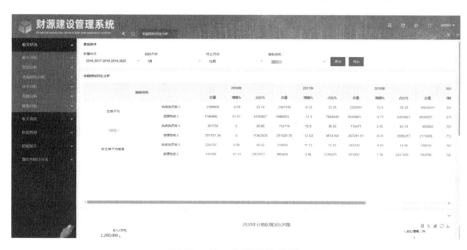

图 18 - 43　非税结构分析

（6）支出占比分析。支出结构分析按照年月、科目名称等维度分析支出结构情况，以柱状图和折线图、表格展示（见图 18 - 44）。

4. 水平分析。水平分析主要包括人均财力/人均支出、人均总收入/地方收入、占市份额三个子功能，以柱状图和折线图、表格展示分析结果。

（1）人均财力/人均支出。该分析法按照年份、指标名称、级次等维度分析人均财力，以柱状图和折线图、表格展示分析结果（见图 18 - 45）。

（2）人均总收入/地方收入。该分析法按照年份、指标名称、级次等维度分析人均总收入，以柱状图和折线图、表格展示分析结果（见图 18 - 46）。

图 18 - 44　支出占比分析

图 18 - 45　人均财力/人均支出

图 18 - 46　人均总收入/地方收入

（3）占市份额。占市份额主要包括一般公共预算收入占市份量、人均一般公共预算收入占市份量、地方收入占市份量、人均地方收入占市份量、一般公共预算支出占市份量、人均一般公共预算支出占市份量，以柱状图和折线图、表格展示分析结果（见图 18 - 47）。

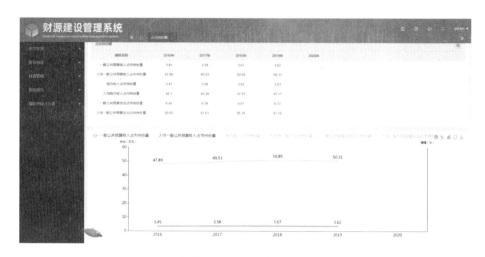

图 18 - 47　占市份额

5. 收支关联分析。收支关联分析主要包括支出依存度、GDP 财政贡献两个子功能，以柱状图和折线图、表格展示分析结果。

（1）支出依存度。支出依存度用来分析各区区域支出依赖情况，以柱状图和折线图、表格展示分析结果（见图 18 - 48）。

图 18 - 48　支出依存度

（2）GDP 财政贡献。GDP 财政贡献用来分析 GDP 中财政收入贡献的占比情况、变化情况等（见图 18 - 49）。

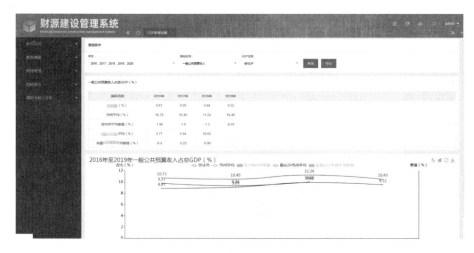

图 18 - 49 GDP 财政贡献

6. 库款分析。库款分析主要包括暂付性款项、库款保障水平、库款盈亏情况三个子功能,以柱状图和折线图、表格展示分析结果。

(1)暂付性款项。暂付性款项用以分析市各区区域暂付款项情况,以柱状图和折线图、表格展示分析结果(见图 18 - 50)。

图 18 - 50 暂付性款项

(2)库款保障水平。库款保障水平用以分析市各区区域月末库款余额、库款保障水平,以柱状图和折线图、表格展示分析结果(见图 18 - 51)。

(3)库款盈亏情况。库款盈亏情况用以分析市各区区域国库存款、库款结余、盈亏情况,以柱状图和折线图、表格展示分析结果(见图 18 - 52)。

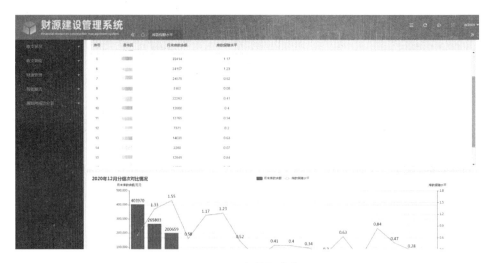

图 18-51　库款保障水平

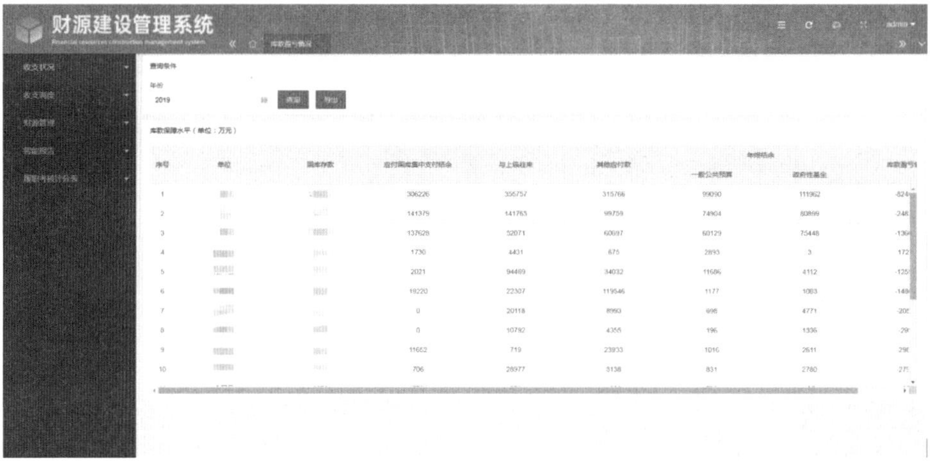

图 18-52　库款盈亏情况

（五）台账分析

通过台账分析帮助财政、税务建立常用的电子化名单，方便数据分析查询，主要包括建筑安装业台账、房产税征收台账、城镇土地使用税台账、个人所得税台账、土地增值税台账、资源税台账等。

1. 建筑安装业台账。建筑安装业台账主要是针对建筑行业进行税收统计，主要包括纳税人名称、纳税人识别号、税收额、入库日期等信息。通过同期比对企业缴纳信息，提供多年税收差额分析（见图 18-53）。

2. 房产税征收台账。房产税征收台账主要是针对有房屋出租业务企业或者自持房产企业进行税收统计，主要包括纳税人名称、纳税人识别号、税收额、入库日期等信息。通过同期比对企业缴纳信息，提供多年税收差额分析（见图 18 - 54）。

图 18 - 53　建筑安装业台账

图 18 - 54　房产税征收台账

3. 城镇土地使用税台账。城镇土地使用税台账主要是针对工业企业或者拥有大量土地企业进行税收统计，主要包括纳税人名称、纳税人识别号、税收额、入库日期等信息。通过同期比对企业缴纳信息，提供多年税收差额分析（见图 18 - 55）。

4. 个人所得税台账。个人所得税台账主要是对个体户、工资薪酬这一类人群进行税收统计，主要包括纳税人名称、纳税人识别号、税收额、入库日期等信息。通过同期比对企业缴纳信息，提供多年税收差额分析（见图 18 - 56）。

5. 土地增值税台账。土地增值税台账主要是针对房地产开发企业进行税收统计，主要包括纳税人名称、纳税人识别号、税收额、入库日期等信息。通过同期比对企业缴纳信息，提供多年税收差额分析（见图 18 - 57）。

图 18-55　城镇土地使用税台账

图 18-56　个人所得税台账

图 18-57　土地增值税台账

6. 资源税台账。资源税台账主要是针对矿产企业进行税收统计，主要包括纳税人名称、纳税人识别号、税收额、入库日期等信息。通过同期比对企业缴纳信息，提供多年税收差额分析（见图18-58）。

图 18-58　资源税台账

（六）涉税风险预警

通过预警分析，能够快速地帮助税务机关查找漏洞，防止税收"跑、冒、滴、漏"，稳步增加财政收入。预警分析主要包括用电预警、用水预警、房产网签预警、房产资金监管预警、药店刷卡预警、驾校预警、附加税费预警、酒店住宿预警、耕地占用税预警、交通运输行业预警、烟草预警、炸药预警、契税预警、施工项目预警、行业低税负预警、旅游行业预警。预警分析的方法有以下两种。

第一，首先抽样分析，为保证预警结果合理性、连续性，抽取具有一定规模、历史数据比较完整的企业纳入预警体系。其次制定行业 K 值，每个预警涉及的行业不同，那么预警的 K 值也不同，通过抽取的企业求得行业标准 K 值。

第二，诊断性分析方法，通过结合第三方数据对企业历史申报收入、交税进行行业标准差值、同步差值分析。

1. 预警汇总。预警汇总模块为预警分析整体统计页面，主要包括电力预警、用水预警、用气预警、房地产预警、药店预警、驾校预警、酒店住宿预警、耕地占用预警等模块（见图18-59）。

2. 用电预警。用电预警数据来源主要有税务部门提供的税收申报数据、税收净入库数据、电力部门提供的大工业用电数据。

电量指标特性：（1）关联性。通常来说，用电量和工业生产关系最为紧密，两者走势几乎相同。而工业生产与税收又呈正相关关系。（2）真实性。在企业上报的数据中，将用电数据和税收数据进行相互佐证，不容易被扭曲。（3）时效性。用电量基本上每月可以统计完成，根据税收的特性，对所属当月税收申报进行预测。

目前用电预警按照抽样分析、K 值分析、历史数据比较，从而得到预警结果，为征管服务。信息分析预警系统主要提供预警结果查询、预警消息推送、结果导出、图形分析等功能（见图 18－60）。

预警项目：全部　预警年份：2019　预警半年度：全年　查询

预警汇总分析

序号	预警项目	预警时间	企业总数	风险企业数量	风险企业占总数…	风险企业疑似少申报金额	已经推送企业数量
1	电力预警	2019年上半年	100	20	20	1000	20
2	用水预警	2019年下半年	100	20	20	1000	20
3	用气预警	2019年全年	100	20	20	1000	20
4	房地产预警	2019年上半年	100	20	20	1000	20
5	网签房产预警	2019年下半年	100	20	20	1000	20
6	资金房产预警	2019年上半年	100	20	20	1000	20
7	药店报账预警	2019年下半年	100	20	20	1000	20
8	驾校预警	2019年下半年	100	20	20	1000	20
9	附加税预警	2019年下半年	100	20	20	1000	20
10	酒店住宿预警	2019年上半年	100	20	20	1000	20
11	耕地占用预警	2019年上半年	100	20	20	1000	20
	合计:		1500 家	300 家	20.00 %	15000 元	300 家

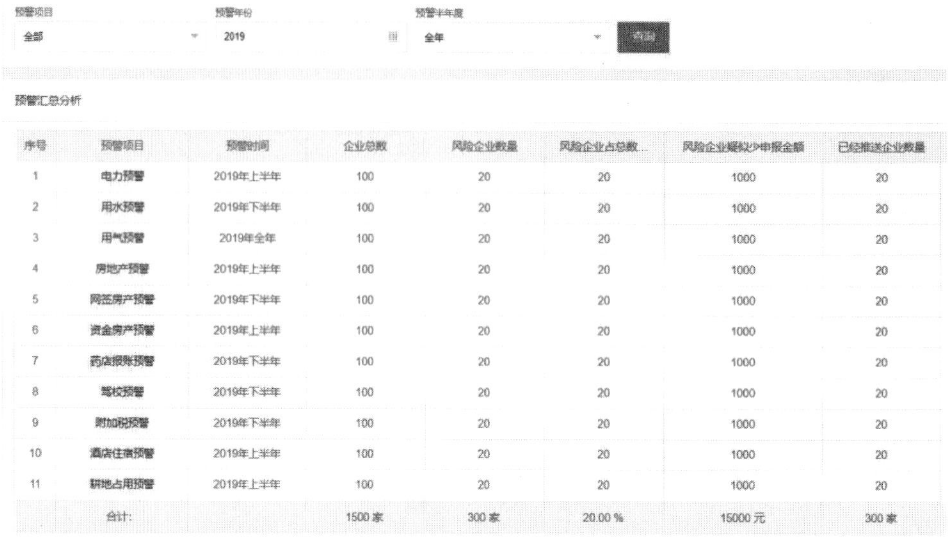

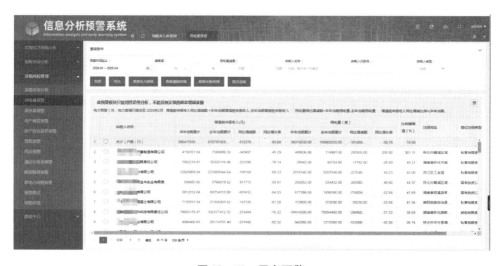

图 18－59　预警汇总

图 18－60　用电预警

3. 用水预警。用水预警数据来源主要有税务部门提供的税收申报数据、税收净入库数据、自来水部门提供的工业用水数据。

水量指标特性：（1）关联性。通常来说，用水量和工业生产关系最为紧密，两者走势几乎相同。而工业生产与税收又呈正相关关系。（2）真实性。在企业上报的数据中，将用水数据和税收数据进行相互佐证，不容易被扭曲。（3）时效性。用水量基本上每月可以统计完成，根据税收的特性，对所属当月税收申报进行预测。（4）特殊性。用水预警更有针对行业，主要针对酒厂、药厂、印刷厂等。

目前用水预警按照抽样分析、K值分析、历史数据比较，从而得到预警结果，为征管服务。信息分析预警系统主要提供预警结果查询、预警消息推送、结果导出、图形分析等功能（见图18－61）。

图18－61　用水预警

4. 房产网签预警。房产销售预警数据来源主要有税务部门提供的税收申报数据、税收净入库数据、房产部门提供的购房网签数据。

房产销售指标特性：（1）时效性。房产销售量基本上每月可以统计完成，根据税收的特性，对所属当月税收申报进行预测。（2）精确性。预警规则：应申报收入＝预售金额×回款比例×（1－土地成本比例），申报差额＝增值税申报总收入－应申报收入。

目前房产预警按照抽样分析、K值分析、历史数据比较，从而得到预警结果，为征管服务。信息分析预警系统主要提供预警结果查询、预警消息推送、结果导出、图形分析等功能（见图18－62）。

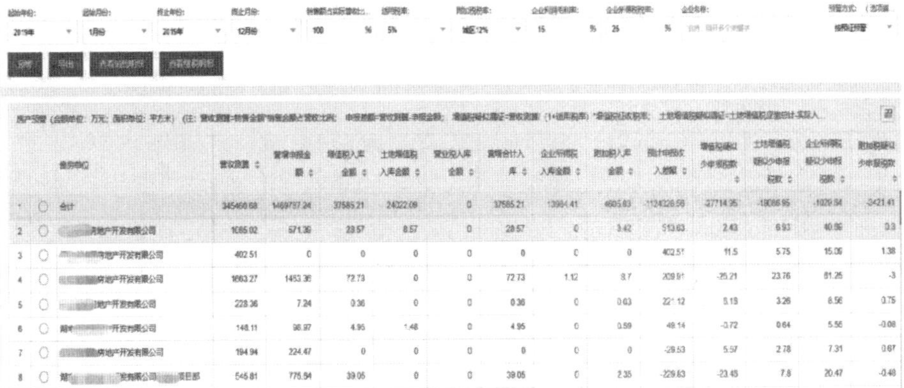

图18－62　房产网签预警

5. 房产资金监管预警。房产资金监管预警数据来源主要有税务部门提供的税收申报数据、税收净入库数据、住建局提供的房地产企业银行资金信息。通过将房地产企业已收到的款项与税务部门申报的收入进行比较分析，对申报收入差额进行预警分析（见图 18 – 63）。

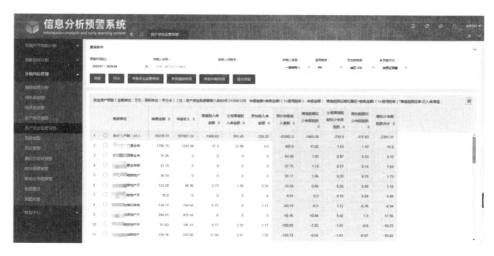

图 18 – 63　房产资金监管预警

6. 加油站经营预警。打通与加油站监管平台数据接口，建立平台间数据交换，充分结合加油站税控云平台传来的经营数据，建立起加油站预警分析模型，与税务申报数据形成比对分析（见图 18 – 64）。

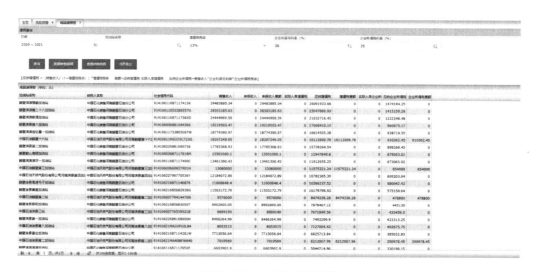

图 18 – 64　加油站经营预警

7. 药店预警。药店预警数据来源主要有税务部门提供的税收申报数据、税收净入库数据、人社部门提供的医保卡支付数据。

药店刷卡指标特性：（1）时效性。刷卡金额量基本上每月可以统计完成，根据税收的特性，对所属当月税收申报进行预测。（2）精确性。应纳税额 =（刷卡金额 + 现金收入）/1.03 × 0.03，应补税额 = 应纳税额 − 入库税收额。

目前药店预警按照抽样分析、K 值分析、历史数据比较，从而得到预警结果，为征管服务。信息分析预警系统主要提供预警结果查询、预警消息推送、结果导出、图形分析等功能（见图 18 −65）。

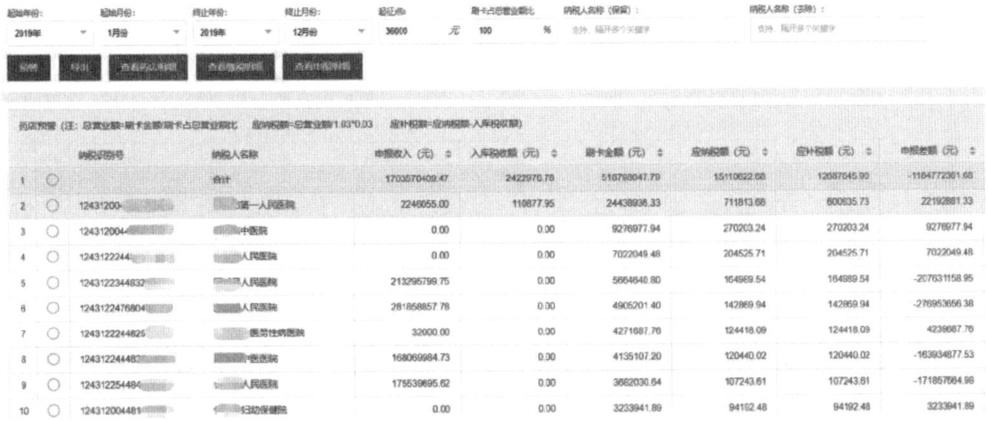

	纳税识别号	纳税人名称	申报收入（元）	入库税收额（元）	刷卡金额（元）	应纳税额（元）	应补税额（元）	申报差额（元）
1		合计	1703570409.47	2422970.78	516798047.79	15110622.68	12687645.90	-1184772361.68
2	12431200	第一人民医院	2246055.00	110877.95	24438936.33	711813.68	600935.73	22192881.33
3	12431200	中医院	0.00	0.00	9276977.94	270203.24	270203.24	9276977.94
4	1243122244	人民医院	0.00	0.00	7022049.48	204525.71	204525.71	7022049.48
5	1243122344832	人民医院	213295799.75	0.00	5664640.80	164989.54	164989.54	-207631158.95
6	1243122476804	人民医院	281858857.78	0.00	4905201.40	142869.94	142869.94	-276953656.38
7	1243122244825	慢性病医院	32000.00	0.00	4271687.76	124418.09	124418.09	4239687.76
8	12431224448	医院	168069984.73	0.00	4135107.20	120440.02	120440.02	-163934877.53
9	12431225448	人民医院	175539695.62	0.00	3682030.64	107243.61	107243.61	-171857664.98
10	12431200448	妇幼保健院	0.00	0.00	3233941.89	94192.48	94192.48	3233941.89

图 18 −65　药店预警

8. 驾校预警。驾校预警数据来源主要有税务部门提供的税收申报数据、税收净入库数据、公安部门提供的驾校发证数据。

驾校培训指标特性：（1）时效性。发证人数量基本上每月可以统计完成，根据税收的特性，对所属当月税收申报进行预测。（2）精确性。应申报收入 = 发证人数 × 报名费 × 预计发证占申报收入比例，申报差额 = 增值税申报总收入 − 应申报收入。

目前驾校预警按照抽样分析、K 值分析、历史数据比较，从而得到预警结果，为征管服务。信息分析预警系统主要提供预警结果查询、预警消息推送、结果导出、图形分析等功能（见图 18 −66）。

9. 酒店住宿预警。酒店住宿预警数据来源主要有税务部门提供的税收申报数据、税收净入库数据、公安部门提供的酒店住宿数据。

酒店住宿指标特性：（1）时效性。住宿人数量基本上每月可以统计完成，根据税收的特性，对所属当月税收申报进行预测。（2）精确性。应申报收入 = 住宿人数 × 酒店价格/（1 + 税率），申报差额 = 增值税申报总收入 − 应申报收入。

目前酒店住宿预警按照抽样分析、K 值分析、历史数据比较，从而得到预警结果，为征管服务。信息分析预警系统主要提供预警结果查询、预警消息推送、结果导出、图形分析等功能（见图 18 −67）。

图 18 - 66　驾校预警

图 18 - 67　酒店住宿预警

10. 附加税费预警。附加税费预警数据来源主要有税务部门提供的税收申报数据、税收净入库数据。其中，城市建设税和房土两费根据企业已经申报的增值税来测算，差额为应缴纳的减去已经缴纳的费用（见图 18 -68）。

11. 耕地占用税预警。耕地占用税预警数据来源主要有税务部门提供的税收申报数据、税收净入库数据、自然资源局提供的耕地占用数据。

耕地占用税指标特性：（1）时效性。耕地占用面积基本上每月可以统计完成，根据税收的特性，对所属当月税收申报进行预测。（2）精确性。应申报收入 = 占用面积×税率，申报差额 = 申报总收入 - 应申报收入。

信息分析预警系统主要提供预警结果查询、预警消息推送、结果导出、图形分析等功能（见图 18 -69）。

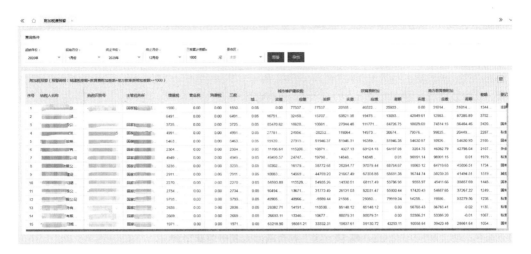

图 18 - 68　附加税费预警

图 18 - 69　耕地占用税预警

12. 城市基础配套费契税预警：采集城市配套建设费数据，结合第三方数据对比入库契税差额，预警有疑问的企业（见图 18 - 70）。

13. 房土两税预警：采集不动产登记数据，测算区域每平方米土地使用税价格，对比入库土地使用税每平方米价格，预警房土两税每平方米税额偏低的企业（见图 18 - 71）。

14. 混凝土预警：通过工商登记和税务登记得出混凝土公司登记信息，采集相对应电力公司用电信息。预征标准：通过各混凝土公司用电量换算出混凝土产量，计算征收应纳地方个人所得税和增值税。2 千瓦时换算 1 立方米混凝土，根据网上价格 200～380 元/立方米（见图 18 - 72）。

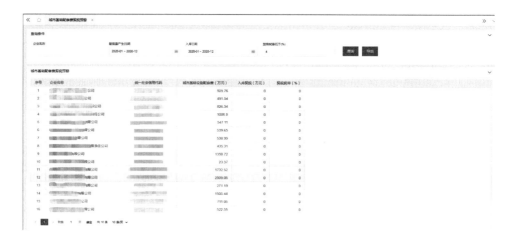

图 18 - 70　城市基础配套费契税预警

图 18 - 71　房土两税预警

图 18 - 72　混凝土预警

15. 砂石预警：采集公安火工炸药信息。预征标准：采取通过开采单位和个人实际使用炸药数量换算出砂石开采量的方式，计算征收应纳地方个人所得税和增值税。每公斤炸药核定石灰石开采量为 5 立方米，每立方米砂石折算质量为 1.5 吨。每立方米砂石计税价核定为 30 元（见图 18 - 73）。

16. 股权转让预警：根据市场监督管理部门提供的股权变更信息进行税收比对分析预警（见图 18 - 74）。

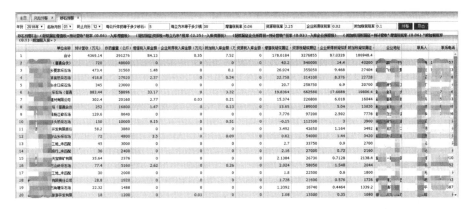

图 18 - 73 砂石预警

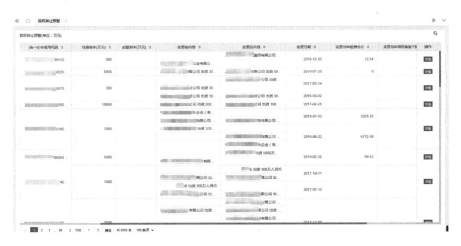

图 18 - 74 股权转让预警

17. 施工项目预警：对外来企业项目信息、税收信息进行统计分析，掌握企业项目数量，以及状态和税收（见图 18 - 75）。

图 18 - 75 施工项目预警

18. 行业低税负预警：企业税收入库、申报进行统计分析，预警低税负行业。

19. 土地增值税清算分析。通过综合治税信息管理平台中土地清算管理栏目内设置的清算项目库和清算风险库，对房地产、土地等一系列信息查看，进而完成土地增值税清算分析（见图 18 - 76）。

图 18 - 76　土地增值税清算分析

20. 预警风险协同处理。预警风险协同处理主要包括预警推送和预警反馈两个子模块，通过预警推送模块推送疑点企业信息，税务部门通过反馈功能反馈查询结果（见图 18 - 77）。

图 18 - 77　预警风险协同处理

（七）行业管理

1. 房地产行业管理。

（1）房地产行业整体分析：进行房地产行业汇总整体分析，包括预售、网签、税收等情况，采用折线图、表格等方式进行展示。

（2）房地产批准预售分析：按年份、月份、区域、楼盘维度分析预售许可发放情况，主要包括日期、地区、总建筑面积、预售套数、预售面积（见图 18 - 78）。

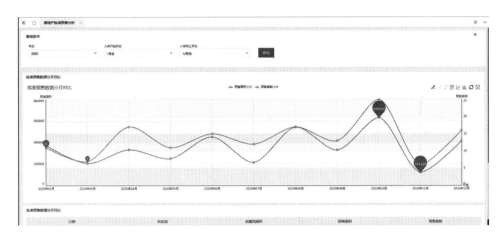

图 18 – 78 房地产批准预售分析

（3）房地产网签分析：按年份、月份、区域、楼盘维度分析住宅、商业等各种类型房地产的销售总量、均价等走势情况（见图 18 – 79）。

图 18 – 79 房地产网签分析

（4）房产资金监管分析：对现有房地产企业的资金监管专户的资金入库和流转情况，以及获取房地产企业的销售收入，对比税收的缴纳情况进行分析。

（5）房地产入库税收分析：通过比较销售收入、企业所得税、增值税，从而得到房地产企业税收情况，分析税收缴纳情况（见图 18 – 80）。

（6）房地产销售台账：建立房地产销售台账，统一管理房地产项目预售数据（见图 18 – 81）。

2. 建安行业管理。

（1）建安行业整体分析：进行建安行业汇总整体分析，包括项目、施工单位、税收等情况，采用折线图、表格等方式进行展示。

（2）政府投资项目管理：针对政府投资项目进行管理，对项目详细情况、施工单位情况进行分析（见图 18 – 82）。

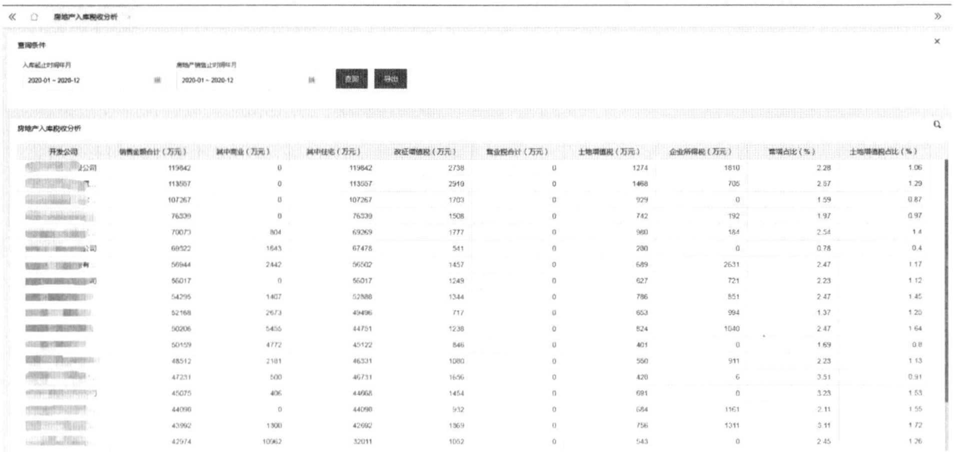

图 18-80　房地产入库税收分析

图 18-81　房地产销售台账

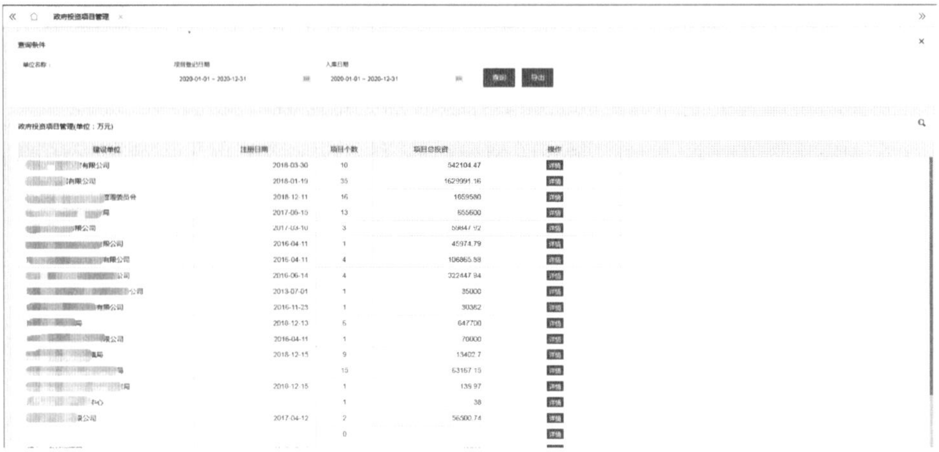

图 18-82　政府投资项目管理

（3）社会投资项目管理：针对社会投资项目进行管理，对项目详细情况、施工单位情况进行分析（见图18-83）。

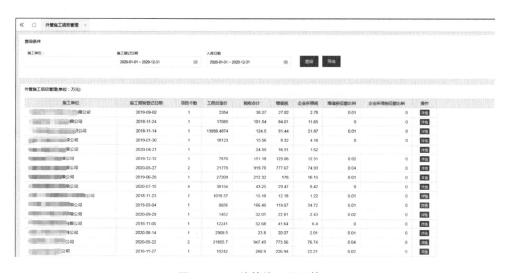

图18-83　社会投资项目管理

（4）外管施工项目管理：针对外管纳税人投资项目和税收分析，按办理外管证情况进行分析（见图18-84）。

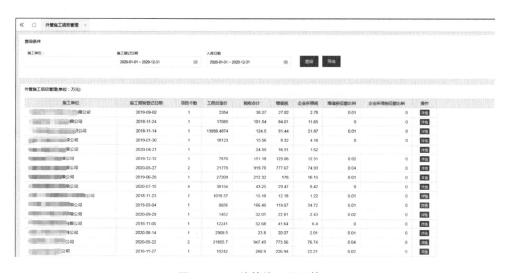

图18-84　外管施工项目管理

（5）招投标项目企业税收预警：根据税务部门提供的税收申报数据、税收净入库数据，对比企业中标项目情况进行税收分析预警。

（6）施工项目企业税收预警：根据税务部门提供的税收申报数据、税收净入库数据，对比企业施工项目情况进行税收分析预警。

3. 旅游行业管理。

（1）旅行社纳税分析：根据税务部门提供的税收申报数据、税收净入库数据，对比旅行社收入情况进行税收分析预警（见图18－85）。

图18－85　旅行社纳税分析

（2）旅游商品销售点税收分析：根据税务部门提供的税收申报数据、税收净入库数据，对比旅游商品销售点收入情况进行税收分析预警（见图18－86）。

图18－86　旅游商品销售点税收分析

（3）演绎场所税收分析：根据税务部门提供的税收申报数据、税收净入库数据，对比演绎场所收入情况进行税收分析预警（见图18－87）。

图18－87　商业演出税收分析

（4）导游税收分析：根据税务部门提供的税收申报数据、税收净入库数据，对比导游收入情况进行税收分析预警（见图 18 - 88）。

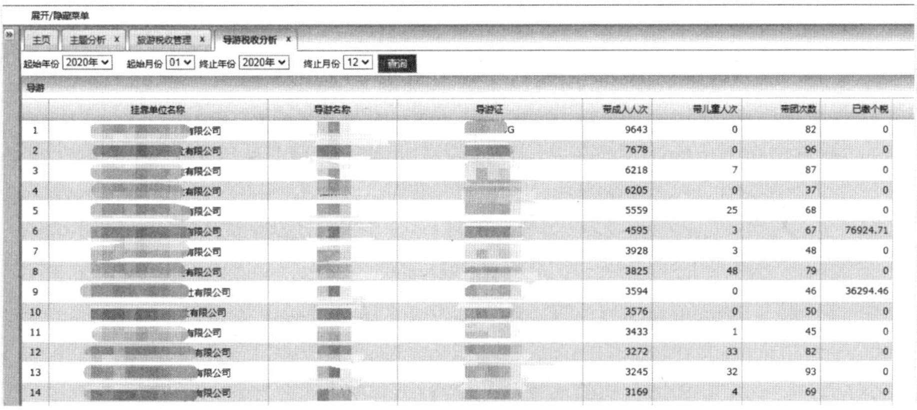

图 18 - 88 导游税收分析

（八）治税成果管理

1. 核查情况汇总：反映税务机关核查税收入库情况，以表格形式展示分析结果（见图 18 - 89）。

图 18 - 89 核查情况汇总

2. 重点核查企业明细：反映税务机关核查重点企业税收入库情况，以表格形式展示分析结果（见图 18 - 90）。

图 18 - 90 重点核查企业明细

三、财源建设管理子系统

（一）行业税源

通过三大产业及全行业税源税收历年变化及占比情况分析全区域行业趋势。

1. 行业税源。

全行业税源税收占比的历年变化及占比情况反映了区域行业的发展趋势（见图 18 –9）。

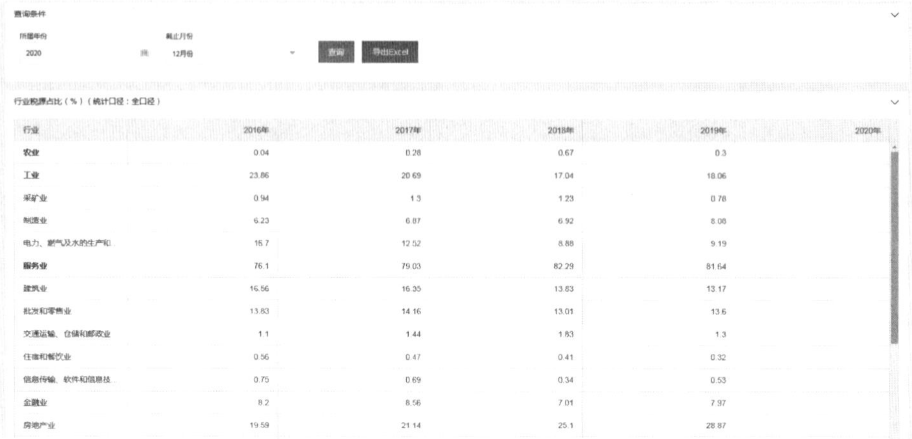

行业	2016年	2017年	2018年	2019年	2020年
农业	0.04	0.28	0.67	0.3	
工业	23.86	20.69	17.04	18.06	
采矿业	0.94	1.3	1.23	0.78	
制造业	6.23	6.87	6.92	8.08	
电力、燃气及水的生产和...	15.7	12.52	8.88	9.19	
服务业	76.1	79.03	82.29	81.64	
建筑业	16.56	16.35	13.83	13.17	
批发和零售业	13.83	14.16	13.01	13.6	
交通运输、仓储和邮政业	1.1	1.44	1.83	1.3	
住宿和餐饮业	0.56	0.47	0.41	0.32	
信息传输、软件和信息技...	0.75	0.69	0.34	0.53	
金融业	8.2	8.56	7.01	7.97	
房地产业	19.59	21.14	25.1	28.87	

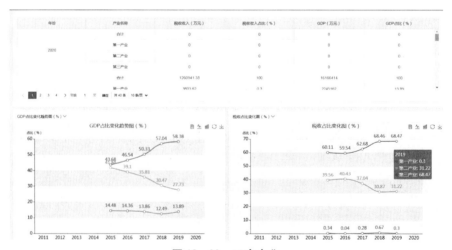

图 18 –91　行业税源

2. 三次产业。

基于现有三次产业情况，通过税收收入、税收收入占比、GDP 以及 GDP 占比进行统计分析对比各产业发展情况，掌握三次产业的基本情况及发展情况（见图 18 –92）。

年份	产业名称	税收收入（万元）	税收收入占比（%）	GDP（万元）	GDP占比（%）
2020	合计	0	0	0	0
	第一产业	0	0	0	0
	第二产业	0	0	0	0
	第三产业	0	0	0	0
	合计	1260941.33	100	16166414	100
	第一产业	3803.62	0.3	2245162	13.89

图 18 –92　三次产业

（二）特色产业

基于现有经济情况，针对区域特色产业进行统计分析，从企业情况、销售收入情况、税收情况、税负率等进行多维度、多角度的统计分析，对比各特色产业发展情况，掌握特色产业的基本情况及发展情况（见图18-93）。

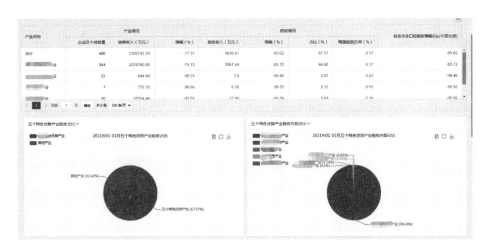

图18-93　特色产业

（三）产业园区

从产业园区名单入手，对园区税收和企业进行明细分析，实现园区税源管理（见图18-94）。

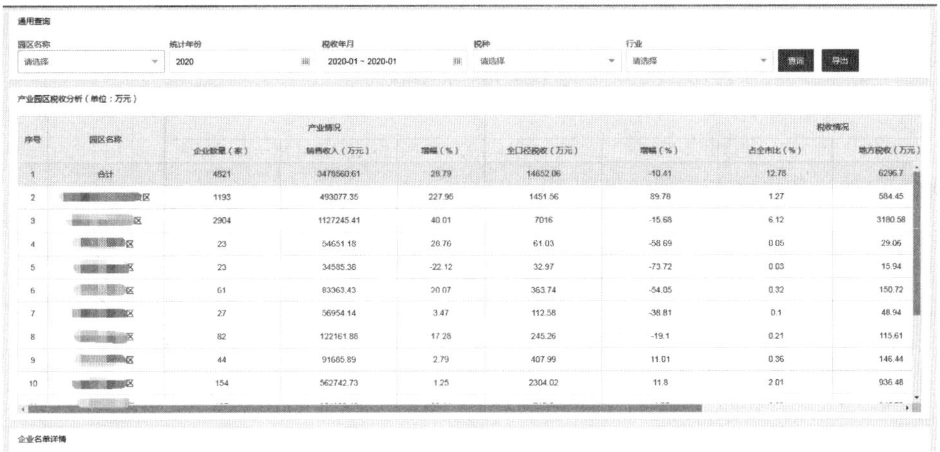

图18-94　产业园区

（四）重点项目

实现重点建设项目管理，主要是针对政府投资的重点项目建设进度、施工情况和税收情况进行分析管理（见图18-95）。

图18-95 重点项目

(五) 骨干税源

1. **企业导入。**通过 Excel 表的方式将骨干企业的名单导入到系统平台中，可以进行导入数据的校验和分析（见图18-96）。

图18-96 企业导入

2. **企业查询。**通过多种筛选条件查询骨干税源企业的税收情况、归口帮扶单位、帮扶情况等，了解帮扶进度（见图18-97）。

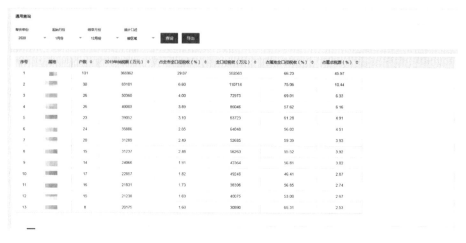

图18-97 企业查询

（六）帮扶管理

明确骨干税源的归口帮扶部门、属地帮扶单位及责任单位，进行帮扶效益分析（见图 18 - 98）。

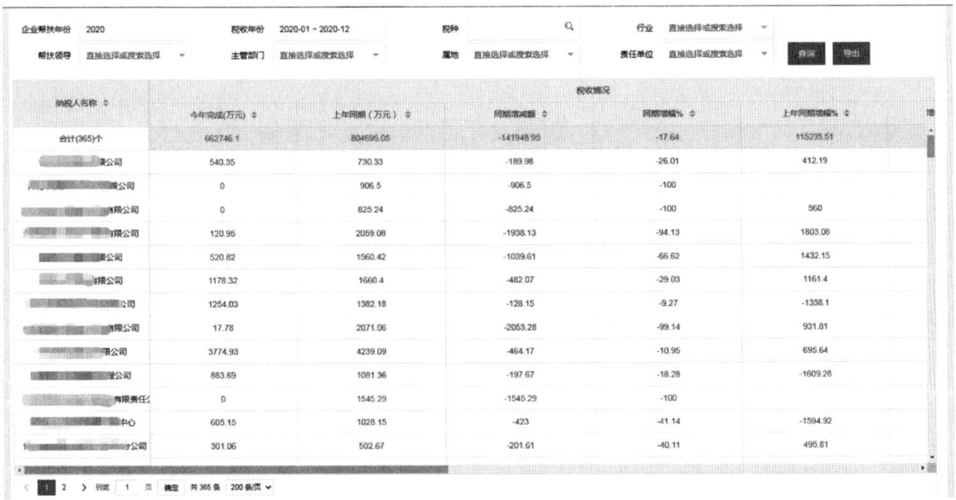

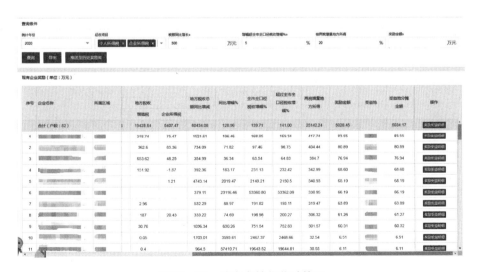

图 18 - 98　帮扶管理

（七）奖励补助

1. 财政奖补管理。通过 Excel 表的方式将骨干企业的名单导入到系统平台中，可以进行导入数据的校验和分析。

（1）地方个性化奖励管理。地方个性化奖励主要包括企业贡献奖、区域级贡献奖、部门贡献奖、总部经济奖等（见图 18 - 99）。

图 18 - 99　地方个性化奖励管理

（2）企业资金拨付分析。对区域内所有享受财政政策的企业进行统计分析，与企业税收对比分析，看奖励资金与税收是否同步（见图18－100）。

图18－100　企业资金拨付分析

2. 政府补助收据。通过 Excel 表的方式将骨干企业的名单导入到系统平台中，可以进行导入数据的校验和分析。

（八）部门考核

对各个成员单位的数据采集失效、质量等自动进行催报、考核。

1. 执收情况。

对各个成员单位的收入计划情况的数据进行采集（见图18－101）。

图18－101　执收情况

2. 履职情况。

对各个成员单位履职情况的数据进行采集（见图 18－102）。

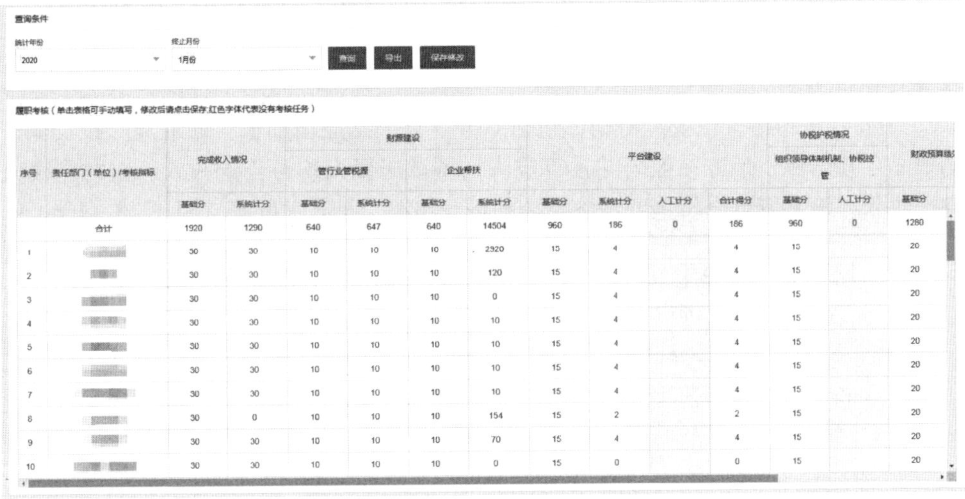
查询条件

统计年份 2020　终止月份 1月份　查询　导出　保存修改

履职考核（单击表格可手动填写，修改后请点击保存,红色字体代表没有考核任务）

序号	责任部门（单位）/考核指标	财源建设										协税护税情况		财政预算绩效
		完成收入情况		管行业管税源		企业帮扶		平台建设				组织领导体制机制、协税控管		
		基础分	系统计分	基础分	系统计分	基础分	系统计分	基础分	系统计分	人工计分	合计得分	基础分	人工计分	基础分
	合计	1920	1290	640	647	640	14504	960	186	0	186	960	0	1280
1		30	30	10	10	10	2920	15	4		4	15		20
2		30	30	10	10	10	120	15	4		4	15		20
3		30	30	10	10	10	0	15	4		4	15		20
4		30	30	10	10	10	10	15	4		4	15		20
5		30	30	10	10	10	10	15	4		4	15		20
6		30	30	10	10	10	10	15	4		4	15		20
7		30	30	10	10	10	10	15	4		4	15		20
8		30	0	10	10	10	154	15	2		2	15		20
9		30	30	10	10	10	70	15	4		4	15		20
10		30	30	10	10	10	0	15	0		0	15		20

图 18－102　履职情况

（九）政策云管理

政策云管理可提供政策统一管理平台，将政策推送至企业，做好营商环境建设（见图 18－103）。

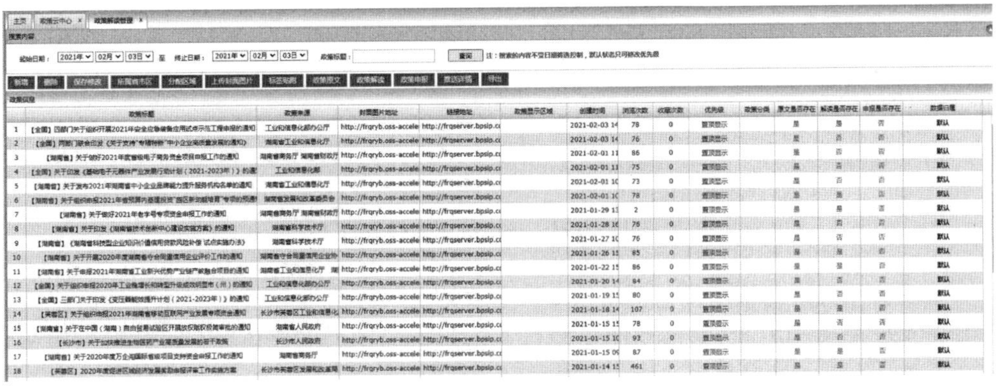

图 18－103　政策云管理

四、移动应用子系统

（一）宏观经济分析

宏观经济指标主要包括常用经济指标、主要经济指标、支撑指标三个模块，宏观经济分析主要包括人口、就业、经济等常用经济指标的历年经济走势变化分析等；包括围绕主要经济指标进行分析、全区域完成情况分析、区域市区对比分析、全省市对比分析等。

1. 常用经济指标。常用经济指标主要包括人口指标、就业指标、经济指标等，分析内容包括总人口的变化情况、就业人员规模的增长和变化情况、行业和区域经济的增长变化情况等。

2. 主要经济指标。主要经济指标包括 GDP、规模工业增加值、固定资产投资额、社会消费品零售总额、地方一般公共预算收入、城镇居民人均可支配收入、农村居民人均可支配收入，该系统可分析主要经济指标的增长情况、排名情况等（见图 18 – 104）。

各市州对比分析		市完成情况		
市州	地区生产总值绝对额（亿元）	主要指标	总量	目标
全省	39752.12	1.GDP	0.00	8.00
长沙市	11574.22	2.规模工业增加值	——	8.00
株洲市	3003.13	3.固定资产投资额	——	10.50
湘潭市	2257.63	4.社会消费品零售总额	94.64	10.00
衡阳市	3372.68	5.地方财政收入	17.64	5.50
邵阳市	2152.48	6.城镇居民人均可支配收入	0.00	8.50
岳阳市	3780.41	7.农村居民人均可支配收入	0.00	10.50
常德市	3624.2			
张家界	552.1			
益阳市	1792.46			
郴州市	2410.89			
永州市	2016.86			
怀化市	1616.64			
娄底市	1640.58			
湘西州	705.71			

图 18 – 104　主要经济指标分析

3. 支撑指标。支撑指标包括餐饮业营业额增速、零售业销售额增速、金融机构人民币贷款增速等，以全区域关注的主要行业销售指标作为支撑指标，可分析支撑指标的增长情况、排名情况等（见图 18 – 105）。

（二）预算执行分析

1. 财政收入分析：对全区域财政收入完成情况进行分析，主要针对财政收入月报数据进行表格、图形分析（见图 18 – 106）。

2. 财政支出分析：对全区域财政支出完成情况进行分析，主要针对财政支出月报数据进行表格、图形分析（见图 18 – 107）。

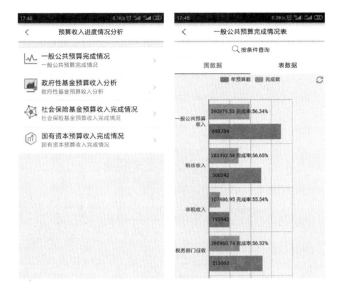

图 18-105　支撑指标分析　　　　图 18-106　财政收入分析

图 18-107　财政支出分析

（三）税收情况分析

税收情况分析主要包括分税种税收分析、分行业税收分析，其中，分税种税收分析主要包括增值税、企业所得税、个人所得税、契税、耕地占用税、城市维护建设税、耕地占用税税种分析，行业主要包括房地产行业、建筑业、金融业、批发和零售业、制造业、采矿业、交通运输业等（见图18-108）。

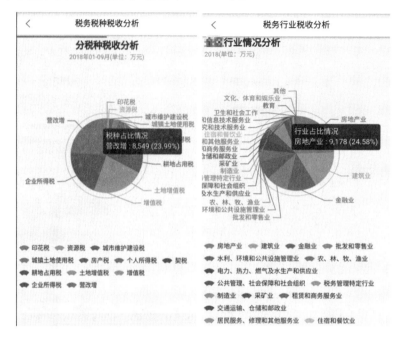

图 18-108　税务行业税收分析

（四）重点税源分析

针对纳税百万元以上的重点税源进行分析，对比当年税收和上年税收情况，以表格形式展示分析结果（见图18-109）。

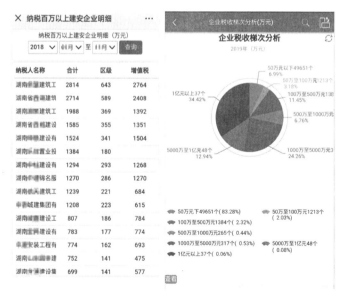

图 18-109　百万元以上重点税源分析

（五）税源情况监控

对新注册企业、注销企业进行税收对比分析，同时对地方贡献增长情况、用工规模情况、财政支持企业税收贡献情况进行分析，实时监控税源变化情况（见图18-110）。

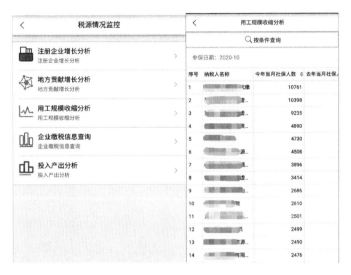

图18-110 税源情况监控

（六）招商引资信息

对招商引资企业税收情况、园区入驻企业税收情况、招商引资企业税收承诺实现情况进行分析，检验招商引资情况（见图18-111）。

图18-111 招商引资信息

（七）成果统计

结合税务部门反馈的预警信息核查情况进行分析，主要包括核查情况汇总、部分重点核查企业案例（见图18-112）。

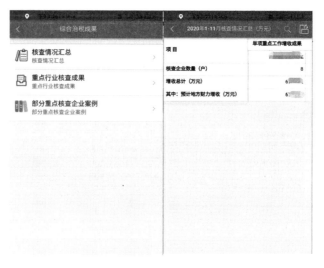

图 18-112　成果统计

（八）重点项目信息

结合发改委的项目立项审批信息，住建局的施工信息、竣工信息，提供立项审批信息查询、施工许可信息查询、竣工验收信息查询等信息查询功能，进行综合管理（见图18-113）。

图 18-113　重点项目信息

（九）产业链情况

结合区域产业链基本情况及产业链上中下游企业情况，提供产业链基本信息查询管理，对比税收入库信息，分析产业链税收贡献情况（见图 18－114）。

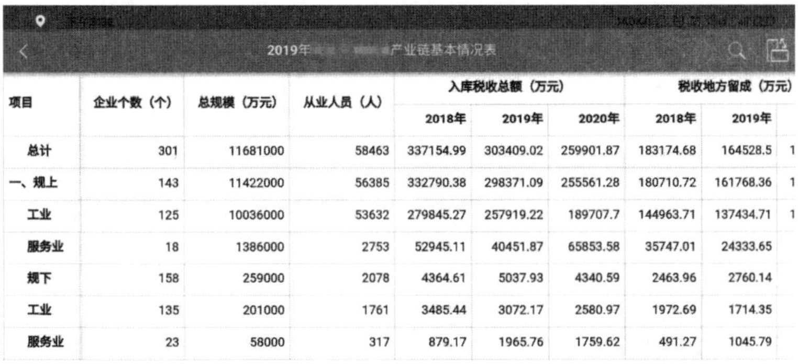

项目	企业个数（个）	总规模（万元）	从业人员（人）	入库税收总额（万元）			税收地方留成（万元）	
				2018年	2019年	2020年	2018年	2019年
总计	301	11681000	58463	337154.99	303409.02	259901.87	183174.68	164528.5
一、规上	143	11422000	56385	332790.38	298371.09	255561.28	180710.72	161768.36
工业	125	10036000	53632	279845.27	257919.22	189707.7	144963.71	137434.71
服务业	18	1386000	2753	52945.11	40451.87	65853.58	35747.01	24333.65
规下	158	259000	2078	4364.61	5037.93	4340.59	2463.96	2760.14
工业	135	201000	1761	3485.44	3072.17	2580.97	1972.69	1714.35
服务业	23	58000	317	879.17	1965.76	1759.62	491.27	1045.79

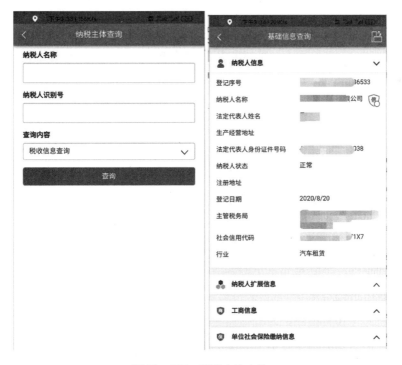

图 18－114　产业链情况

（十）纳税主体查询

提供纳税人税收信息查询、基本信息查询等信息查询功能（见图 18－115）。

图 18－115　纳税主体查询

（十一）信息发布专栏

提供平台联络员通讯录查询、相关政策文件查询等功能，便于日常管理（见图18-116）。

图18-116　信息发布专栏

（十二）数据报送情况

提供手机端各单位数据报送情况查询功能。

五、大屏可视化应用子系统

（一）财源地图分析

建设全区域地图显示中心，展示全区域财政收支变化情况、财税任务完成情况、重点项目分布情况、重点企业分布情况（见图18-117）。

（二）财税数据分析

结合区域财政局的数码大屏硬件建设可视化显示平台展示财政收支变化情况、财税完成情况、重点项目分布情况、重点企业分布情况、纳税人户籍变化情况、各税种变化情况、行业变化情况、规模企业变化情况等（见图18-118）。

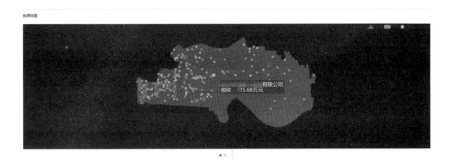

图 18 – 117　财源地图示意

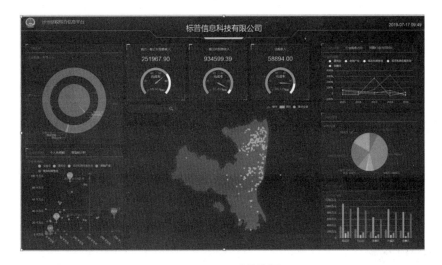

图 18 – 118　财税数据

（三）建安项目概览

建设全区域项目信息显示中心，展示全区域项目建设情况、业务完成情况、项目分布情况、关联企业税收情况（见图 18 – 119）。

图 18 – 119　全区域项目

第三节 技术路线

一、设计原则

（一）先进性

系统采用当前先进的主流技术路线，具有跨平台性，包含手机端及 PC 端，支持当前主流的操作系统。系统采用商业智能（BI）技术框架，对数据进行加工分析。系统基于 J2EE 标准进行开发，符合国际大型应用标准，支持主流的关系型数据库。

（二）可靠性

系统选用国际流行并具有广泛用户基础的操作系统；数据库系统选用了稳定、高效并有大量成功应用的数据系统；在应用软件设计方面容错性强，操作简单，并可以灵活地进行部署，这样才能保证系统能够安全可靠地运行。

（三）开放性

系统采用基于面向服务体系的 SOA 架构，保障系统的开放性，支持跨编程语言和跨操作系统平台的远程调用技术（Webservice）等技术规范，实现异构系统集成。支撑全球广域网（WEB）服务，可扩展标记语言（XML）、数据交换格式（JSON）等技术，实现数据交换。

（四）安全性

系统采用主流的加密算法，确保数据在上报传输过程中的安全。基于 J2EE 的技术框架，保证技术的跨平台性以及良好的稳定性。基于平台开发，保证系统的扩展性和可维护性。在硬件方面支持使用双存储的形式保证数据的热备份，可不定期对数据进行冷备份，确保数据安全。

（五）灵活性

为使系统在未来具有较强的移植性、可用性、扩展性，本系统设计时充分考虑了系统的灵活性，能够在较大范围内适应后续用户业务的拓展或改变。

（六）可扩展性

系统支持可配置的数据交换接口，便捷实现涉税部门数据交换的新增、修改、删除情况，便捷实现与其他信息资源管理平台实时共享。采用"平台＋应用"的开发模式，极大地缩短开发周期，提升系统对需求变化的快速响应能力，做到随需应变。能够在规模和性能两个方向上进行扩展，扩展余地较大，保证系统扩展的连续性。

（七）易用性

系统采用 B/S 结构，操作界面支持主流浏览器。界面风格简洁、直观，用户一目了然。系统的操作符合用户的操作习惯。

（八）易维护性

系统使用"平台＋应用"的开发模式，拥有统一开发规范，避免纯代码开发，造成随着人员的流动导致系统的维护困难。

二、设计依据

本系统的设计和建设遵循以下的标准和规范：

■ ISO9000 质量体系标准

■ GB/T 35589－2017 信息技术 大数据 技术参考模型

■ GB/T 21064－2007 电子政务系统总体设计要求

■ GB/T 19486－2004 电子政务主题词表编制规则

■ GB/T 19487－2004 电子政务业务流程设计方法通用规范

■ GB/T 19488.1－2004 电子政务数据元素标准 第 1 部分：设计和管理规范

■ GB/T 19667.1－2005 基于可扩展置标语言的电子公文格式 第 1 部分：总则

■ GB/T 19667.2－2005 基于可扩展置标语言的电子公文格式 第 2 部分：公文体

■ GB/T19668.1－2005 信息化工程监理规范 第 1 部分：总则

■ GB/T 19669－2005 XML 在电子政务中的应用指南

■ GB/T 20619－2007 中文办公软件文档格式规范

■ GB/T 16260.1—2006 软件工程 产品质量 第 1 部分：质量模型

■ GB/T 16260.2—2006 软件工程 产品质量 第 2 部分：外部度量

■ GB/T 16260.3—2006 软件工程 产品质量 第 3 部分：内部度量

■ GB/T 16260.4—2006 软件工程 产品质量 第 4 部分：使用质量的度量

■ GB/T 8566－2007 信息技术软件 生存周期过程

■ GB/T 8567－2006 计算机软件文档编制规范

■ GB/T 18234－2000 信息技术 CASE 工具的评价与选择指南

■ GB/T 18492－2001 信息技术 系统及软件完整性级别

■ GB/T 18914－2002 信息技术 软件工程 CASE 工具的采用指南

■ GB/T 35274－2017 信息安全技术 大数据服务安全能力要求

■ GB 17859－1999 计算机信息系统安全保护等级划分准则

■ GB/T 30271－2013 信息安全技术 信息安全服务能力评估准则

■ 中华人民共和国计算机信息系统安全保护条例

附件：案例成果及部分行业预警分析逻辑

利用现有数据源进行数据整理，挖掘税源，助力财政收入，重点对多个行业如房地产行业、外埠建安行业、商砼行业、驾校，以及多个税种如附加税、城镇土地使用税、国土出让契税、耕地占用税等税收情况进行预警分析排查；税源预警汇总情况见附表1。

附表1　　　　　　　　　2019～2020 年前三季度预警信息汇总

预警行业/税源	预警年份/条件	疑似漏征额	疑似漏征额合计
房地产行业	2019～2020 年第三季度	预缴增值税差额 16 689.5 万元	52 121.3 万元
		预缴土地增值税差额 10 195.5 万元	
		预缴企业所得税差额 25 236.3 万元	
外埠建安行业	2016 年 5 月～2020 年 9 月	未报验项目 1 190.1 万元	8 174.6 万元
		已报验项目 6 984.5 万元	
商砼行业	2019 年 6 月～2020 年 9 月 税差＞50 000 元	612.65 万元	612.65 万元
驾校行业	2019 年～2020 年第三季度	94.94 万元	94.94 万元
附加税	2017～2020 年第三季度 税差＞10 000	920.56 万元	920.56 万元
国土出让契税	2017～2020 年第三季度	1 394.28 万元	1 394.28 万元
城镇土地使用税	2020 年前三季度	1 243.16 万元	1 243.16 万元
耕地占用税	2018～2020 年第三季度	730.14 万元	730.14 万元
合计			65 291.63 万元

××房地产行业税收预缴预警分析

将税务局、房产管理局、不动产登记中心等多部门涉税数据汇总整理，并通过建立合理的税收预警模型对采集的多家房地产开发企业的销售经营及纳税情况进行统筹分析，计算出各家房地产开发企业在增值税、土地增值税、企业所得税三大税收的预缴差额，现将全县 2019～2020 年前三季度的税收预缴预警情况汇总见附表2。

附表2　　　　　　**2019～2020 年前三季度房地产行业税收预警分析数据**

预警税源	预警年份	其他条件	疑似漏征额	疑似漏征额合计
增值税	2019 年全年	差额＞10 万元	10 424.4 万元	16 689.5 万元
	2020 年前三季度		6 265.1 万元	
土地增值税	2019 年全年	差额＞10 万元	6 727.6 万元	10 195.5 万元
	2020 年前三季度		3 467.88 万元	
企业所得税	2019 年全年	差额＞10 万元	21 066.9 万元	25 236.3 万元
	2020 年前三季度		4 169.4 万元	
	2019 年小计			38 218.9 万元
	2020 年前三季度小计			13 902.3 万元
	合计			52 121.2 万元

房地产企业增值税预缴预警分析

数据来源：

房管局"商品房网签信息"、税务局"净入库信息"。

预警逻辑：

1. 在"商品房网签信息"表中，根据预警年月统计该时间区间内每个房地产开发公司售房合同总额 S1，测算营业收入为 S2 = S1/（1 + 适用税率）；

2. 利用营业收入计算出应预缴增值税 Y0 = S2 * 0.03；

3. 计算税款所属期在预警时间区间内的增值税预缴总额为 Y1，房地产企业预缴增值税的查询条件为"净入库信息"（征收项目 = 增值税、征收品目代码 = 101017713、税款属性 = 分期预缴税款、行业门类 = 房地产业）；

4. 预缴增值税应补差额 C = Y0 – Y1。

适用税率：

（1）2019 年 4 月 1 日至现在——税率9%；

（2）2018 年 5 月 1 日至 2019 年 3 月 31 日——税率10%；

（3）2018 年 4 月 30 日及以前——税率11%。

根据以上预警分析逻辑可知，在统计时间单家企业预警差额＞10 万元的条件下，2019 年全年房地产企业增值税全年疑似漏征额为 10 424.4 万元，各企业详细预警数据见附表1；2020 年前三季度房地产企业增值税疑似漏征额为 6 265.1 万元，各企业详细预警数据见附表2。

房地产企业土地增值税预缴预警分析

数据来源：

房管局"商品房网签信息"、税务局"净入库信息"。

预警逻辑：

1. 在"商品房网签信息"表中，根据预警年月统计该时间区间内每个房地产开发公司售房合同总额 S1，测算营业收入为 S2 = S1/（1 + 适用税率）。

2. 根据"购房面积"和"购房用途"计算已售商品房应预缴土地增值税 Z0：

（1）当"购房用途"="成套住宅"or"住宅"时，（1）面积小于等于 144 平方米时，预征土地增值税为合同金额应税收入［即合同金额/（1 + 适用增值税税率）］的 1.5%；（2）面积大于 144 平方米时，预征土地增值税为合同金额应税收入［即合同金额/（1 + 适用增值税税率）］的 3.5%。

（2）当"购房用途"like"% 商业%"时，预征土地增值税为合同金额应税收入［即合同金额/（1 + 适用增值税税率）］的 4.5%。

（3）当"购房用途"为空时，默认此商品房为普通住宅。

3. 计算税款所属期在预警时间区间内的土地增值税预缴总额为 Z1，房地产企业预缴土地增值税的查询条件为"净入库信息"（征收项目 = 土地增值税、行业门类 = 房地产业）。

4. 预缴土地增值税应补差额 C = Z0 − Z1。

适用税率：

（1）2019 年 4 月 1 日至现在——税率 9%。

（2）2018 年 5 月 1 日至 2019 年 3 月 31 日——税率 10%。

（3）2018 年 4 月 30 日及以前——税率 11%。

根据以上预警分析逻辑可知，在统计时间单家企业预警差额 >10 万元的条件下，2019 年房地产开发企业全年疑似漏征额为 6 727.6 万元；2020 年前三季度房地产开发企业疑似漏征额为 3 467.9 万元。

房地产行业企业所得税预缴预警分析

数据来源：

房管局"商品房网签信息"、税务局"企业所得税月（季）度纳税申报信息清册"。

预警逻辑：

1. 在"商品房网签信息"表中，根据预警年月统计该时间区间内每个房地产开发公司售房合同总额 S1，测算营业收入为 S1/（1 + 适用税率）。

2. 根据"预警年月止"的选项 X 年 M 月，在"企业所得税月（季）度纳税申报信息清册"查找税款所属期为 M 月的申报信息，如果在 M 月没有企业所得税的申报信息，则在"企业所得税月（季）度纳税申报信息清册"查找该企业在本年度 M 月之前的最新的一条申报信息，然后取"营业收入累计金额"Y1 和"特定业务计算的应纳税所得额累计金额"T1。

3. 然后计算出"应纳税所得额差额"=（S1/（1 + 适用税率）− Y1）× 毛利率 − T1，最后计算出"应补预缴企业所得税"=［（S1/（1 + 适用税率）− Y1）× 毛利率 − T1］× 企业所得税税率。

增值税适用税率：

（1）2019 年 4 月 1 日至现在——税率 9%；

（2）2018 年 5 月 1 日至 2019 年 3 月 31 日——税率 10%；

（3）2018 年 4 月 30 日及以前——税率 11%。

对于房地产企业所得税"计税毛利率"的取值规定：

第一阶段：2018 年 11 月 1 日之前，计税毛利率 = 10%；

第二阶段：2018 年 11 月 1 日 ~ 2019 年 12 月 31 日，计税毛利率 = 15%；

第三阶段：2020 年 1 月 1 日之后，计税毛利率 = 5%。

根据以上预警分析逻辑，在统计时间单家企业预警差额 > 10 万元的条件下，2019 年全年房地产行业企业全年疑似漏征额为 21 066.9 万元；2020 年前三季度房地产行业企业疑似漏征额为 4 169.4 万元。

××外埠建安企业税收预缴预警分析

利用税务局（税款入库信息）、住建局（施工许可证信息）、大数据管理局（××建设工程招投标信息）、财政局各科室（政府投资工程付款信息）等多家涉税数据，通过比对分析统计出外埠建安企业在××施工而未在税务机关报验的工程项目信息，并通过建立合理的税收预警模型对该类工程项目所需预缴税款进行计算统筹，计算出未报验项目的潜在税源信息；并通过对外埠建安企业已报验的工程项目信息与该企业已缴纳的税收信息进行比对分析，通过合理的计算模型，分析计算出已报验工程项目仍存在的疑似漏征税款以及潜在税源信息。

建安企业税收预缴算法：根据《纳税人跨县（市、区）提供建筑服务增值税征收管理暂行办法的公告国家税务总局公告》《关于跨地区经营建筑企业所得税征收管理问题的通知》以及《关于全面推开营业税改征增值税试点的通知》等相关文件设计：

外埠建安企业在××提供建筑服务，按照以下公式计算应预缴税款：

应预缴增值税 = 合同额 ÷（1 + 9%）× 2%

外省企业应预缴企业所得税 = 合同额 ÷（1 + 9%）× 0.2%

根据住建局提供的施工许可证信息与税务局提供的外埠建安企业报验登记信息进行比对，共查出有 54 个建安项目（涉及 29 家外埠企业）未到××税务机关进行项目报验，未报验项目共需预缴税收 3 417.55 万元；并经过比对分析，统计出已报验项目存在漏征税收或潜在税源的外埠企业（差额在 5 万元以上）共有 28 家（涉及 93 个项目），所需预缴税款差额（潜在税源）为 6 984.49 万元。以上统计分析结果汇总如附表 3 所示。

附表3 统计分析结果

预警类型	统计时间区间	涉及企业数量（家）	涉及项目数量（个）	其他条件	疑似漏征额（或潜在税源）合计
未报验项目	2016年5月1日~2020年9月30日	22	39	差额>1万（元）	1 190.1万元
已报验项目		28	93	差额>5万（元）	6 984.5万元
合计					8 174.6万元

××商砼行业税收入库预警分析

数据来源：

供电公司"商砼企业用电数据"、税务局"净入库信息""一般纳税人登记信息"。

预警逻辑：

1. 在"商砼企业用电数据"表中，根据"企业名称"统计出预警年度该企业的用电总和H（需注意：一家商砼企业可能对应多个户号）。

2. 根据企业的用电量H计算该企业的商砼生产量C = H×生产用电占比（默认100%）/平均电耗（默认2.5度/m³）。

3. 根据企业的商砼生产量C和商砼平均售价（默认300元/m³）计算出该企业的销售额（营业收入）S0 = C×商砼平均售价（默认300元/m³），则不含税销售额S1 = S0/1.03。

4. 在税务局"一般纳税人登记信息"表中查询，判断商砼企业是不是一般纳税人，若企业是一般纳税人则没有起征点，若企业是小规模纳税人（不是一般纳税人）则起征点为每月10万元。

5. 若企业是一般纳税人，则应缴纳增值税Z = S1×0.03，城市维护建设税按照该企业以往缴纳城建税的税率进行计算；若企业是小规模纳税人，则应缴纳增值税Z =（S1 – 10×月数）×0.03（若Z<0，则未达到起征点），同样城市维护建设税按照该企业以往缴纳城建税的税率进行计算。

6. 企业利润L = S1×行业平均利润率（默认5%），则企业应缴纳企业所得税为S2 = L×25%。

将国家电网公司提供的各家商砼企业的用电数据导入平台，计算每家企业的营收以及应缴纳税收，通过与税务局的纳税申报数据进行比对分析，共预警出存在10 000元以上税收差额的企业共计14家，税收差额共计612.65万元。

××驾校行业税收入库预警分析

数据来源：

道路运输管理局"驾驶员培训信息表"、税务局"净入库信息"、"税务申报信息"。

预警逻辑：

1. 在"驾驶员培训信息表"中，根据"收费标准"和"新增培训人数"计算出本年度该驾校截至上报数据月份 M 的报名费收入 S1，测算营业收入为 S2 = S1/(1 + 自定义税率)。

2. 利用营业收入 S2 计算出应缴增值税 Y0 = (S2 - M × n 万元) × 自定义税率；（当预警年份是 2016 年、2017 年、2018 年时，n = 3；当预警年份是 2019 年、2020 年时，n = 10）。

3. 在"净入库信息"表中查询该驾校税款所属期在本年度元月到数据报送月的增值税总和 Y1。

4. 计算增值税应补差额 C = Y0 - Y1。

××附加税入库预警分析

根据××已入库增值税、营业税、消费税的企业，排查其对应的应纳城市维护建设税、教育费附加、地方教育附加等的入库情况；以城建税差额 + 教育费附加差额 + 地方教育附加差额 > 10 000 元为查询测算（条件），将 2017 ～ 2020 年 10 月附加税差额合计大于 10 000 元的对象查出。

计算公式为应纳城建税 = 三税合计 × 税率（城镇 5%、乡 1%）；应纳教育费附加 = 三税合计 × 税率（3%）；应纳地方教育附加 = 三税合计 × 税率（2%）；城建税差额 = 应纳城建税 - 实缴城建税；教育费附加差额 = 应纳教育费附加 - 实缴教育费附加；地方教育附加差额 = 应纳地方教育附加 - 实缴地方教育附加。

在测算预警附加税合计大于等于 10 000 元的条件下，以××城建税差额 + 教育费附加差额 + 地方教育附加差额 > 10 000 元作为查询测算条件。

2017 ～ 2020 年 10 月份共统计出共有 146 家企业附加税入库差额在 10 000 元以上。

××国土出让契税预警分析

数据来源：

自然资源局"土地出让信息"、税务局"净入库信息"。

预警逻辑：

1. 土地出让契税税率为 4%，应缴契税 = 出让金额 × 0.04，预警契税 = 应缴契税 - 已缴纳契税（净入库信息）。

2. 根据企业获得国土出让的土地信息与税务局的纳税申报明细对比分析土地受让企业（个人）是否有进行正常契税缴纳；通过分析对比 2017 ～ 2020 年第三季度自然资源局国土出让数据，通过应缴契税与已缴契税对比得出，2017 ～ 2020 年第三季度，有 19 家企业实际契税缴纳额不符。

××城镇土地使用税预警分析

数据来源:

不动产登记中心"土地不动产登记信息"、税务局"净入库信息"。

预警逻辑:

1. 首先根据不动产登记中心"土地不动产登记信息"中的"土地面积""登记日期"和"城镇土地使用税适用税率"计算得出该块土地在预警年度应缴纳城镇土地使用税总额 S0,然后根据当月所在季度,计算出截至当月今年应缴纳入库的额度(4 月入库第一季度,7 月入库第二季度,10 月入库第三季度,次年 1 月入库今年第四季度)。

2. 存在一家企业名下有多块土地,由于每块土地的适用税率不同,应单独计算每块土地应缴纳城镇土地使用税。

3. 查询税务局"净入库信息"统计截至当月,该企业已缴纳城镇土地使用税总和 Y。

4. 根据第 2 步计算出的每块土地应缴纳的城镇土地使用税进行求和 H,然后 H – Y 得出需补缴的城镇土地使用税税款。

根据不动产登记中心提供的土地不动产权证登记信息与税务局的纳税申报明细对比分析土地权利人是否有进行正常城镇土地使用税缴纳;通过对应缴城镇土地使用税与已缴城镇土地使用税分析得出,2020 年共有 51 家企业实际城镇土地使用税缴纳额不符。

××耕地占用税预警分析

数据来源:

自然资源局"批准临时占用耕地信息"、税务局"净入库信息"。

预警逻辑:

耕地占用税为每平方米 22 元,应缴耕地占用税 = 占地面积×22,预警耕地占用税 = 应缴 – 已缴纳耕地占用税(税款所属期不早于批准占地日期)。

根据自然资源局提供的批准临时占用耕地信息与税务局的纳税申报明细对比分析耕地临时占用人是否有进行耕地占用税的合理缴纳;通过对应缴耕地占用税与已缴耕地占用税分析得出,2018~2020 年前三季度,有 3 家企业实际耕地占用税缴纳额不符。

关于土地增值税

当前,土地增值税清算审核,主要存在着以下难点问题。

一是清算对象确定难。根据税法规定,土地增值税清算可分为必须清算和可以清算两种情形。在实际工作中,由于信息不对称,税务机关并不能及时掌握纳税人需要进行土地增值税清算的情形。同时,在分期开发的情况下,是按期数来确定清算对象,还是按建设工程规划许可证确定清算对象，全县并不规范和统一。此外，对于可以清算的情形，由于没有事先进行税收测算，而是单纯根据销售比例和预售期限来通知清算，造成目前清算退税多、补税少。

二是清算收入审核难。目前土地增值税清算收入主要依赖于企业的申报数据，虽然收集了一些第三方数据，但依靠手工进行网签合同、实测面积、销售单价等比对，工作量大，效率较低，效果不佳。对房地产项目总可售面积、视同销售、房地产开发产品类型、房地产价格区间等收入因素，缺少第三方信息自动验证、比对，制约了大数据作用的发挥。

三是扣除项目核实难。当前困扰土地增值税清算的最大难题是开发成本难以核实。开发成本项目多、业务多、票据多、时间跨度长，单靠人工审核只能发现一些形式方面存在的问题，难以挖掘一些深层次的问题。一些与开发成本有关的内部数据和第三方信息，如土地出让金及返还、政府规费、工程费竣工结算备案信息、发票、税费等，只能以人工方式收集和整合，难以迅速形成链条。

四是清算结果产生难。土地增值税清算被称为"第一难"的税务工作，一项清算工作往往历时数月甚至一年。同时，由于清算人员业务水平和业务习惯等不同，产生的清算结果基本不同，经常与纳税人发生争议，被戏称为"土地争执税"。虽然总局制定了土地增值税清算工作规程，但对清算审核的常见涉税问题及应对策略，并没有统一的操作标准。土地增值税的申报表、审核表的数据不能自动计算，人工计算量大，容易发生差错。清算审核发现的疑点和问题，需要手工汇总和处理，清算报告和清算结果需要手工录入。这些因素，极大地影响了土地增值税清算的效率和效果。

综合上述情况，我们认为，有必要利用财税综合信息化平台推广应用土地增值税清算这一功能，来破解土地增值税清算工作的难题。目前，市面上的土地增值税清算软件并不多，大部分软件只是解决了自动计算清算结果的问题，数据录入、第三方数据比对、疑点审核应对等，仍然停留在手工层面，应用价值不高。该省标普公司新近开发成功的土地增值税清算管理系统，立足该县的实际情况，以清算风险管理为导向，突出项目管理、信息分析、内外部数据比对、疑点审核等流程，实现土地增值税清算管理的优化。

一是数据来源多元化。建立以房地产项目数据为主的大数据中心，接入包括税务内部数据、政务数据、互联网数据、企业申报数据，丰富数据来源。

二是清算过程标准化。利用系统规范企业申报、数据分析、风险应对、清算报告输出等过程管理标准化，进一步规范清算工作流程，强化过程管理。

三是归集比对自动化。利用各方数据来源，自动归集各个项目数据，形成清算提醒，数据归集，数据比对，进一步实现清算报告自动化。

四是风险分析智能化。利用数据的电子化数据的沉淀，清算骨干人员的实操经验的沉淀，形成对清算过程中各项指标，横向、纵向智能化分析。

五是工作流程规范化。根据土地增值税清算工作规程，设置操作岗位和操作权限，实现流程规范化、系统化，实行流程分析和流程监控。同时，形成土地增值税大数据库，供各级领导岗位审阅辖区内房地产开发项目、土地增值税清算对象、清算进度、清算成果等数据，并提供清算对象土地增值税预清算税负率，为评估决策是否清算提供重要参考。

预期效益：

以县为例，根据需求，××县共涉及涉税单位近25家，平台建成后，形成以财税为中心的、××县涉税大数据中心，平台根据权限理顺机制，实现数据共享。

可以根据××县各单位建设项目，建立起本市项目台账、分区域分配至街道乡镇，使乡镇掌握项目情况及预计税收情况。配套上线××县综合治税移动端，按权限分配乡镇人员，使乡镇人员掌握本辖区税源情况。

本系统综合利用所有涉税数据可提供丰富的收入分析报表，提供宏观、中观、微观等多维分析报表，为政府决策提供数据依据。

××县人口40万人左右，辖4个街道、3个镇、7个乡；第二产业突出，2019年全年一般公共预算收入达16.2亿元，根据以往项目经验：鹤壁淇县人口32万人左右，辖4个街道、5个乡镇；第二产业突出，2019年全年一般公共预算12亿元。

河南×县通过财税综合信息平台，数据持续采集量达160万条，平台带来了丰富的财税分析报表，且通过房产、药店、酒店、土地出让转让、商砼等行业税收风险模型，查税近5 500万元，查征入库近3 550万元。××县与河南×县相关数据比对，在人口、第二产业，收入预算都比淇县略高，因此，建设××县财税综合信息平台，预计经济效益成果在6 000万元左右。

第四模块

第十九章 基础信息库

第一节 单位基本信息表

一、简介

单位信息是指纳入预算管理的各类单位的基本信息，具体包括：部门标识代码、单位代码、单位名称、统一社会信用代码、单位行政级别、单位类型、单位经费保障方式、单位所在地、国民经济行业分类、单位负责人、邮政编码、单位地址、人员编制数等。

二、管理流程及规则

1. 所有列入预算管理的单位都应当登记单位信息，未登记单位信息的单位不能编报预算。

2. 单位根据组织、编制、人社等部门的批复文件完整、规范填报单位名称，包括全称和简称。

3. 财政部设置统一的单位代码规则，单位代码采用层次码，用数字表示，代码结构为每3位一层。一级单位3位码，二级单位6位码……七级单位21位码。其中，若预算单位存在下属预算单位，则预算单位本级由该预算单位的单位层次码加上001表示。

各级财政部门确定本级各部门及所属单位的单位代码。一个单位只能有一个有效单位代码，不同单位不得重复使用同一代码。

4. 部门申请设置预算单位时，应当填报统一社会信用代码。

5. 单位根据组织、编制、人社等部门的批复文件填报行政级别。

6. 单位根据组织、编制、人社等部门的批复文件填报单位类型，包括：行政单位、事业单位（行政类、公益一类、公益二类、生产经营类）、企业、其他单位。财政直接安排预算资金的企业也应录入单位信息。

7. 单位应当以组织、编制、人社等部门的批复文件为准填报人员编制数。

三、操作

预算单位经办岗登录系统，点击菜单【基础信息库管理】，点击【基础信息库 – 单位】，点击【单位经办岗 – 单位信息】，录入单位基本信息、在校学生信息。进入编辑界面后，将信息如实填写，带"＊"字段为必填字段（见图 19 – 1、图 19 – 2）。

图 19 – 1

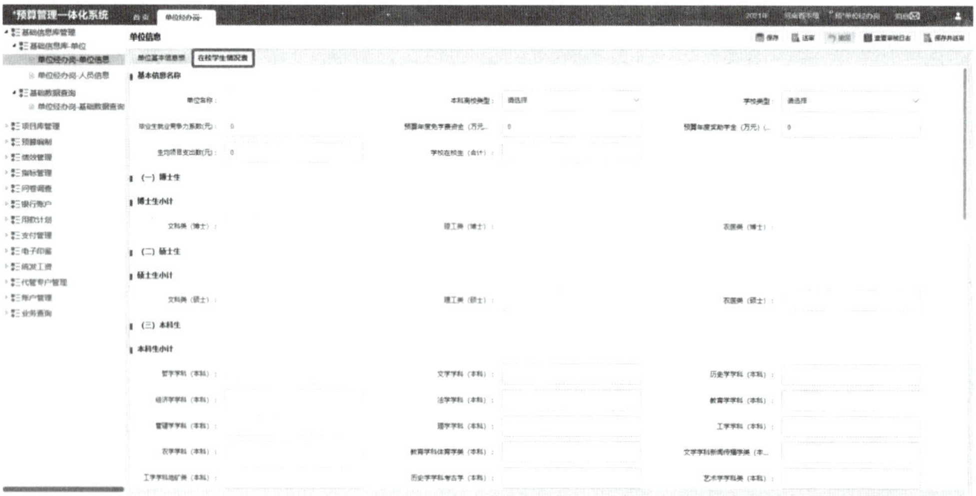

图 19 – 2

第二节　人员信息表

一、简介

人员信息是单位在职、离休、退休等各类人员的具体信息，包括：姓名、身份证号、性别、民族、学历、人员状态、在职人员来源、参加工作时间、人员身份、工龄、职务、职级、是否在编、人员经费保障方式、工资卡卡号、公务卡卡号等。

二、管理流程及规则

1. 单位填报的实有人员信息，原则上应与组织、编制、人社等部门掌握的信息保持一致。

2. 单位应当根据实有人数情况，如实填报人员信息，根据人员变化动态更新。财政部门要创造条件，逐步与组织、编制、人社等部门相关系统衔接，自动获取相关人员的有关信息。

3. 对于单位编制外长期聘用人员等其他人员（不含劳务派遣人员），也应填报具体人员信息，如实反映单位人员状况，但不作为财政保障的依据。

4. 单位应当按照职务工资、级别工资等工资福利项填报在职职工、离退休人员的工资福利信息。

三、操作

点击"人员信息录入"进入菜单（见图 19 – 3）。

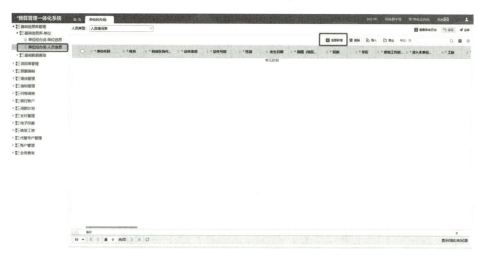

图 19 – 3

点击"信息新增"进入人员信息新增界面，在详情界面填写单位人员基本信息，带"＊"号的为必填字段，填写完毕后，点击【保存】完成新增（见图 19 – 4）。

图 19 – 4

点击【导出】按钮，可导出 Excel 表格，对人员信息进行批量编辑。编辑好后，点击【导入】按钮，可将 Excel 内容导入系统（见图 19 – 5）。

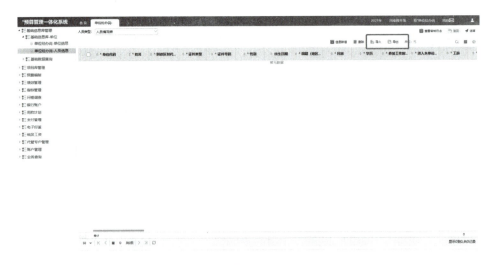

图 19 – 5

点击"供养的其他人员情况表"进入菜单，可导出 Excel 表格，对供养人员信息进行批量编辑。编辑好后，点击【导入】按钮，可将 Excel 内容导入系统（见图 19 – 6）。

点击"信息新增"进入新增界面，在详情界面填写供养的其他人员基本信息，带"＊"号的为必填字段，填写完毕后，点击【保存】完成新增（见图 19 – 7）。

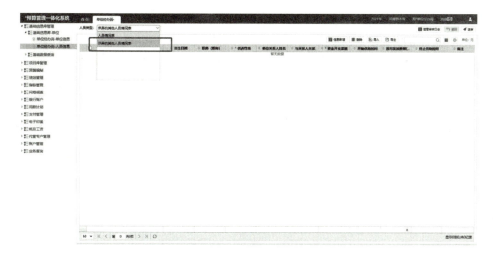

图 19－6

图 19－7

第三节　名词解释

一、单位信息要素

1. 单位代码：财政部设置统一的单位代码规则，采用层次码，用数字表示，代码结构为每 3 位一层。一级单位 3 位码，二级单位 6 位码……七级单位 21 位码。其中，若预算单位存在下属预算单位，则预算单位本级由该预算单位的单位层次码加上 001 表示。各级财政部门确定本级各部门及所属单位的单位代码。一个单位只能有一个单位代码，不同单位不得重复使用同一代码。

2. 单位名称：经机构管理部门批复的单位全称。

3. 单位简称：单位对外规范使用的单位简称。

4. 统一社会信用代码：依据登记管理部门发放的 18 位代码填写。未实行统一社会信用代码的，依据各级技术监督部门核发的机关、团体、事业单位代码证书规定的 9 位代码填写。尚未领取统一社会信用代码（组织机构代码）的单位，应主动与当地相关登记管理部门联系办理核发手续，并编报临时代码。

5. 单位行政级别名称：法律法规或规范性文件规定的单位行政级别的名称。

6. 单位行政级别代码：法律法规或规范性文件规定的单位行政级别的代码。

7. 单位类型名称：机构管理部门批复文件确定的单位类型的名称。

8. 单位类型代码：机构管理部门批复文件确定的单位类型。

9. 人员编制数：经政府编制管理部门核定的人员编制数。

10. 实有人数：根据单位在系统中填报的人员信息动态反映。

11. 停用年度：单位停止编报预算的年度。

12. 国民经济行业分类名称：按经济活动的性质划分的国民经济行业分类的名称，按行业代码表（GB/T 4754）标准填列。

13. 国民经济行业分类代码：按经济活动的性质划分的国民经济行业分类的代码，按行业代码表（GB/T 4754）标准填列。

14. 单位负责人：法定代表人或单位负责人。

15. 单位地址：单位邮政通信地址。

16. 部门标识代码：各级财政部门参照《中央党政机关、人民团体及其他机构代码》（国家标准 GB/T 4657）相应设置本级部门的部门标识代码。

17. 实有在编人数：经编制管理部门核定的人员编制数。

18. 预算单位级次代码：1 级 3 位单位编码，2 级 6 位单位编码，3 级 9 位单位编码。

二、人员信息要素

1. 姓名：在公安户籍管理部门正式登记注册、人事档案中正式记载的中文姓氏名称。

2. 民族名称：本人所属，国家认可在公安户籍管理部门正式登记注册的民族的名称。按照《中国各民族名称的罗马字母拼音写法和代码》（GB/T 3304）分类。

3. 民族代码：本人所属，国家认可在公安户籍管理部门正式登记注册的民族的代码。

4. 学历名称：由国家教育行政部门认可的各类学校正式教育并获得有关证书的最高学习程度。按照《文化程度代码》（GB/T 4658）进行分类。

5. 学历代码：由国家教育行政部门认可的各类学校正式教育并获得有关证书的最高学习程度。按照《文化程度代码》（GB/T 4658）进行分类。

6. 在职人员来源名称：反映在职人员就职途径的名称。

7. 在职人员来源代码：反映在职人员就职途径的代码。

8. 人员状态名称：按照《全国干部、人事管理信息系统指标体系分类与代码》（GB/T 14946）进行分类。

9. 人员状态代码：按照《全国干部、人事管理信息系统指标体系分类与代码》（GB/T 14946）进行分类。

10. 参加工作时间：初次参加工作的年月。

11. 进入本单位时间：进入本单位工作的年月。

12. 是否在编：是否纳入国家正式编制。

13. 人员身份名称：反映人员职业身份的名称。

14. 人员身份代码：反映人员职业身份的代码。

15. 工龄：初次参加工作以来累计工作的年数。

16. 职务名称：组织、人社等部门批准的公务员职务名称。

17. 职务代码：组织、人社等部门批准的公务员职务代码。

18. 职级名称：组织、人社等部门批准的职级名称。

19. 职级代码：组织、人社等部门批准的职级代码。

20. 工资级别名称：按现任职务、任职年限和套改年限确定的公务员工资级别的代码。

21. 技术等级名称：组织、人社等部门批准的机关技术工人和普通工人的技术等级名称。

22. 技术等级代码：组织、人社等部门批准的机关技术工人和普通工人的技术等级代码。

23. 岗位工资级别名称：组织、人社等部门批准的事业单位专业人员、管理人员和工人的岗位工资级别名称。

24. 岗位工资级别代码：组织、人社等部门批准的事业单位专业人员、管理人员和工人的岗位工资级别代码。

25. 工资薪级名称：组织、人社等部门批准的工资薪级名称。

26. 工资薪级代码：组织、人社等部门批准的工资薪级代码。

27. 职务（岗位）工资：机关公务员的职务工资、机关技术工人的岗位工资、机关普通工人的岗位工资以及事业单位专业技术人员、管理人员、工人的岗位工资。

28. 级别（技术等级、薪级）工资：机关公务员的级别工资、机关技术工人的技术等级工资以及事业单位专业技术人员、管理人员、工人的薪级工资。

29. 国家规定津补贴：按照国家出台的津补贴政策发放的津补贴。

30. 地方出台津补贴：按照国家有关规定，依据地方政府出台的津补贴政策发放的津补贴。

31. 是否工资统发：是否纳入财政部门统一发放工资的范围。

32. 工资卡卡号：单位工作人员领取工资的银行卡账号。

33. 工资卡开户银行名称：单位工作人员领取工资的银行卡的发卡银行名称。

34. 工资卡开户银行代码：单位工作人员领取工资的银行卡的发卡银行代码。

35. 公务卡卡号：单位工作人员公务卡的银行账号。

36. 公务卡开户银行名称：单位工作人员公务卡发卡银行的名称。

37. 公务卡开户银行代码：单位工作人员公务卡发卡银行的代码。

38. 工资关系所在单位代码：如审计厅人员去财政厅审计，工资由财政厅发放。

39. 状态：新增、既往、删除，来源财政供养人员系统，"状态"是指单位当年新增、既往、删除人员。

40. 减少原因：状态为"删除"时的原因。

41. 绩效工资：事业单位工作人员的绩效工资。

42. 离休费：机关事业单位和军队移交政府安置的离休人员的离休费、护理费以及提租补贴、购房补贴、采暖补贴、物业服务补贴等补贴。

43. 退休费：机关事业单位和军队移交政府安置的退休人员的退休费以及提租补贴、购房补贴、采暖补贴、物业服务补贴等补贴。

第二十章　项目库

第一节　项目库管理框架

项目库管理是预算管理的基础，预算项目是预算管理的基本单元，全部预算支出以预算项目的形式被纳入项目库，预算项目实行全生命周期管理，主要分为前期谋划、项目储备、预算编制、项目实施、项目终止等阶段，全流程动态记录和反映项目信息变化情况。各部门、各单位要树立"先谋事后排钱"理念，坚持"先有项目再安排预算"原则，提前研究谋划、常态化储备预算项目，单位申请预算必须从项目库中挑选预算项目。

第二节　运转类项目

一、概述

运转类项目包括各部门及各单位为保障其机构自身正常运转、完成日常工作任务所发生的公用经费项目和专项用于大型公用设施、大型专用设备、专业信息系统运行维护等的其他运转类项目。公用经费项目按照定员定额方式管理，以人员编制、实有人员、通用资产等为计算对象，保障单位日常运转和基本履职需要。其他运转类项目主要以各类大型专用资产等为计算对象，保障单位管理的大型公用设施、大型专用设备、专业信息系统运行维护等方面的需要。

二、其他运转类项目

1. 新增可执行项目。点击页面【新增】按钮，进入新增项目界面，在项目类别中选择"其他运转类"项目（见图 20 – 1、图 20 – 2）。

2. 基本信息。进入基本信息录入界面，在此界面完善项目的基本信息，带"＊"号的为必填信息，要求必须填写；带有下拉选项的信息，需要在下拉选项中进行选择，不可手动输入；带有选择按钮的信息需要在"是"和"否"中进行选择（见图 20 – 3）。

图 20 - 1

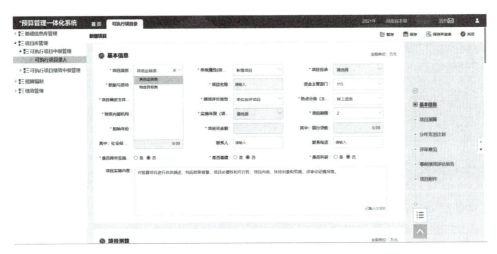

图 20 - 2

图 20 - 3

3. 项目测算。点击"新增行"后的"＋"号来添加新增行信息，填写"申报数"时应注意金额单位（见图20－4）。

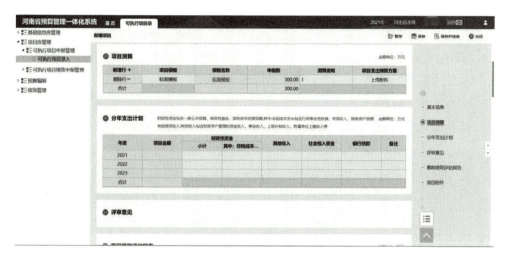

图 20 － 4

点击新增行的"模板名称"，进入模板的详细填报界面，如需上传项目支出预算方案附件，点击"上传附件"系统弹出对话框，选择需要上传的附件即可，填报完毕点击【确认】按钮即可保存（见图20－5）。

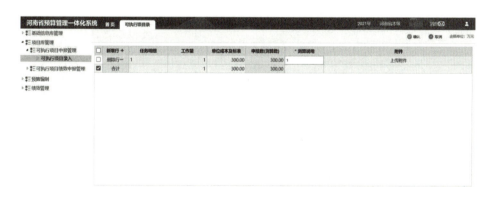

图 20 － 5

4. 分年支出计划。根据项目期限生成具体的分年支出计划，需要用户根据具体的年度完善分年支出计划，财政性资金包含一般公共预算、政府性基金、国有资本经营预算，其中：非税成本支出包含行政事业性收费、专项收入、国有资产资源有偿使用收入；其他收入包含财政专户管理的资金收入、事业收入、上级补助收入、附属单位上缴收入等。分年支出计划展示见图20－6。

图 20 - 6

5. 评审意见、事前绩效评估报告。填写评审意见及事前绩效评估报告，带" * "的为必填选项（见图 20 - 7）。

图 20 - 7

6. 项目附件。如需上传附件，点击项目附件的" + "，界面会弹出对话框，在对话框中选择需要上传的附件，点击【打开】，即可完成附件上传（见图 20 - 8）。

7. 流程操作。完善信息以后，点击【暂存】可将录入的信息暂存至项目库，此时项目为"待完善"状态，点击右上角【保存】按钮，可将已经完善的信息保存至项目库，此时项目为"待送审"状态，点击【送审】按钮可将项目送审至下一流程节点。点击【保存并送审】按钮可将项目在保存的同时送审到下一流程节点（见图 20 - 9）。

在"已送审"菜单中可以看到已经送审且下一岗未审核的项目，点击【撤回】按钮可以将送审到下一岗的项目信息撤回到本岗（见图 20 - 10）。

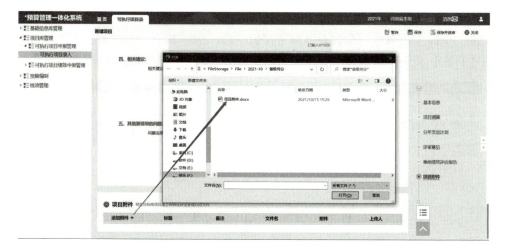

图 20 – 8

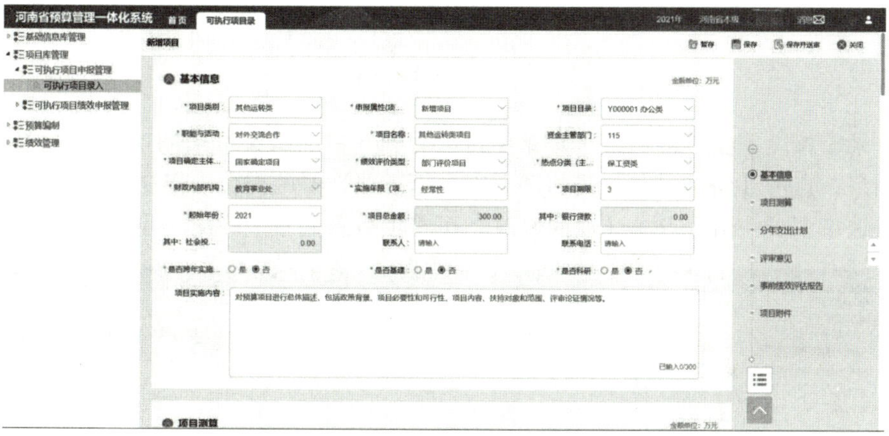

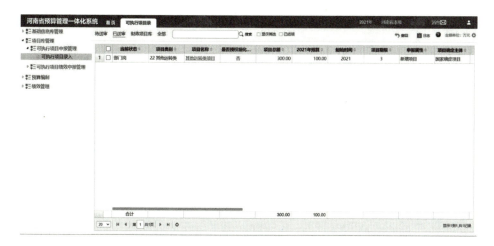

图 20 – 9

图 20 – 10

在"财政项目库"菜单中可以查看到已经走完审核流程纳入财政项目库的项目。

在"全部"菜单中，可以查寻到所有的项目，选择其中一条项目，点击系统右上角的【日志】按钮可以查看项目当前的送审流程（见图20-11）。

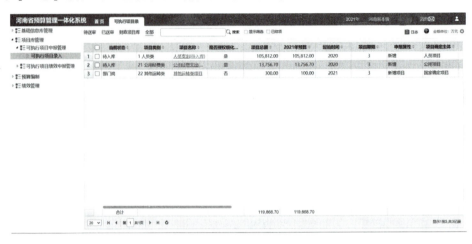

图20-11

登录审核岗，在"待审核"菜单中可以看到上一岗送审过来的项目，选择需要审核的项目，点击【跨岗退回】可将项目退回至需要选择的岗位。点击【送审】按钮可将项目送审到下一岗。点击【退回修改】可将项目退回至上一岗（见图20-12）。

图20-12

第三节 项目绩效目标申报

一、概述

绩效目标是预算编制阶段资金安排的前提条件和基础，也是预算执行中绩效运行监控的主要内容，还是预算执行完毕后绩效评价实施的重要依据，是预算资金计划在一定期限内的产出和结果，由预算部门在申报部门预算时填报，包括年度目标和绩效指标。

绩效指标是实施预算绩效管理的基础，在结构上一般可分为三级，其中，一、二级均为统一设置的指标分类，一级指标可分为产出指标、效益指标和满意度指标三大类。

二级指标是一级指标的细化，其中，产出指标可以细化为数量指标、质量指标、时效指标和成本指标。数量指标，反映预算部门计划提供产品或服务数量；质量指标，反映预算部门计划提供产品或服务达到的标准、水平和效果；时效指标，反映预算部门计划提供产品或服务的及时程度及效率情况；成本指标，反映预算部门计划提供产品或服务所需成本，可分为单位成本和总成本等。

效益指标是反映与既定绩效目标相关的、预算支出预期结果的实现程度和影响的指标，可细化为经济效益指标、社会效益指标、生态效益指标和可持续影响指标，其中，经济效益指标，反映预算支出对经济发展带来的影响和效果；社会效益指标，反映预算支出对社会发展带来的影响和效果；生态效益指标，反映预算支出对自然环境带来的影响和效果；可持续影响指标，反映预算支出带来影响的可持续期限等。

满意度指标反映预算支出的服务对象或受影响群体的满意程度。

三级指标是二级指标的细化，由财政部门和主管部门根据绩效管理需要设置。

二、单位项目绩效目标申报

1. 点击"可执行项目绩效申报管理"，选择"单位项目绩效目标申报"。点击【送审】按钮可将绩效送审至下一岗（见图 20 – 13）。

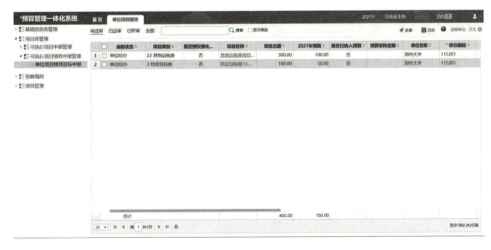

图 20 – 13

2. 点击项目名称进入填报界面。填报项目绩效信息，点击【暂存】可将信息暂存至系统，点击【保存】绩效信息更新为"待送审"状态，点击【保存并送审】即可保存并送审至下一岗（见图 20 – 14）。

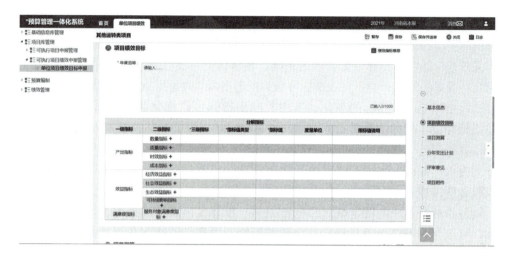

图 20 – 14

第四节　特定目标类项目

一、概述

特定目标类项目是指部门和单位为完成其特定的工作任务和事业发展目标所发生的支出项目。除人员类项目和运转类项目外，其他预算项目作为特定目标类项目管理。

二、特定目标类

1. 新增可执行项目。点击界面【新增】按钮，进入新增项目界面，在项目类别中选择"特定目标类"（见图 20 – 15、图 20 – 16）。

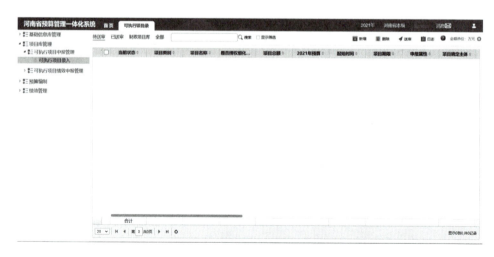

图 20 – 15

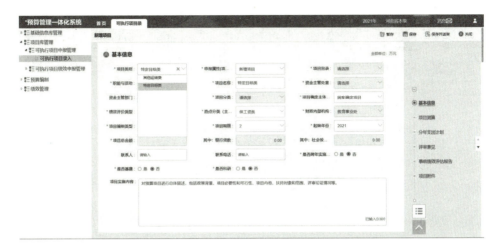

图 20 – 16

2. 基本信息。进入基本信息录入界面，在此界面完善项目的基本信息，带 " ＊ " 号的为必填信息，要求必须填写，带有下拉选项的信息，需要在下拉选项中选择，不可手动输入。带有选择按钮的信息需要在 "是" 和 "否" 中进行选择（见图 20 – 17）。

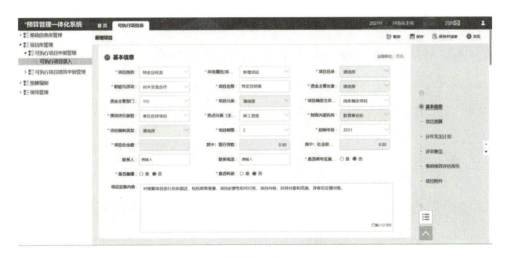

图 20 – 17

3. 项目测算。点击 "新增行" 后的 " ＋ " 号来添加新增行信息，填写 "申报数" 时应注意金额单位（见图 20 – 18）。

点击新增行的 "模板名称"，进入模板的详细填报界面，如需上传项目支出预算方案附件，点击 "上传附件" 系统弹出对话框，选择需要上传的附件即可，填报完毕点击【确认】按钮即可保存（见图 20 – 19）。

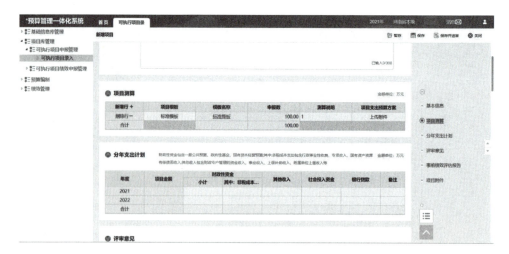

图 20 – 18

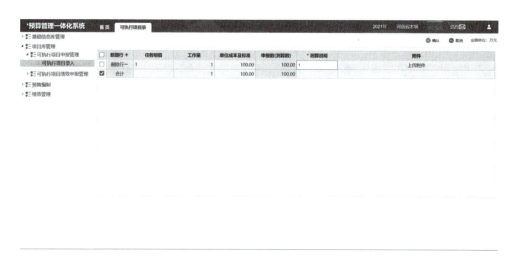

图 20 – 19

4. 分年支出计划。根据项目期限生成具体的分年支出计划，需要用户根据具体的年度完善分年支出计划，财政性资金包含一般公共预算、政府性基金、国有资本经营预算，其中，非税成本支出包含行政事业性收费、专项收入、国有资产资源有偿使用收入；其他收入包含财政专户管理的资金收入、事业收入、上级补助收入、附属单位上缴收入等（见图 20 – 20）。

5. 评审意见、事前绩效评估报告。填写评审意见及事前绩效评估报告，带"＊"的为必填选项（见图 20 – 21）。

6. 项目附件。如需上传附件，点击项目附件的"＋"，界面会弹出对话框，在对话框中选择需要上传的附件，点击【打开】，即可完成附件上传（见图 20 – 22）。

图 20 – 20

图 20 – 21

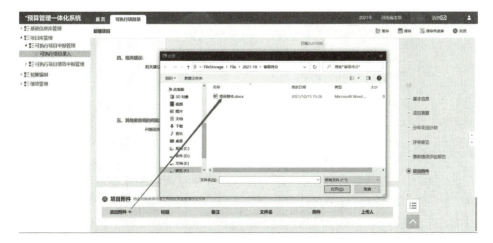

图 20 – 22

7. 流程操作。完善信息以后，点击右上角【保存】按钮，可将已经完善的信息保存至项目库，此时项目为"待送审"状态，点击【送审】按钮可将项目送审至下一流程节点。点击【保存并送审】按钮可将项目在保存的同时送审到下一流程节点（见图 20 – 23）。

图 20 – 23

在"已送审"菜单中可以看到已经送审且下一岗未审核的项目，点击【撤销】按钮可以将送审到下一岗的项目信息撤回到本岗（见图 20 – 24）。

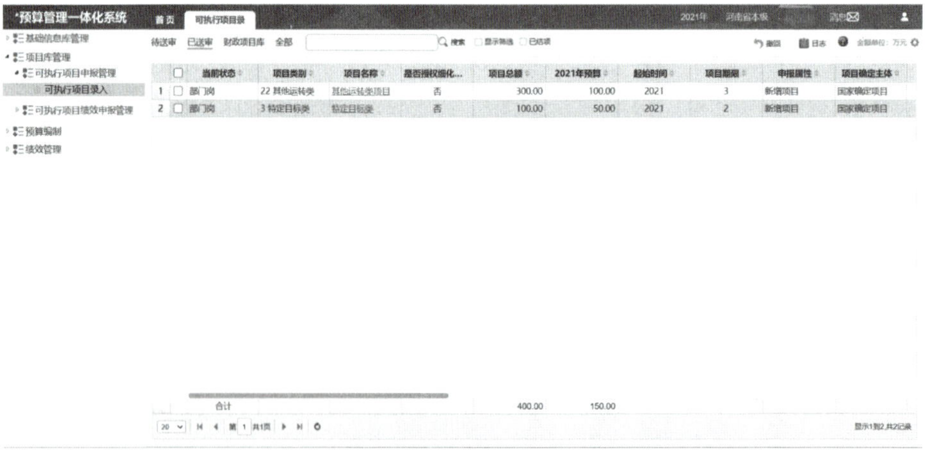

图 20 – 24

在"财政项目库"菜单中可以查看到已经走完审核流程纳入财政项目库的项目。

在"全部"菜单中，可以查寻到所有的项目，选择其中一条项目，点击系统右上角的【日志】按钮可以查看项目当前的送审流程（见图 20 – 25）。

登录审核岗，在"待审核"菜单中可以看到上一岗送审过来的项目，选择需要审核的项目，点击【跨岗退回】可将项目退回至需要选择的岗位。点击【送审】按钮可将项目送审到下一岗。点击【退回修改】可将项目退回至上一岗（见图20-26）。

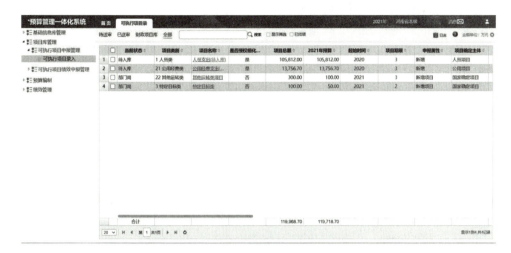

图 20-25

图 20-26

第五节　名词解释

1. 项目名称：根据资金用途、性质和项目属性等因素，按照财政部门的命名规则规范命名。

2. 项目代码：省级财政部门统一确定全省各级项目代码编制规则。项目代码由系统直接生成，具有唯一性，伴随项目全生命周期管理固定不变。

3. 转移支付项目名称：上级财政对下级财政的转移性支出项目的名称。

4. 上级转移支付项目代码：上级下达转移支付项目时在系统中确定的代码。

5. 项目期限：项目计划实施周期，按年填报。

6. 起始时间：项目首次安排预算的年度。

7. 项目类别名称：按照预算收支的性质和用途等因素，对预算收支项目进行的分类名称。

8. 项目类别代码：按照预算收支的性质和用途等因素，对预算收支项目进行的分类代码。

9. 财政内部机构名称：财政内部司局、处、股等内部机构的名称。

10. 财政内部机构代码：财政内部司局、处、股等内部机构的代码。如业务需要虚拟内部机构，虚拟内部机构代码统一定为"99"。

11. 职能职责名称：按照"三定"规定和项目管理需要，对本单位职能职责进行归纳分项列示，每项职能职责下可以安排一个或多个项目。

12. 分配方式名称：对转移支付项目的资金分配方法的名称。

13. 分配方式代码：对转移支付项目的资金分配方法的代码。

14. 是否追踪：作为上下级转移支付追踪标识名称。

15. 热点分类名称：从热点战略、热点政策等角度，对预算项目进行分类。一个项目可以对应多个热点分类，例如民生支出、脱贫攻坚等，主要用于统计、汇总、分析预算项目与有关热点的衔接情况，以作为决策参考。从 001～099 由中央统一设置，地方可从 100 开始设置。

16. 热点分类代码：从热点战略、热点政策等角度，对预算项目进行分类。一个项目可以对应多个热点分类，例如民生支出、脱贫攻坚等，主要用于统计、汇总、分析预算项目与有关热点的衔接情况，作为决策参考。从 001～099 由中央统一设置，地方可从 100 开始设置。

17. 编报模板代码：根据项目支出范围、内容和支出标准等情况，分类制定的用于测算项目支出需求的模板，如陈列展览类项目编报模板、文艺演出类项目编报模板。

18. 项目概述：对预算项目进行总体描述，包括政策背景、项目必要性和可行性、项目内容、扶持对象和范围、评审论证情况等。

19. 绩效目标：项目全部资金在一定期限内预期达到的总体产出和效果。

20. 项目总额：根据工作任务和支出标准测算的项目支出总需求。基建项目总额要与批复的概算保持一致。

21. 社会投入资金：项目总额中非政府投入的资金。

22. 部门评审意见：部门组织开展评审形成的意见。

23. 财政评审意见：财政部门组织评审形成的意见。

24. 是否基建项目：执行基本建设财务规则的项目，包括发改部门安排的基建项目、财政部门安排的基建项目和其他部门安排的基建项目。

第二十一章　预算编审

第一节　部门预算

一、简介

各部门预算由本部门及其所属各单位预算组成。在预算编制阶段，部门负责审核本部门及所属各单位收入和支出的预算建议和预算草案，汇总形成部门预算建议和预算草案。财政部门负责审核部门预算建议，按程序下达预算控制数。

二、基本操作及按钮功能介绍

预算编审界面见图 21 - 1。

图 21 - 1

1. 审核上报：所有数据填写完毕核对无误后点击提交到下一级单位。
2. 撤销：在下一级单位未审核前，点击【撤销】，即可退回已提交的项目。
3. 保存：保存修改的数据。
4. 冻结：冻结表结构，表前三列不动，可以拉动最下面滚动条方便查看数据，见图 21 - 2。
5. 导出：把数据信息导出来。

三、预算编审录入表介绍

预算单位经办岗登录系统，点击菜单"预算编审"，点击"预算编审（单位经办）"进入预算编审录入界面，录入三种信息：基本支出录入表、项目支出录入表和国有资本经营预算收入表。支出录入表（综合）为项目支出表和基本支出表的综合汇总表（注：在此四张表中任意界面点击【审核上报】，即四张表全部送审）（见图21-2）。

图21-2

第二节　基本支出录入表

一、概述

1. 单位从项目库中选取人员类项目申请预算，合理确定人员类项目预算资金性质，细化编制支出功能分类、部门预算支出经济分类。

2. 单位的人员类项目有特殊经费需求的，向主管部门单独反映，提供相关依据。

3. 单位加总形成人员类项目预算需求，相应提出本单位人员类项目预算建议。

二、操作

预算单位录入岗登录"预算管理一体化"系统，点击菜单"预算编审-预算编审（单位经办）"，进入预算编审录入界面。填报基本支出录入表。图21-3为基本支出录入表界面。

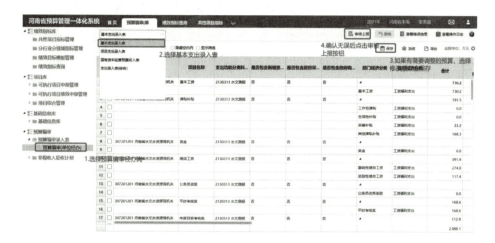

图 21 – 3

第三节 项目支出录入表

一、简述

1. 单位根据单位职责及年度工作安排，从项目库中选取运转类项目申请预算，其中公用经费项目预算由系统自动测算。对于申报预算的项目，在项目库中明确资金性质，细化编制支出功能分类、部门预算支出经济分类等信息，部门预算支出经济分类涉及"三公"经费的，要结合"三公"经费管理要求合理确定。

2. 单位根据单位职责及年度工作安排，从项目库中选取特定目标类项目申请预算。对于申报预算的项目，在项目库中细化填报项目分年支出计划、资金性质、支出功能分类、部门预算支出经济分类、绩效目标等信息。

二、操作

第一步：预算单位录入岗登录"预算管理一体化"系统，点击菜单"预算编审 – 预算编审（单位经办）"，进入预算编审录入界面。填报项目支出录入表图 21 – 4 为项目支出录入表界面。

第二步：点击需要查看或修改的表单，点击"挑选项目"，进入选择项目界面；勾选需要选择的项目，点击【确认选择】；点击【确定】（见图 21 –5、图 21 – 6）。

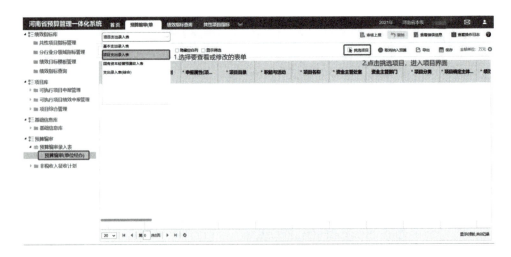

图 21 – 4

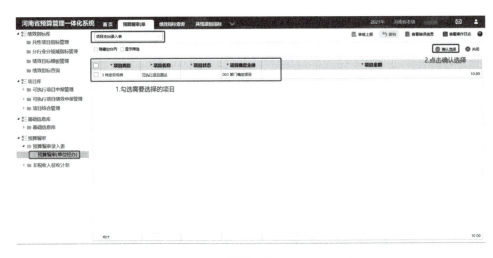

图 21 – 5

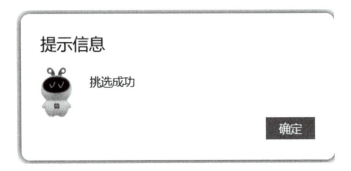

图 21 – 6

如果选择错或者多选择了项目，可以在项目支出录入界面点击勾选项目，点击【取消纳入预算】（见图 21 –7）。

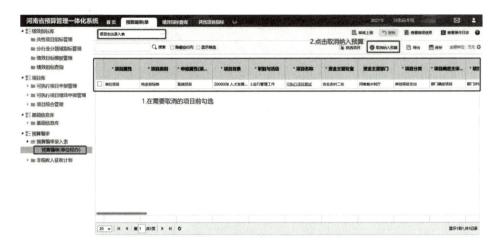

图 21-7

第三步：将已纳入预算的项目进行信息完善（见图 21-8）。

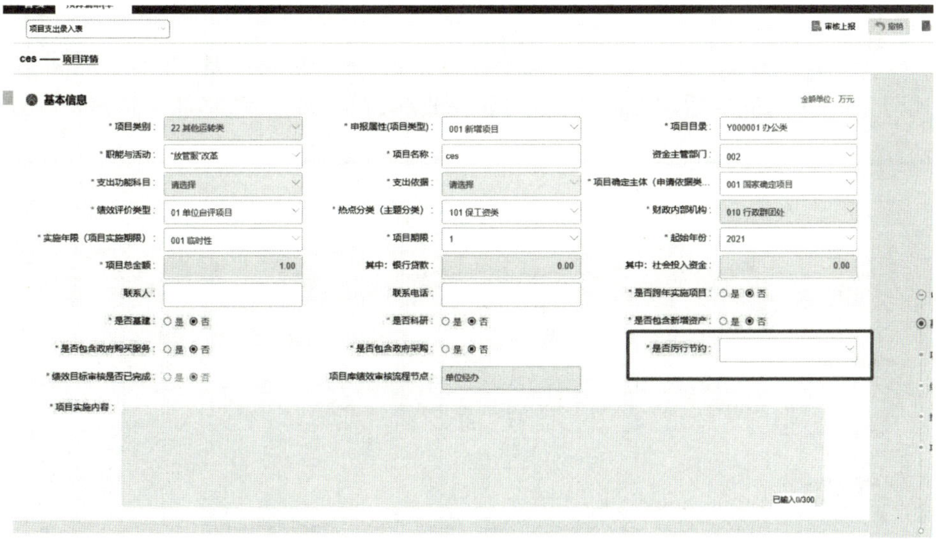

图 21-8

在是否厉行节俭中，根据选择内容的不同，会出现不同的附表需要进行完善。如选择"因公出国（境）"，则会出现图 21-9 所示的附表进行完善。

图 21-9

第四步：完善纳入预算资金表（见图 21 – 10）。

图 21 – 10

根据实际内容，填报每一年的金额。

第五步：完善按经济分类编制预算（见图 21 – 11）。

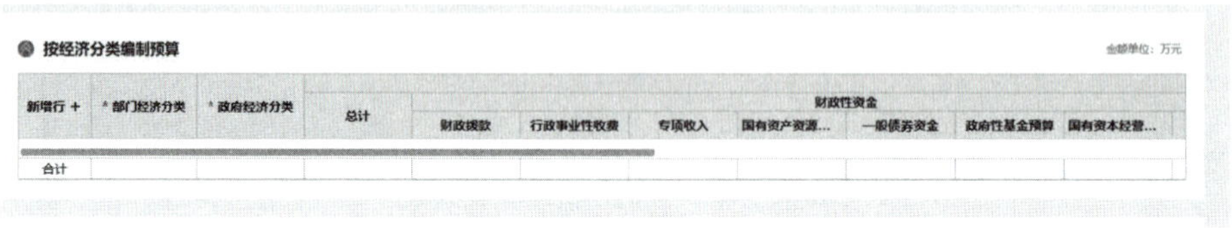

图 21 – 11

以上内容填写完成后，点击【保存】，完成项目支出的信息完善（见图 21 – 12）。

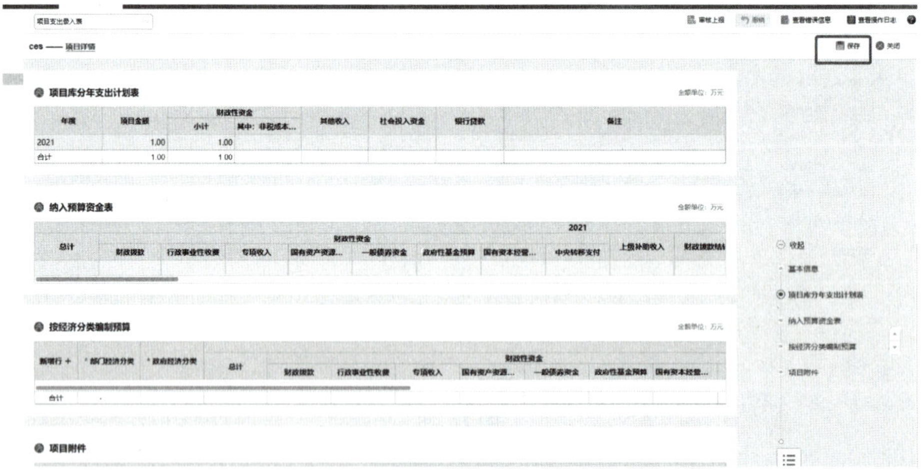

图 21 – 12

第四节　国有资本经营预算收入表

预算单位录入岗登录"预算管理一体化"系统，点击菜单"预算编审 – 预算编审（单位经办）"，进入预算编审录入界面。填报国有资本经营预算收入表。图 21 – 13 为国有资本经营预算收入表录入界面。

图 21 – 13

第五节　支出录入表（综合）

一、简介

支出录入表（综合）为项目支出表和基本支出表的综合汇总。

二、操作

第一步：预算单位录入岗登录"预算管理一体化"系统，点击菜单"预算编审 –
预算编审（单位经办）"，进入预算编审录入界面。

图 21 – 14 为支出录入表（综合）录入界面。

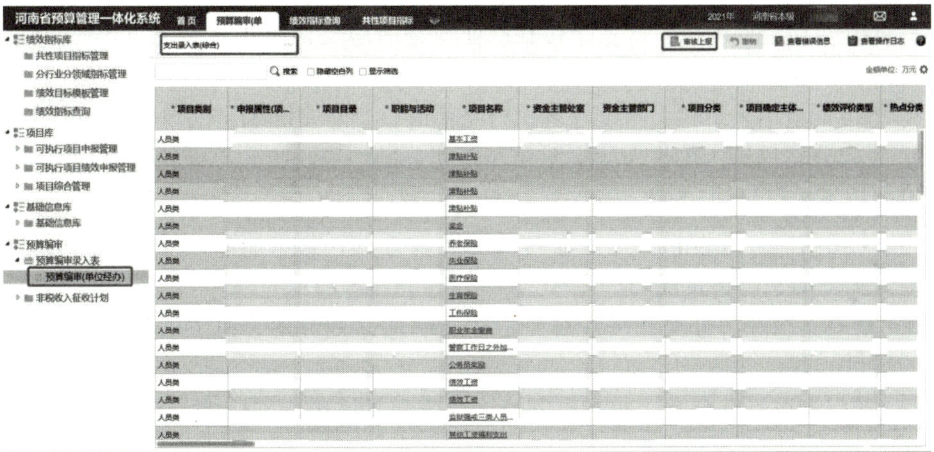

图 21 – 14

第二步：确认信息无误后，点击【审核上报】，在意见栏里填写意见后点击【确定】即可（见图21－15）。

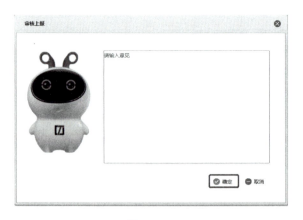

图 21－15

需要注意的是，此菜单中所有表单需要全部填报完毕之后，一起审核上报。

第六节　预算名词简介

1. 资金来源：在预算编制业务中对资金按来源进行资金划分。

2. 部门预算收入：反映部门的收入预算。

3. 财政拨款：反映部门从同级政府财政部门取得的各类财政拨款。

4. 事业收入：事业单位开展专业业务活动及其辅助活动取得的收入。

5. 上级补助收入：从主管部门或上级单位取得的财政拨款以外的其他补助收入。

6. 附属单位上缴收入：本单位所属下级单位上缴给本单位的全部收入，如下级事业单位上缴的事业收入、其他收入和下级企业单位上缴的利润等。

7. 事业单位经营收入：事业单位在专业业务活动及其辅助活动之外开展非独立核算经营活动取得的收入。

8. 单位资金结余结转：年度预算执行结束时，当年实际剩余的单位资金。

9. 收入分类科目：按收入的来源和性质划分的，税收收入、保险基金收入、非税收入等分类下的科目。

10. 支出功能分类科目：按政府行政职能设置的，公共服务、外交、国防、公共安全等分类下的支出科目代码。

11. 政府支出经济分类：按政府经济性质和用途划分的，机关工资福利支出等分类下的科目。

12. 部门支出经济分类：按支出的经济性质和具体用途划分的，在工资福利支出、商品和服务支出、个人和家庭的补助等分类下的科目。

第二十二章 指标管理

第一节 预算转指标

预算转指标业务是指人民代表大会批复年初预算后，将年初编制的预算下达为正式的年初预算指标。

一、预算转指标录入

预算局经办岗登录"预算综合"系统，点击菜单"确定年初预算－录入"进入预算转指标界面，该界面会加载年初预算编制数据，切换加载方案会显示不同的预算编制数据，点击【转换确认】按钮会将预算数据生成指标数据。

二、预算转指标经办

预算局经办岗登录"预算综合"系统，点击菜单"确定年初预算－经办岗"进入送审界面，勾选送审的数据，点击【送审】按钮对数据进行审核。

三、预算转指标审核

预算局审核岗登录"预算综合"系统，点击菜单"确定年初预算－审核"进入审核界面，点击【审核】按钮对数据进行审核。

四、指标下达

预算局经办岗登录"预算综合"系统，点击菜单"指标下达－（生成正式指标）"进入指标下达界面，点击【指标生效】按钮会形成正式指标。

第二节　中央转移支付指标

一、中央转移支付指标接收录入

1. 预算局经办岗登录"预算综合"系统，点击菜单"中央接收录入"进入中央转移支付指标接收界面，中央推送的转移支付指标会在此界面显示，点击【接收】按钮，进入本级待分指标录入界面进行中央转移指标信息录入完善（见图22-1、图22-2）。

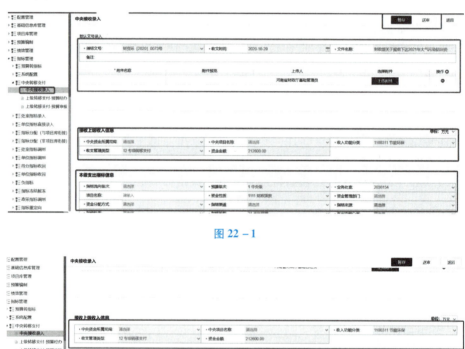

图 22-1

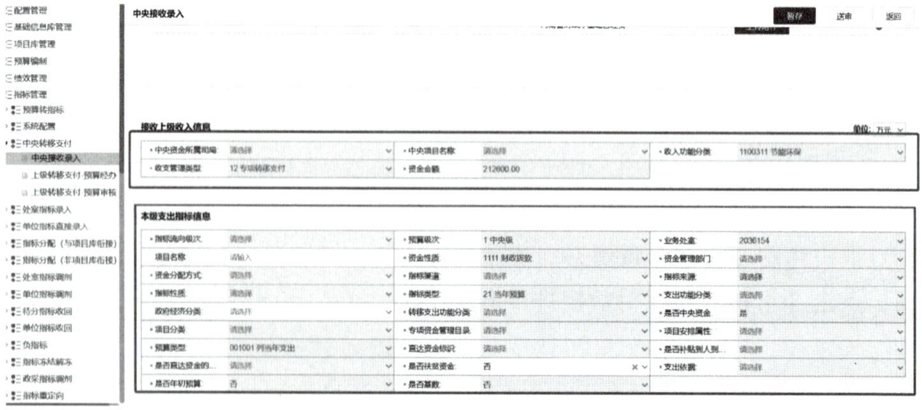

图 22-2

录入信息主要包含三个模块，分别为文号信息、接收的上级收入信息、本级支出指标信息。信息录入完成后可对信息进行暂存操作和送审操作。点击【暂存】按钮可对已录数据进行保存，并可对已录数据金额清零，其他数据项保留进行连续录入；点击【送审】按钮直接将数据送审到下一岗。

点击【关联】按钮进入指标信息列表界面，可以选择已手工录入的中央转移支付指标与该条转移支付指标进行关联，确保可以追溯指标的来源去向。

2. "中央接收录入"界面的中央转移指标信息完善后，点击【送审】按钮进行数据的送审。

二、中央转移支付待分指标录入（预算经办岗）

1. 预算经办岗登录"预算综合"系统，点击菜单"上级转移支付－预算经办"进入图 22－3 所示的界面。

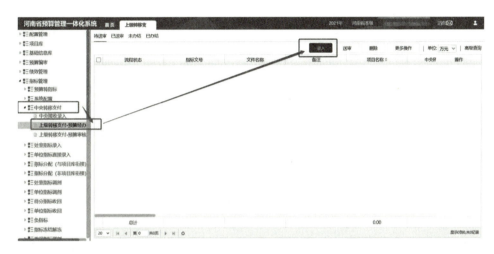

图 22－3

2. 进入"中央转移支付待分指标录入"界面进行中央转移指标信息录入完善（见图 22－4、图 22－5）。

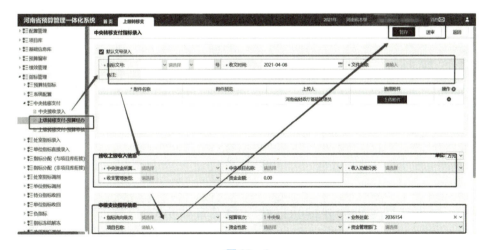

图 22－4

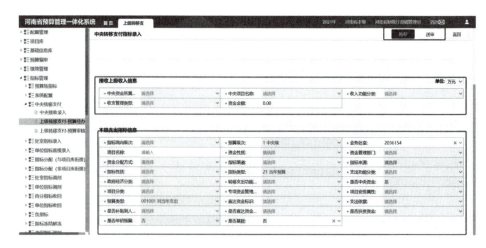

图 22 - 5

录入信息主要包含三个模块，分别为文号信息、接收的上级收入信息、本级支出指标信息。信息录入完成后可对信息进行暂存操作和送审操作。点击【暂存】按钮可对已录数据进行保存，并可对已录数据金额清零，其他数据项保留进行连续录入；点击【送审】按钮直接将数据送审到下一岗。

3. 将录入的中央转移支付待分指标送审，点击"上级转移支付 - 预算经办岗"下的【待送审】按钮，选择要送审的数据，点击【送审】按钮进行数据的审核（见图 22 - 6）。

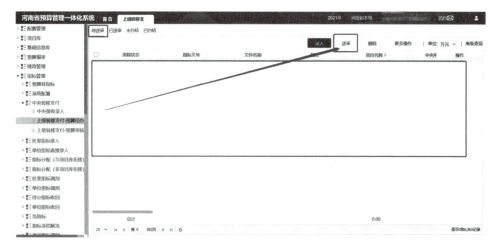

图 22 - 6

三、中央转移支付待分指标审核（预算审核岗）

1. 业务处室审核岗登录"预算综合"系统，点击"上级转移支付 - 预算审核岗"

下的【审核】按钮对指标进行审核（见图22－7）。

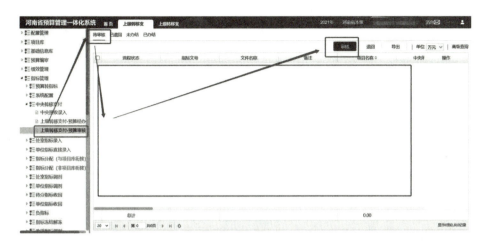

图 22－7

2. 数据较多时，可直接点击【高级查询】选择过滤条件进行筛选（见图22－8）。

图 22－8

3. 选择一条数据进行数据审核，可在操作列对其进行编辑修改、查看、删除等操作。如果数据无误，选中这条数据后点击【审核】按钮，将数据送审到下一岗（见图22－9）。

如果数据审核不通过，可选中该条数据，点击【退回】按钮将数据退回经办岗修改。

图 22 – 9

第三节　处室待分指标录入

一、处室待分指标录入（预算局经办岗）

1. 选择主菜单"本级待分指标录入 – 经办"，点击【录入】按钮进入待分指标录入界面（见图 22 – 10）。

图 22 – 10

2. 根据指标业务，完善待分指标界面需要完善的信息。附件必须上传指标相关文件。对于完善后的待分指标，可以点击【暂存】按钮保存至"待送审"界面或者点击【送审】按钮送审至预算局审核岗（见图 21 – 11）。

图 22 – 11

点击进入"已送审"菜单，可以在该界面撤回下一岗未操作的指标（见图22 – 12）。

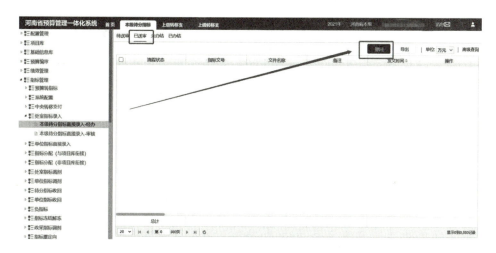

图 21 – 12

二、处室待分指标审核（预算局审核岗）

选择主菜单"本级待分指标审核 – 审核"，进入待分指标审核界面。选择需要送审的指标，然后点击右上角的【审核】或者【退回】按钮，对指标进行操作（见图 22 – 13）。

注：待分指标终审后，此指标会在相应处室的指标分配（与项目库衔接）和处室指标调剂界面显示。

点击进入"已办结"菜单可以在该界面撤回下一岗未操作的指标（见图 22 – 14）。

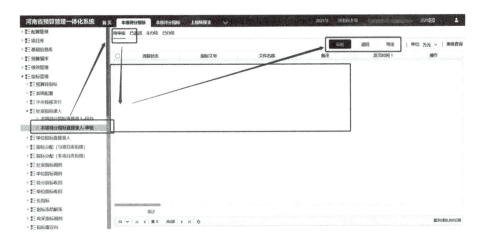

图 21-13

图 21-14

第四节　单位可执行指标录入

一、单位可执行指标录入（预算局经办岗）

1. 选择主菜单"单位指标直接录入－经办"，点击【录入】按钮进入单位指标录入界面，并完善指标内容（见图22-15）。

2. 完善指标信息后，可以点击【暂存】按钮，指标信息将被保存至"待送审"界面；或者点击【送审】按钮，将数据保存至"已送审"界面（见图22-16）。

点击进入"已送审"菜单，可以在该界面撤回下一岗未操作的指标（见图22-17）。

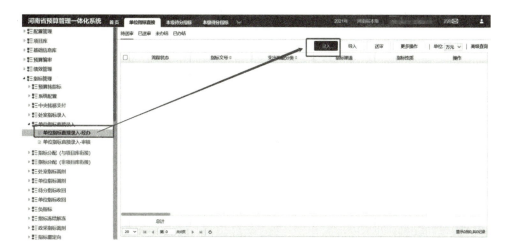

图 22 – 15

图 22 – 16

图 22 – 17

二、单位可执行指标审核（预算局审核岗）

1. 选择主菜单"单位指标直接录入 – 审核"，进入单位指标审核界面。选择需要审核的指标，然后点击右上角的【审核】按钮即可完成指标的审核，点击【退回】按钮即将指标退回上一岗（见图 22 – 18）。

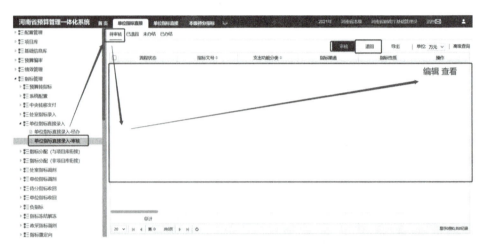

图 22 – 18

2. 点击进入"已办结"菜单，可以在该界面撤回下一岗未操作的指标（见图 22 – 19）。

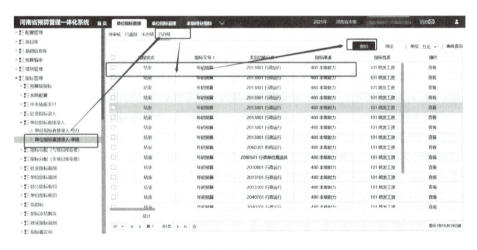

图 22 – 19

第五节　指标分配

一、指标分配录入（与项目库衔接）

1. 业务处室经办岗登录预算综合管理系统，点击"指标管理"进入菜单，在"指标分配录入（与项目库衔接）"菜单下面的子菜单中点击【录入】按钮进入操作界面（见图22－20）。

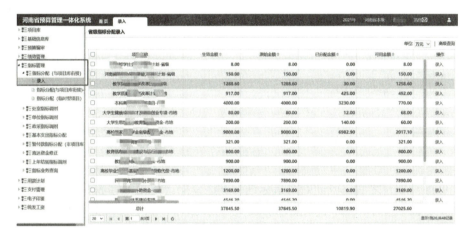

图 22－20

2. 先在界面上勾选想要分配的指标，之后点击指标后的【录入】按钮，进入录入界面（见图22－21）。

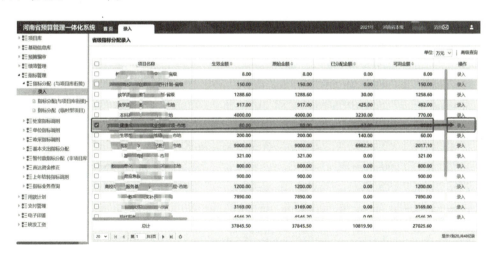

图 22－21

3. 在第一次录入指标的时候，需要完善待分指标信息，其中有"项目名称"一项，此项为选择项，会根据指标的"资金主管部门""资金主管处室"和"预算级次"这三个要素在项目库中寻找项目，进行匹配（因为每一个指标的分配下达都需要与项目库中的项目关联起来，做到有据可查）（见图22-22）。

图 22 - 22

4. 匹配到项目之后，就开始对指标进行下达分配（此处需要项目库的待分项目流程在业务处室审核岗审核之后才能匹配成功）。在指标分配中会自动将项目库的分配情况带到指标分配中，并且在下方的指标情况中可以修改各个可执行指标的金额和要素，如果可执行指标数量太多，可以使用批量操作功能。最后填写上指标文号，确认信息无误后，点击【送审】按钮（见图22-23、图22-24）。

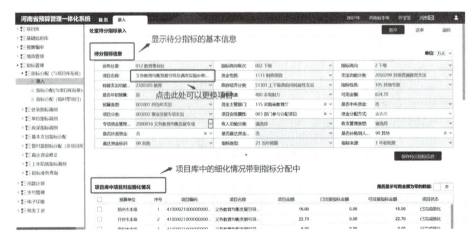

图 22 - 23

图 22 - 24

5. 在分配细化结果完成后，确认信息无误，点击【送审】按钮，完成指标分配录入（见图 22 - 25）。

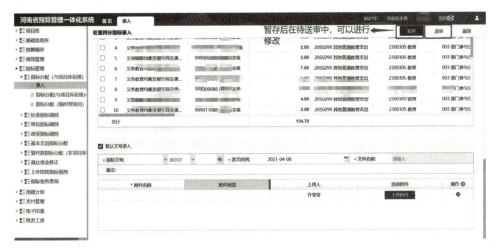

图 22 - 25

注：预算局经办岗进行指标分配的操作与业务处室经办岗相同。

二、指标分配审核（与项目库衔接）

1. 业务处室审核岗登录预算综合管理系统，点击"指标管理"进入菜单，在"指标分配审核（与项目库衔接）"菜单下的子菜单中点击"指标分配（与项目库衔接）-审核"菜单进入操作界面（见图 22 - 26）。

2. 先勾选指标，之后在下方会生成该指标的细化信息，点击后面的【查看】、【编辑】和【删除】按钮可以进行对应的操作。核对指标信息无误后，点击【审核】按钮。完成指标分配审核工作，同时结束指标分配所有审核流程（见图 22 - 27）。

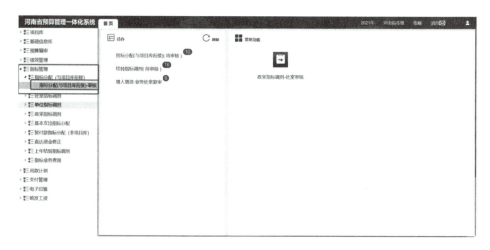

图 22 – 26

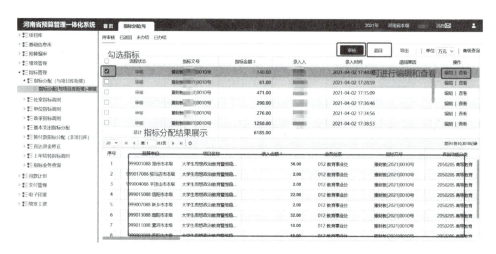

图 22 – 27

注：预算局审核岗审核预算局经办岗录入的指标分配操作与业务处室相同。

第六节 待分指标调剂

一、处室待分指标调剂（经办岗）

1. 选择"处室指标调剂"主菜单下的"处室发起的待分指标调剂 – 经办岗"菜单，进入指标调剂界面，完善指标的信息（见图 22 – 28）。

2. 点击【调出指标】按钮进入指标调出界面，选择需要调出的处室待分指标，然后点击【确定】，完成指标的调出（见图 22 – 29 ~ 图 22 – 31）。

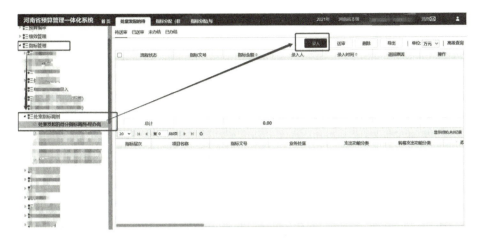

图 22 - 28

图 22 - 29

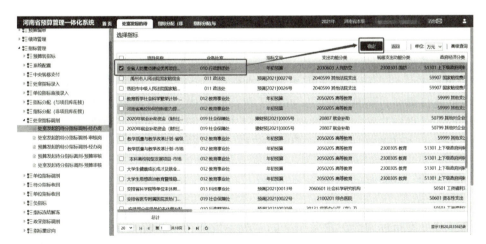

图 22 - 30

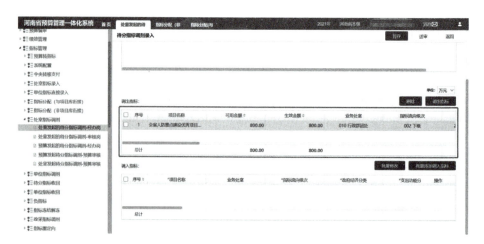

图 22-31

3. 双击调出的指标，则调出指标在调入指标下显示，可进行指标的调剂（见图 22-32）。

图 22-32

4. 再双击【调入指标】下需要调剂的科目、金额等，凡是带有下拉箭头的输入框，均可进行调剂。调剂完成后，点击【暂存】按钮，该数据可在"待送审"界面中显示，点击【送审】按钮，该数据会在"已审核"界面中显示（见图 22-33）。

点击进入"已送审"界面，可以撤回下一岗未操作的指标（见图 22-34）。

二、处室待分指标调剂（审核岗）

选择"处室指标调剂"主菜单下的"处室发起待分指标调剂-预算审核"菜单，勾选需要审核的指标，然后点击右上角的【审核】按钮，即可完成指标的终审。指标将在相应业务处的"指标分配"菜单中显示（见图 22-35）。

图 22 - 33

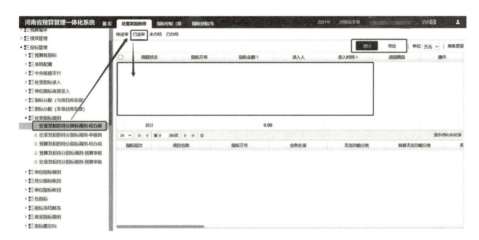

图 22 - 34

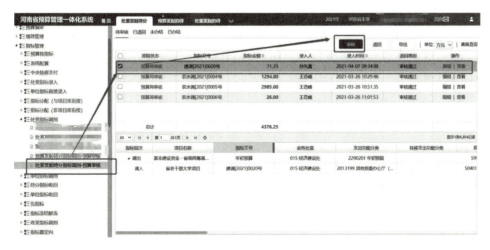

图 22 - 35

点击进入"已办结"界面，可以撤回下一岗未操作的指标（见图22-36）。

图22-36

第七节 可执行指标调剂

一、单位指标调剂（预算局经办）

1. 选择"单位指标调剂"主菜单下的"预算发起的可执行指标调剂－经办"菜单，进入指标调剂界面，完善指标的信息。

2. 点击【调出指标】按钮进入指标调出界面，选择需要调出的单位可执行指标，然后点击【确定】，完成指标的调出。

3. 双击调出的指标，则调出指标在调入指标下显示，可进行指标的调剂。

4. 再双击【调入指标】下需要调剂的科目、金额等，凡是带有下拉箭头的输入框，均可进行调剂。调剂完成后，点击【暂存】按钮，该数据可在"待送审"界面中显示，点击【送审】按钮，该数据会在"已审核"界面中显示。点击进入"已送审"界面，可以撤回下一岗未操作的指标。

二、单位指标调剂（预算局审核）

选择"单位指标调剂－预算局审核"菜单，勾选需要审核的指标，然后点击右上角的【审核】按钮，即可完成指标的终审。

第八节　指标冻结解冻管理

一、指标冻结

1. 选择"指标冻结解冻管理"主菜单下的"指标冻结管理"菜单，点击进入冻结管理界面。勾选需要冻结的指标，然后点击右上角【冻结录入】进入指标的冻结录入界面（见图 22 – 37）。

图 22 – 37

2. 进入冻结录入界面，首先选择金额冻结方式，其次输入金额或者总金额的百分比，最后点击【确定】按钮即可完成指标的冻结（见图 22 – 38）。

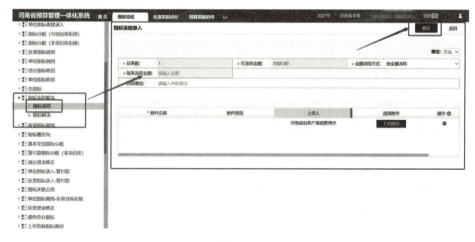

图 22 – 38

二、指标解冻

1. 选择"指标冻结解冻管理"主菜单下的"指标解冻管理"菜单，点击进入解冻管理界面。勾选需要解冻的指标，然后点击右上角【解冻录入】进入指标的解冻录入界面（见图 22 - 39）。

图 22 - 39

2. 进入解冻录入界面，首先选择金额解冻方式，其次输入金额或者总金额的百分比，最后点击【确定】即可完成指标的解冻（见图 22 - 40）。

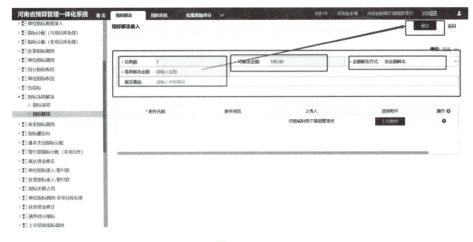

图 22 - 40

第九节　指标收回

一、待分指标收回录入（预算局经办岗）

1. 预算局经办岗登录预算综合管理系统，点击【指标管理】进入菜单，点击"待分指标收回"菜单下面的【录入】按钮进入操作界面（见图22－41）。

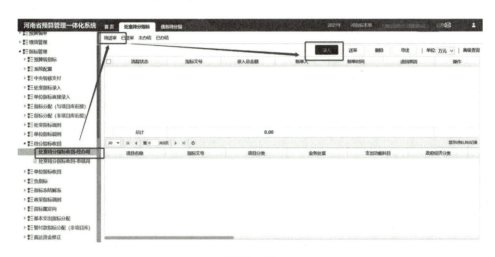

图 22－41

2. 先填写指标文号、文件名称和指标附件等必填项；之后在下面的模块中点击【指标选择】按钮，选择想要调减的指标（见图22－42）。

图 22－42

3. 进入指标选择界面之后，选中自己想要收回的指标，点击【指标选择】按钮。如果指标条数过多，可以点击【高级查询】按钮，来进行过滤筛选（见图22-43）。

图22-43

4. 在数据中填写指标收回的金额，如果本条指标需要全部金额收回，那么可以点击【调减指标全部金额】按钮，这样下面待填的金额就会直接变成本条指标的金额（见图22-44）。

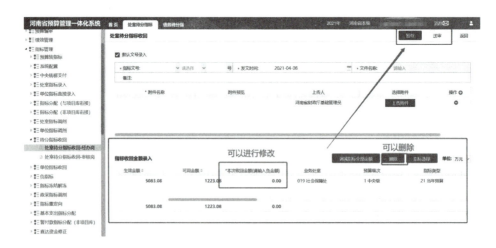

图22-44

二、待分指标收回审核（预算局审核岗）

1. 预算局审核岗登录预算综合管理系统，点击【指标管理】进入菜单，点击"待分指标收回"菜单下的"待审核"子菜单进入操作界面（见图22-45）。

图 22－45

2. 进入菜单之后，先选择想要操作的指标，点击前方的勾选框，之后在屏幕下方会显示出该条指标的信息。如果想看更详细的指标信息，点击【查看】按钮；确认指标信息无误后，点击【审核】按钮完成审核；如果指标信息有误，可以点击【编辑】按钮进行修改，也可以点击【退回】按钮，将数据退回到预算经办岗（见图 22－46）。

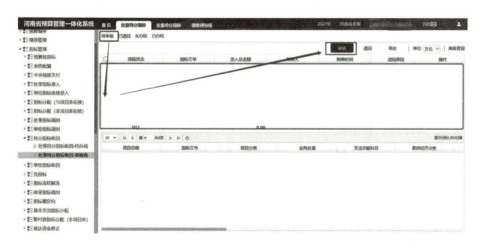

图 22－46

第十节 可执行指标收回

一、可执行指标收回录入（预算局经办岗）

可执行指标收回录入操作与待分指标收回操作相同，需要注意的一点是，待分指标调剂时项目名称一项不需要填写，但可执行指标调剂的时候需要填写项目名称。

二、可执行指标收回审核（预算局审核岗）

可执行指标收回审核的操作与待分指标收回的操作完全相同。

第十一节　指标修正

一、指标修正 – 录入

选择"指标修正 – 录入"菜单，勾选一条指标后点击【录入】按钮进入指标修正界面，可以对指标要素进行修正，置灰的要素栏表示该要素不可修正，录入完成后可以点击【暂存】按钮，数据会保存至指标修正 – 经办待审核界面，点击【送审】按钮，数据会保存至指标修正 – 审核待审核界面。

二、指标修正 – 经办

选择"指标修正 – 经办"菜单，勾选要送审的数据，对数据进行送审或者删除，在"已送审"界面可以对送审的数据进行撤回。

三、指标修正 – 审核

选择"指标修正 – 审核"菜单，在"待审核"界面选择数据，点击【审核】按钮对数据进行审核，点击【退回】按钮将数据退回到上一岗。

四、指标修正 – 生效

在指标修正所修正的要素中，有些要素会影响到支付和核算，如果指标修正的要素不影响支付和核算，审核流程完成后指标数据直接生效，可以在"已生效"界面查看指标修正后生效的数据。如果指标修正的要素影响支付和核算，会触发支付更正，待支付更正流程结束后，修正的数据会进入到"待生效"界面，点击【生效】按钮完成终审，可以在"已生效"界面查看修正后生效的数据。

第二十三章　支付管理

第一节　账户管理

账户管理业务主要是对国库单一账户体系账号的维护管理，包含国库统一账户维护，财政零余额账户维护，单位零余额账户维护，划款账户、清算账户维护以及收款人账户维护等。

1. 财政零余额账户维护。打开【银行账户】菜单，单击【新增】按钮，进入账户维护界面，"账户类型"选择"财政零余额账户"，并依次输入："账号""户名""开户银行""启用日期""停用日期"，单击【保存】或【保存并新增】按钮即可保存录入。

2. 单位零余额账户维护。操作与1类似，"账户类型"需要选择"单位零余额账户""单位"等。

3. 划款账户、清算账户维护。操作与1类似，"账户类型"需要选择"划款账户"或"清算账户"。

4. 收款人账户维护。打开【收款人账户（单位）】菜单，单击【新增】按钮，进入账户维护界面，依次输入："账号""账户名称""单位""开户银行""行别""启用日期""停用日期"等，单击【保存】或【保存并新增】按钮即可保存录入。"下载模板"后可在Excel文件中录入收款人信息，选择该文件"导入"系统。

第二节　用款计划

一、用款计划业务流程

用款计划系统主要包含计划录入、计划审核等流程。用户经办岗录入用款计划，审核岗对用款计划审核，从而为单位下达用款计划，保证对该单位的指标有计划地进行支出，控制单位指标支出进度。

二、计划录入

计划录入功能界面有"录入""待送审""已送审""被退回""全部"五个功能页签，见图23-1。

图 23 – 1

"录入"页签主要包含"录入""批量录入""刷新""高级查询"等主要功能，见图 23 – 2。

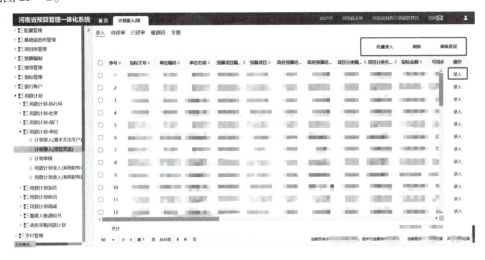

图 23 – 2

"录入"功能：在需要进行用款计划录入的指标右侧点击【录入】按钮，会进入录入详情界面，可根据申请金额或申请比例两种中的任意一种方式来填写所需申请用款计划的金额。填写之后点击【保存】，该计划可保存在【待送审】界面中，可继续送审。若点击【保存并送审】按钮，会将该用款计划送审到计划审核岗的【计划审核】菜单中。

"批量录入"功能：对多条指标同时进行计划录入，运用不同的申请方式来申请计划金额（见图 23 – 3、见图 23 –4）。

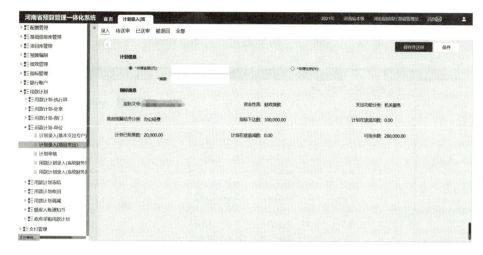

图 23 – 3

图 23 – 4

"刷新"功能：更新界面数据信息。

"高级查询"功能：通过项目分类、支出功能分类等信息对显示的数据进行筛选（见图 23 – 5）。

图 23 – 5

"待送审"页签：该页签展示的数据信息是已保存但未送审的用款计划，该页签主要包括"送审""修改""删除""批量送审""批量删除"等功能（见图23-6）。

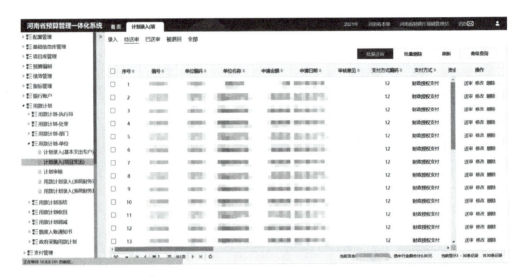

图23-6

点击【修改】按钮可对该用款计划进行修改；点击【删除】按钮可将该用款计划删除并可重新录入。点击【送审】按钮可将这条数据送到审核岗，勾选多条用款计划可进行批量操作。

"已送审"页签：该页签展示的数据信息是已送审至审核岗的用款计划，该页签主要包括"撤销""批量撤销""删除""刷新""高级查询"等功能（见图23-7）。

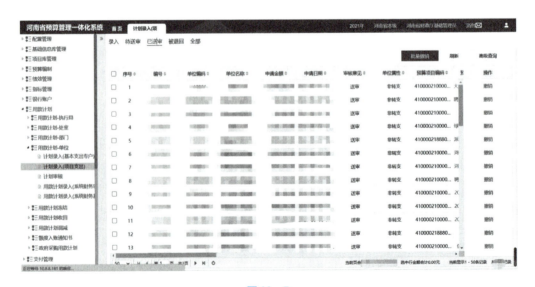

图23-7

已送审的计划在未被下一岗操作时，可以在"已送审"页面中撤销，若被下岗操作后，该计划不会显示在"已送审"中，可在"全部"中查找。

"被退回"页签：该页签展示的数据信息是审核岗退回的用款计划，主要包含"送审""修改""删除""批量送审""批量删除"等功能（见图23-8）。

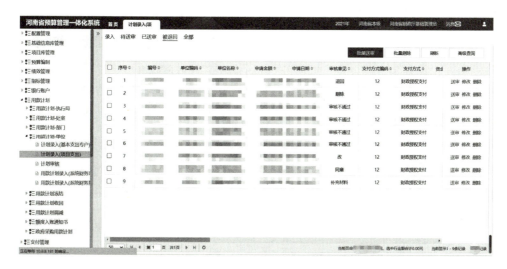

图 23-8

"全部"页签：该页签展示的数据信息是已保存的用款计划，主要包含"日志"功能（见图23-9）。

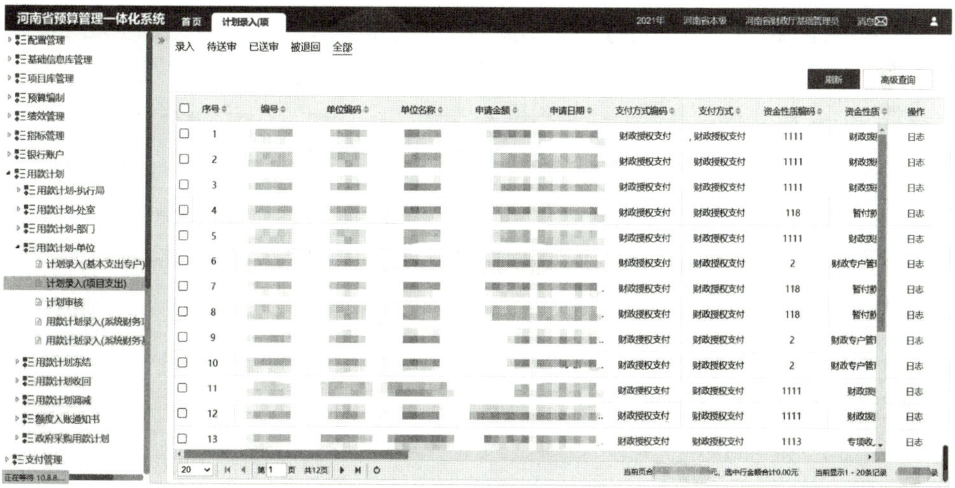

图 23-9

点击【日志】按钮，可查看该用款计划所在的岗位。

三、计划审核

计划审核功能页面可分为"待审核""已审核""已退回""被退回""全部"五个功能页签（见图23-10）。

图23-10

"待审核"页签：该页签显示的是审核岗未审核的用款计划，该页签主要包含"通过""退回""批量通过""批量退回"等功能（见图23-11）。

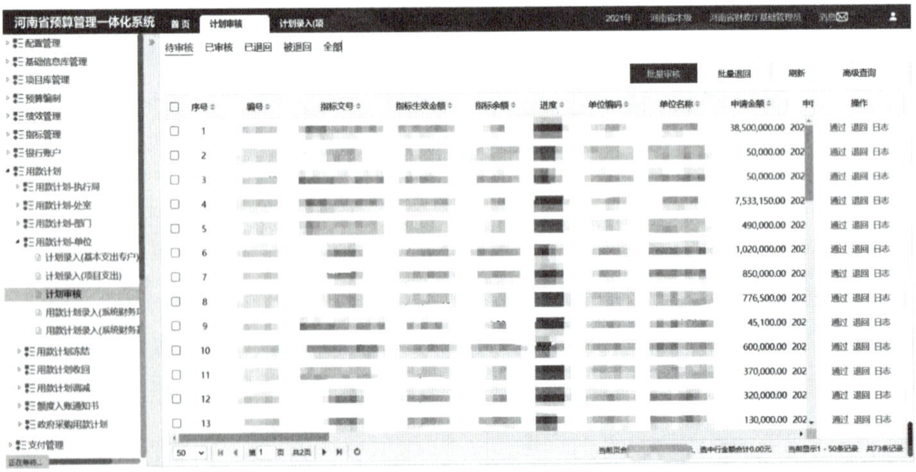

图23-11

在需要进行审核的用款计划右侧点击【通过】按钮，该用款计划将会审核通过，从而用款计划可被支付模块使用，点击【退回】按钮可将该用款计划退回到计划经办岗的【计划录入-被退回】菜单中，同时在【已退回】界面中可查看退回到上一岗的用款计划。

"已审核"页签：该页签展示的是已经审核过的用款计划，若该用款计划未被支付系统使用，可进行撤销操作（见图 23－12）。

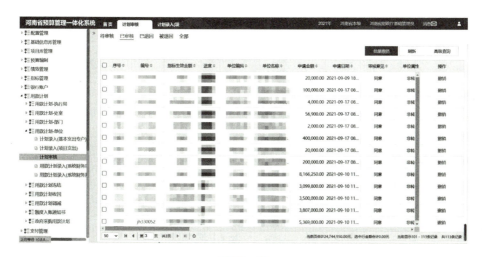

图 23－12

"已退回"页签：该页签展示的是退回到上一岗的用款计划。在该界面可进行撤销操作（见图 23－13）。

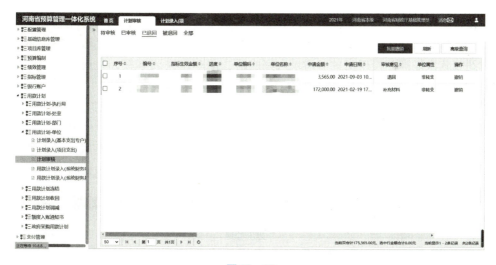

图 23－13

"全部"页签：该页签展示的数据信息是已保存的用款计划，主要包含"日志"功能（见图 23－14）。

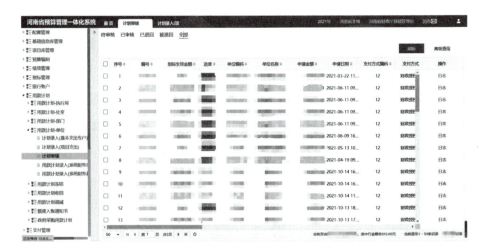

图 23 - 14

第三节 支付管理

一、授权支付申请

(一) 授权支付申请业务流程

授权支付是指预算单位根据财政授权，按照批复的部门预算和月度用款计划，自行开具支付凭证，经国库支付机构审核并开具支付令，通过国库单一账户体系将资金支付到收款人账户。授权支付申请录入完成后，由单位完成审核，生成支付凭证后打印送至代理银行进行支付。

(二) 授权支付申请录入

选择【支付申请录入】菜单，在需要录入支付申请的指标右侧点击【录入】按钮可进行录入；选择多条指标后点击【批量录入】可以批量录入支付申请，见图 23 - 15。

图 23 - 15

点击【录入】或【批量录入】按钮后会自动跳转至填写录入详细信息的界面，在填写完详细信息后，可选择【保存并送审】、【保存并续录】以及【保存】，选择【保存并送审】会将该支付申请送审到【支付审核岗 - 支付申请审核】菜单，见图 23 - 16。

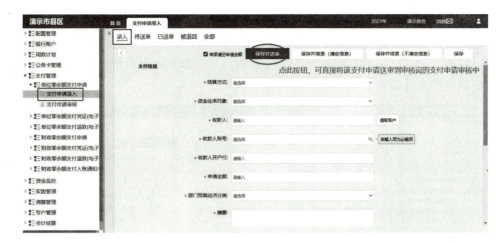

图 23 − 16

在上图的【支付申请录入】的【录入】界面中，点击【提取账号】按钮后界面会自动跳转至已保存的收款人信息界面，选择需要的收款人后点击【选择】，界面会自动回到【支付申请录入】界面，可完成收款人账号的提取工作，见图 23 − 17。

图 23 − 17

在"支付申请录入"中点击【保存并续录】或【保存】按钮后该支付申请将会保存到【支付经办岗 – 支付申请录入 – 待送审】菜单中，选择【支付申请录入】菜单，在单条支付申请右侧点击【送审】按钮可将该支付申请送审至支付审核岗的【支付申请审核】菜单中；选择多条支付申请后点击【批量送审】可批量送审所选的支付申请，见图 23 − 18。

图 23 − 18

对于支付申请模块的另外两个菜单【已送审】和【全部】，用户在【全部】中查询在途支付申请和已办结的支付申请，如果发现填写的信息有错误，在审核岗还未操作时，经办岗在【已送审】菜单下点击【撤销】才有效，如果审核岗已经操作了这笔支付申请，那么【撤销】将无效（见图23-19）。

图 23 - 19

如果想查看这笔支付申请的具体流程，可以点击界面中【日志】按钮，将会进入到一个可以全局观看支付申请流程的流程指示图中，见图23-20、图23-21。

图 23 - 20

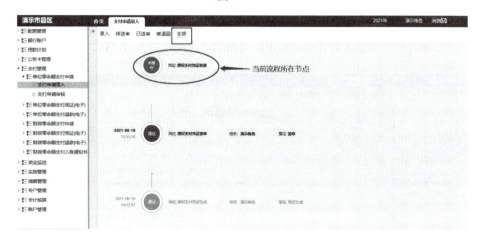

图 23 - 21

注意：支付申请流程会受规则监控，若有预警提示，请按照监控提示操作（见图 23 - 22）。

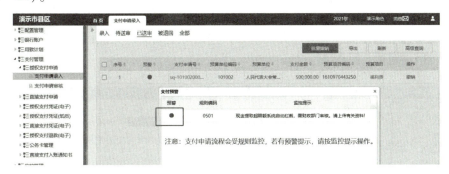

图 23 - 22

（三）授权支付申请审核

点击菜单【支付申请审核】，会进入到图 23 - 23 界面，审核前，可以检查支付申请是否信息正确，当决定送审时，可以一笔一笔送审，也可以批量送审。

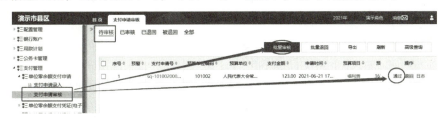

图 23 - 23

如果发现支付申请信息不正确，可以点击【退回】，将这笔支付申请退回到支付经办岗，让支付经办岗校正后，重新送审（见图 23 - 24）。

图 23 - 24

需注意，如有预警提示，则按照监控提示操作。

（四）授权支付凭证生成

在授权支付申请审核流程完成之后选择【凭证生成】菜单，在需要生成凭证的支付申请前勾选中选择框后点击【凭证生成】按钮可生成支付凭证；点击【退回】按钮可将支付申请退回，见图23－25。

图23－25

生成后的支付凭证可在"已生成"里查看，且在凭证未打印前都可撤销。

（五）授权支付凭证打印

授权支付凭证生成之后可选择【凭证打印】菜单，选择需要打印的凭证，点击【打印】按钮，或者【批量打印】按钮，将打印的凭证送至代理银行即可进行支付（见图23－26）。

图23－26

二、直接支付申请

（一）直接支付申请业务流程

财政直接支付：由财政部门开具支付令，通过国库单一账户体系，直接将财政资金支付到收款人（即商品和劳务供应者，下同）或用款单位账户。直接支付申请录入完成后，经支付局审核，生成支付凭证后送至代理银行进行支付。

（二）直接支付申请录入

选择【支付申请录入】菜单，在需要录入支付申请的指标右侧点击【录入】按钮可进行录入；选择多条指标后点击【批量录入】可以批量录入支付申请，见图 23 – 27。

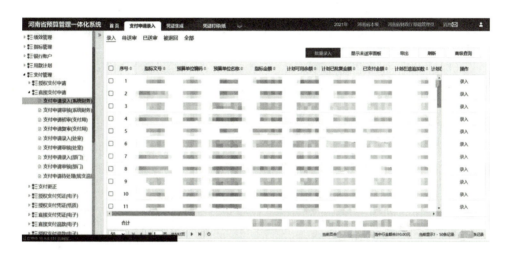

图 23 – 27

点击【录入】或【批量录入】按钮后会自动跳转至填写录入详细信息的界面，在填写完详细信息后，可选择【保存并送审】、【保存并续录】以及【保存】，选择【保存并送审】会将该支付申请送审到支付审核岗的【支付申请审核 – 待审核】菜单，见图 23 – 28。

在图 23 – 28 的【支付申请录入】界面中，点击【提取账号】按钮后界面会自动跳转至已保存的收款人信息界面，选择需要的收款人后点击【选择】，界面会自动回到支付申请录入界面，完成收款人账号的提取工作（见图 23 – 28、图 23 – 29、图 23 – 30）。

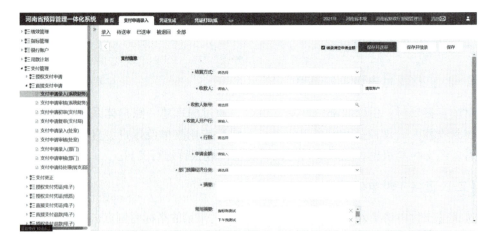

图 23 – 28

图 23 – 29

图 23 – 30

在支付申请录入中点击【保存并续录】或【保存】按钮后该支付申请将会保存到【支付经办岗 - 支付申请录入 - 待送审】菜单中，选择【支付申请送审】菜单，在单条支付申请右侧点击【送审】按钮可将该支付申请送审至支付审核岗的【支付申请初审】菜单中；选择多条支付申请后点击【批量送审】可批量送审所选的支付申请（见图 23 - 31）。

图 23 - 31

对于支付申请模块的另外两个菜单【已送审】和【全部】，用户在【全部】中查询在途支付申请和已办结的支付申请，如果发现填写的信息有错误，在"审核岗还未操作时"，经办岗在【已送审】菜单下点击【撤销】才有效，如果"审核岗已经操作了这笔支付申请"，那么【撤销】将无效（见图 23 - 32）。

图 23 - 32

如果想查看这笔支付申请的具体流程，可以点击界面中【日志】按钮，将会进入到一个可以全局观看支付申请流程的流程指示图中（见图 23 – 33）。

图 23 – 33

（三）直接支付申请审核

用户登录到【审核岗用户】，点击菜单【支付申请审核 – 待审核】，会进入到图 23 – 34 界面，审核前，可以检查支付申请是否信息正确，当决定送审时，可以一笔一笔送审，也可以批量送审（见图 23 – 34）。

图 23 – 34

如果发现支付申请信息不正确，可以点击【退回】，将这笔支付申请退回到支付经办岗，让支付经办岗校正后，重新送审（见图 23 – 35）。

图 23-35

（四）直接支付凭证生成

在直接支付申请审核流程完成之后选择【凭证生成】菜单，在需要生成凭证的支付申请前勾选中选择框后点击【凭证生成】按钮可生成支付凭证；点击【退回】按钮可将支付申请退回（见图 23-36）。

图 23-36

（五）直接支付凭证打印

直接支付凭证生成之后可选择【凭证打印】菜单，选择需要打印的凭证，点击【打印】按钮，或者【批量打印】按钮，将打印的凭证送至代理银行即可进行支付（见图 23-37）。

图 23 - 37

第四节　公务卡管理

一、公务卡业务流程

公务卡系统主要包含公务卡信息的维护、公务卡的报销等流程。单位用户可以下载消费明细，根据消费明细选择指标生成支付申请后进行报销。

二、公务卡信息维护

单位可进行单位公务卡和个人公务卡的信息维护。

1. 新增公务卡信息。打开【公务卡信息维护】菜单，单击【新增】按钮，进入"公务卡录入"页面，按照提示依次输入："单位""卡号""持卡人""行别""地区""发卡行""身份证号""公务卡类型""限额""发卡日期""备注"等，单击【保存】按钮即可保存该信息。单击【保存并续录】按钮可继续新增。

2. 用户可以使用 Excel 文件批量导入公务卡信息。单击【导入】按钮，在"导入"对话框中单击【下载模板】按钮，下载导入模板，按照模板提示录入公务卡信息。在"导入"对话框中选择 Excel 文件，单击【确定】按钮完成导入。

三、公务卡确认报销

消费明细是报销的依据，【公务卡确认报销】菜单可以进行公务卡消费明细的下载、查看、报销等。用户单击菜单【公务卡管理 - 公务卡确认待报销】。

（一）公务卡消费明细下载

如果要报销公务卡，先要下载消费明细，单击页面右上角的【下载】按钮，系统会弹出"消费记录下载"对话框。

按照提示，依次选择"单位"，输入"公务卡卡号"，选择"消费日期"，输入"消费金额"（精确至小数点后两位），"交易流水号"（非必填）等，单击【下载】按钮，即可下载对应的消费明细。下载完成后会弹出成功提示框，在【待报销】选项卡中就会显示已下载的消费记录。

需要注意的是，如果消费明细不是走的银联通道，通过下载功能无法下载这类消费明细，这种情况需要联系银联工作人员。

（二）公务卡报销

公务卡报销可分为全额报销和部分报销。

1. 如果需要全额报销消费记录，在【待报销】选项卡下，勾选需要报销的消费记录前方的复选框（可一条或多条），单击【报销】按钮，进入报销界面。

在"指标信息"区域，勾选一条指标前方的复选框，填写好"支付信息"后，直接单击【保存】按钮，保存成功后，会生成一笔公务卡报销的支付申请，并出现在【支付经办岗－单位零余额支付申请－待送审】菜单中，接下来的流程和支付申请流程、单位零余额支付流程相同，如果单击【保存并送审】，会将生成的一笔公务卡报销支付申请，直接送审到【单位审核岗－单位零余额支付申请－支付申请单位审核】菜单。

2. 如果想要报销一笔或者多笔中的部分金额，进入报销界面，在"消费信息"区域下的消费明细数据中单击【未报销金额】，将该金额设置为可编辑状态，输入本次报销的金额，然后单击【保存】或【保存并送审】按钮，成功后生成对应金额的支付申请，数据信息被送审至【支付经办岗－单位零余额支付申请－待送审】菜单或者【单位审核岗－单位零余额支付申请－支付申请单位审核】菜单。剩余未报销的部分，可以在【部分报销】选项卡中继续报销。【部分报销】选项卡中的报销与全额报销操作一致，可以进行消费明细未报销部分的报销。

第五节 清算管理

一、国库清算流程描述

1. 将系统生成的支付凭证进行打印，送至代理银行进行确认。

2. 代理银行确认支付凭证后，根据支付凭证信息进行划款，划款完成后生成划款凭证。划款凭证生成后进行打印返回至财政支付局。

3. 财政支付局对划款凭证进行签收登记。财政支付局生成汇总清算单后打印送至清算银行进行清算登记。

二、支付凭证确认

代理银行收到支付凭证后要对支付凭证进行确认以进行下一步支付。打开【凭证确认（纸质）】—【待确认】按钮，选择一条或多条支付凭证，单击【确认】或【批量确认】按钮，弹出确认提示框，单击【确定】按钮完成确认。

三、划款凭证生成

代理银行根据支付凭证进行划款，将资金划入对应收款人的银行账户，支付完成后需要生成划款凭证。打开【申请划款凭证（纸质）】-【划款凭证生成（纸质）】-【待生成】菜单，选择一条或多条支付凭证，单击【生成】或【批量生成】按钮，弹出确认提示框后单击【确定】按钮，生成划款凭证后，将数据信息送审至【申请划款凭证打印（纸质）】-【待打印】页签。

四、划款凭证打印

代理银行生成划款凭证后，将划款凭证打印后返回财政支付局。打开【申请划款凭证打印（纸质）】-【待打印】页签，选择一条或多条划款凭证，单击【打印】或者【批量打印】按钮，弹出"打印预览"窗口，在"打印预览"窗口中可以预览划款凭证数据，确定无误后，单击【打印】按钮进行打印。

五、汇总清算单生成

财政支付局签收划款凭证后，根据划款凭证生成汇总清算单。打开【汇总清算单生成（纸质）】-【待生成】菜单，选择一条或多条划款凭证，单击【生成】或【批量生成】按钮，弹出确认提示框后单击【确定】按钮，生成划款凭证后，将数据信息送审至【汇总清算单打印（纸质）】-【待打印】菜单。

六、汇总清算单打印

财政支付局生成汇总清算单后，将汇总清算打印以进行后续清算。打开【汇总清算单打印（纸质）】-【待打印】菜单，选择一条或多条汇总清算单，单击【打印】或者【批量打印】按钮，弹出"打印预览"窗口，在"打印预览"窗口中可以预览汇总清算单数据，确定无误后，单击【打印】按钮进行打印。

七、汇总清算单确认

财政支付局将打印的划款凭证和汇总清算单送至清算银行，清算银行确认汇总清算单，然后依据该划款凭证和汇总清算单进行清算。打开【汇总清算单确认（纸质）】-【待确认】菜单，选择一条或多条汇总清算单，单击【确认】或者【批量确认】按钮，弹出确认提示框后单击【确定】按钮，完成确认。

第六节　专户管理

一、业务介绍

为了进一步规范财政专户资金拨付流程，加强财政专户资金的管理与监督，确保财政专户资金安全，可以使用专户管理模块对财政专户资金进行管理。在专户管理模块，处室可以根据项目预算安排情况、项目实施进度，向国库提出调拨项目预算资金计划的申请，把项目预算资金拨付到相应财政专户；也可以接收支付中心移交的收入或支付票据，对单位专户账户待确认的收入信息进行登记。

财政专户是财政部门在银行设立的政府非税收入资金专门账户，用于对政府非税收入资金收支进行统一核算和集中管理，办理资金的收缴和拨付。财政专户既包括预算外资金财政专户，也包括社会保障资金专户、国债资金专户、农业综合开发专户、粮食风险专户等财政性资金专户。在本系统中，对财政专户资金的管理可分为社保专户、代管专户、专项专户三类，这三类专户的操作流程是一样的，只是代表不同的专户类别，用于不同类别的资金管理。

专户管理的流程一般由处室经办录入专户用款计划，经由处室审核后送至执行局进行初审和复审，执行局复审通过后，计划就审批通过了，接下来可以进行拨款操作；拨款时要先进行拨款申请的录入，录入后可以生成支付凭证，至此表示线上流程已经走完，可以到银行进行线下拨款操作，银行拨款完成后，系统会收到一个拨款凭证回单，表示拨款已收到。下面会介绍具体的计划录入以及拨款操作流程，以社保专户管理为例。

二、专户计划录入

在社保计划录入界面下，可以进行专户用款计划的录入、送审、修改、删除和导出操作，处室经办角色录入的用款计划要经由处室审核、执行局初审和复审。

下面介绍用款计划的录入操作：在"计划录入"界面会显示处室可以进行用款计划申请的指标项目，选择一条需要录入计划的指标，点击数据后的【申请】按钮进行单条计划录入或者点击【批量导入】进行批量录入操作。在"计划录入"界面完善信息，填写收款人户名、账号、开户行、用途等信息，并选择往来单位。

注意：收款人的信息需要提前维护好才可以选择，否则无数据。

接着填写计划明细，计划明细根据支出类别来填写，本项计划用于哪种支出类别就在此支出类别后填写对应金额，点击【保存】或【保存并送审】，将新增信息保存到系统中，见图23-38、图23-39、图23-40。

图 23 – 38

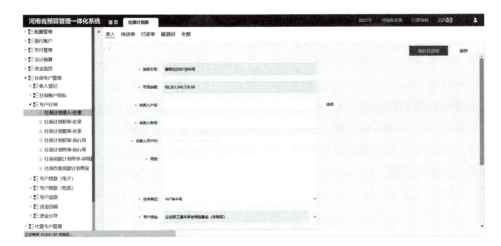

图 23 – 39

图 23 – 40

在【待送审】页面下，可以进行专户用款计划的送审、修改、删除和导出操作。用款计划的审核流程一般要通过处室初审和复审，执行局初审和复审，在执行局复审通过后即可终审，见图23－41。

图 23－41

选中单条专户用款计划数据信息，点击【送审】按钮，可将此条数据信息送审至下一岗，即计划审核岗；选中多条专户用款计划数据信息，点击【批量送审】按钮，可将选中数据信息批量送审，见图23－42。

图 23－42

选中数据信息，点击【修改】按钮和【删除】按钮，即可修改或删除选中的计划信息。

点击【表格导出】按钮，以 Excel 表格形式导出计划信息。

在【已送审】界面可以查看送审过的计划信息，也可以收回已经送审到下一岗的计划信息。选中要收回的计划，点击【收回】按钮，即可收回本条计划信息；选中多条计划信息，点击【批量收回】按钮，即可收回所有选中计划信息，见图 23 – 43、图 23 – 44。

图 23 – 43

图 23 – 44

【被退回】页面下显示被下一岗退回至本岗的数据信息。选中数据信息，点击【修改】按钮，对被退回的数据信息进行修改；修改完成后，点击【送审】或【批量送审】，可以重新送审被退回计划，此时选中的用款计划会显示在"已送审"页签，见图 23 – 45。

图 23 – 45

除此之外，在【全部】页面下，可查看、导出本单位/处室所有的计划申请信息，也可以查看某条计划流程当前在哪一岗位。选中计划信息，点击【日志】按钮，查看当前计划信息的审核流程状态；点击【表格导出】按钮，选择导出所有或导出当前页，并设置要导出的列，即可导出选中的计划信息，见图 23 – 46。

图 23 – 46

三、专户拨款

处室做完用款计划并终审后可以进行拨款操作，拨款前先要录入拨款申请。专户拨款申请录入时，先选择要拨款的用款计划数据信息，点击【拨付】或【批量拨付】按钮跳转到拨款信息填写界面；拨付金额可分为按金额拨付和按比例拨付，按金额拨付时只需要填写拨付金额即可，按比例拨付时填写拨付比例即可自动计算出对应的金额。填写完毕后点击【保存】或【保存并送审】按钮，点击【保存】会将信息保存到

"待送审"界面，点击【保存并送审】会直接将拨付信息送审到审核岗，见图 23 - 47。

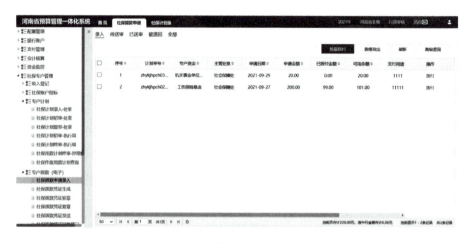

图 23 - 47

"待送审""已送审""被退回"和"全部"页面与上面录入计划时功能一样，此处不赘述。

录入拨款申请后，需要生成支付凭证，可以在"专户凭证生成"界面进行操作。【待生成】界面显示所有审核岗审核通过需生成凭证的拨付数据。点击【高级查询】，可以按条件对数据信息进行筛选查询；点击【生成】或【批量生成】，可以单条或多条生成凭证；点击【全部生成】，可以将"待生成"界面中的数据信息全部生成凭证；点击【退回】或者【批量退回】，可以单条或者多条退回拨付申请；点击【表格导出】，可以将选中的拨付申请导出到 Excel 表格中。见图 23 - 48。

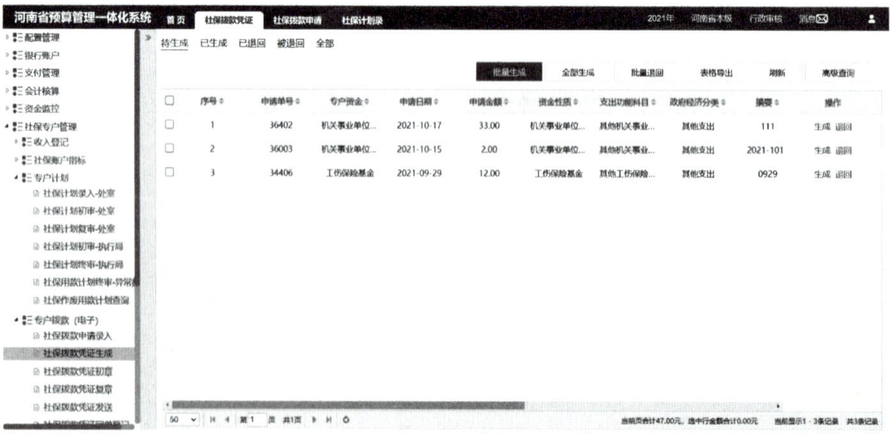

图 23 - 48

"已生成"界面显示所有生成凭证未签章的拨付信息，点击【高级查询】，可以按条件对信息进行筛选查询；点击【撤销】或【批量撤销】可以将生成凭证的拨付信息撤回到未生成凭证状态；点击【表格导出】，可以将选中的拨付申请导出到 Excel 表格，见图 23 - 49。

图 23 - 49

四、专户回单登记

银行付完款之后，会将电子凭证的回单发送至本系统，代表付款成功。回单即收款人收到款项的证明，系统收到专户电子凭证回单之后，表明拨款操作完成。【待打印】界面显示所有银行回单的凭证，点击【凭证】预览凭证信息；点击【记账凭证】对回单后的凭证做记账操作；点击【表格导出】导出选中的拨款信息到 Excel 表格；点击【高级查询】按条件检索拨款信息；点击【批量打印】批量打印回单，见图 23 - 50。

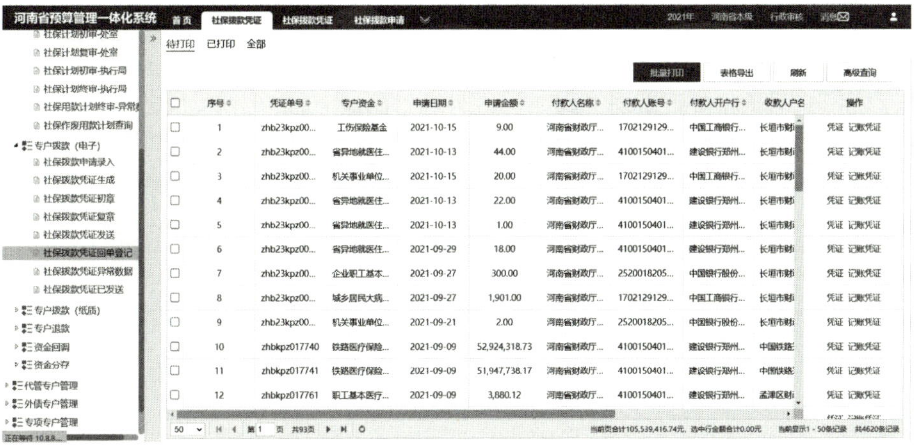

图 23 - 50

【已打印】界面显示所有已打印过的凭证信息，点击【表格导出】导出选中的拨款信息到 Excel 表格；点击【高级查询】按条件检索拨款信息；点击【批量打印】批量打印回单，见图 23 – 51。

图 23 – 51

【专户凭证异常数据】界面显示所有的凭证异常数据，点击【重发】或【批量重发】可以将凭证重发银行；点击【作废】可以将异常凭证作废，作废后的凭证可以做凭证重新生成重新报送；点击【凭证】可以预览凭证信息；点击【高级查询】可以按条件对异常凭证进行检索，见图 23 – 52。

图 23 – 52

第二十四章　工资统发

第一节　业务简介

　　财政统发工资：将机关、事业单位工资统一按照国家工资制度规定，并委托给代发银行直接发放到个人工资账户的管理方式。

　　管理原则：编制部门核算编制、人事部门核定人员和工资、财政核拨经费、银行代发到人、及时足额到位。

　　发放群体：财政供养人员。

第二节　工资维护

　　工资维护模块包含统发单位信息维护、增人增资信息维护、人员信息维护、工资信息维护（见图24－1）。

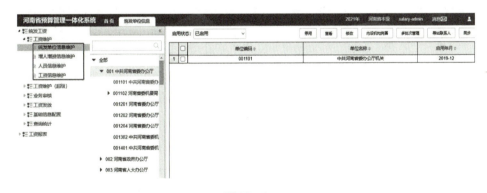

图24－1

　　1. 统发单位信息维护是指对单位信息的一系列操作，包含查看、修改单位信息、停用单位，完善单位内设机构，导出单位联系人，同步单位信息（调用基础信息库接口）（见图24－2）。

图 24 – 2

2. 增人增资信息主要用于单位新增加需要工资的人员的维护，具体包含新增人员、调入人员、续发停用人员等（见图 24 – 3）。

图 24 – 3

3. 人员信息维护是指对单位人员的一系列操作，包含增人增资人员选取、调出人员、导入人员、查看人员信息等（见图 24 – 4）。

图 24 – 4

4. 工资信息维护是指对单位人员工资的一系列操作，包含编辑工资、导入导出工资、查看增人补发明细等（见图 24 – 5）。

图 24 – 5

5. 业务审核。业务审核模块包含工资流程以及增人增资流程中的各个节点（见图 24 – 6）。

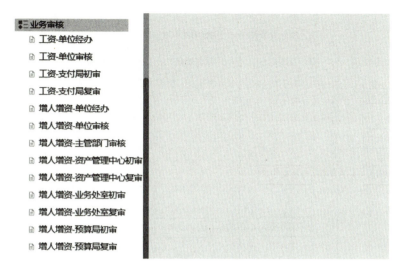

图 24 - 6

第三节 业务流程

一、增人增资流程

该流程适用场景：单位入职新员工，需要走增人增资流程之后才能成为本单位员工（见图 24 - 7、图 24 - 8）。

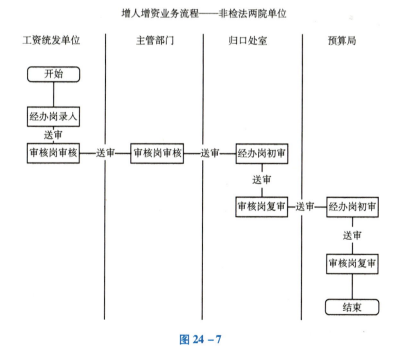

图 24 - 7

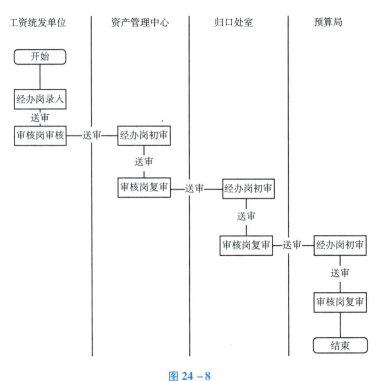

增人增资业务流程——检法两院单位

图 24 – 8

流程说明：检法两院单位（单位编码以 076、077 开头）与非检法两院单位，增人增资流程稍有不同，下面以非检法两院单位为例，介绍增人增资操作步骤。

1. 单位经办岗登录预算综合管理系统，点击菜单"工资维护 – 增人增资信息维护"，选择要增加人员的人事性质，人事状态选为"新增"，点击【新增】，见图 24 –9。

图 24 – 9

2. 在"单位人事基本信息新增"界面维护新增人员人事信息，其中带 * 的字段为必填项，见图 24 - 10。信息填写完毕点击【保存】。

图 24 - 10

3. 保存后系统自动跳转至图 24 - 11 所示界面，如果发现录入的数据有问题，可以使用界面右侧的【修改】、【删除】按钮，对数据进行相应操作。使用【查看】按钮，对该数据进行查看操作。

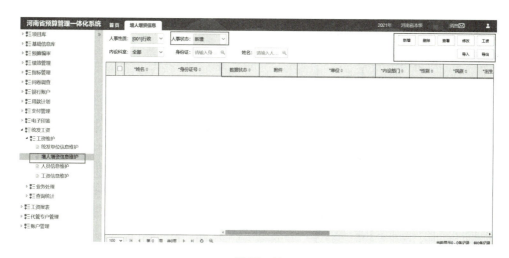

图 24 - 11

4. 点击【工资】按钮，在"工资信息维护修改"界面，维护新增人员当月工资和补发工资信息，见图 24 - 12，点击【保存】后，自动计算实发工资。

5. 增人增资单位经办岗、单位审核岗、部门审核岗、处室经办岗、处室审核岗、预算局经办岗、预算局审核岗依次送审。

6. 单位经办岗登录预算综合管理系统，点击菜单【工资维护】【人员信息维护】，选择人事性质，点击增人增资人员选取，选取走完增人增资流程的人员。

图 24 - 12

二、工资发放流程

该流程使用场景：用于单位每月发放工资（见图 24 - 13）。

工资业务流程

图 24 - 13

流程说明：

1. 单位经办岗登录预算综合管理系统，点击菜单【业务审核】【工资单位经办】，点击【送审】按钮，送审单位本月工资（见图 24 - 14）。

2. 单位审核岗登录预算综合管理系统，点击菜单【业务审核】【工资单位审核】，选中单位工资数据信息，点击【送审】（见图 24 - 15）。

图 24 – 14

图 24 – 15

3. 支付局初审岗登录预算综合管理系统，点击菜单【业务审核】【工资支付局初审】，选中单位工资数据信息，点击【审核】（见图 24 – 16）。

图 24 – 16

4. 支付局复审岗登录预算综合管理系统，点击菜单【业务审核】【工资支付局复审】，选中单位工资数据信息，点击【审核】（见图 24 – 17）。

5. 支付局复审岗登录预算综合管理系统，点击菜单【工资发放】【指标检查】，选中单位工资数据信息，点击挂接指标（指标检查会按设置好的规则自动挂接额度并生成工资代发明细）（见图 24 – 18）。

图 24 - 17

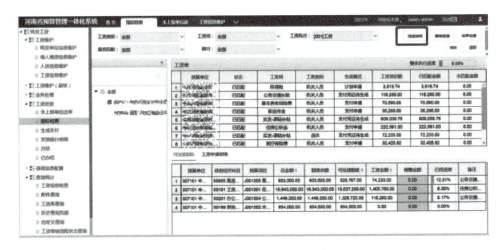

图 24 - 18

说明：指标检查下指标的政府经济科目和预算项目与基础信息配置下额度匹配规则下设置得一样，才可成功挂接上指标。

6. 支付局复审岗登录预算综合管理系统，点击菜单【工资发放】【生成支付】，选中单位工资数据信息，选择生成支付的工资项（包含全部、扣除、实发工资，扣除可分为法定扣发和其他扣发，默认选择全部），点击【生成支付】，提示生成支付成功，支付凭证可在支付模块查看（见图 24 - 19、图 24 - 20）。

图 24 - 19

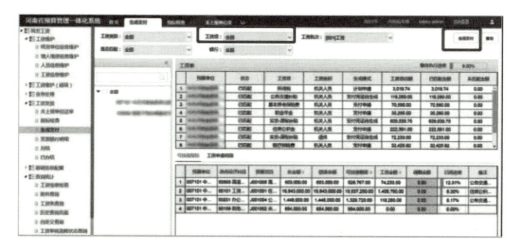

图 24 – 20

说明：生成支付后，具体的支付凭证在哪里看？具体见表 24 – 1。

表 24 – 1 支付凭证查看路径

单位属性	工资属性	生成形式	支付菜单
转支单位	实发工资	待生成凭证	国库支付局用户登录，直接支付凭证（电子）– 凭证生成 – 未生成
	法定扣发		
	其他扣发		
非转支单位	实发工资	待生成凭证	国库支付局用户登录，直接支付凭证（电子）– 凭证生成 – 未生成
	法定扣发	待生生成支付申请	单位用户登录，授权支付申请录入 – 待送审
	其他扣发	计划批复后的额度	单位用户登录，用款计划 – 额度入账通知书 – 额度入账通知书生成\打印（工资）

备注：

（1）法定扣发包含五险一金、所得税；

（2）其他扣发是指其他扣款；

（3）转支单位：有自己实际账户，非转支单位：无实际账户，从零余额账户划款，大多单位均为非转支单位。

第二十五章 单位会计核算

第一节 单位账会计核算

系统目前可分为账套主管、制单和审核。

一、账套主管

账套主管负责财务软件运行环境的建立，以及各项初始化设置工作；负责财务软件的日常运行管理工作，监督并保证系统的有效、安全、正常运行。

二、制单

制单负责单位账系统基础数据维护、期初数据录入、账务数据录入、账簿查询、月末结账、账表打印工作；负责日常报表管理和年底决算报表管理工作。

三、审核

审核负责单位账系统账务数据审核、修改。

第二节 操作指南

一、创建账套

单位在使用系统之前需要为单位创建账套。

具体操作如下。

1. 执行"普通账套维护""添加账套"命令，打开"添加账套设置"对话框（见图 25 – 1）。

2. 输入账套信息。

所属租户：系统自动选择。

账套编码：系统自动生成。

账套名称：必须输入。本例输入"预算管理一体化系统（演示）"。

模板账套：必须选择。系统将已存在的模板账套以下拉框的形式显示，用户可进

图 25 - 1

行选择。"省本级行政模板账套"是系统内置的。

预算单位：必须选择。系统将已存在的预算单位以下拉框的形式显示，用户可进行选择。"888888 虚拟单位"是系统内置的。

会计主管：必须输入。本例输入"张三"。

建账日期：必须输入。系统默认为"2021 - 01 - 01"。

截止日期：必须输入。系统默认为"2041 - 12 - 31"。

输入完成后，单击【确定】，完成账套创建（见图 25 - 2）。

图 25 - 2　"添加账套设置"对话框

二、切换账套

登录用户，点击右上角头像查看用户信息。

当前年度：系统默认为"2021"。

当前账套：必须选择。本例选择"演示市县区单位会计账套"（见图25-3）。

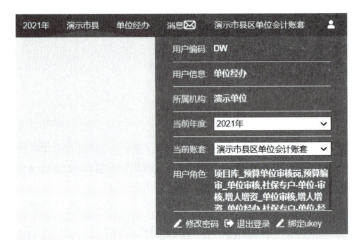

图 25-3

三、基础设置

（一）添加会计科目

1. 打开"会计科目维护"菜单，点击【添加】（见图25-4）。

图 25-4

2. 输入科目信息。

科目编码：上级科目编码系统自动获取，用户只能查看，不能输入或者修改。添加一级科目时，上级编码为 0，可在右侧输入会计科目编码。

科目名称：必须输入。本例输入"演示科目"。

科目类型：根据会计科目实际含义选择对应科目类型。

科目属性：根据会计科目实际含义选择对应科目属性。

开始日期：会计科目启用的日期，默认当前年度 1 月 1 日。

结束日期：会计科目停用的日期，默认当前系统日期加上 20 年。

余额方向：根据会计科目实际含义选择"借方"或者"贷方"。

允许账套扩展：根据业务控制当前会计科目是否允许增加下级会计科目。

辅助核算：根据会计科目实际含义选择会计科目需要挂接的辅助核算。

平行记账科目：根据会计科目实际含义选择会计科目对应预算会计科目。

输入完成后，单击【确定】按钮，完成会计科目设置（见图 25 - 5）。

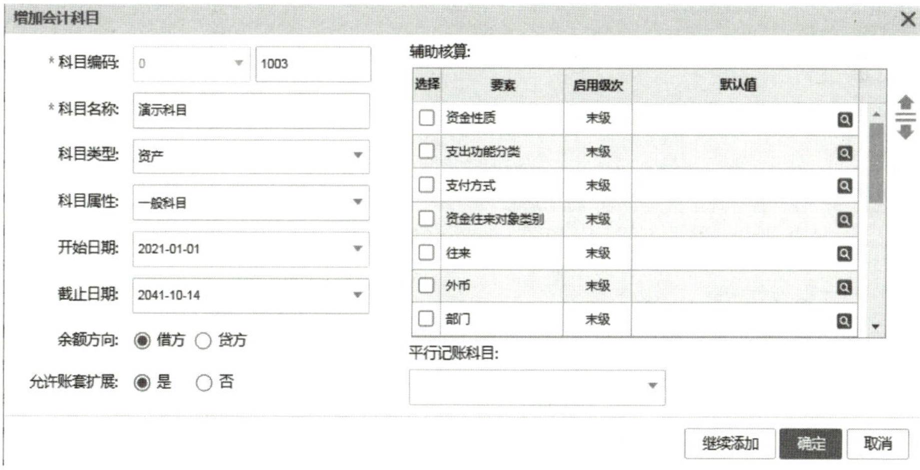

图 25 - 5

（二）添加基础数据

基础数据是进行账务核算时的明细核算信息项。

对于财政统一维护的基础数据，只能查看和使用，不允许修改，例如支出功能分类；对于财政统一维护基础上允许自行下级扩展的基础数据，可以增加下级基础数据，不允许增加一级基础数据，例如：部门支出经济分类；对于单位自行维护的基础数据，可以增加、修改、删除基础数据，例如往来等，具体见图 25 - 6 ~ 图 25 - 8。

图 25 – 6

图 25 – 7

图 25 – 8

1. 打开"基础数据维护"菜单，点击【添加】。
2. 输入基础数据信息。

起止日期：基础数据使用和停用日期。

基础数据编码：上级基础数据编码系统自动获取，用户只能查看，不能输入或者修改。添加一级基础数据时，上级编码为0，可在右侧输入基础数据编码。基础数据编码必须输入。本例输入"演示数据"（见图25－9）。

图 25－9

（1）期初数录入。期初数录入功能主要是制单人员根据以前年度会计科目余额完成新年度会计科目年初余额的录入。

①打开"期初数录入"菜单，点击【录入】按钮，在空白处录入新年度会计科目年初余额，录入完成后，保存即可（见图25－10）。

图 25－10

②对于需要录入辅助核算信息的会计科目，点击该会计科目名称，在弹框中录入会计科目及辅助核算信息的年初余额信息（见图25-11、图25-12）。

图 25 – 11

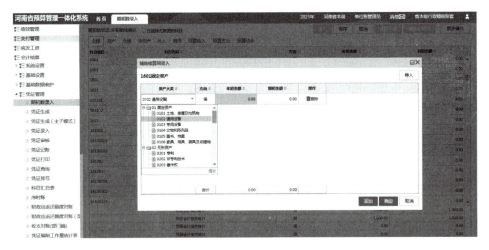

图 25 – 12

（2）凭证管理。凭证管理主要包含凭证录入、凭证生成、凭证查询、凭证排号、凭证打印等。制单人员通过录入凭证记录单位发生的经济业务活动，审核人员对录入的凭证检查、审核，保证凭证信息的准确无误。

①凭证录入。凭证录入是指手工录入凭证信息，包含摘要、会计科目、辅助核算项、金额等。打开"凭证录入"界面，点击【新增】进行凭证录入。录入完毕后点击【保存】即可（见图25-13）。

图 25 – 13

操作小技巧：

a. 系统提供摘要库功能，在录入摘要时，可以点【摘要】字样维护摘要库，或者调用摘要库内容，快速选取一条摘要返回数据。

b. 通过【更多操作】—【保存为模板】菜单，将当前记账凭证保存为一张模板凭证，当再次发生类似业务时，可以通过【从模板调取】操作，将之前保存的模板凭证调出，对凭证信息做对应修改，即可完成一笔新凭证的编制。

c. 通过【复制】功能，可以复制当前凭证形成一张新的待保存凭证，修改相关内容后，即可完成一笔新凭证的编制。

d. 如果单位当月已经结账，存在凭证想要删除的情况，可以通过撤销结账；删除对应凭证，也可以在"凭证录入"界面找到对应凭证，在更多操作里点击【冲销】，冲销掉对应凭证。

e. 点击【切换录入方式】可以调整凭证的查看、录入方式（上下结构/左右结构）。

f. 将鼠标放置在"键盘"图标位置，可以查看凭证操作的快捷键。

g. 通过【删除】按钮可以删除当前凭证。

②凭证生成。凭证生成是指与支付系统做对接，获取支付数据，通过设置机制凭证模板，自动生成会计凭证。

点击"凭证生成"菜单，选择单据类型和日期，点击【查询】，下方展示当前单据类型下获取的支付单据。

选择单据，点击【生成】，即可带出凭证分录，检查带出的会计分录、金额以及辅助核算项是否正确，可以双击修改，确认无误后进行保存。

单位如果需要把多张凭证合并生成一张凭证，可以在【更多操作】—【生成设置】界面进行合单规则的设置（见图 25 – 14 ~ 图 25 – 16）。

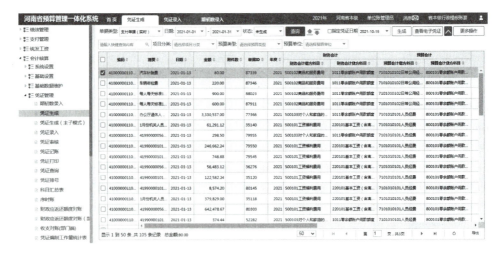

图 25 - 14

图 25 - 15

图 25 - 16

例如：当合并生成收入单据时，可以选择【合并借方科目、合并借方辅助】（见图 25－17）。

图 25－17

选中多条单据，点击【生成】，生成效果见图 25－18，借方科目合并，贷方科目未合并。

图 25－18

凭证生成界面的查询日期可以在生成设置界面进行调整。

当某张凭证已经手工记账，并且想要将"凭证生成"界面中的单据关联到手工凭证，可以在【更多操作】—【指定关联凭证】进行凭证关联。

会计期间：根据业务发生时间选择对应月份。

凭证类型：记账/转账。这里选择"记账"。

凭证号：必填项，表示选中支付单据对应的记账凭证号（见图 25－19、图 25－20）。

图 25 – 19

图 25 – 20

③凭证审核。凭证审核是指审核人员针对制单人员录入的凭证进行检查、核对，保证会计凭证的准确无误。

审核人员使用 Ukey 进行登录，打开【凭证审核】菜单，选择对应会计月份，勾选状态为"未审核"。点击【刷新】按钮，查询未审核凭证，点击凭证号，可以联查凭证。凭证查看无误后，可以点击【审核】，完成凭证的审核操作。若凭证信息存在错误，可以拒绝审核，告知制单人员进行修改，修改无误后再进行审核。

点击【高级查询】按钮，界面会展开显示科目及要素查询条件。

在"凭证查询"界面中，输入要审核凭证的信息，可以快速定位到该凭证。如果不输入任何条件或者默认系统选项，点击【确定】，则所有当前会计期间的凭证均会顺序列出。

点击会计期间下拉列表，即可按所选会计期间进行查询；点击凭证状态下拉列表，即可按所选凭证状态进行查询，状态包括：全部、未审核、已审核未记账、已记账；

选中未审核的凭证记录，点击【审核】按钮将选中的凭证进行审核，审核成功将弹出"审核成功"提示框，而且系统会自动更新凭证状态为已审核。

对于已审核的凭证，点击【销审】可使已审核凭证回到未审核状态。

【凭证批量审核】界面同凭证审核界面，支持不同制单人的单据同一人可以审核。具体操作同凭证审核（见图25−21、图25−22）。

图 25−21

图 25−22

④凭证查询。打开【凭证查询】菜单，选择对应会计期间，点击【查询】按钮，进行凭证查询。凭证查询结果以列表样式存在，选中某张凭证，下方显示凭证具体信息（见图25−23）。

图 25 - 23

也可点击【高级搜索】按钮，在高级搜索界面输入查询条件，进行精准查询（见图 25 - 24）。

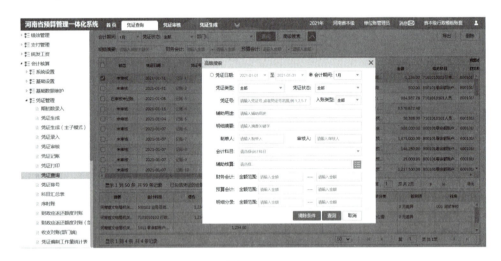

图 25 - 24

注：如当前登录用户是凭证的制单人，对查询后的凭证可直接进行修改。

⑤凭证打印。打开"凭证打印"菜单，选择对应会计期间、相应打印状态，点击【查询】按钮，进行凭证查询。选择需要打印的凭证，点击【打印】按钮。也可点击【高级搜索】按钮，在高级搜索界面完善相应信息，进行精准查询。选择需要打印的凭证，点击【打印】（见图 25 - 25）。

点击【更多操作】—【打印样式设置】按钮，选择具体的凭证打印样式进行打印（见图 25 - 26）。

点击【更多操作】—【打印格式设置】按钮，出现凭证格式设置的界面（见图 25 - 27）。

图 25 - 25

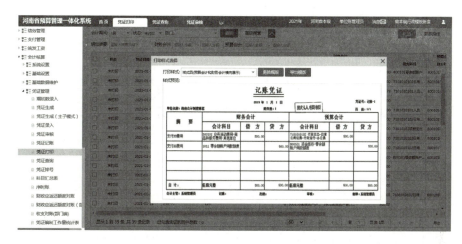

图 25 - 26

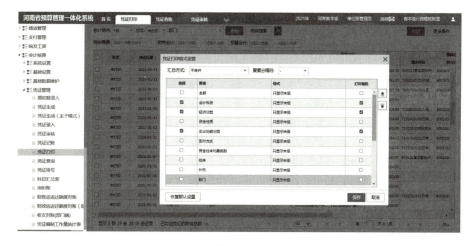

图 25 - 27

在"凭证打印格式设置"界面中，可以进行详细的设置，包括：会计科目、辅助核算项的汇总方式；要素分隔符；科目名称显示打印：只显示末级、只显示一级和末级、逐级显示；编码打印选择；设置完成后，点击【确定】按钮，即可按定义的格式显示打印凭证数据。

⑥凭证排号。凭证排号是对某一会计月份的所有凭证按凭证日期顺序，按制单人调号、手工调号进行重新排号，可查重查漏、凭证对调、凭证移动、补空号使凭证号连续，也可锁定凭证，对锁定的凭证不可重新排号，可对已锁定的凭证进行解锁。

打开"凭证排号"菜单，选择对应会计期间，点击【查询】按钮，进行凭证查询，选择需要排号的凭证，点击【重新排号】按钮，可以通过多种方式进行排号（例如：按日期排号、手动排号等），排号完成之后，点击【保存】即可（见图 25 - 28）。

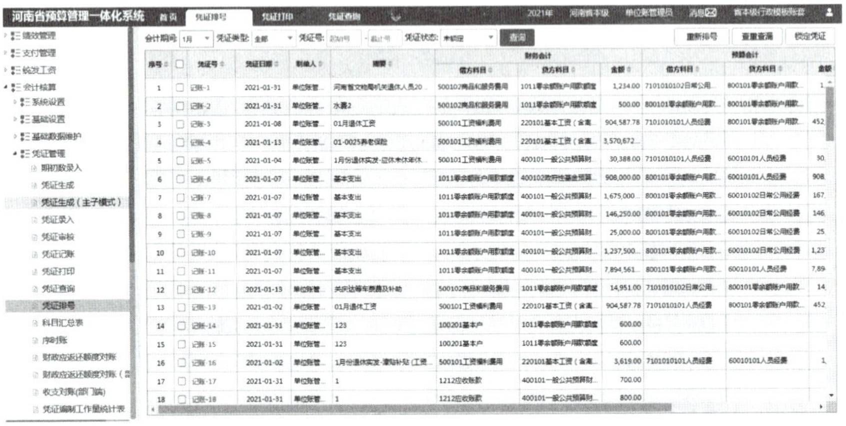

图 25 - 28

⑦科目汇总表。打开"科目汇总表"菜单，选择对应会计期间，根据需要选择【汇总方式】，点击【查询】按钮，进行科目汇总表的查询，同时可以将科目汇总表进行导出和打印（见图 25 - 29）。

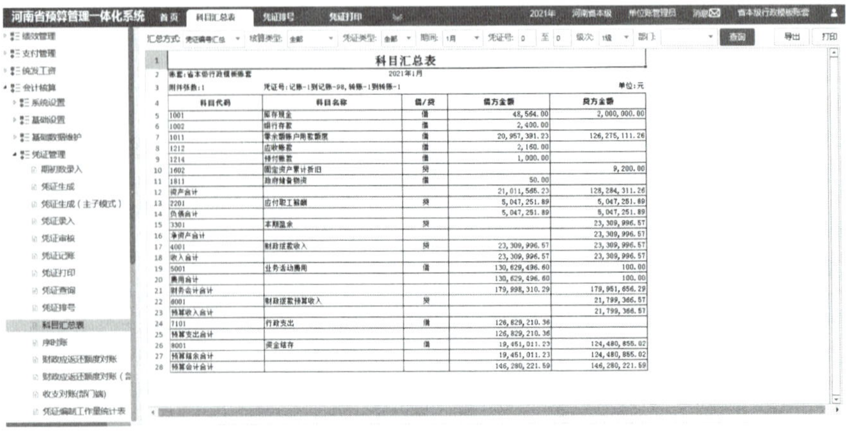

图 25 - 29

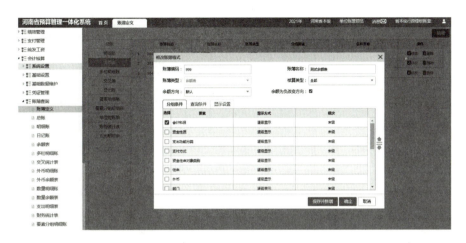

（3）账簿管理。账簿管理提供了基本账簿的显示和打印，可按照不同条件定义账簿查询内容。其中账簿主要包括总账、明细账、余额表、交叉统计表、多栏明细账、财务信息统计表。

①账簿定义。账簿中各种账表的使用操作是一样的，我们以余额表的定义及设置为例。打开"账簿定义"菜单，点击"余额表"，输入账簿编码、账簿名称，勾选该账簿的分组条件、查询条件（所要查询显示的信息），点击【确定】（见图25－30）。

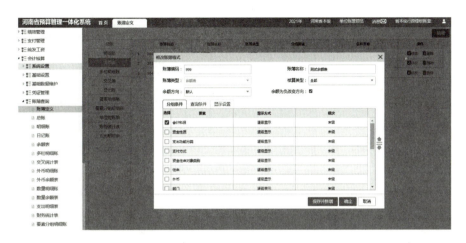

图 25－30

注：余额为负改变方向是指科目余额为负时是否改变科目的借贷方向。

分组条件是指要查询内容结果中包含的要素，可通过上下箭头设置要素的显示顺序；通过设置扩展级次决定要素的加载级次。

查询条件是指要查询内容的条件，选择某一条件要素后，在下方默认值处可以设置该条件的要素，设置后在"账簿查询"界面显示默认条件（见图25－31）。

图 25－31

设置好以上基本信息、分组条件及查询条件后，点击【保存】按钮，完成账簿定义。

②总账。总账查询既可查询各总账科目的年初余额、各月发生额合计和月末余额，也可查询所有明细科目的年初余额、各月发生额合计和月末余额。

打开【总账】菜单，选择账簿名称、相应会计期间，点击【查询】按钮，进行余额表账簿查询（见图25-32）。

图 25-32

查询条件：

a. 凭证类型：可选择某一个凭证类别，凭证类型为全部时，显示所有凭证类别；

b. 会计期间：可选择某会计期间的科目总账情况；

c. 级次：指定科目组织树的显示级次；

d. 单位：按照不同金额单位查询数据结果；

e. 核算类型：全部、财务会计、预算会计。

账簿联查：双击总账表中月合计，可以查看对应的明细表。

打开"总账"界面，点击【更多操作】—【格式】按钮，进入格式设置界面。通过对账簿的行高、列宽、字体大小、字体样式、打印内容、会计科目选择级次等进行设置，满足单位自定义打印账簿需要（见图25-33）。

点击【更多操作】—【设置纸张大小】按钮，选择打印纸张的横纵向，调整打印边距，满足单位打印账簿时对纸张的要求（见图25-34）。

点击【更多操作】—【导出当前节点】、【导出全部末级】按钮，分别导出当前选中节点的总账信息以及左侧树节点末级的总账信息（见图25-35）。

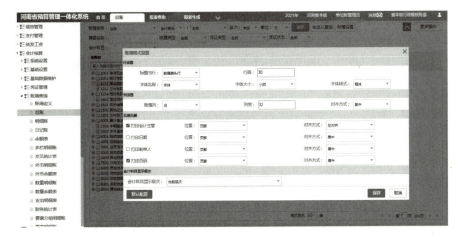

图 25 - 33

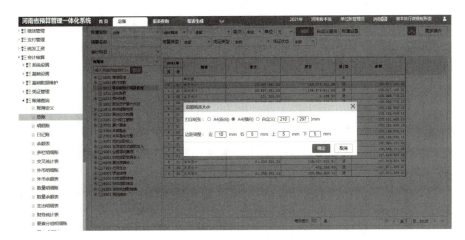

图 25 - 34

图 25 - 35

③明细账。明细账查询可查询各明细账科目的年初余额、各凭证借贷方发生额合计和余额。

打开【明细账】菜单，选择账簿名称、相应会计期间，点击【查询】按钮，进行余额表账簿查询（见图25－36）。

图25－36

查询条件、格式设置、纸张设置、导出设置与"总账"设置类似。

双击明细账记录，可查看对应凭证明细信息；制单人可在联查到凭证明细信息后，对凭证进行修改。

④余额表。打开【余额表】菜单，选择账簿名称、相应会计期间，点击【查询】按钮，进行余额表账簿查询（见图25－37）。

图25－37

可以对所有会计核算数据进行余额查询，如可查科目余额表、项目余额表、往来余额表等，可根据实际需要，自定义账簿。

查询条件、格式设置、纸张设置与"总账"设置类似。

三级联查：双击科目可联查该科目发生的明细账，双击明细账记录可联查凭证明细。

注：其余账簿的设置、查询方式与以上账簿类似，这里不再赘述。

（4）报表管理。

①报表设计。打开"报表设计"菜单，系统预置符合政府会计制度要求的报表，供用户查看（见图25－38、图25－39）。

图 25 － 38

如果需要创建额外的报表，可以在【报表设计】这个界面创建新的报表。

图 25 － 39

根据实际业务要求设计报表的样式并设置相应的取数公式：点击【fx】按钮，在报表公式设置界面，选择公式类型及报表公式，然后在对应科目上设置科目值，完成报表公式的设置（见图25－40）。

图 25－40

系统还提供了报表导入的功能，可以通过三种文件格式导入报表，其中.json文件可以支持将报表表样和报表公式一同导入（见图25－41）。

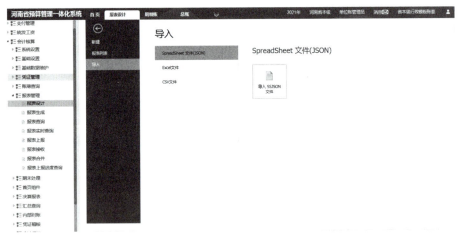

图 25－41

②报表生成。打开"报表生成"菜单，需要按照政府会计制度要求，对于月报表，按照会计期间，每月月底点击【生成】按钮，生成相关的月报表（见图25－42）。

对于年报表，需要将会计期间选择为12月，选择报表类型为年报表的报销，点击【生成】按钮，生成年报表。对于已生成的报表，可以点击报表名称进行查询。如果修改了本月的凭证，可以点击【重新生成】对报表数据进行重新计算或者可以点击【撤销生成】，之后点击【生成】重新生成该报表（见图25－43）。

③报表查询。打开"报表查询"菜单，选择会计期间，可以看到本月生成的报表（见图25－44）。

图 25－42

图 25－43

图 25－44

点击报表名称，进入预览界面，选中一个科目，单击右键，在有公式的地方可以联查余额表和明细账（见图25-45）。

图 25-45

对于已生成的报表，可以点击报表名称进行查询，也可以进行报表打印以及报表导出，同时系统还提供了批量导出的功能。

选中报表，点击【打印】，系统调用浏览器打印控件进行打印。可以设置打印的横纵向、页边距、缩放比例等，选择符合需要的打印方式（见图25-46）。

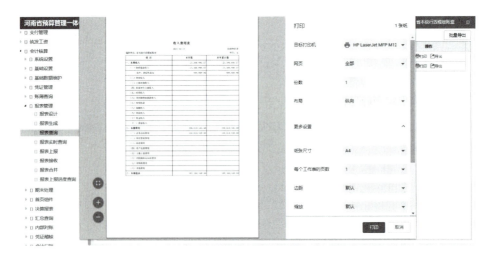

图 25-46

（5）期末处理

①盈余与结余差异分析。打开"盈余与结余差异分析"界面，选择会计期间，点击【查询】按钮。对于带有差异项的凭证，点击【自动分析】按钮，凭证中选择的差异项与模板中差异项的值不一致的，将以红色字体标识，同时分析结果列显示模板中

该业务对应的差异项。点击【按分析结果修正】按钮，可以将凭证中的差异项按照模板进行修正。在修正完成之后，可以点击【生成差异表】按钮，进行差异表的生成、查询（见图 25 – 47）。

图 25 – 47

②转账。打开"转账"界面，系统已经按照政府会计制度的要求，根据具体的业务，设置了收支转结余的转账模板。用户只需要在每月选择"期末转账模板"，点击【全部生成】按钮，结转方式选择"本月发生额"，点击【确定】按钮（见图 25 – 48、图 25 – 49）。

图 25 – 48

到年底时需要将模板类型改为"年终转账模板"，然后点击【全部生成】按钮，结转方式选取"累计到本月发生额"，进行生成即可。生成的转账凭证可以在凭证录入/凭证查询界面进行查看（见图 25 – 50）。

③结账。打开"结账"界面，系统会对当前会计期间的记账凭证、科目余额等进行检查，点击【开始检查】按钮即可（见图 25 – 51）。

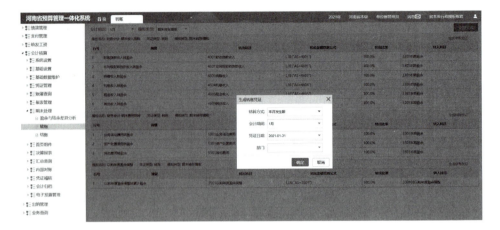

图 25－49

图 25－50

图 25－51

对于检查的结果，如出现"未通过"的情况，需要对相关地方进行调整（见图 25 - 52）。

图 25 - 52

当检查全部通过后，点击【现在结账】按钮即可进入下一会计期间（见图 25 - 53）。

图 25 - 53

对于已经结账的会计期间，如果需要修改凭证等信息，需要点击【撤销结账】，退回到上一个会计期间后再进行修改（见图 25 - 54）。

（6）辅助决算

①决算报表生成。在【决算报表生成】界面，每年按照财政部的要求，更新决算报表的表样以及取数公式（见图 25 - 55）。

用户需要按照文件的要求，在完成账务处理之后，勾选单张决算报表或者批量勾选决算报表进行生成。点击【生成】之后，会计期间选择 12 月，点击【确定】即可（见图 25 - 56）。

图 25－54

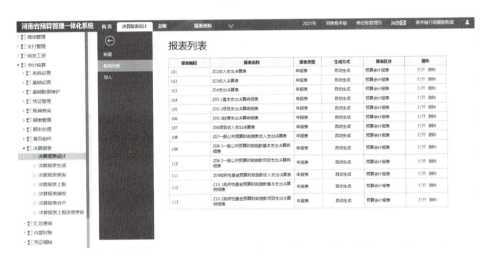

图 25－55

图 25－56

对于已生成的报表，可以点击报表名称进行查询，如果修改了某月的凭证，需要删除转账凭证，重新进行转账，然后点击【重新生成】对报表数据进行重新计算或者可以点击【撤销生成】，之后点击【生成】重新生成该报表。

②决算报表查询。在【决算报表查询】界面，选择会计期间为 12 月，可以看到生成的决算报表（见图 25 - 57）。

图 25 - 57

对于已生成的报表，可以点击报表名称进行查询，也可以进行报表打印以及报表导出，同时系统还提供了批量导出的功能。

决算报表打印的设置参考报表管理下的报表查询。

（7）基础设置。

①账套参数设置。在账套级参数设置界面，背景颜色为浅色或者深色的，用户可以进行调整。选中一条参数，点击左上角的【参数设置】，会出现一个参数设置弹框，根据实际进行参数值的设置，点击【确定】（见图 25 - 58）。

图 25 - 58

②国标数据导出。该功能是按照《GBT 19581—2004 信息技术会计核算软件数据接口》《GBT 24589.2—2010 财经信息技术会计核算软件数据接口》文件格式，导出会计核算账簿数据，包括公共档案类和总账类数据，可以提供给审计人员。直接点击【导出】按钮，会有导出日志，导出一个文件的压缩包（见图 25 – 59）。

图 25 – 59

第二十六章 总预算会计核算

第一节 总预算会计业务流程

总会计是各级政府财政部门核算、反映、监督政府一般公共预算资金、政府性基金预算资金、国有资本经营预算资金、社会保险基金预算资金以及财政专户管理资金、专用基金和代管资金等资金活动的专业会计。总预算会计核算流程见图26－1。

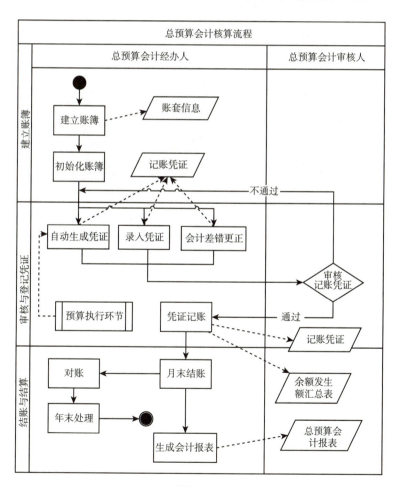

图 26 － 1

总会计应当以实际发生的经济业务或者事项为依据进行会计核算，如实反映各项会计要素的情况和结果，保证会计信息真实可靠，全面反映政府财政的预算执行情况和财务状况等。

第二节　业务操作指南

一、登录账套

系统在实施部署过程中，已为各级财政建立好了社保基金账套、代管资金账套等账套信息，登录系统后，点系统右上角用户图标，切换到对应账套即可（见图26-2）。

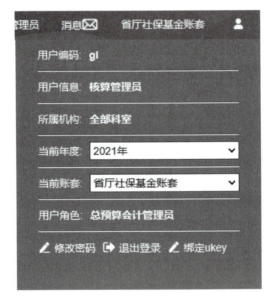

图 26 - 2

二、基础设置

（一）专户资金设置

专户资金设置功能，各账套制单人登录进行调整。

（二）当年账套核算的专户资金设置

系统默认已预制勾选除社保基金财政专户外其他账套所核算的资金类型，账套初次使用时，用户可调整本账套专户资金核算内容，按图26-3进行勾选当前账套所核算的专户资金，保存即可。

图 26－3

注意：社保类基金专户单独账套核算，不和其他类专项同账套核算，专户资金设置只对社保基金外的专项资金进行设置。

（三）账套名称调整

如在使用过程中，用户想对当前账套名称进行调整，可按图 26－4 进行操作：点击基础设置下的专户资金设置—勾选修改当前账套名称—填写修改的名称—点击【保存】即可。

图 26－4

三、基础数据维护

（一）会计科目

1. 会计科目挂接辅助核算。系统按各专户资金默认预制了不同的会计制度科目，用户可根据自身记账习惯，对相关的会计科目挂接对应的辅助核算项，某科目挂接了相应的辅助核算记账后，用户可在账簿中对该科目进行多维度账务查询，未挂接辅助核算的会计科目，账簿查询中只能对该会计科目进行查询，无法进行该科目多维度查询。

打开【会计科目维护】菜单，在操作列，点击【修改】，可对某个科目进行勾选以展示辅助核算项（见图26-5）。

图 26 - 5

在需要进行辅助核算的基础数据前勾选、保存即可（见图26-6）。

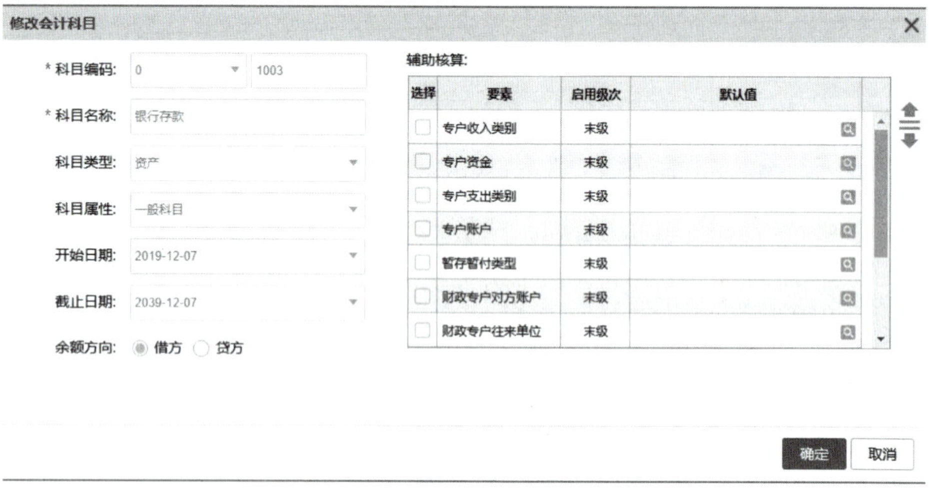

图 26 - 6

2. 增设会计科目。根据核算需要，对未挂接辅助核算项的科目，在系统统一预制的会计科目基础上，会计科目后有【增加下级】菜单的科目可自行扩展明细科目，如图26-7所示1004其他财政存款，可以根据实际情况，自行扩展明细科目。

打开【会计科目】菜单，在操作列，点击【增加下级】，对某个科目进行增加明细科目。

图 26 - 7

增加下级科目，重点是把科目编码、科目名称、余额方向、辅助核算内容设置正确（见图 26 - 8）。

图 26 - 8

（二）基础数据

基础数据就是财务核算时的明细核算信息项，系统已将基本满足核算要求的相关基础数据全部预制系统中，该基础数据是与财政业务系统保持一致的，各地财政共用这些基础数据，目前核算系统只可以查看和使用，不可以修改，由省财政统一进行维护。

打开【基础数据维护】菜单，通过切换基础数据页签，查看各基础数据的代码集（见图 26 - 9）。

图 26 - 9

对于需要增加的基础数据，用户可根据本地实际情况进行新增，如下图基础数据中的【专户资金】下代码是 3 代管资金，见图 26 – 10。用户可点击后面的增加下级进行基础数据维护，对于会计科目上维护了某基础数据进行辅助核算，对非统一的基础数据需要各地进行先维护再进行使用。

图 26 – 10

四、凭证管理

（一）期初数录入

这个功能主要是完成科目年初余额的录入，可以通过手工录入、导入等方式完成年初数的录入。

打开【期初数录入】菜单，点击【录入】按钮，在空白处录入新年度的科目年初余额，录入完成后，保存即可（见图 26 – 11）。

图 26 – 11

对于需要录入辅助核算信息的科目，在对应的科目名称下以下划线显示，点击该科目名称，弹出录入科目及辅助核算信息的年初余额信息（见图26－12）。

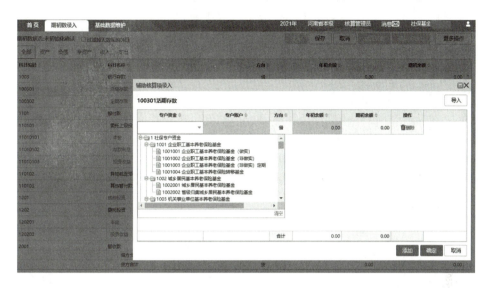

图 26－12

期初数录入完成后，点击上方【试算平衡】按钮，对已录入的期初数进行借贷科目平衡校验，如借贷科目期初数不平衡，需要对已录入的期初数进行调整，调整结束后再次点击【试算平衡】。借贷平衡后点击上方【确认初始化】按钮，对期初数进行锁定。

确认初始化后，数据进入锁定界面，如需再次调整期初数，需点击右上角【更多操作】下【撤销初始化】按钮，调整完毕后再次进行【试算平衡】、【确认初始化】操作即可。

（二）凭证录入

凭证可分为手工录入凭证和机制凭证两种类型。

此功能为手工录入凭证，在凭证录入界面点击【新增】按钮进行凭证录入。如有科目挂有辅助核算，需完善辅助核算项。录入完毕后点击【保存】即可（见图26－13）。

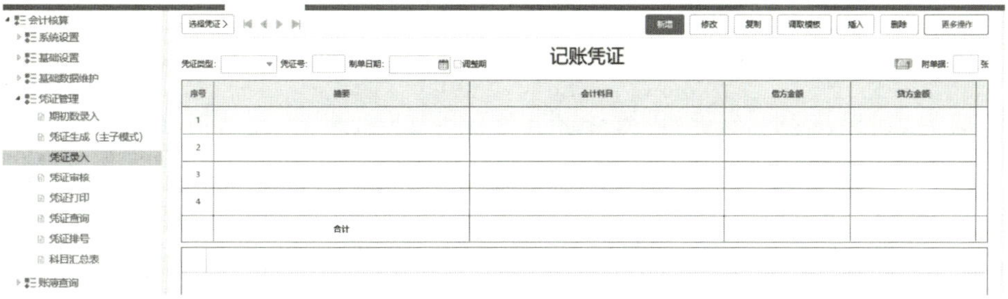

图 26－13

操作小技巧：

1. 系统提供摘要库功能，在录入摘要时，可以点击【摘要】字样维护摘要库，或者调用摘要库内容，快速选取一条摘要返回（见图 26－14）。

图 26－14

2. 在【更多操作】下面，可以通过【保存为模板】操作，将当前记账凭证保存为一张模板凭证，当再次发生类似业务时，可以通过【从模板调取】操作，将之前保存的模板凭证调出，对凭证信息稍做修改，即可完成一笔新凭证的编制（见图 26－15）。

图 26－15

3. 在【更多操作】界面通过【复制】功能，可以复制当前凭证形成一张新的待保存凭证，修改相关内容后，即可完成一笔新凭证的编制。

4. 鼠标放置在【键盘】按钮位置，可以查看凭证操作的快捷键（见图 26－16）。

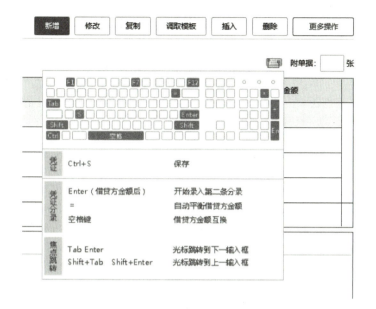

图 26 - 16

5. 单击图 26 - 17 所标识的内容，并进行拖动，可以调整凭证在界面上的显示行数。

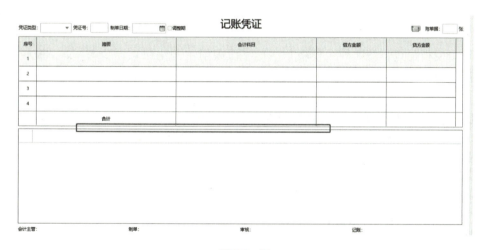

图 26 - 17

（三）凭证生成（主子模式）

此功能主要实现机制凭证，自动生成记账，代替手工录入凭证。

注意：导入的数据对自动关联借贷科目时，有特殊的数据要求，专户收入数据导入时必须有收入类别列，其他列根据会计科目设置的辅助核算设置；专户支出数据导入时必须有支出类别列，其他列根据会计科目设置的辅助核算设置；导入辅助核算要素及对应的收支类别，在 Excel 中只列对应的编码即可，辅助要素及收支类别具体值集可在基础数据维护中对应页签查看。

图 26–18 为专户收入的 Excel 数据导入，仅供参考。

序号	日期	专户银行账号	基金类型（编码）	摘要	往来单位	资金分存账户	收入类型（编码）	收入金额
1	2021-3-27	6666666666666666666	1001002	结息			1040203	3010.25
2	2021-3-27	1111111111111111000	1001002	补息			1040203	903.08
3	2021-3-27	2222222222222222	1003001	结息			1040203	281.42
4	2021-3-27	33333333333333333333	1003001	补息			1040203	84.43
5	2021-3-27	6666666666666666666	1003003	结息			1040203	633582.08
6	2021-3-27	6666666666666666666	1003003	补息			1040203	190074.62
7	2021-3-27	6666666666666666666	1018	结息			1040203	259231.57
8	2021-3-27	6666666666666666666	1018	补息			1040203	77769.47
9	2021-3-27	6666666666666666666	1004001	结息			1040203	0.42
10	2021-3-27	6666666666666666666	1004001	补息			1040203	0.13
11	2021-3-27	6666666666666666666	1001001	结息			1040203	3.11
12	2021-3-27	6666666666666666666	1001001	补息			1040203	0.93

图 26–18

1. 导入模板配置设置。以专户收入为例：打开【凭证生成（主子模式）】菜单，单据类型选择"专户收入"，然后在更多操作下拉按钮中，点击【导入数据】（见图 26–19）。

图 26–19

点击模板配置，新增导入模板，注意字段映射中的编码顺序要与 Excel 模板中字段顺序一致（见图 26–20）。

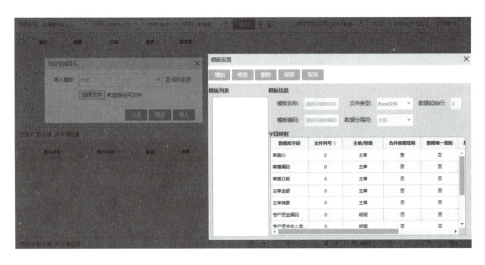

图 26–20

点击图 26–21 的【修改】按钮，对各列进行修改，专户收入的导入模板除单据日期、主单金额、主单摘要、收入列表外，各地可根据本账套实际使用的辅助要素信息，进行其他各列列号设置，如未使用到，列号可设置为 0，导入的 Excel 上不用维护此列。

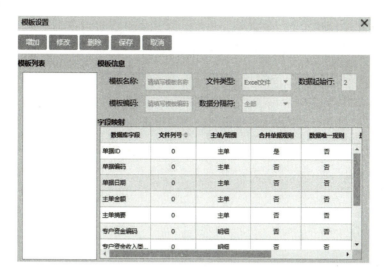

图 26 – 21

导入模板设置后，点击图 26 – 22 的文件选择，选择需要导入的文件，可进行预览，也可直接点击【导入】，如果导入失败，可点击日志进行查看（见图 26 – 22）。

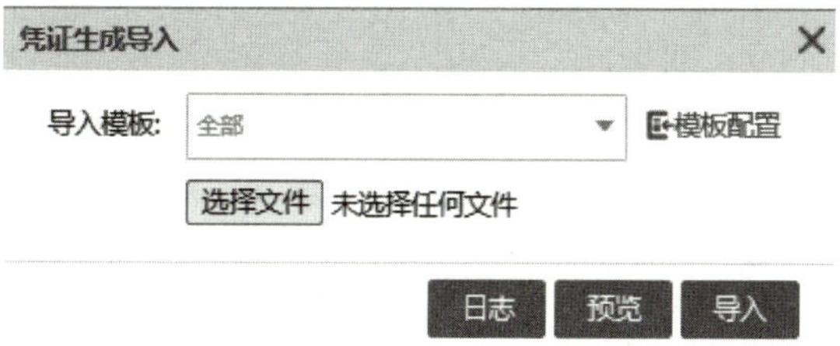

图 26 – 22

2. 凭证生成。导入完成后，点击【查询】按钮，系统可罗列出导入的数据信息，勾选某条或者全选后点【生成】按钮即可生成凭证。单据下方的借贷科目根据模板预设置的过账规则自动匹配（自动匹配的关键列，专户收入是按收入类别进行自动关联借贷科目；专户支出是按支出类别进行自动关联借贷科目）（见图 26 – 23）。

图 26 – 23

如需多张凭证合并生成一张凭证，可以在【更多操作】—【生成设置】中进行合单规则的设置，同时勾选是否合并科目、辅助核算项等（见图26－24、图26－25）。

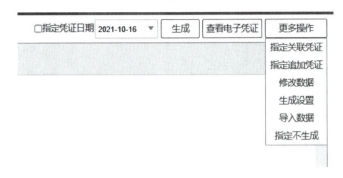

图 26－24

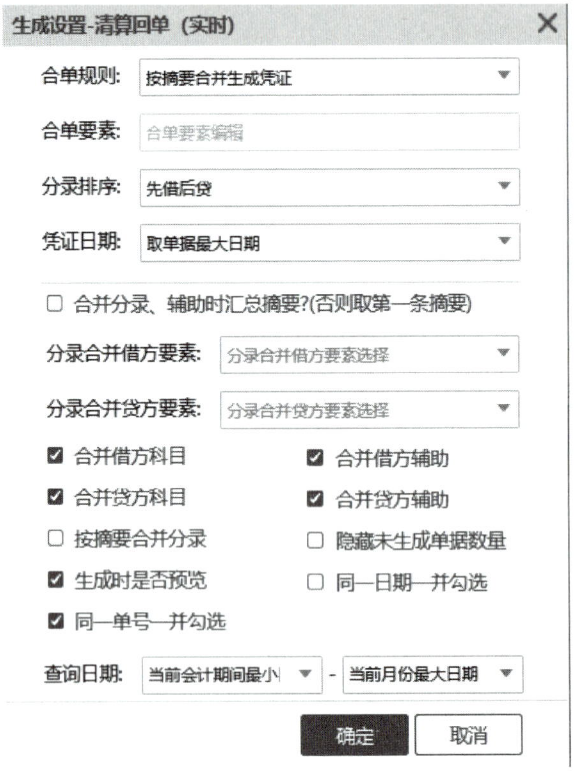

生成设置-清算回单（实时）

合单规则：	按摘要合并生成凭证 ▼
合单要素：	合单要素编辑
分录排序：	先借后贷 ▼
凭证日期：	取单据最大日期 ▼

☐ 合并分录、辅助时汇总摘要?(否则取第一条摘要)

分录合并借方要素：	分录合并借方要素选择 ▼
分录合并贷方要素：	分录合并贷方要素选择 ▼

☑ 合并借方科目　　☑ 合并借方辅助
☑ 合并贷方科目　　☑ 合并贷方辅助
☐ 按摘要合并分录　☐ 隐藏未生成单据数量
☑ 生成时是否预览　☐ 同一日期一并勾选
☑ 同一单号一并勾选

查询日期： 当前会计期间最小 ▼ - 当前月份最大日期 ▼

确定　　取消

图 26－25

凭证生成界面的查询日期可以在生成设置界面进行调整（见图26－26）。

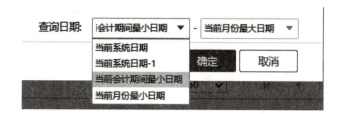

图 26 - 26

当某张凭证已经手工记账，并且想要将凭证生成界面中的单据关联到手工凭证时，可以在【更多操作】—【指定关联凭证】界面进行关联凭证（见图 26 - 27）。

图 26 - 27

（四）凭证审核

打开【凭证审核】菜单，选择对应会计月份，勾选未审核，点击【刷新】按钮，查询未审核凭证，然后勾选列表中未审核的凭证记录，点击【审核】，完成凭证的审核操作（见图 26 - 28）。

图 26 - 28

（五）凭证查询

打开【凭证查询】菜单，选择对应会计期间，点击【刷新】按钮，进行凭证查询。也可点击【高级搜索】按钮，在高级搜索界面完善相应信息，进行精准查询（见图 26 - 29、图 26 - 30）。

图 26 – 29

图 26 – 30

(六) 凭证打印

打开【凭证打印】菜单，选择对应会计期间、相应打印状态，点击【刷新】按钮，进行凭证查询，选择需要打印的凭证，点击【打印】按钮。也可点击【高级搜索】按钮，在高级搜索界面完善相应信息，进行精准查询，选择需要打印的凭证，点击【打印】按钮（见图 26 – 31、图 26 – 32）。

图 26 – 31

图 26－32

五、账簿管理

（一）账簿定义

本教材中账簿是指可添加总账、明细账、余额表的账簿。点击【添加】，输入账簿编码、名称，勾选该账簿的分组要素（所要查询显示的信息），点击【确定】（见图 26－33）。

图 26－33

注：分组条件是指要查询内容结果中包含的要素；查询条件是指要查询内容的条件。

（二）总账

打开【总账】菜单，选择账簿名称、相应会计期间，点击【搜索】按钮，进行总账账簿查询（见图26-34）。

图 26-34

（三）明细账

打开【明细账】菜单，选择账簿名称、相应会计期间，点击【搜索】按钮，进行明细账账簿查询（见图26-35）。

图 26-35

（四）余额表

打开【余额表】菜单，选择账簿名称、相应会计期间和相应的资金性质，点击【搜索】按钮，进行余额表账簿查询（见图26-36）。

图 26-36

查询条件要素，可以通过账簿定义功能进行设置，设置哪些要素，就会在查询条件区域显示哪些要素，图 26-36 中的资金性质就是查询条件要素。

六、报表管理

（一）报表设计

在【报表设计】界面，系统已经按照政府会计制度的要求，内置了相关的报表，供用户进行查看（见图 26-37）。

图 26-37

如果用户对于业务有特殊要求，可以在【报表设计】这个界面创建新的报表（见图 26-38）。

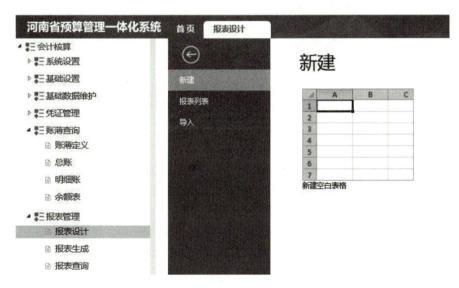

图 26-38

修改报表的样式并设置相应的取数公式（见图 26-39）。

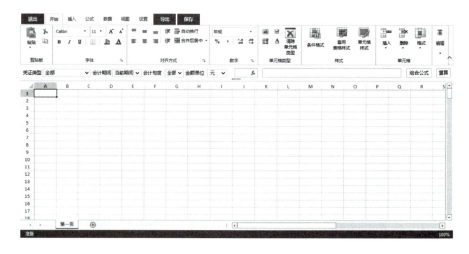

图 26 - 39

同时，系统还提供了报表导入功能，可以通过三种文件格式导入报表，其中.json 文件可以支持将报表表样和报表公式一同导入（见图 26 - 40）。

图 26 - 40

以上这些工作也可以联系当地的实施人员辅助完成。

（二）报表生成

在【报表生成】界面，系统已经按照政府会计制度的要求，内置了相关的报表，用户只需要按照制度的要求，如对于月报表，需要按照会计期间，每月月底点击【生成】按钮，生成相关的月报表。

对于年报，表需要在年末点击【生成】按钮，生成年报表（见图 26 - 41）。

对于已生成的报表，可以点击报表名称进行查询，如果修改了本月的凭证，可以点击【重新生成】对报表数据进行重新计算或者可以点击【撤销生成】，之后点击【生成】重新生成该报表（见图 26 - 42）。

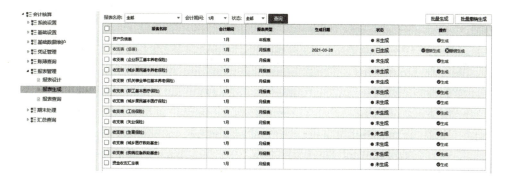

图 26 - 41

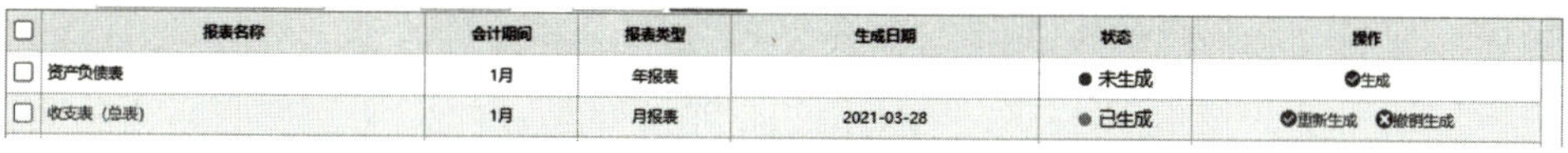

图 26 - 42

（三）报表查询

在【报表查询】界面，通过选择会计期间，可以看到本月生成的报表（见图 26 -43）。

图 26 - 43

对于已生成的报表，可以点击报表名称进行查询，也可以进行报表打印以及报表导出。

七、期末处理

（一）顿号转账

在【转账】界面，系统已经按照政府会计制度的要求，根据具体的业务需要，设置了收支转结余的转账模板，用户只需要在年末，将会计期间改为"12 月"，将模板类型改为"年终转账模板"，然后点击【全部生成】即可（见图 26 -44）。

图 26-44

（二）结账

在【结账】界面，用户需要对当前会计期间的记账凭证、科目余额等进行检查，点击【开始检查】即可（见图 26-45）。

图 26-45

对于检查的结果，如果出现"未通过"的情况，需要对相关地方进行调整（见图 26-46）。

图 26-46

当检查全部通过时，点击【现在结账】即可进入下一会计期间。

对于已经结账的会计期间，如果需要修改凭证等信息，需要点击"撤销最后一次结账"，退回到上一个会计期间后再进行修改（见图26－47）。

图 26－47

附　　录

一、预算管理一体化规范（试行）

二、预算指标会计核算实施方案

三、预算管理一体化要素目录

参考文献

[1] 陈昌盛，李承健，江宇．面向国家治理体系和治理能力现代化的财税改革框架研究 [J]．管理世界，2019，35（7）：8－14＋77．DOI：10.19744/j.cnki.11－1235/f.2019.0088.

[2] 陈建华，曾春莲．地方财政治理中大数据运用研究——以地方政府内部控制为例 [J]．北京行政学院学报，2019（6）：47－54．DOI：10.16365/j.cnki.11－4054/d.2019.06.006.

[3] 陈朋．大数据时代政府治理何以转型 [J]．中共中央党校（国家行政学院）学报，2019，23（6）：25－30．DOI：10.14119/j.cnki.zgxb.20191206.009.

[4] 程丹．金税工程（二期）征管效益综合评价研究 [D]．哈尔滨工业大学，2006.

[5] 戴祥玉，卜凡帅．地方政府数字化转型的治理信息与创新路径——基于信息赋能的视角 [J]．电子政务，2020（5）：101－111．DOI：10.16582/j.cnki.dzzw.2020.05.010.

[6] 丁志帆．数字经济驱动经济高质量发展的机制研究：一个理论分析框架 [J]．现代经济探讨，2020（1）：85－92．DOI：10.13891/j.cnki.mer.2020.01.011.

[7] 杜庆昊．数字经济协同治理机制探究 [J]．理论探索，2019（5）：114－120.

[8] 冯海波．新时代预算绩效评价的逻辑转换、现实挑战及路径选择 [J]．经济纵横，2019（5）：67－73＋4．DOI：10.16528/j.cnki.22－1054/f.201905067.

[9] 郭鹏．搭建财政大数据应用平台助力"智慧财政"建设 [J]．财政科学，2019（2）：134－138．DOI：10.19477/j.cnki.10－1368/f.2019.02.018.

[10] 国家税务总局征管和科技发展司．国税地税征管体制改革过渡期金税三期核心征管系统操作手册 [M]．北京：中国税务出版社．2018.

[11] 胡若痴，武靖州．部门整体支出绩效目标编制优化原则研究 [J]．财政研究，2014（6）：36－39．DOI：10.19477/j.cnki.11－1077/f.2014.06.009.

[12] 焦瑞进：大数据治税 [M]．北京：中国财政经济出版社．2018.

[13] 焦瑞进：税收治理现代化及其数据应用分析 [M]．北京：中国税务出版社．2016.

[14] 李武帅，张雷，刘霞．大数据在数字财政建设中的实践探索与建议——以山东省为例 [J]．财政监督，2021（21）：25－28.

［15］李学 . 数据质量、大数据执行机制与财政信息公开制度建设 ［J］. 学术研究，2019（3）：61 - 68.

［16］林子雨 . 大数据导论 —数据思维、数据能力和数据伦理 ［M］. 北京：高等教育出版社 . 2020.

［17］凌发明 ."链"向未来—区块链改变中国 ［M］. 北京：红旗出版社 . 2020.

［18］刘尚希，王文京 . 2020 年数字财政年度报告 ［M］. 北京：经济科学出版社 . 2020.

［19］刘尚希，王文京 . 2020 年中国数字财政年度报告 ［M］. 北京：经济科学出版社 . 2021.

［20］马蔡琛，赵笛 . 大数据时代的预算绩效指标框架建设 ［J］. 中央财经大学学报，2019（12）：3 - 12. DOI：10. 19681/j. cnki. jcufe. 2019. 12. 001.

［21］马海涛，刘斌 . 参与式预算：国家治理和公共财政建设的"参与"之路 ［J］. 探索，2016（3）：79 - 84 +2. DOI：10. 16501/j. cnki. 50 - 1019/d. 2016. 03. 014.

［22］马骏 . 数字化转型与制度变革 ［M］. 北京：中国发展出版社 . 2020.

［23］孟宪民，李磊 . 大数据应用及相关财税思考 ［J］. 地方财政研究 . 2013（10）：70 - 72 +79.

［24］潘静 . 基于"金税三期"管理系统的税务风险分析及防范 ［J］. 财经界，2019（20）：154 - 155. DOI：10. 16266/j. cnki. cn11 - 4098/f. 2019. 13. 112.

［25］任爱红 . 基于"互联网 +"的财税创新管理研究 ［J］. 经济研究导刊，2021（30）：78 - 80.

［26］芮明杰等 . 平台经济：趋势与战略 ［M］. 上海：上海财经大学出版社 . 2018.

［27］涂子沛 . 数文明——大数据如何重塑人类文明、商业形态和个人世界 ［M］. 北京：中信出版集团 . 2018.

［28］王萍，黄新平，陈为东，李亚男 . 政府网站原生数字政务信息云归档模型及策略研究 ［J］. 情报理论与实践，2016，39（4）：60 - 65. DOI：10. 16353/ j. cnki. 1000 - 7490. 2016. 04. 011.

［29］王姝楠，陈江生 . 数字经济的技术 - 经济范式 ［J］. 上海经济研究，2019（12）：80 - 94. DOI：10. 19626/j. cnki. cn31 - 1163/f. 2019. 12. 009.

［30］王小龙，李敬辉 . 预算管理一体化规范实用教程 ［M］. 北京：经济科学出版社 . 2020.

［31］许峰 . 地方政府数字化转型机理阐释——基于政务改革"浙江经验"的分析 ［J］. 电子政务，2020（10）：2 - 19. DOI：10. 16582/j. cnki. dzzw. 2020. 10. 001.

［32］于佳宁，何超 . 元宇宙 ［M］. 北京：中信出版社 . 2021.

［33］云计算和大数据在数字财政建设中的探索和实践 ［J］. 中国财政，2016（16）：15 - 16. DOI：10. 14115/j. cnki. zgcz. 2016. 16. 007.

［34］张多蕾，刘华文 . 金税三期工程管控及其数据可靠性研究 ［J］. 北京印刷学院学报，2019，27（9）：39 - 42. DOI：10. 19461/j. cnki. 1004 - 8626. 2019. 09. 012.

［35］张建锋 . 数字政府 2. 0 数据智能助力治理现代化 ［M］. 北京：中信出版

社.2019.

[36] 张鸣.从行政主导到制度化协同推进——政府数字化转型推进机制构建的浙江实践与经验 [J].治理研究,2020,36 (3):26-32. DOI:10.15944/j.cnki.33-1010/d.2020.03.003.

[37] 张顺,费威,佟烁.数字经济平台的有效治理机制——以跨境电商平台监管为例 [J].商业研究,2020 (4):49-55. DOI:10.13902/j.cnki.syyj.2020.04.006.

[38] 赵雨晴.金税工程三期系统应用对企业逃税的影响 [D].山东大学,2021. DOI:10.27272/d.cnki.gshdu.2021.000952.

[39] 中欧案例中心.平台链接:生态圈与大数据应用 [M].上海:复旦大学出版社.2017.

[40] 钟伟军.公民即用户:政府数字化转型的逻辑、路径与反思 [J].中国行政管理,2019 (10):51-55. DOI:10.19735/j.issn.1006-0863.2019.10.08.

[41] 朱晓燕.大数据和云计算技术在财政工作中的应用研究 [J].中国财政,2016 (22):48-49. DOI:10.14115/j.cnki.zgcz.2016.22.017.